你听见暗夜栈道上的铃声吗？雨正绵绵，请为我别谱一曲。好月高挂桐梢，满院是一片踏碎了的影子。

——唐弢《枕》

唐弢年谱新编

林 伟◎著

ZHEJIANG UNIVERSITY PRESS
浙江大学出版社

序

於贤德

尽管林伟在刚开始编写唐弢年谱时就跟我说起过,但当我打开他发来的书稿文档时,还是有惊喜交加的感觉:2012 年 12 月他写作完成并在浙江大学出版社出版了《鲁迅诗歌注析》,获得了读者的广泛好评。只用了短短一年多的业余时间,又完成了几十万字的《唐弢年谱新编》。即使是一个专业研究人员,能在这么短的时间里取得这样的成果,也是非常了不起的事,更不要说他还领导着一个单位,是在业余时间内完成这样一个浩大的工程。可见林伟在学术研究上表现出来的艰苦努力和坚强意志,确实令人钦佩,而这部《唐弢年谱新编》因为具有扎扎实实的学术质量值得充分肯定。

对于历史人物的研究来说,最重要的前提就是要充分掌握准确的资料,只有这样才有可能正确理解人物在特定的时代背景中的行为动机,才能合理阐释他的言行对于社会产生的具体影响,才能科学评价这个人物的社会贡献、时代意义和人格特质。因此,广泛搜集相关资料,并进行去伪存真、由表及里的爬梳剔抉,可以说是人物研究的第一步。林伟从编写年谱着手切入唐弢研究,这种坚持从科学实证出发的研究方法,虽然非常辛苦,但确实是做学问的基础,这样的学术路径值得肯定和赞许。当然,搜集资料来不得半点的主观推测和虚构想象,需要的倒是在浩如烟海的文献中"上穷碧落下黄泉"的搜寻,虽然他自己说只花了半年的时间就完成了资料搜集工作,但从目前完成的年谱的广度和深度来看,林伟在这方面是下了苦功夫的。当然,由于以往的长期积累和随时关注,大量的前期工作是在不经意间完成的,但要全面地掌握唐弢在文学创作、鲁迅研究、社会活动和人才培养等各个方面的资料并非易事,尤其是把最大限度还原历史真实作为研究的指导思想,其中需要克服的困难也就可想而知了。从目前成稿的情况来看,虽然不能说林伟的资料搜集工作已经不再有补苴罅漏的空间,但他所达到的水平应该在目前的唐弢研究中走在最前沿了,唐弢的杂文写作、诗词创作和有关鲁迅的著述,林伟在年谱中作了迄今为止最全面的记录,唐弢的人生轨迹和心路历程,也通过他的作品和社会活动予以最深刻地反映。这本年谱的史料价值也因此而显示出来。

在林伟之前,傅小北、杨幼生编写的《唐弢年谱》已经问世,这部年谱虽经唐弢本人审阅,是开唐弢研究之先河的早期成果,但无论在资料的搜集,还是在历史事件的表述上,都还有很多需要补充、完善的地方。林伟在吸收前人成果的基础上,对自己的工作提出了更高的要求,这不仅表现在资料搜集方面,而且在内容的安排上同样也有自己的独特之处:对于当年发生的那些影响中国社会历史进程的重大事件,以及对于唐弢的人生轨迹产生现实影响的文坛要事,林伟都加以简明扼要的表述,通过提纲挈领式的介绍,使处在历史的惊涛骇浪中的唐弢的各种行为,有了一种“意识到的历史内容”,揭示了传主在特定的历史环境中展开行动的深层依据。这就有助于读者更加全面地把握人物的行为逻辑和思想境界,更加深切地感受到人物对于人民、国家和时代的贡献。而在完成人物每一年的人生经历的介绍之后,还对这一年传主的活动进行简单的归纳,这不但在写作的体例上形成了每一年的“始”与“终”的呼应,而且在内容上体现了对历史行进的步伐和生命的节奏感的展示,这样的安排正是林伟匠心独运的成功之处。

年谱的编写并非人物生命历程的被动记录,也不是人物所作所为的简单罗列,而是需要用历史的眼光、分析的方法去考察、去辨析,有些内容即使是传主本人的回忆也会出现有违客观事实的差错,至于其他人的记述更有出现误差的可能。所以,年谱的编写者就需要通过自己的考证,对现存资料进行认真细致的分析比较,尤其是那些只依据孤证就得出来的结论,更有必要加以深入的研究。林伟在这方面做了大量的工作。对于那些明显不符合史实的材料就加以明确的否定,对于那些几个方面的材料互相矛盾的问题,就把相关的说法都录以备考,暂时的存疑就是为了在进一步的研究中弄清真相创造条件,这种实事求是的态度也是学术研究所必需的。正是通过深入的考证，林伟对唐弢生平的各个方面的系统把握，使这本年谱较为全面、准确、系统地反映了唐弢作为作家、学者、导师和革命者的光辉一生，应该说能够为唐弢研究的深入开展提供强大的推动力。

唐弢原籍浙江镇海，这里的人民在反帝反封建的斗争中有着光荣的传统，同时还涌现出努力为中国的现代化做出重要贡献的一大批志士仁人，他们以炽热至诚的家国情怀活跃在历史舞台上。生长在这片土地上的林伟，自然热爱家乡、崇敬先贤。因此，他对唐弢这样的先辈有一种高山仰止的敬畏之心。这也就是他能够克服种种困难完成这样一项艰巨的研究课题的内在动力。可见，林伟在唐弢年谱的编写中，是带着对传主很强的肯定性情感开展研究和写作的。正如当代著名的历史学家金冲及先生在谈到史学家的情感时所说：

> 任何人写他笔下的历史的时候，怎么能够没有感情呢？因为司马迁爱恨分明，所以《史记》才写得那么好。西方希罗多德的《历史》，写了对希腊的爱国主义精神、雅典的民族精神的高度热爱，才那么打动人。反而是那些冷冰冰地罗列一些事实、数据的文字，让人读起来很乏味。写历史没有感情，这个历史很难成为真正有价值的历史。

林伟怀着对先贤的崇敬之心编写唐弢年谱，正是这样一种心情使他对传主的平生业绩和杰出贡献做出了充分的肯定。但是，作为历史人物来说，特定的生存环境和特殊的人生道路又总是在历史大潮中展开的，谁都无法超越时代螺旋形前进的客观规律，那些在今天看来完全错误甚至荒唐的历史事件，在进行的过程中并不是每个人都能有清醒的认识并自觉加以抵制的。因此，个人在这样的历史条件下做出一些错事，在人生道路上出现一些弱点、缺点也是可以理解的。然而，站在今天的视角去审视历史人物，却不能因为情感上的亲近和崇敬，忽略甚至有意掩盖那些缺点和错误，那就会违反历史研究"不虚美、不隐恶"的基本原则。林伟在唐弢年谱的编写中很好地把握了这一点。例如，没有因为对于乡贤的热爱而掩盖他在反胡风运动中所发表的那些随波逐流的批判文章。正是抱着真实记录历史事实的理念，林伟在写作过程中始终把还原历史真实作为自己的坐标，这样的观念和方法当然值得充分肯定，也只有这样，这本《唐弢年谱新编》才有可能为唐弢研究提供准确、全面和客观的历史参照系。

　　林伟的第一本学术著作——《鲁迅诗歌注析》出版之后,我曾经写过一篇读后感,文中对林伟在业余时间坚持不懈地从事学术研究加以充分的肯定。这里,我要重申这一点:一个基层单位的党务工作者,每天需要处理的工作该有多少;人到中年,上有老下有小,又有多少家务事要操劳,今年他的女儿参加高考,需要操心的事情也就特别多。在这种情况下,能够静下心来读书、写作的时间也就显得格外宝贵。就是在繁重的工作和家务之余,林伟能坚持自己的理想与追求,自觉做一个学习型干部,去"挤"出时间钻研学问,大学毕业 20 多年来在学术研究的道路上矢志不渝地前行,确实让我在肃然起敬和倍感钦佩之外,更为他的成才成功感到欣慰与骄傲。

　　1988 年 9 月到 1992 年 7 月,林伟在浙江大学中文系(这是浙江大学、杭州大学、浙江医科大学和浙江农业大学四校合并前的浙江大学中文系,不是现在由杭大中文系组建的新的浙江大学中文系)学习,当时我正在浙大中文系任教。因为我们都是从原来的镇海县分出来的北仑人,更重要的是他那质朴踏实的人品,勤勉刻苦的学风给我留下很好的印象,所以和他有较多的交往。1993 年我南下广东,虽然每年都回宁波老家探亲,但来去匆匆,没有机会再与他联系。在分别二十多年之后,我从广州退休到浙江万里学院工作,有一天忽然接到林伟的电话,说他从报纸上看到我回来的消息,找了好几个相关人士才得到我的电话号码,并且专门过来看我,令我既兴奋又感动。尤其是他在学术研究道路上已经取得的成绩,更是令我刮目相看。现在,他的第二部著作即将问世,希望我写篇序言,虽然现代文学不是我的专业,对于唐弢先生也缺乏深入的研究,但是为了表示我的祝贺与鼓励,还是拉拉杂杂写了上面这些文字,其中不准确、不深刻的地方在所难免,只好请林伟和读者们批评指正了。

　　期待着林伟有更多的学术成果问世,期待着早日读到他的《唐弢评传》。

2015 年 6 月 28 日于宁波北仑江星公寓

凡　例

　　一、本谱以唐弢的生活行踪、创作实践和文学理论(包括杂文、散文、小说、诗歌、文艺论文、学术论著、书话、序跋、前记、后记、书信、题词等)为线索,以社会科学文献出版社 1995 年 3 月版《唐弢文集》为基础,用以事系时的方法,结合时代背景系年编写。时代背景与本事有直接关系者,系入正谱。时代背景与本事无直接关系者,系于每年的正谱前,其主要目的是说明唐弢是在什么情况下或何种历史环境中从事社会工作、创作和生活的,以及他的思想发展变化与客观环境的联系。

　　二、时代背景中,又主要侧重于唐弢是文化界人士的特点,偏重于文化方面的中外大事的罗列。

　　三、唐弢于 1926 年春离开故乡宁波镇海,从此在上海、北京发展。故本谱在时代背景的罗列方面,1926 年前的部分,除了中外大事外,还罗列了宁波和镇海的大事;1926 年到 1959 年去北京工作前这一时期,则稍侧重于上海的大事的罗列。

　　四、唐弢的生平事迹和所有著作(包括杂文、散文、小说、诗歌、文艺论文、学术论著、书话、序跋、前记、后记、题词等)一律入谱,书信有选择地入谱。入谱的著作和事件,凡知其年月日者,均按时间顺序入谱;仅知年月,不知日期者,入于本月末;无月可据者,则入于本年末。凡作品写作时间不可考者,按发表时间入谱。写作时间见于作品和书信,如不相符者,则根据考订后的时间入谱。

　　五、对唐弢的著作,一般每篇均写有题解(包括文章写作的背景或针对性、思想内容提要、编者简评以及其他有关材料),力图说明唐弢的思想状况及其发展变化,供读者参考。

　　六、为了便于读者的进一步研究,除时代背景外,对本谱必要的引文和所据资料,均注明出处。与唐弢有关的人物、书刊、社团,在必要时进行简要的注释。

七、有些事实与唐弢在文集中的记忆描述不符的,则进行简单的考证、辨析,并以脚注的形式附于页末。

八、本谱所列其他资料,均注明出处,以便查阅。

九、本谱参考了傅小北、杨幼生二位先生编写的《唐弢年谱》,在此表示感谢。

目　录

第一编(1911—1929)

第四编(1977—1992)

第一编

1911—1929

诞生以前

唐弢出生于1913年,在这一年之前,中国发生了翻天覆地的变化:中国最后一个封建王朝——清朝灭亡,中华民国成立。中国历史翻开了崭新的一页,社会发生了深刻的变化。

1911 年(辛亥,宣统三年)

10 月 10 日,辛亥革命爆发,武昌新军占领武昌。到 11 月底,湖南、山西、陕西、云南、江西、上海、贵州、江苏、浙江、广西、安徽、福建、广东、四川等全国大部分省市宣言"独立",成立国民政府。

11 月 1 日,庆亲王奕劻为首的"皇族内阁"解职,任命袁世凯为总理大臣,袁受命组阁;12 日,袁世凯率卫队进京;16 日,袁世凯所组织的内阁宣告成立,阁员中有王士珍、赵秉钧、唐绍仪等,还有立宪派首领张謇、梁启超(被任命为法部次官,时在日本)。内阁的组成,标志着北洋军阀以及地主官僚买办和立宪派组成的联合政权的初步形成。

12 月,革命军攻克南京。

本年　11 月 6 日,镇海宣告光复,成立军政支部,推举驻镇军标统张载阳为支部长。

11 月 28 日,撤销军政支部,公推刘崇照为民政长,管理全县民政。

1912 年(壬子,民国元年)

1 月 1 日,孙中山在南京宣誓就任临时大总统。南京临时政府的成立,宣告了数千年来封建帝制在中国的终结和资产阶级共和国的诞生。2 日,南京临时政府通电各省改用阳历,并以临时大总统就职的阳历一月一日(辛亥年十一月十三日)作为民国建元的开始。

2 月 12 日,清帝溥仪退位。袁世凯随之加紧窃取革命成果。

2 月 15 日,南京临时参议院选举袁世凯为临时大总统。

4 月 1 日,孙中山正式解除临时大总统职。

4 月 2 日,临时参议院议决临时政府迁往北京。辛亥革命在内外势力的围攻下,以妥协告终。

8 月,黄兴、宋教仁等未经孙中山先生同意,在"朝野合作"的旗号下,改组同盟会,与其他几个政党成立国民党。

本年　1 月 1 日,镇海成立县公署,刘崇照为首任县知事。镇海县遵南京临时政府令,革除旧制陋习,改用阳历,易冠服,废跪拜,剪除发辫,劝禁缠足,禁鸦片,禁赌博,禁蓄婢宿娼,严禁贩卖人口,解放"堕民"。

1913 年(癸丑,民国 2 年),1 岁

本年　7 月 12 日,"二次革命"爆发。宋教仁被杀害和袁世凯领导的北洋军阀政府善后大借款两案发生后,孙中山力主"武力讨袁"。7 月 12 日,袁世凯又命北洋军入驻江西,国民党人江西都督李烈钧遂在孙中山指示下宣布江西独立,发檄讨袁,发动"二次革命"。接着,皖、粤、闽、湘等省相继宣布独立,宁、沪、渝也宣布讨袁。

9 月,因国民党内部涣散,"二次革命"失败。

9 月 27 日(阴历八月二十七日),为孔子生日。康有为、陈焕章等借机复孔,宣扬孔教。袁世凯则借复孔、尊孔的机会稳固自己的地位。

10 月 10 日,袁世凯在北京故宫太和殿就任正式大总统。

11 月 4 日,袁世凯下令解散国民党,并撤除国民党党籍的国会议员,国会此后遂停顿。

本年　3 月,宁波电话公司成立,1920 年改为四明电话公司。

6 月 12 日,沪杭甬铁路收归国有。

6 月,鄞县公立医院成立。

7 月 7 日,宁波为响应"二次革命"声讨袁世凯,宣布宁波独立,不久又取消独立。

唐弢于 1913 年 3 月 3 日出生于浙江省镇海县西乡古唐村(俗称畈田

塘,又称畈里塘、畈地塘)①。其家出身于自耕农家庭,从唐弢的父亲往上溯,他们家五代都不识字。在其祖父时,家里有三十亩左右的田地,一家人自耕。由于祖父经营有方,三个儿子身强力壮,所以在其祖父时,家庭经济状况较好。

唐弢,原名唐端毅,字越臣。② 根据唐弢家的家族谱系,族人依次按"福、禄、永、昌、隆、和、良、端、世、美、才、智、瑞、宁、聪"等十五个字为辈分取名。③ 唐弢属"端"字辈,故唐弢入本村古唐小学时,老师给他取名"端毅"。"唐弢"这个名字,是在祖母带唐弢去邻县化城寺④进香时,由住持净戒和尚取的。

祖父唐东懋,字槐林。死于唐弢出生前二年,自耕农。唐家在其祖父生前,因唐弢的大伯、父亲、叔叔(据唐弢家的族谱《蛟西唐氏宗谱》⑤记载,唐弢的父亲排行第三,这与唐弢的记忆和记载有出入)成年能干,故又租了另外的田,总共有五十多亩地,全家大小十口,衣食温饱。祖父死后,家境逐渐开始败落。唐弢的祖父因热心桑梓,行善乡里,所以唐家一族的《蛟西唐氏宗谱》专门为他立传。

祖母死于 1939 年 10 月。她勤劳能干,性格相当爽直,好管闲事。她留天足,不缠脚,能做田里活。她又会唱很多的山歌,似乎满脑袋里都装着有趣的山歌,还时常给幼年的唐弢和他的姊妹们讲故事。她从没打过孩子,但似乎也不过分疼爱。在她的丈夫死后,家境开始衰败,从而开始

---

① 此村原属镇海县西乡。1954 年属镇海县梅堰乡,后来为了建造庄桥机场,于 1954 年 10 月划入宁波市江北区,今属宁波市江北区甬江街道。唐弢本人和所有文史资料介绍唐弢的,都写作:唐弢为镇海县人。

② 又据唐弢于 1983 年 9 月 30 日夜致袁蓉芳的信中称,"越臣"是小名,家里取的。(见《唐弢文集》第 10 卷《书信卷》,第 615 页,社会科学文献出版社 1995 年版)

③ 此据唐弢于 1983 年 1 月 20 日写的《我与杂文》一文。而据他于 1985 年 6 月的口述《浮生自述》,又认为其家庭的辈分取字为"福、禄、永、昌、隆、和、良、端、世、美"十个字,现据《蛟西唐氏家谱》所载,确定为此十五字。

④ 化城寺,据清光绪二十五年余姚县志,原名化城庵。故址在今余姚市兰江街道凤亭村,遗迹已无。

⑤ 《蛟西唐氏宗谱》,庄兆熊等纂修,民国 10 年(1921)修,木活字本,现藏上海图书馆。

信佛。

父亲唐良甫,小名安宏。死于1933年1月25日(壬申年除夕)①。他性格开朗,为人正直,除种田外,还学有一套针灸技术,能为人诊治,并且不收一分钱。唐弢的父亲又很要强。因为不识字,在入股由本村的地主开的"同义"米店时,被入股的地主和村长通过计账做手脚的方式,造成虚假的巨大的亏空,从而负了很多债,所以他下定决心,不惜一切代价要培养儿子读书。他又是一个勤劳而节俭的人,因为有一次进城积肥,回途中沉船,为抢救积肥而造成闪腰,以后转成疾病,无法再下田劳动,从而离开了土地。唐弢的父亲不乏宁波人的精明,思路较活络,他对唐弢的影响较大,他的因不识字而受冤含屈、省吃俭用刻意供儿子读书的决心,使唐弢终生铭记。

母亲王氏,蓄小脚,只能在旱地上操作,不能下水田种地。她比较拘谨,沉着,当家管事全靠她,她又很细心。母亲在家排行老大,下有两个弟弟。

唐弢前妻王娩,生于旧式家庭,为人细心、周详、柔和,具有"优越的处事的才能"(唐弢语)。她爱自己的丈夫和孩子,爱生活,但苦难的生活又使她变得果敢、坚强。王娩于1939年10月12日不幸死于肺结核病。

唐弢的第二任妻子沈絜云,为他在上海邮局的同事,于1946年12月27日在上海结婚,夫妻恩爱,陪伴唐弢走完了一生。

唐弢有两个姐姐,三个妹妹,唐弢在家中排行老三,是家中的独子。

唐弢的大伯父唐良余,据唐弢在《浮生自述》中回忆,大伯爱赌钱,又抽大烟,因此把唐弢祖父死后分得他名下和祖母名下的地都卖光,此后离家出走,长期不知下落,后来才打听到在厦门当码头工人,一直没有回来,客死他乡。据唐弢家的族谱《蛟西唐氏宗谱》记载,大伯父生有一子,名唐端兴。

---

① 据唐弢的《浮生自述》(见傅小北、杨幼生编《唐弢研究资料》第104页,中国社会科学院文学研究所总纂之《中国现代文学史资料全编·现代卷16》,知识产权出版社2010年版)记述,其父死于1933年1月14日,此为唐弢误记,因壬申年除夕为1933年1月25日。唐弢在《我的第一篇文章》(1982年3月3日写,见《唐弢研究资料》第71页)一文中,又说父亲死于壬申年除夕,即1933年1月25日。

　　唐弢的叔叔唐良庆后来染病而亡，据唐弢在《浮生自述》中回忆，他死时不满二十岁。又据唐弢在《浮生自述》中回忆，唐良庆为其叔父。但据《蛟西唐氏宗谱·槐林公传》记载，唐良庆为其二伯父，唐弢的父亲排行最小。①

　　镇海，古称浃口，别名蛟川。古属越地，秦为句章县东境。后梁开平三年（909）闰八月，吴越王钱镠奏置望海县，不久改称定海（据《旧五代史·郡县志》）。清康熙二十六年（1687）改名镇海。至 1985 年撤县属市，以甬江为界分拆为宁波镇海、滨海（后改北仑）两区，前后历 1077 年。

　　镇海县境处于宁波东北，汤汤甬江横贯中部水网平原，其地扼宁、绍咽喉，卫浙东门户。自东汉顺帝阳嘉元年（132）在沿海屯兵设戍开始，历代均视为军事要地。境内气候宜人，丘陵、平原、港湾、海涂资源优厚，有渔盐农林之利。人民勤劳英勇，民风淳厚。千余年来，民众反对封建统治者、外来侵略者的斗争不断。凡浙东地区抗暴起义、革命运动，镇海人民屡屡响应，在抗倭、抗英、抗法和抗日战争中，均有英勇壮烈的昭昭史迹。

　　宁波地处海滨，地少人稠，长期以来有外出经商的传统，又受到浙东学派"工商皆本"的启蒙思想，崇尚经商实业，并发展到去外埠打拼，逐渐形成了宁波商帮。这些人根在宁波，创业于上海，并由此不断向国内其他大城市和海外发展。唐弢所出生的镇海，也是宁波商帮人才辈出的地方，民众多有在上海经商实业的亲戚或家人。唐弢应该算是宁波帮的第二代，并且是其中从事文化事业的佼佼者。

1914 年（甲寅，民国 3 年），2 岁

　　本年　1 月 29 日，袁世凯指使其御用机构"政治会议"，通过祭天、祀孔两个决议案。此后，又大搞尊孔活动，为其复辟做准备。

　　孙中山继续为讨袁活动。于 9 月 1 日发表宣言通告海内外，宣布中

---

　　①　笔者根据唐弢写的回忆其祖母、外祖母的文章《二老》判断，唐弢的父亲排行应为最小，排行老三。

华革命党成立,所有国内外国民党组织未经解散者,"一律改组为中华革命党"。

8月,第一次世界大战爆发。

11月,日军占领青岛和胶济沿线。

本年　沪杭甬铁路宁波至百官段通车,全长77.9公里,路经镇海县境压赛、白沙,使得县人去上海经商、谋生更为方便。

1915年(乙卯,民国4年),3岁

本年　日本帝国主义向袁世凯政府提出"二十一条",作为支持袁世凯复辟称帝的交换条件。袁称帝心切,急于取得日本的支持,竟不顾亡国灭种的危机,准备大肆卖国。3月,上海绅商学界率先集会,反对中日签订"二十一条",并决议排斥日货、储金救国,各地先后掀起抵制日货运动。

袁世凯加紧镇压革命党人,加快复辟步伐。

本年　9月15日,《青年杂志》在上海创刊。由陈独秀任主编,半年为一卷。在创刊号上,陈独秀发表《敬告青年》《法兰西人与近代文明》等文章,主张民主政治,提倡人权,反抗君主,反对强权,反对定孔教为国教。《青年杂志》是《新青年》杂志的前身,是当时最有影响的杂志之一。

本年　12月12日,袁世凯宣示承受帝位。31日,下令改明年为中华帝国洪宪元年。

本年　12月25日,进步党人蔡锷和国民党人李烈钧等联络滇军反袁的中下级军官,迫令云南将军唐继尧起义,宣布云南独立并讨袁,护国战争爆发。

本年　沪甬线宁绍轮在镇海停泊搭客,以驳船接送旅客。县人去上海更为方便。

1916年(丙辰,民国5年),4岁

本年　袁世凯迫于讨袁压力,于3月22日不得不撤销帝制,仍自称大总统,又任徐世昌为国务卿,召集代行立法院临时会议。次日,又命段

祺瑞为参谋总长,废止"洪宪"年号。同时,又企图与护国军议和。护国军于 27 日复电,谓议和须袁总统去职。

5 月 9 日,孙中山发表第二次讨袁宣言,号召"保持民国,不徒以去袁为毕事"。

6 月 6 日,袁世凯在全国人民的愤怒声讨中,忧惧而死。7 日,黎元洪代行大总统职权。

9 月 1 日,《青年杂志》更名《新青年》。《青年杂志》于本年 2 月 15 日出版至一卷六号后休刊半年。本日自二卷一号起复刊,更名《新青年》,同时成立《新青年》杂志社。

本年　8 月 22 日,孙中山抵宁波,于宁波浙江省立第四中学(今宁波中学)发表演说,提出振兴实业、讲求水利、整顿市政,鼓励甬人积极经营、奋发自强。25 日,孙中山游普陀。

同其他的男孩子一样,幼年的唐弢是很活泼爱玩的。离古唐村一二十里地,有个镇叫潮浦镇,濒临海边,有很大的滩涂。童年时,他很爱海,喜欢听风刮海潮的怒啸。他又最喜欢离开村子跟人到海边闲逛。潮落了,就去滩涂上捉螃蟹,拾螺狮。滩涂十最容易捉的蟹叫沙蟹,这种蟹味稍苦,可以磨成浆佐餐,煮或炒着吃却没有味道。由于玩得尽兴,唐弢在夜里就住在海边的亲戚家。那时,唐弢在潮浦的海边玩,被晒得黝黑、健康,小小的年纪,从古唐村到潮浦的海边,即使走上几十里路也满不在乎。

1917 年(丁巳,民国 6 年),5 岁

本年　1 月,胡适在《新青年》二卷五号上发表《文学改良刍议》一文,提出文学改良的"八不主义"。2 月,在《新青年》二卷六号上,同时发表了陈独秀的《文学革命论》、吴虞的《家族制度与专制主义根据论》等文章,借文学革命,反对封建礼制。

本年　春,围绕中国是否参加欧战的问题上,"府院之争"大举发作。在冯国璋调停纷争后,张勋借入京调停的机会,图谋复辟。

3 月，《南社小说集》由上海文明书局出版。该书系柳亚子主编，体现了南社社员在旧民主主义革命失败后的消沉和悲观的情绪。

7 月 1 日，张勋拥溥仪复辟，历时十二天彻底失败。14 日，段祺瑞组阁。

7 月 17 日，段祺瑞重新执政后，悍然废弃国会和《临时约法》。孙中山于本日自汕头抵广州黄埔，开始倡导"护法运动"。

10 月 7 日，俄国十月革命胜利。京沪报纸大量报道十月革命的消息。

安园，在村子的北头、唐弢家屋后的靠西边，原应是一个大户人家的宅院，先前有一块节孝牌坊，后因这户人家败落，屋宇变为废墟，牌坊也只剩二根柱子，此后便成为了荒芜的墓地。"那地方有荠菜，有马兰头，有覆盆子。春天，可以掘些蚯蚓来钓鱼，秋天有蟋蟀可捉。"因此，童年的唐弢往那儿去玩的时候特别多。

此时，家庭生活逐渐走下坡路。伯父不再参加劳动，而是赌钱、抽大烟。输钱后，就把分得的田地尽数卖去，一面又逼着祖母，要她拿出她的一份田契来。家里经常为此吵架。有一次，唐弢的祖母正在厨下烧火，伯父从外赌博回来，逼着祖母要房契，并在争吵中夺过祖母手中的拨火棍——火钳，击打祖母的头部两下，使祖母立刻痛倒在地。之后，祖母大哭一场，几乎咽气。这给幼年的唐弢留下了较深的印象。

1918 年(戊午,民国 7 年),6 岁

本年　1 月，《新青年》编辑部经改组扩大，由主要宣传介绍西方自然科学和资产阶级政治学说，逐步成为"打倒孔家店"、宣传马列主义的主要阵地。

3 月 4 日，上海《时事新报》副刊《学灯》创刊，为我国报纸开辟学术性副刊之始。

3 月 23 日，段祺瑞重任国务总理。29 日，段祺瑞新内阁成立，继续卖国的政策，与日本签订了共同防敌军事协定，并向日本大借款，遭到民众

的反对。

5 月，孙中山发起的"护法运动"失败，被迫辞去大元帅职务。

5 月，鲁迅的第一篇白话小说《狂人日记》在《新青年》四卷五号发表。

6 月，《新青年》四卷六号特辟"易卜生"专号，介绍易卜生的生平和著作，并发表了罗家伦和胡适合译的《娜拉》（易卜生作）。

8 月 12 日，段祺瑞的北方新国会开幕。31 日，南方政府通电反对北方新国会。

11 月 11 日，第一次世界大战结束。11 月 15 日至 16 日，李大钊在《新青年》五卷五号上发表《庶民的胜利》、《布尔什维主义的胜利》二文，分析了一战的帝国主义性质，认为大战的结束是庶民的胜利。社会主义的胜利，坚信未来"必是赤旗的世界"。

唐弢的伯父由于赌博、抽大烟等原因，在不到两年的时间里，便将祖父遗下的三十亩田的三分之二，转到村长的名下，家庭境况越来越困难。唐弢的父亲眼见着受尽挫折，加之早些年因为积肥沉船而闪腰落下的病根，因此也终于改变主意，穿上长衫，和土地分了手。唐弢的父亲试图挤入绅士的队伍，想成为村里的要人，开始从事诸如修桥、导河、兴学的"公益"事情。同时，他加入了本村富户办的"同义"米店，兼作碾米生意。因"同义"的掌柜和会计，都是村长的心腹，父亲因此没有能力去过问店务，却常到店里去支钱，又因不识字，所以他支二元，别人记三元；他支五元，别人记十元。到年终结账，他亏空了一笔很大的款子，为此，村长便要会计天天来讨账。唐弢的父亲自己不识字，记账的时候又没有过目，现在明知有鬼，然而白纸黑字，笔墨分明，人证物证又都不在自己这一边，吵了一场，只得卖去田地，把钱赔了出去，又负了不少债。有鉴于自己因不识字而吃的大亏，所以他下定决心要让儿子唐弢上学读书。

唐弢的父亲的经历，对唐弢的影响很深，使他在长大后，直到晚年，都念念不忘自己的父亲对自己读书的期望，念念不忘父亲在自己的求学的路上所受的欺凌和侮蔑。

1919 年(己未,民国 8 年),7 岁

本年　1 月 18 日,由英、法、美等国操纵的巴黎和会开幕。由于中国在第一次世界大战中参加了协约国一方,因此便以战胜国的资格派出代表参加会议。中国代表在民众的压力下,提出了取消列强在华特权、取消日本和袁世凯订立的二十一条不平等条约、归还在大战期间被日本夺去的德国在山东占有的各种权益等要求。这些要求只有山东问题在巴黎和会上付诸讨论,而日本则坚持他们在山东获得的利益是"合理"的。最终,日本的要求得到了满足,而中国在"和会"中一无所获。消息传来,国人震怒。中国在巴黎和会上的失败,遂成为五四运动爆发的导火线。

本年　新文化倡导者继续与复古主义者、顽固守旧派林纾等论争。《新青年》继续发挥战斗作用,并宣传马克思主义学说。

5 月 4 日,五四运动爆发。4 月 30 日,日本攫取原来德国在我国山东的侵略利益,被"凡尔赛和约"明文肯定下来。消息传来,群情激愤。5 月 4 日,北京专科以上各校学生三千余人,在天安门集会,高呼"外争国权,内惩国贼"、"拒绝合约签字"等口号,并一致要求惩办亲日派、卖国贼曹汝霖、陆宗舆、章宗祥。爱国群众火烧赵家楼曹宅,痛打章宗祥。北洋军阀政府派出大批军警镇压爱国群众,被捕者二十二人。由此发端的著名的五四运动,迅速扩大到全国各地,成为彻底的不妥协的反对帝国主义和封建主义的革命运动,成为我国从旧民主主义革命转向新民主主义革命的伟大转折。

在这一运动中,以李大钊等为代表的共产主义知识分子站在最前列,起着领导的作用。

6 月 3 日,北京学生约 2000 人,为反帝反封建上街演讲,遭反动军警残酷镇压,从而激起全国人民的公愤。五四爱国运动遂由学生罢课发展到上海、南京、天津等地的工人罢工、商人罢市,成为全国范围的革命运动。6 月 28 日,参加巴黎和会的中国代表迫于国内民众的压力,拒绝在和会上签字,使五四运动的直接斗争目标实现,运动初步取得胜利。

10 月 10 日,孙中山宣布改中华革命党为中国国民党,以"巩固共和,实行三民主义"为政纲。

本年　国内各地开始出现马克思主义团体和革命刊物,如毛泽东的《湘江评论》,周恩来和邓颖超等在天津成立了觉悟社,出版刊物《觉悟》。

本年　李大钊和胡适之间对"问题"和"主义"发生了论战。

本年　5月10日,宁波效实中学、省立第四中学学生集会,通电声援五四运动。至此,宁波各界开展工人罢工罢运、学生罢课、商界罢市、抵制日货的救国运动。5月19日,宁波中等以上学生联合会(后称宁波学生联合会)成立。5月中旬,和丰纱厂职工与记者、小学教员首先成立组织救国"十人团",后扩大成立为宁波救国十人团联合会,团的基层组织和团员不断扩大。

五四运动浪潮传入镇海,城区、柴桥等地学校师生组织游行示威宣传,并联合工商各界组织掀起各项救国运动。

本年,唐弢入本村的古唐小学读书。

这所初级小学设在本村的祠堂内,除了正面排着的祖宗的牌位外,两廊是寄存着的寿材。学生们就挤在这样的有"鬼气的教室"里,一年级到四年级都混合着,形式上是还未脱离私塾的形式,但教育制度已经改革,实行的大概是壬子癸丑学制,其全部学程分为五个阶段·初小、高小、中学、预科、大学。因此在古唐小学,唐弢学的初小课程有修身、国文、算术、手工、画图、唱歌、体操等,后来增加了一门应用文课程,而应用文课本则选了骈四俪六的《秋水轩尺牍》。此书由清人许葭村著。许葭村,字思湄,浙江山阴(今属绍兴)县人,现仅有《秋水轩尺牍》一卷存世,这是他的书信集,其行文中充满着琐屑的温情与才情,文辞简洁雅丽,雍容有致,辞采华茂典雅,款款情深,频频用典而四六娴熟,又尽显文言书信特质。

在入小学时,因他属唐氏"端"字辈,老师给他取名叫"端毅",字"越臣"。①

1920 年(庚申,民国 9 年),8 岁

本年　1 月,李大钊、陈独秀等开始探讨成立中国共产党的问题。3 月,共产国际代表来华,同李大钊、陈独秀联系,希望能帮助建立中国共产党。

5 月,陈望道所译的《共产党宣言》(全译本)由上海社会主义研究所出版。

中国第一次纪念"五一"劳动节。《新青年》七卷六号刊出"劳动节纪念号"。《新青年》继续成为宣传马克思主义思想的阵地。

7 月,直系军阀与皖系军阀在北京附近接触,直皖战争爆发。北洋政府各派系继续明争暗斗。

本年　5 月 9 日,宁波学生界和知识界在小校场举行"五九"(1915 年 5 月 9 日袁世凯承认日本提出的二十一条不平等条约)国耻纪念会,民醒砂皮厂工人停工参加。

6—7 月,宁波镇海由于去岁歉收,米价昂贵,饥民相属于道,官绅协办平粜。部分乡开始出现"吃大户"事件。

《秋水轩尺牍》是作为古唐小学增加的应用文课程的教科书使用的,虽然八行书、黄伞格早已过时,但老师还是按这本教科书教了一些怎样称呼、何为抬头之类的学问,内容都是请托问候的话。唐弢认为,这样的满纸"恭维"、"恭维",令人学起来索然无味。但唐弢对对仗却感到很有兴趣,因为它读起来旋律起伏,音调铿锵,和散文相比,别有一番滋味,因此

---

① 据唐弢在《我与杂文》(见傅小北、杨幼生编《唐弢研究资料》第 80 页,中国社会科学院文学研究所总纂之《中国现代文学史资料全编·现代卷 16》,知识产权出版社 2010 年版)一文中说"我进小学是五四运动第二年",笔者根据唐弢的多次回忆文章来综合判断,认为唐弢的入学年月,应以傅、杨二先生的年谱所定的入学年份为正确。

很认真地背诵了一番。后来，唐弢认为，从形式入手，使他后来的接近诗歌，喜欢李义山、温庭筠，乃至爱读汉魏六朝文章，可能和这部骈体尺牍有关。

对于唐弢的入学读书，唐弢的父亲受到了村里人，特别是乡绅富户的嘲笑。因为在古唐村，有一种古老的观念，认为搠锄头柄人家的子弟，是不必要多读书的，因为他们的命运注定是种田胚。因此，古唐村虽没有巨富之家，但小康人家是有的。高墙头，小老婆，鸦片烟枪，一件不少，只是找不出一个中学生。那些有钱人家的子弟，在小学里毕了业，就被送到钱庄里，糖行里，南货店里，当学徒去了。贫穷的呢，留在乡下，仍是种田胚。所以，唐弢的父亲下决心将儿子送到古唐小学读书时，受到了村里有钱人的讥笑和嘲讽，一个绅士扬言并造谣说："他家连便缸基地也卖给我了，还给读书，死不觉悟！"

在宁波乡下，穷到卖田卖屋，一定会被看成是坏胚子，但还不足为奇。只有便缸基地（即放粪缸的地基）是不能卖的，一卖，这就把子孙的根基地也卖掉了，据说后代子孙就不会"发"。

这位绅士的诬蔑，说得那么肯定，断定了唐家子孙和唐弢的前途。不久，这谣言就在村里纷纷地传开了，使唐弢的祖母和母亲也开始怀疑起来。唐弢的父亲为此和他打了一架。

但唐弢的父亲绝不因谣言而灰心，坚定地让儿子继续读书。这也使幼年的唐弢印象深刻，直到唐弢晚年还时常忆起。

1921 年（辛酉，民国 10 年），9 岁

本年　4 月，广东国会议员开会，推举孙中山为非常大总统，与北洋政府对抗。5 月 5 日，孙中山赴国会宣誓就任中华民国非常大总统。同年 11 月 15 日，孙中山在桂林组织大本营，筹备北伐。

7 月，中国共产党第一次代表大会在上海和浙江嘉兴召开。

本年　镇海飓风霆雨成灾，江南诸多堤塘、道路、桥梁被毁，稻作、棉花遭淹。

　　唐弢的祖母因为家庭的日渐衰落和变故，开始信佛，并在农闲时，常去县境和周边邻县的寺庙庵堂拜佛。暑假里，唐弢又一次随祖母到邻县的化城寺去进香。

　　化城寺距古唐村一百里地，从水路和坐火车半天都可以到达。因该寺的住持净戒和尚跟唐家人熟悉，有时还会送点桃子给唐家，因此唐弢也认识他。

　　此前，唐弢因读了几本古书之后，对自己的名字"端毅"有点不满起来，觉得像是身后的谥法，因为这个名字，与明崇祯时的进士龚鼎孳（芝麓）的谥"端毅"同名。此人先投降李自成，后又迎降清兵，在清朝以原官起用。因此，小唐弢认为龚鼎孳乃是一个汉奸，觉得自己和汉奸同名，实在是太不光彩了。到了化城寺，祖孙俩见了住持和尚净戒法师之后，唐弢就把对名字的苦恼告诉了他。净戒很是热心，翻了许多书，先给他取名为"楸"，因犯了祖父的讳，祖母不同意。净戒和尚又琢磨了两天，就给唐弢取了个单名"弢"。《说文》："弢，弓衣也"，也就是装弓的囊。唐弢因此改为此名。

1922 年（壬戌，民国 11 年），10 岁

　　本年　中国工人运动蓬勃发展。1 月 12 日，香港海员 6000 多人为增加工资举行罢工。3 月 27 日，香港当局为镇压海员罢工，宣布戒严令，引发工人强烈反抗，罢工浪潮更为高涨。28 日，香港全市数十万工人举行总盟罢工。工会号召工人离开香港回广州。当时，工人们纷纷乘夜渡海，徒步回省。3 月 4 日，当 2000 多工人步行至沙田时，英兵开枪射击，死六人，伤数百人，造成"沙田惨案"。此后，工人斗争更加强烈，终于迫使香港政府不得不接受工会所提条件，罢工遂以胜利结束。

　　3 月 6 日，华盛顿九国会议签订公约。公约的签订，又使中国恢复到了由几个帝国主义国家支配的局面。

　　5 月 1 日，由劳动组合书记部发起，在广州举行第一次全国劳工大会。共产党、国民党、无政府党等党派及无党派代表一百六十二人出席大

会,共代表会员三十余万。大会讨论了工人参加民主革命和组织全国总工会等问题,通过了共产党提出的"打倒帝国主义"、"打倒军阀"的口号及八小时工作制、罢工援助案等九项决议。

7月,中国共产党第二次全国代表大会在上海举行。大会正确分析了世界形势和中国社会状况,明确提出了党的最低纲领和最高纲领,并通过了各项政治、组织决议案,制定了更为完备的党章。

8月24日,京汉铁路长辛店工人罢工。

9月13日,安源煤矿工人大罢工。

10月16日,开滦工人举行罢工。

11月17日,北京工人、学生举行十月革命胜利五周年纪念大会。

本年 宁波工农运动亦蓬勃发展。3月21日,镇海昆亭、三山等地乡民不堪盐税盘剥和盐警肆虐,聚众暴动。后经镇海县知事协调冲突双方,允诺降低盐税,约束盐警,事方平息。6月4日,余姚兰塘乡数千农民反对清丈沙灶地和升科征粮。8月20日,宁波永兴洋行工人罢工,反对大班虐待工人。9月,余姚2万盐民罢工,要求废除苛捐。10月20日,宁波金银业工人募款支援上海同行罢工。

开始读《水浒传》,听同学讲《红楼梦》、《三国演义》和《西游记》的故事。

作为高年级生,同班同学中每人各有一些低年级同学纠集在周围,形成类似帮派的小团伙,一起在课余结伙打闹,好像三国时群雄的割据争斗。在唐弢的周围,也以唐弢为头目纠集了一群同学,参与这样的争斗,这给唐弢留下了深刻的印象。

1923年(癸亥,民国12年),11岁

本年 孙中山开始探索寻求国际革命力量的支持和学习苏联。

2月7日,直系军阀吴佩孚疯狂屠杀为争取成立公路总工会而举行罢工的京汉铁路工人,造成震惊中外的"二七"大惨案,使得各地工人纷纷

罢工支援,学生组织罢课和集会游行。

3月,全国各界爆发要求废除"二十一条"、要求收回旅顺、大连的运动。上海、北京相继爆发大规模的民众运动,浙江、南京、天津、武汉等省市也发生大规模示威游行。此运动一直延续到五月。

6月,中国共产党第三次全国代表大会在广州举行。大会通过了与国民党合作、建立统一战线的决议。

10月5日,北京召开总统选举会,曹锟贿选成功。孙中山作为南方军政府大元帅,下令讨伐。

本年　11月7日,宁波数百名石匠集议天封桥跟鲁班殿要求加薪,城乡同业5000余人罢工。

本年　招商局在镇海城区济川渡西建轮埠,沪甬线客轮进出在此停靠。宁波人去上海更加方便。

在本村的古唐小学修完四年级初小。秋,唐弢被送到十几里外的邻村柏墅方进高小。这所学校名培玉小学。培玉小学由镇海旅沪的宁波帮人士、银行家方椒伯(1885—1968,名积蕃)于1905年集资创办①,是一所比较完善的小学。学校校舍和设备比较完善,有二层楼洋房,有花园、露天操场、风雨操场、图书馆、仪器室和宿舍。全校有三百多个学生,大多为走读生,唐弢是二十几名寄宿生中的一个。

培玉的第一任校长由方椒伯自任,后聘请江伍民先生为校长。江伍民,号后邨,是剡溪有名的学者,前清举人,出过《后邨诗集》。方家请他来当校长,也有借此号召之意。因此,培玉小学聚集了一批慕名而来的老师,教唐弢的老师中有宁海的黄寄凡、歙县的程庚白、奉化的邬显章等诸先生。

---

①　此据宁波市政协文史和学习委、政协镇海区委员会编的《镇海籍宁波帮人士》(中国文史出版社2007年10月版)一书第135页。另据《镇海县教育志》,培玉学校原名方氏培玉两等学堂,拨方氏义塾师范堂公款银8000余元特建新舍并充办学经费,后方舜年捐资银20000两,族人方积钰、方积蕃等亦各出资不等捐助。学校后名方氏培玉国民学校。故《镇海县教育志》认为,此校创办与续办人为方舜年、方积钰等,创办时间为1906年。

在培玉,唐弢最喜欢的地方是图书馆和校园。

这一年,唐弢在培玉是从高小的五年级开始的,英文要读第二册,课程还设有理化、卫生和本国史地,还要读经。唐弢入校上课后,觉得功课并不难,应付正课绰绰有余。因此,他一有空闲就跑图书馆。图书馆里有一部孙静庵编的札记小说《夕阳红泪录》,记叙了许多明末历史人物,其中唐弢最佩服的是张苍水和夏完淳,这本书对少年唐弢的影响也很大。此外,他还寻找并看了零星的《国粹丛书》《南社丛刻》,开始对南社以文学鼓吹革命表示了深深的好感。

黄寄凡先生同情新文化运动,在上课时介绍了胡适、鲁迅、周作人、沈尹默等的新体诗和白话文,还有易卜生主义。

1924 年(甲子,民国 13 年),12 岁

本年　1 月 20 日,国民党第一次全国代表大会在广州召开,会议决定改组国民党,允许共产党员以个人名义加入该党。会议重新解释了"三民主义",制定了"联俄、联共、扶助农工"三大政策。至此,以国共两党合作为基础的革命统一战线正式成立。

本年　北京、上海两地学生联合会分别成立反帝、废约同盟,要求反对帝国主义、废除不平等条约。北洋政府各派系之间权力斗争依旧。孙中山于 11 月 10 日发表北上宣言,主张打倒军阀和帝国主义,废除不平等条约,召集国民议会"以谋中国之统一与建设"。

本年　5 月,社会主义青年团宁波地方团成立。各县先后建立了团支部。学校和师生的革命活动也开始活跃。

本年初　黄寄凡先生因被诿离开学校,到南方去从军。临离别时,他为唐弢刻了一个石章,又送了一幅屏条。

黄寄凡先生被称为"宁海才子",除书画金石之外,还作得好诗,而且又同情新文化运动,常常为学生们讲解胡适的思想。他比较喜欢唐弢,竭力为他延誉,以至于公开说唐弢是门人里面最得意的一个。因此,高年级

的旧生不敢欺侮唐弢这个新生,也使他有安静的时间读了一些书。

黄寄凡先生对唐弢的影响较大,特别是在接受新文化思想方面。

接替寄凡先生教席的,是来自安徽歙县的程庚白先生和奉化的邬显章先生。程庚白先生教他选读武林缪艮(莲仙)编的《梦笔生花》,这是一本游戏性的笔墨,篇目中有如《肚疼埋怨灶君》、《猢狲戴帽儿》之类,目的是要使学生开阔思路,不受拘束。邬显章教他看明清以来的写意画,借以诱发美感。

本年 在宁波拍摄人生的第一张照片。

1925 年(乙丑,民国 14 年),13 岁

本年 1 月,中国共产党在上海召开第四次全国代表大会,提出如何加强对日益高涨的革命运动的领导等问题,为群众革命斗争的高潮作了组织上的准备。

北洋军阀临时执政段祺瑞图谋并召开了善后会议,遭到中共和国民党左派的抵制。

3 月 12 日,孙中山在北京病逝。

5 月 30 日,震惊中外的"五卅"惨案发生。本月 15 日,上海日商内外棉纱厂第七厂的工人,为抗议日本资本家无理开除工人,举行了政治大罢工。共产党员顾正红被该厂资本家枪杀。中共决定发动抗议帝国主义屠杀中国人民的游行示威。30 日,工人、学生三千余人组成演讲队在租界宣传,近万名群众集中在英租界巡捕房门前,高呼"打倒帝国主义"、"收回外国租界"等口号,英巡捕竟开枪屠杀,当场死十余人,伤数十人。"五卅"惨案后,全国掀起了声援运动,各省市相继发生游行示威、罢工、罢课和罢市,形成了声势浩大的反帝爱国运动。

5 月,北京女子师范大学的学潮日益发展,不久融入全国的"五卅"运动中。

6 月,省港大罢工爆发。

7 月 1 日,广东政府改组,成立中华民国国民政府。

本年 国民党右派及西山会议派加紧分裂国共合作的统一战线,破

坏孙中山联俄联共的政策。

11月,在中共领导下,全国各界团体反对美英等12国于10月26日在北京召开的关税会议,并形成"反奉倒段"运动,运动由北京发展至全国。

本年 6月初,宁波和各县外交后援会成立,声援"五卅"运动。宁波的工人、学生运动进入高潮,纷纷罢工、罢课和罢市,并举行示威游行,抵制英、日货,募集款物支援上海工人斗争。英、日资企业的工人运动尤为突出。

本年 中共宁波支部、国民党宁波市党部相继成立。

在学校继续阅读一些课外读物和新文化运动方面的书刊,继续寻找和阅读《国粹丛书》和《南社丛刻》。在课本方面,读完了半部《论语》。

春,因镇海全县要开一个春季小学运动会,培玉小学练就了一套哑铃操参赛。唐弢因此得以随同学们第一次到镇海县城,并参观了坐落在甬江口、招宝山麓的威远炮台遗址,听体育老师讲述鸦片战争的故事,以及舟山群岛陷落,葛云飞、王锡朋、郑国鸿等在定海战死的事迹,还有镇海人民抗击英法侵略军的英勇事迹。

5月,上海"五卅"运动爆发。惨案的消息传到乡间,师生们罢课响应。师生们自编自导,演出了爱国戏剧,其中最受欢迎的是根据朝鲜故事改编的《安重根》。由于没有女生参加演出,唐弢勉强答应了扮演剧中的女主角。

因为要到县城演出,唐弢在这一年第二次来到镇海县城。

暑假时,师生们又坐着船到四乡去巡回演出,进行募捐,以支持上海的工人运动,并终于向上海汇出了一笔为数不算很小的爱国捐。

这次的巡回演出,增长了唐弢的见识,使他深深地感受到祖国山河的雄伟和可爱,对镇海的海防遗址留下了深刻的印象。

这一年,唐弢成为了学校的学生自治会会长。

暑假过后,开学不久,程庚白先生又被谗离校。唐弢很愤慨,提议和同学们一起随庚白先生离开。其时学期结束的大考刚经过一半,庚白先生不同意,其他老师又来打圆场,所以唐弢和同学们勉强结束了考试。但同学之间却产生了一个协定:宁愿牺牲文凭,下学期绝不再来学校。

寒假到了,校长江后邨先生找唐弢谈话,在照例的剀切的训导之后,希望唐弢下学期还来上学。唐弢口头上答应了。

1926 年(丙寅,民国 15 年),14 岁

本年 3 月 18 日,"三一八"惨案发生。本月,国民军和奉系军阀张作霖、李景林等交战,日本见奉军失利,恐危及它在中国的既得利益,公开出面干涉,于 3 月 12 日派军舰驶进大沽口,炮击国民军守军,国民军自卫还击。日本便以此为借口,联合英、美、法、意、荷、比、西等国,向段祺瑞执政府提出所谓"最后通牒",要求停止津沽间的军事行动和撤出防务等,并限于 48 小时内答复。在中共领导下,北京各界人民于 3 月 18 日在天安门集会,抗议帝国主义侵犯我国主权的罪行。集会后,大家赴段祺瑞执政府请愿。段竟令卫队开枪射击,并用大刀铁棍砍杀追打爱国群众,死伤达二百多人。

6 月,上海工人在上海总工会领导下,掀起了大罢工浪潮。六、七、八三个月内,罢工人数前后共有二十万人,到 9 月还有三万工人坚持着长期的罢工斗争。这次罢工,主要提出了要求集会结社的自由,要求最低限度的工资,要求缩短劳动时间和改善劳动条件等。

7 月,广州国民政府发布北伐宣言。9 日,国民革命军正式北伐。

10 月 23 日,周恩来领导的上海工人第一次起义,由于准备不足等原因失败。

本年 宁波的国共合作、工农运动继续推进,发生了和丰纱厂工人罢工、农民和盐民暴动等运动。

本年春节期间,唐弢的父亲带领唐弢到与父亲相得的本家家里去拜年。这本家是本不以唐弢的读书上学为然的,这次终于忍不住,问起唐弢的年龄。他明明知道唐弢已经 14 岁了,还明知故问唐弢的年龄,又以种

田人家不必让孩子读书的乡间看法,劝唐弢父让孩子学一门生意,以后成家算了。"况且你家是世代种田的,嗨嗨!"本家的轻蔑不屑的语气,使唐弢印象很深,给父亲的刺激更大。

本年的又一学期开始的时候,在培玉学校,唐弢所在的六年级班级,全班三十几个同学中只剩下六个同学继续上课。唐弢没有在培玉小学修完高小并毕业,就离开了学校。

春,在父亲的决绝的信心之下,唐弢离开培玉学校,离开故乡,到上海考取了华童公学。唐弢因毕业于农村学校,没有好好地学过英文,基础较差,故没有考入正科(中学部),但中文成绩考得还好,被收录在预科二年级(相当于小学五年级)。华童公学创办于1904年,校址在当时的上海北火车站附近,界路以南的爱而近路—克能海路交角,是由英国人出面,利用工部局华人纳的税办的,学校授课以英语教学为主。教师的待遇较优,其中有不少通儒硕学和新闻界人士,他们中曾教过唐弢的有王雷夏、余槐青、陈渊如、陈葆藩、王守先、汤梦吾等诸人。

唐弢因刚来学校,学校的功课比较忙,所以非常努力,常常读书自修到午夜。其他的同学作文只写五六百字,唐弢则经常写到三四千字,这使得王守先先生对审阅唐弢的文卷下过很大力气,他总是仔细审阅,加圈加点,并添上评语。他和汤梦百先生都认为文章应当有气势,主张文章光看不够,还得朗读,至少是默读,因此,他们的国文课本选读的是《孟子》。

唐弢的兴趣仍在本国文史方面,他开始系统地搜读《南社丛刻》和《国粹丛书》,并注意历史——尤其是明史,受到了章实斋"六经皆史"的思想的影响。

唐弢此次到上海读书,恰逢本族的同辈同学唐端镛要到上海去读书,于是父亲就托唐端镛的父亲唐良增(时为上海三阳南货店副经理)让唐弢去上海考学校。因此,唐弢初到上海时,先是和唐端镛同住,后住在三阳南货店,和店员、学徒们住在一起。本家免费供他食宿,学费则由父亲筹措。

5月底,上海工人、学生为纪念"五卅"运动一周年,上街游行、演讲,租界巡捕出来镇压。三阳南货店面对南京路,唐弢亲眼目睹了这一切,这使他非常激动,突然明白了先前在培玉学校化装募捐的意义。

学校中,有一个同学因为在此次的纪念游行中被捕,释放后,又被学校开除。这使唐弢很气愤,并觉得自己在这样的学校中受教育的可耻,从而想把自己埋入故纸堆里去,于是就读古书,首先注意的是诗词,并学着作诗,从五言到七言,从绝句到律诗,为了一字一韵,常至废寝忘食;又因爱好王次回的诗,喜欢"美人香草"的说法,偶成篇什,秾丽自喜,作的大多是艳体诗。

1927 年(丁卯,民国 16 年),15 岁

本年 2 月 19 日,北伐军占领浙江。上海工人在中共领导下,为配合北伐军的进军,打倒反革命势力,举行了第二次起义。自本日起,全上海工人开始总同盟罢工。21 日,罢工工人达 36 万以上。22 日,起义开始,但在租界的工部局与军阀孙传芳的镇压下终遭失败。

3 月 21 日,上海工人在周恩来、赵世炎、罗亦农等领导下举行第三次起义,经过三十多个小时的剧烈巷战,完全占领了上海。

本年 蒋介石加紧反共清党。4 月 12 日,蒋介石在上海发动反革命政变,大肆屠杀共产党人和革命群众。随后,广东、南京、无锡、杭州、厦门等地开始了所谓的"全面清党"。十八日,蒋在南京成立伪"国民政府"。

5 月 5 日,国民党中央常务委员会及各部长联席会议通过"清党原则"六条,并组织"中央清党委员会",通令各省清党。

4 月 27 日,中共在紧急关头于武汉召开"五大",对党的领导机关在革命统一战线中的右倾错误提出批评,但会后陈独秀等右倾分子仍掌握着中央大权,造成了第一次国内革命战争的失败。

7 月 15 日,武汉政府举行"分共"会议,标志着中共与国民党的第一次革命统一战线完全破裂。大批中共党员和革命分子遭大规模屠杀。

8 月 1 日,"八一"南昌起义,这是中共领导的人民武装向国民党打响的第一枪,开创了中共领导的中国革命武装斗争的道路。9 月,毛泽东领导秋收武装起义,成立中国工农红军第一军第一师。10 月底,毛泽东率秋收起义部队进入井冈山,建立中国第一个农村革命根据地,开始农村包围城市、最后夺取城市的革命道路。

8月7日，中国共产党中央在汉口召开紧急会议，发表《告全党党员书》，纠正陈独秀右倾投降主义路线，撤销陈的领导职务，确定了武装反抗国民党反动派和开展土地革命的总方针，是为"八七会议"。

10月，《语丝》周刊由北京改为在上海出版，自第四卷起，由鲁迅在上海接编。

中国共产主义青年团中央机关刊物《中国青年》被查禁，随后改名为《无产青年》，在上海秘密刊行。

华童公学的教师大多为英国人，也有一些中国人，其中颇多南社耆宿，专教中国古籍。学校一星期上五天课，星期六、星期日都休息。每周五天中，两天半中文，两天半英文，数学、化学、美术、体操等都由英籍教员担任，用英文教。四书五经则由中国老师教。

本年，唐弢开始转入正科。一次父亲从乡间来上海，父子俩同往河南路的商务印书馆，唐弢想买一套上下两部、刚刚出版的《辞源》。在问明价钱要四块钱后，父亲吓了一大跳，因为这套书比两担稻谷还贵。唐弢固执地要买，父亲以仿佛是乞求的目光看了儿子最后一眼，终于从腰包里吃力地摸出四块钱，数了两遍，然后颤巍巍地递到店员的手中。唐弢望着父亲，觉得他似乎突然间老了许多，鼻子一酸，热泪夺眶而出，赶紧抱起书，扶着父亲跟跟踉踉地走出了商务印书馆的大门。唐弢对于书是不舍的，然而对父亲的穷迫、衰迈，以及自己的固执，他是刻骨铭心的，他为父亲和自己痛哭，并充满了强烈的内疚和自我谴责。这件事对他的创伤太深了。

唐弢在课余爱好中国古典诗歌（买《辞源》也是因为要作诗，想有一部既标音韵，又释字义的工具书），喜欢李商隐、温庭筠的近体诗，并学着做，大部分是七言绝句，也有律诗。因为学校的老师余槐青先生负责中文教务工作，虽没有直接教过唐弢，但他常常抽阅唐弢的课卷，到高年级同学面前夸奖他，说唐弢文章写得好，为他延誉。所以，在本年一开学，唐弢即将陆续写成的一百多首诗抄送给余老师看，老师见他写得幼稚，劝他不要将作诗看得那么容易。这对唐弢震动很大，他把那本诗集撕碎、烧掉，决心从头做起，要把旧体诗学会写好。

烧掉自己的诗集后，唐弢又开始读诗、买书，并省下钱来从饱墨斋买回一大堆的南社诗文集,努力攻读。久之,兴趣又慢慢改变,由于南社几位先生的倡导,他从诗歌转到掌故,留心起所谓的野史来,从而对社会现实、历史开始进行观察和思考。

本学期开始,唐弢已经适应华童公学的教学,但也随即成了英语课上的"闹客"(义出 naughty),就是成绩过得去,却又相当顽皮的意思。这时的唐弢已经对洋式教育,有了反抗的情绪。

3 月 21 日,上海工人在周恩来、赵世炎等领导下举行了第三次武装起义,经过三十多个小时的激战,占领上海。在第三次武装起义中,外国殖民者军队进驻华童公学,上课一度中断。唐弢曾亲眼看到一支援工人纠察队的年轻同学(就是那个在"五卅"周年纪念时被捕而释放后,被华童公学开除的那个同学)倒在血泊中,由此受到了深刻的教育。

华童公学的学费较贵,学费每学期要四十元(当时三元钱可买一担米),还要买制服、制帽,这对于唐弢的父亲和家庭来说,压力是巨大的。

第二学期,唐弢因交不起学费而托病休学,回到家乡。华童公学写信来催,唐弢只得回信说身体不好,内心却十分痛苦。

唐弢在华童公学用的是"唐端毅"这个名字。

1928 年(戊辰,民国 17 年),16 岁

本年　1 月,在上海的创造社与太阳社成员共同提倡"革命文学",掀起"无产阶级文学运动",传播马克思主义文艺理论。他们纷纷发表文章,活跃了革命文艺,推动了后来的左翼文艺运动的发展。他们又对鲁迅等作家进行批判甚至攻击,造成一场"革命文学"的论争,这场论争延续一年之久,直接参加这场论争的文章不下百篇。

4 月,朱德、陈毅率领南昌起义保存下来的队伍和湘南起义部队,于 4 月 28 日与毛泽东领导的工农红军在井冈山会师,中国工农武装斗争继续发展。毛泽东领导的井冈山根据地在不断发展之中。

6 月 18 日至 7 月 11 日,中共"六大"在莫斯科召开。

10 月 23 日,团刊《无产青年》改名为《列宁青年》,在上海陆续发行。该刊于 1932 年 5 月停刊。

唐弢的父亲为了让儿子到上海读书,这几年卖田典屋,家境一年不如一年。

年初,由一个亲戚介绍,想进上海铁路局工程处当徒工。父亲便筹集些盘缠,陪唐弢到上海投考,但错过了铁路方面的考期,父子俩束手无策。那位远房亲戚只得劝父亲让唐弢继续读书,答应让唐弢住在他家(在界路的一条里弄里,两上两下的房子),由他供应食宿,学费则自己筹措。父亲便将别人资助的盘缠移作学费,让唐弢重新回到华童公学读书。

课余,唐弢继续读诗,写诗。从喜欢温、李诗,到庾子山、陶渊明、曹操父子的诗和《古诗十九首》,多方面地探索诗歌的规律。又将陆续写成的近百首诗送给余槐青老师看,受到了赞扬。他课余还喜欢美术,并学习绘画,很佩服王维的"诗中有画,画中有诗"的特点。唐弢欣赏艺文的范围渐广。

对于余槐青老师,唐弢怀着深深的感激之情,一直没有忘怀。

1929 年(己巳,民国 18 年),17 岁

本年　1 月 10 日,国民党第 190 次中央常务会议通过《宣传品审查条例》十五条。其中规定凡"宣传共产主义及阶级斗争者",以及其他"反对或违背本党主义政纲政策及决议案者",均为"反动宣传品",予以"查禁查封或究办之"。

1 月,国民党军队第三次"会剿"井冈山。红军主力转战赣南,3 月底东征福建,扩大了革命力量。同时,闽浙赣、湘鄂西、鄂豫皖、广西左右江等革命根据地也有了迅速的发展。

10 月 18 日,国民党政府"令全国军政机构,一律严密查禁"进步书刊,"以遏乱源"。

这一年,唐弢跳了一级,已读到正科二年级(旧制中学二年级)。

家庭经济继续恶化,父亲为了筹措唐弢这几年的学费,卖出了仅有的几亩田,还欠了不少债,受尽了绅士们的非难和轻蔑,神经已经失常。家

庭实在无法继续供唐弢读书,唐弢决定辍学工作。华童公学以英语出名,学生毕业后可被介绍到租界的工部局任事。虽然一时无法找到职业,但唐弢和同班三个十分要好的同学相约,毕业后无论如何不到帝国主义罗翼下的外商洋行工作。

9月,唐弢投考上海邮局,考试的科目是国文、英文、数学、常识等,还要体检。唐弢最终被录取为邮务佐,同学中只有他一人被录取。

12月中旬,唐弢进邮局工作,到四川路桥上海邮政管理局报到,被分配在投递组(一般叫工部间)开箱台,担任分拣本埠信件的工作,工资比邮差稍高,但这也是体力活,每天有大量的信件、书籍、包裹要分拣,因此格外忙碌。

在邮局工作后,唐弢开始使用"唐弢"这个名字。

本年夏天　去南京旅行。

本年　在家乡和王嬿结婚。

第二编

1930—1948

1930 年(庚午,民国 19 年),18 岁

　　本年　2 月 25 日,中国自由运动大同盟在中国共产党的领导下,在上海秘密举行成立大会,并发表《宣言》。该盟宗旨是争取言论、出版、集会、结社的自由,反对国民党的反动统治。随后,上海、南京、哈尔滨和厦门等地纷纷成立分会,领导了援助南京"四三惨案"、上海"四八惨案"以及哈尔滨摧毁反动报馆等斗争,并组织加盟的左翼作家四处演说。后因政府查禁及斗争策略失误,组织活动停顿。

　　3 月 2 日,在中国共产党领导下,中国左翼作家联盟成立于上海。大会通过"左联"《纲领》,确定"目的在求新兴阶级的解放","反对一切对我们运动的压迫"。大会选出鲁迅、沈端先、冯乃超、钱杏邨、田汉、郑伯奇、洪灵菲等 7 人为常务委员,周全平、蒋光慈二人为候补委员。并通过关于组织马克思主义文艺理论、国际文化、文化大众化、漫画等四个研究会,建立左翼文艺的国际联系,创办联盟机关杂志等提案。

　　本年　国民党政府加紧对红军及根据地的"围剿"的同时,对文化战线的统治也愈益严酷。

　　12 月 26 日,国民党政府公布《出版法》四十四条,对一切革命的以至带进步性的报纸、杂志、书籍及其作者、编者和发行人,分别就限制、处分和惩罚办法,作了详尽的规定。

　　邮局的工作是三班倒,每班工作六小时,唐弢主动要求做常夜班,以便白天有充分的时间跑图书馆。当时跑得最多的是东方图书馆,还有河南路桥的市商会图书馆和邮务工会图书馆。邮务工会在福生路,藏书本来不多,大革命失败后,稍有进步意义的都被清理掉了。

　　唐弢从图书馆员的口里,听到了许多关于邮政工人在三次武装起义中的故事。后来经过介绍,还认识了亲身经历斗争、已经离开邮局的共产党员沈孟先。沈孟先正在做职业青年工作,唐弢参加过他组织的一些小规模活动。给唐弢留下深刻印象的是,有一次在海格路(现在的华山路)开会,大家唱了国际歌,这是他第一次听到这首歌。

　　当时上海邮局工人都受工头操控的所谓的黄色工会控制,广大群众

为抵制控制,在中共的领导下,以各种方法进行地下活动。黄色工会头目要唐弢加入帮会,唐弢在地下党的支持下,用种种借口进行推托和抗拒。

此时,唐弢开始对南社诗歌不满起来,以为太空泛,转而留心一些新体诗,他开始喜欢闻一多、徐志摩的诗。星期天,他经常跑汉口路、老西门、城隍庙的旧书店。有一次,在城隍庙饱墨斋旧书铺,买到了两卷《莽原》半月刊合订本,他非常喜欢读鲁迅陆续在上面发表的《旧事重提》(成书后改题为《朝花夕拾》),佩服鲁迅的文章写得生动活泼,朴素无华。

1931 年(辛未,民国 20 年),19 岁

本年　国民党政府继续对红军和革命根据地进行"军事围剿",并加紧对文化出版和教育的统治,对中国共产党的地下组织进行破坏,大肆逮捕并枪杀共产党人,白色恐怖气氛紧张。

1 月 17 日,左翼作家、共产党员柔石、殷夫、胡也频、冯铿等被捕;1 月 18 日,另一左翼作家、共产党员李伟森被捕。2 月 7 日,以上五位作家和其他革命者共二十四人,在上海龙华警备司令部被秘密杀害。同时,国民党在全国各地大肆逮捕并杀害共产党人和进步人士、群众。

1 月 31 日,南京国民党政府公布《危害民国紧急治罪法》。对于从事反帝反封建活动的团体或个人,可加以"危害民国"、"扰乱治安"等罪名,处以"死刑"、"无期徒刑"。

2 月 12 日,国民党上海市党部宣传部召集各书店经理谈话,勒令即日起烧毁一切进步刊物,未出版者须先审查。其他省市也发生了类似事件。

5 月 28 日,汪精卫等在广州成立"国民政府",与南京"国民政府"对峙。国民党内部派系斗争白热化。11 月 7 日,国民党宁、粤二派在上海召开和会,决议在广州、南京两地各召开国民党第四次全国代表大会,选举相等之中央委员,再召开四届一中全会,以改组国民政府。18 日,广州国民党第四次全国代表大会召开,陈济棠排斥孙科及汪精卫在粤的势力,内讧激烈,分崩离析。12 月 22 日,国民党四届一中全会在南京召开,表面上结束了宁、粤对峙,实际上却酝酿着更大的矛盾和斗争。

9月18日,日本帝国主义侵略者利用世界资本主义危机爆发的时机,令其驻关东军队突袭沈阳。不久又侵入吉林、黑龙江。沈阳和东北各地的守军,在蒋介石"不抵抗主义"的胁迫之下,撤退到山海关以南。日军在短短两、三个月内即占领了我国东北全境。中国共产党号召全国人民反抗日本侵略,做出了《关于日本帝国主义强占满洲事变的决议》,反对蒋介石国民党的不抵抗的卖国政策。

虽然邮工的斗争很尖锐,但这时的唐弢还是能置身事外,一有空闲,就跑图书馆,贪婪地继续读着各种线装书,主要是一些野史方面的书,特别是关于明末清初的历史的各种笔记,还有各种进步的书刊。

1932 年(壬申,民国 21 年),20 岁

本年 1月28日夜间,日本军队在上海发动新的进攻。驻守上海的十九路军由于受到全国人民爱国热情的鼓舞,和上海人民一起抗战,坚持了一个月,打击了侵略者的气焰。但由于国民党政府的不抵抗政策,十九路军被迫撤退。5月5日,国民党政府代表和日本签订了丧权辱国的上海停战协定。

4月16日,鲁迅开始校阅林克多的《苏联闻见录》,至22日阅毕,鲁迅校后并作序。该书于本年11月由上海光华书局出版。林克多,原名李镜东,又名李平,浙江黄岩人。他原在家乡从事革命工作,1927年大革命失败后,赴苏联莫斯科中山大学学习。《苏联闻见录》是他旅苏期间的著作。

同年,日本帝国主义加紧巩固对中国东北的侵略。9月15日,日本帝国主义一手策划的《日满协定书》非法签订,宣布成立伪"满洲国"。

国民党政府继续坚持对日不抵抗政策,加紧对苏维埃根据地的"围剿"。

共产党继续号召人民反对日本帝国主义的侵略。

11月15日,国民党中央宣传部公布《宣传品审查标准》,规定凡宣传共产主义、国家主义、无政府主义的均为"反动",凡批评国民党政策的均

为"危害民国",应"一律禁止"。

12月1日,《申报》的副刊《自由谈》由黎烈文编辑,改变过去周瘦鹃编辑时期的内容和形式。直至1934年5月9日,黎烈文在《自由谈》上登载与该刊脱离关系的启事后,该刊才改由张梓生接编。

"一·二八"沪战爆发后,唐弢常去的东方图书馆被烧毁。唐弢开始和几个店员、邮差、邮务佐组织读书会,每人每月交二角钱买书。读的大都是"禁书",有高尔基的《母亲》、绥拉菲摩维支的《铁流》、法捷耶夫的《毁灭》、胡愈之的《莫斯科印象记》、林克多的《苏联闻见录》,还有一些马列主义的书。他们还读了鲁迅的《呐喊》、《彷徨》、《朝花夕拾》以及别的许多新文艺书。

读书会的成员对由鲁迅作序、林克多执笔的《苏联闻见录》很感兴趣,希望能进一步了解苏联工人的生活。原来准备由唐弢写信给鲁迅,请他代约林克多来讲课,后改由一位姓徐的朋友直接去请,结果却请来了"左联"成员林淡秋。

当时,最使读书会感到棘手的是买不到关于马克思主义的书。有一次,唐弢走过日本人办的内山书店,发现有关于马克思主义书籍的专柜,日译本多的是。大家决定推几个人开始学外文,自己阅读,自己口译。

在与林淡秋会面后不久,唐弢他们的这个读书会还成为"左联"的一个活动据点。因读书会成员中有邮差,身穿号衣,熟悉路径,在传递信息时有许多方便,故受到"左联"和"左联"个别成员的重视。除林淡秋外,先后和唐弢联系的还有胡风、徐懋庸、尹庚和王任叔。

这一年,唐弢还在地下党领导下为工人运动做过文字宣传工作,业余练习写作。

这一年,出于想学习日文等原因,唐弢开始试图与鲁迅通信。

1933年(癸酉,民国22年),21岁

本年　日本帝国主义继续武力侵略中国。1月3日,日军进攻山海关,进逼华北,平津告急。国民党政府继续奉行不抵抗政策和卖国行为,

并加紧对苏维埃根据地的围剿。在文化方面,国民党继续高压政策。10月30日,国民党政府的行政院发布查禁普罗文艺的命令,令内政部审查此类出版物"须更严密,毋使漏网",对已禁而仍流行者,要"认真取缔",还着教育部密令各学校,注意学生思想及课外阅读。

中国共产党继续领导工农武装开展反"围剿"斗争,并号召人民抗击日本侵略,反对卖国政策。

1月3日,日军攻入山海关,华北形势岌岌可危,工人运动开始向救亡运动转移,唐弢有更多的时间看抗日书报。

农历新年前后,唐弢回到故乡镇海。1月25日,唐弢的父亲去世,负下了几百元钱的债。料理完父亲的丧事后,唐弢回到上海。因为债务缠身,生活困难,唐弢百感交集。上海又是兼旬的雨,淅淅沥沥,下个不停,唐弢的脑海里经常出现的是家乡的平原、小河、碧树、远山,很懊恼当初不留在乡间当一个农民。因此,唐弢很有感触,开始写一些回忆性的散文,尝试向报社投稿。唐弢看的书报主要是《申报》及副刊《自由谈》。

父亲去世后不久,唐弢曾写了一首自由体哀悼诗,其中有"岁月也真无绪/但我还得长挨/当死尚未来/生之乐趣/已弃我而去"的诗句。这首诗未能完整地保存下来,但可以看出他表达了自己在父亲死后悲伤的情绪及对生活感到无望的心情。

5月底,因为债务问题,一部分催逼得比较紧,家里又不断地来信,告诉唐弢老家的情况:自从父亲死后,亲戚的冷淡,父执的疏远,村人的作威作福,唐弢的母亲的一只右眼瞎了……这一切,都使唐弢非常痛苦。

6月4日,唐弢的第一篇散文《故乡的雨》发表于《申报·自由谈》,署名唐弢。从此一发不可收拾,每隔几天,《自由谈》即有唐弢的杂文和散文发表,并且发展到由马彦祥主编的天津《益世报》的副刊《新语林》。在《自由谈》发表的比较重要的有10月21日的《好现象》,11月14日的《青年的需要》,11月19日的《新脸谱》,11月29日的《著作生活与奴隶》,12月26日的《略论英雄》等,均曾引起注意和争论。有的文章甚至被怀疑是鲁迅化名写作的。

6月4日,唐弢在《申报·自由谈》发表散文《故乡的雨》,收入《推背集》《唐弢杂文集》，署名唐弢。作者通过回忆故乡的雨和故乡的风物，表达了自己对自然的景色和故乡的怀念，并表达了自己对作为都市的上海的长时间的雨，而起了厌烦的心情。

6月9日，在《申报·自由谈》发表杂文《人死观》，收入《推背集》，署名唐弢。文章由梁遇春提到的关于人死观的问题说起，从父亲死时的平和、邻人的死的狰狞，想到死是并不可怕的。认为人类对于死，只是站在生的立场去探讨死，"死是生活在活人的记忆上"。人生就像一个狭小的海峡，我们无从去预计死的来临，也许每天都可以是我们的末日。这是唐弢的一篇有散文化倾向的杂文。

6月19日，在《申报·自由谈》发表散文《回忆》，收入《推背集》，署名唐弢。文中表达了回忆是很重要的思想，认为人们既有往事，自然便有回忆。人们回忆过去和童年，回忆的只是那真实的、不能毁灭、改善的过去。诗人回忆过去，开出了血泪的花朵。人类回忆历史，给现实以借鉴。因此我们需要回忆，并可以用回忆来促进我们的现状，用回忆来决定我们的目标。

6月23日，在《申报·自由谈》发表散文《海》，收入《推背集》，署名唐弢。文中表达了自己从小到大对海的热爱，长大了喜欢在海边长啸，从海那儿感受到幽静的雄伟，以及天地的悠久、人生的奄忽，并希望自己能回到黝黑而健康的童年。

6月25日，在《申报·自由谈》发表杂文《狗和养狗的人们》，收入《推背集》《唐弢杂文集》，署名唐弢。在文中，作者认为，狗有种种，养狗的人们自有不同的爱好、目的，但无论是怎样的名称和性格的狗，"最会巴结人的是狗；肯舍了性命被人利用的也是狗；看见破烂的衣裳便猜猜狂吠，告诉你穷人不准进高堂大厦的一番大道理的，不消说，还是狗"。

6月29日，在《申报·自由谈》发表杂文《堕民》，收入《推背集》《唐弢杂文集》，署名唐弢。作者分析介绍了浙东"堕民"形成的历史、他们所从事的卑贱的职业。对于堕民，唐弢表示了自己的同情，但更多的是厌恶，最后他认为"辱国者的子孙做堕民，卖国的汉奸如果有子孙的话，至少也将是一种堕民吧，堕民在中国恐将'世代绵绵'的传下去了"。

7月6日，在《申报·自由谈》发表杂文《说实话》，收入《推背集》《唐弢杂文集》，署名唐弢。唐弢从周作人在《知堂文集》序言中保证自己所说的都是实话说起，认为如今这个时代，不是说实话的时代，而文人所说的话、所写的文章，也到底靠不住。最后以讥嘲的口吻，建议文人还是不要说话写文章，这样天下才太平。

7 月 16 日，在《申报·自由谈》发表随笔《友爱》，收入《推背集》，署名唐弢。文章通过对西方文学（古希腊、意大利、英国）中关于友爱的观点和故事的赞叹，认为中国文人的友爱太少，没有几个会舍命全交的人，并呼唤"真能是生死与共的带有血性的友爱"。

7 月 30 日，在《益世报·语林》发表杂文《死的修养问题》，署名唐弢。文章从上海杂志上关于死的修养问题的说法，结合时下的不经法律审判的死、不明去向失踪的死的状况，讽刺当时在国难当前的情况下，百姓随时随处可以死，以及政府、武人贪生怕死的现象，嘲讽说死是要有修养的，同时对"攘外必先安内"也进行了讽刺。

8 月 2 日，在《申报·自由谈》发表杂文《两种虫类》，收入《推背集》、《唐弢杂文集》，署名唐弢。文章用两种虫类：叫哥哥和知了来比喻社会上的两种人。叫哥哥会唱玄妙的高调，又善于跳且据着肥枝，但它们无益于大众；知了自以为是，自命清高，但它们只是时代的旁观者。

8 月 3 日，在《大晚报·火炬》发表杂文《鼠子们》，署名毅。文章借鼠子比喻社会上的一些人。老鼠东揩些油，西沾点光，但又胆小得可怜、猥琐，像流氓，它们胆小、心虚，它们把自己童年的记忆的留存——一箱书毁坏了。最后，作者表示讨厌像鼠子一样的人。唐弢在文中表现的心境是"在静寂的中夜，悄然悲怀着过去，痛味着人生，失意的穷苦的影子刺伤我"。

8 月 9 日，在《申报·自由谈》发表散文《怀乡病》，署名唐弢。收入《推背集》、《唐弢杂文集》。文章中表达了自己生着怀乡病，怀念故乡，同时对都市生活、都市人的虚伪、倾轧的愤恨、厌倦，希望有真纯朴质的乡村生活。

8 月 9 日，在《益世报·语林》发表杂文《似有神灵启示》，署名唐弢。收入《推背集》、《唐弢杂文集》。文章从路透社通讯报道中，关于全美灵学会会长所宣称的美已故大总统华盛顿等都在冥冥之中辅佐现任总统罗斯福的言论说起,分析了中西鬼的不同之处,认为中国鬼要么一了百了,要么捉弄生人,而外国鬼却还要殷殷以国家人民为念,挤在活人中鬼混。最后作者又进一步分析认为,神灵的运用,都是中外聪明人的伎俩,聪明人如果做得好,就说是神灵护佑;如果做得不好,就把责任推给鬼神。文章讽刺一些政治人物说的都是鬼话。

8月17日,在《上海邮工》发表杂文《写什么和怎么写》,署名唐也。

8月20日,写作杂文《二十年后又是一条好汉》,发表在1933年8月23日《益世报·语林》,署名唐弢。收入《推背集》、《唐弢杂文集》。文章从犯人赴刑场时高喊的"二十年后又是一条好汉"的轮回观说起,讽刺时下的军政商学的要人们善变、善于伪装,他们会在国内碰了钉子后,以出洋考察的名义,宣告第一个生命的结束,回来后摇身一变,还是好汉,而且不用二十年,五年三年甚至几个月就变一个人,他们"得意时候变要人变名人,不得意和受打击的时候,就不妨变狗,变猪,变虫豸"。

8月21日,在《申报·自由谈》发表杂文《以生命写成的文章》,署名唐弢。收入《推背集》、《唐弢杂文集》。文章通过翰林学士梅询叹不识字的老卒于日中偃卧、欠伸甚适的故事,认为伟大的哲人的文章和平庸的老卒,都是用生命写成的生命状态,都是自己的文章。生命的意义不在于对人类的贡献多大和久暂,只要是用自己的生命来活着,写成,就是自己的文章。

8月23日,在《申报·自由谈》发表杂文《鬼趣图》,署名唐弢。收入《推背集》、《唐弢杂文集》。文章通过罗两峰的《鬼趣图》,来讽刺当今的人无耻如鬼,画人真难于画鬼。

8月26日,在《申报·自由谈》发表杂文《二加二等于五减一》,署名唐弢。

8月28日,在《申报·自由谈》发表杂文《谈狐仙》,署名唐弢。收入《推背集》、《唐弢杂文集》。在文中,唐弢借谈狐说鬼,讽刺像狐仙一样的人——文人,认为他们像狐仙一样的卑鄙和狡猾,在人丛中捣乱。

9月1日,在《申报·自由谈》发表杂文《土地与灶君》,署名唐弢。收入《推背集》、《唐弢杂文集》。文章认为中国人很势利,欺善怕恶,连对鬼神也如此。人们对火神、财神奉承,对土地神、灶君就欺负,最后作者感慨

"给蜘蛛网罩住的眼睛再也看不到黑暗,给糍粑糊住的嘴唇再也说不出善恶。时代,便在这上面停住了,静静地"。

9月6日,在《申报·自由谈》发表杂文《伥鬼》,署名唐弢。收入《推背集》。文章用寓言式的故事,通过伥鬼的狡猾、残忍、无人性和在强者面前表现的怯懦,以及老虎的愚笨、残忍,来描绘社会中的一些人。

9月19日,在《申报·自由谈》发表杂文《偶感二章》,署名唐弢。收入《推背集》、《唐弢杂文集》。第一章为《传记文学》,从郁达夫在《传记文学》中的观点说起,联系到时下的人们写评传、自传的情况,讽刺为活人写传的不良风气和未盖棺论定的缺点,提出写"传记需要的是透彻的全部的事迹,冷静的旁观的头脑,特别适合于身后"。第二章为《斯文丧尽》,谈到民国政府要求改用新式标点,使用白话文。作者以此表达对复古、倡读经、尊孔人士的讽刺。

9月21日,在《申报·自由谈》发表杂文《整书记》,署名唐弢。文章对圣贤书进行揶揄,对复古崇经、迷信进行嘲讽。

10月12日,在《申报·自由谈》发表杂文《整书续记》,署名唐弢。文章继续对圣贤书进行揶揄,讲述自己对书的简单的分类整理的情况。

10月15日,在《申报·自由谈》发表杂文《关于建设新村》,署名唐弢。收入《推背集》、《唐弢杂文集》。文章对时下建设新村的团体的实践和主张进行评价,认为新村实践者的失败,其原因除了中国政治不上轨道外,还有就是内部组织的不完善、太多幻想和不合实际。认为新村建设首先应该从贫困阶级入手,改善他们的贫困现状,使他们没有非人的生活,然而这在中国是不切实际的。

10月21日,在《申报·自由谈》发表杂文《好现象》,署名唐弢。收入《推背集》、《唐弢杂文集》。文章对一阵风似的"好现象"进行讽刺:租界的华人登上几十层大厦,对着东北高喊"杀!杀!";商店贴不卖日货的纸条;学生的卧轨、开会、通电;即使有疮疤、因三角恋自杀,也要附庸上报国的借口。然而二年光阴过去了,好现象也就过去了,一切照旧。作者最后希望青年要为未来着想。

11月1日,在《申报·自由谈》发表杂文《农民的娱乐》,署名唐弢。收入《推背集》、《唐弢杂文集》。文章讽刺农民被禁止赛会和演戏的现象,其被禁原因先是因为被认为是迷信,然后是因为国难,最后却被官商"垄断"演戏市场并收钱,这样就把农民农闲时的娱乐权利也剥夺了。

11月5日,在《申报·自由谈》发表杂文《尽信书》,署名唐弢。收入《推背集》、《唐弢杂文集》。文章从武侠书的奇幻说起,劝人们不要尽信书;从今人所写的"名句"说起,"劝人少作名诗名文",从而劝人们不要相信今人所写的书和圣贤书。

11月14日,在《申报·自由谈》发表杂文《青年的需要》,署名唐弢。收入《推背集》、《唐弢杂文集》。文章从批驳康嗣群的"现在的青年需要的是多的和新的花样,强大的刺激和说诳"的说法出发,指出前辈先生对青年的利用、压制和指摘的伎俩,并认为青年要的绝不是"说诳"。此文引起了康嗣群、方继的反驳。

11月16日,在《申报·自由谈》发表新诗《街头的孩子》,署名唐弢。诗中对在寒冷的北风中踯躅于街头的流浪孩子,表示了关切的询问和同情。

11月18日,写作杂文《文学中的刺激性》,发表在11月20日的《申报·自由谈》上,署名唐弢。收入《推背集》、《唐弢杂文集》。方继在文章《文艺漫谈》之一《说"说诳"》中,就唐弢的《青年的需要》一文进行评论,认为唐弢不应对康嗣群的《周作人先生》一文表示不平,因为欺骗性在今日的文学中是很浓厚的,认为"说诳"在有些作品中称"麻醉",在有些作品中称为"刺激",而"刺激"是前进的。为此,唐弢写了这篇文章进行批驳,认为文学是有刺激性的,但绝不是为了"说诳"。

11月19日,在《申报·自由谈》发表杂文《新脸谱》,署名唐弢。收入《推背集》、《唐弢杂文选》、《唐弢杂文集》。唐弢在文中认为,演艺界的舞台是新瓶装旧酒,角色依旧,而脸谱是换得越来越新奇,并且还有新发明,目的是为引起看客的阵阵喝彩,而且还把脸谱作为礼物流传到了国外。唐弢对这种没有新内容的戏剧脸谱的改换进行嘲讽。此文发表后,陈代写了《略论放暗箭》进行批驳,认为唐弢的这篇文章句句是放暗箭,或一句数箭。

11月23日,在《申报·自由谈》发表杂文《再谈文学的刺激性》,署名唐弢。收入《推背集》、《唐弢杂文集》。对于唐弢的《文学中的刺激性》一文,方继进行反驳,写了《一、"刺激"》、《二、文艺作品与真感情》二文。唐弢写了这篇文章进行反驳,再次申明自己在《文学中的刺激性》一文中的观点,并对方继文章中的自相矛盾的说法进行批驳。

11月29日,在《申报·自由谈》发表杂文《著作生活与奴隶》,署名唐弢。收入《推背集》、《唐弢杂文集》。唐弢从兰姆写信阻止巴东辞去银行职务而准备专事写作的事说起,同意兰姆所认为的凭写作以维持生活的想法的靠不住、不必舍了性命去追求身份地位的观点,并认为著作生活像奴隶,但实际还不是真的奴隶。倒是中国的自古以来的以文博取功名的,才是真正的有身份的奴隶。为生活而拿稿费,则不在此列。此文引起了程知初的文章《著作生活者都是奴隶吗?》的反驳。

11月30日,在《上海邮工》发表杂文《略论新月派的诗》,署名唐也。

12月5日,写作《关于小品文》。文章从小品文被历代正人君子的鄙薄说起,认为小品文的成功,在于刺到了正人君子的疮疤,它虽然不被重视,受正人君子的压抑,却还是要流传后世的。此文于1934年5月5日,发表在《人间世》第三期,署名风子。收入《推背集》、《唐弢杂文集》。

12月11日,在《申报·自由谈》发表杂文《谈批评》,署名唐弢。收入《推背集》、《唐弢杂文集》。文章提出对文学、文化批评的意见,并提倡正确的批评,反对骂人、刺人而刺不到要害的乱批评,反对造谣中伤、挑拨陷害的批评,反对一片称赞的自捧场头自唱戏的批评,反对心有所蔽、物必随之的过敏的批评家。

12月26日,在《申报·自由谈》发表杂文《略论英雄》,署名风子。收入《推背集》、《唐弢杂文集》。文章对中国传统的"英雄观"、英雄宿命论进行评价、分析。对清世祖这个"杀人英雄"进行评价,认为他杀人杀得堂皇,于己非但无损且有益。文章还说到,杀人者在古代中国被认为是星宿下凡,统帅王师,百姓应"箪食壶浆"迎之,但迎来的却还是杀。而被杀者还被认为是应遭劫数。

12月30日,在《申报·自由谈》发表杂文《从江湖到洋场》,署名风子。收入《推背集》、《唐弢杂文选》、《唐弢杂文集》。文章对洋场上附庸风雅的所谓"隐士"进行讽刺,对洋场上"豪客"骗乡下女孩卖淫等行径进行揭露和讽刺。

　　1933年，年轻的唐弢初入文坛，即以他的杂文引起了人们的注意。他的杂文有散文化的倾向，他的散文中表现的对家乡、农村和农民的描写，体现了一个文学青年对人世和生死的思考，体现了他那时在父亲死后孤寂、凄苦和愤恨的心情。

1934年（甲戌，民国23年），22岁

　　本年　1月，中国左翼新闻记者联盟成立。

　　2月19日，国民党政府下令尊孔，规定农历八月二十七日为孔诞纪念日（并于7月5日明令公布，定此日为"国定纪念日"）。同日，蒋介石在南昌行营发表《新生活运动要义》，发起所谓的"新生活运动"，鼓吹封建道德，用以配合对苏维埃根据地的军事"围剿"。

　　同日，国民党中央党部禁止一百四十九种新文艺和社会科学书籍、七十六种期刊的出版和发行。其中，包括鲁迅的许多译作和《鲁迅自选集》、《而已集》、《三闲集》、《伪自由书》、《二心集》等。

　　3月20日，国民党上海特别市党部发出查禁书刊的密令，鲁迅的《二心集》、《伪自由书》属于被"禁止发售"的三十种书刊之列，还有著译十种属于"暂缓发售"与"删改后方准发售"之列。

　　日本帝国主义加紧准备大举侵略中国。4月10日，中共发表"为日本帝国主义占领华北并吞中国告全国民众书"，号召建立反帝统一战线，并提出抗日救国七大纲领。国民党政府继续对日妥协政策。

　　5月，国民党当局在上海设立图书杂志审查委员会，加紧迫压革命文艺运动，同时下令保存文言，提倡读经。上海文化界开展针对当局所谓保存文言的"语文论战"和大众语运动。

　　6月9日，南京国民党政府公布"图书杂志审查办法"，规定所有的出版物交付印刷前须先经过审查委员会审查。

　　7月，徐懋庸主编的《新语林》（半月刊）在上海创刊，由光华书局出版，同年十月出至第六期停刊。

　　9月，中共第五次反"围剿"在"左倾"路线指挥下屡战失利，最终失

败。10月16日,中央红军主力开始长征。

1月1日,在《申报·自由谈》发表杂文《1934年文坛预言》,署名端尼。文章通过摘录一些所谓的"预言",表达对文坛、新闻界的一些可笑可鄙之事的嘲讽;同时,从这些"预言"的情形来看,让人们可见当时文坛新闻的无聊。

1月6日,出席由《申报·自由谈》主编黎烈文邀请的宴会,地点在上海三马路(汉口路)的"古益轩"菜馆。出席者有鲁迅、郁达夫、林语堂、阿英、胡风等十二人。唐弢第一次见到了鲁迅。此前,唐弢初写而发表的杂文,都登载在鲁迅先生经常投稿的《申报》副刊《自由谈》上,致使许多人把他的文章当成是鲁迅先生写的,使鲁迅先生有几次因唐弢的文章而挨骂。所以,在那天,鲁迅先生针对唐弢的《新脸谱》等文章而发生的笔战,风趣地对唐弢说:"唐先生写文章,我替你在挨骂。"唐弢听了很是不安,心里一急,说话越是结结巴巴。鲁迅先生看出他的窘态,连忙调转话头,亲切地问:"你真个姓唐吗?""我真个姓唐。""哦,哦",鲁迅先生看定唐弢,似乎十分高兴,"我也姓过一回唐的"。说着,他就呵呵地笑了起来。唐弢知道,这指的是鲁迅曾用过"唐俟"的笔名,于是也笑了起来。此后,唐弢开始向鲁迅通信请教。

1月9日,在《申报·自由谈》发表杂文《宫刑及其他》,署名风子。收入《推背集》、《唐弢杂文选》、《唐弢杂文集》。文章从明人柯维骐效仿司马迁自宫,并撰《宋史新编》说起,谈到把写好文章与宫刑联系起来,是很牵强的,并讽刺希特勒在德国实施"宫刑"、中国的监狱倡解决监犯的性欲问题的这两个极端的事。

1月14日,在《申报·自由谈》发表杂文《拍卖文明》,署名风子。收入《推背集》、《唐弢杂文选》、《唐弢杂文集》。德国的希特勒、英国殖民者和日本侵略者对牲畜实施所谓的恩泽和文明,而把对犹太人、印度人、中国人的屠杀和侵略视为当然,文章对此进行讽刺,认为文明是可善价而沽的,也可以减价拍卖,侵略者的这种所谓的文明是虚假的、灭绝人性的。

1月19日,在《民报·艺林》(青岛)发表新诗《倦游者之歌》,署名唐弢。诗歌从溪水的潺潺流去,感受到生命、宇宙的流逝,从而引出不如归去、以探索生命本源的思绪。

1月25日,在《申报·自由谈》发表杂文《杂谈礼教》,署名风子。收入《海天集》、《唐弢杂文选》、《唐弢杂文集》。文章深刻揭示了礼教吃人的本质,认为礼教为帝王所利用,是帮闲者的发明,是为帝王着想的,从而给民众戴上镣铐;礼教使人与人之间隔着高墙,并给予少许野心家以特权,于是产生了人压迫人、人吃人以及"莫须有"的罪名,而读书人还把这种礼教当看家本领进行宣传。

1月30日,在《申报·自由谈》发表杂文《赌》,署名风子。收入《推背集》、《唐弢杂文选》、《唐弢杂文集》。文章从《申报》本埠新闻栏中"一面打牌,一面吟诗"的新闻,谈到赌在中国由来已久,但赌的也不仅仅限于钱,而且古代对于犯"赌"罪的刑罚也较严。但即使严刑,赌风却愈炽,以至于麻将风行,所以"国家事,管它娘,打打麻将"是统治阶级最欢迎的哲学。文中揭示了赌与统治阶级的暧昧关系。

2月5日,在《时事新报·青光》发表杂文《女声及女伟人选举》,署名风子。

2月中旬(在阴历年底前),唐弢回家过年,并祭奠、纪念了自己的父亲。回上海后,3月9日至15日,写了《南归杂记》一文,记下了本次自己的故乡之行和所思所想。4月21日至5月8日,又写了《乡村掇拾》一文,再次记下了自己的此次故乡之行和对故乡的感受。

3月9日、10日、13日、14日、15日,在《申报·自由谈》发表一组散文《南归杂记》,署名唐弢。收入《推背集》、《唐弢杂文集》。《途中》讲述了自己由上海从海路回家的行程和所思所感;《伤往》写了自己回到家后,母亲的辛劳和世态炎凉的感叹,自己的目睹家庭衰变和期望寻找到童年的感觉;《祀神》描述乡村祀神的风俗,以及庙宇和神祇的兴替;《周年祭》讲述自己怀念父亲,为父亲作周年祭的感想,感到父母的辛劳困苦支撑着他的快乐的童年,现在轮到自己要支撑着活下去。《新年杂耍》是对故乡农村新年杂耍的记录:龙船灯、和尚戏、耍戏法和"五日王"的赌。

3月26日,在《申报·自由谈》发表杂文《搬家志感》,署名风子。收入《推背集》、《唐弢杂文集》。文章讲述了自己从吵闹的旧居搬到安静的新居,目的是不要舒齐,不要美化,只求安静。但搬了家后,却觉得落寞,只得感慨:搬家,搬不了自己的心。

4月20日,在《大晚报·火炬》发表杂文《鬼话与人话》,署名风子。收入《推背集》《唐弢杂文集》。文章讽刺文艺界的一些人讲鬼话,是人讲鬼话,是鬼讲人话。最糟糕的是听来像人话,骨子里却充满鬼气。所以,提醒人们在人话里要提防鬼话,曾经讲过人话的要提防他有一天讲鬼话;讲完了人话,要提防他偷偷地溜开去。如沪战时,因日军受了挫,诗人们便说要杀尽敌人、塞住炮口。但事实证明,杀敌人、塞炮口的都不是这些诗人,牺牲的没讲人话就牺牲了,而会讲人话的,却不是人。

4月26日、4月27日、5月4日、5月5日、5月8日,在《申报·自由谈》发表一组散文《乡村掇拾》,署名风子。收入《推背集》《唐弢杂文集》。《声》讲述了在故乡农村,男丁们都外出去都市找工作,只剩下妇女、老人、儿童,乡村变成了无声的乡村。妇女们为全家一天的温饱辛勤劳作着。文章表达了作者对乡村生活的忧虑;《沧桑》对自己的家乡古唐村及"安园"的状况的描述,表达了家事的伤痛使自己的压力愈增的情绪;《乡村教育》揭示了校董和村学究对儿童教育的玩忽的态度和现状,这种现状是令人吃惊的,表达了作者对乡村教育现状的不满和担忧;《即景》是对乡村农民辛劳的同情和赞美。对着劳作的农民,作者感到"人是没有安闲地站着的理由的";《模仿都市》中作者表达了自己对乡村的赶时髦的青年男女学上海人的时髦的感叹,以及对乡村流氓野鸡装、洋货得以流行的原因的分析:价格贱,花样新。

5月5日,在《人间世》第三期发表杂文《关于小品文》,署名风子。收入《推背集》《唐弢杂文集》。这篇文章写于1933年12月5日。

5月9日,在《大晚报·火炬》发表杂文《曲》,署名风子。收入《推背集》《唐弢杂文集》。文章针对一些文人、刊物对别人文章的肆意曲解、发微、索隐的做法,进行了嘲讽。

5月10日,黎烈文辞去《自由谈》编辑,林语堂在家请吃饭,鲁迅、唐弢等参加。① 鲁迅在席间谈到从互济会得知的关于丁玲、潘梓年被捕的事。

5月20日，在《人间世》第四期发表杂文《文章与药》，署名风子。收入《推背集》《唐弢杂文集》。文章从魏晋风度、文章与药的关系说起，认为文章与药，是颇有关系的，古人是吃了药写文章，而今人的文章却使人看了要吃药，真是"今不如古"，最后希望今人的文章，能多点药效。

5月28日，写作杂文《杂谈读书》。文章对于读书界的读书状况的转变进行剖析，认为读书的目的从八股文应试到读书务实，到推开书本讲实行，再到"读书救国"，虽有乘浪头的，但却在转变之中。文章最后希望人们读书但不要做书呆子，要使读书种子不断绝。此文后发表于6月20日的《人间世》第六期，署名风子。收入《推背集》《唐弢杂文集》。

7月2日，写作杂文《老话》。文章对所谓的预言、老话进行剖析，认为预言写得含糊、隐约，不能说得太肯定，是要给自己留条后路。而且有些预言是由老话托做的，即老话套上了预言的外衣。文章在最后希望老话不要再成为准确的预言，认为这样中国才有救。此文后发表在7月20日的《人间世》第八期，署名风子。收入《推背集》《唐弢杂文集》。

7月4日，写作杂文《新愁》。文章对复古、倡孔孟关岳、倡文言文的人进行讽刺、分析，认为他们逢旧迷恋，遇见新事物而发愁的痼疾，实在和才子佳人的新愁差不多，可怜而单薄。此文后发表在7月20日的《新语林》第二期，署名风子。收入《海天集》《唐弢杂文集》。

7月5日，在《新语林》第一期发表杂文《杂谈姓氏》，署名风子。收入《推背集》《唐弢杂文集》。文章从姓氏的起源谈到姓氏的分贵贱等级，认为这现象即使在时下，也有遗风存在。文章讽刺了报上称要人、贵人为某氏的做法。

7月22日，写作杂文《遣闷》。文章从农村丰收成灾、农民深受苛捐杂税的剥削谈起，讽刺在城市中请活佛、天师祈祷求雨，只是为了使富人

---

① 据唐弢于1938年8月4日写的《"老僧"的诗缘》一文（见《唐弢文集》第2卷，第123页，社会科学文献出版社1995年版）。《鲁迅年谱》（鲁迅博物馆鲁迅研究室编，人民文学出版社1981年版，2000年增订版）中没有记载。

们凉爽和遣闷,而农村的旱灾依旧,农民的灾难依旧。文章表达了作者对农民的同情。此文后发表在 7 月 25 日的《申报·自由谈》,署名风子。收入《推背集》、《唐弢杂文集》。

7 月 26 日,写作杂文《恶趣》。文章从历朝的"五刑"说起,谈到民国新五刑的残酷和捕房的滥权,认为恶吏只见酷刑的"趣",而不见酷刑的恶。讽刺和揭露了官府和司法机构的腐败和罪恶,因为在他们,刑罚虽经明定,是非全在肚中。定罪的轻重,往往还因为"趣"否而转移。此文后发表在 8 月 5 日的《新语林》第三期,署名风子。收入《推背集》、《唐弢杂文集》。

7 月,唐弢受读书会成员们的委托给鲁迅写信,提出很愿意学习日语,请鲁迅介绍几本社会科学方面的日语学习书。鲁迅几次复信(其中有 1934 年 7 月 27 日写的复信,见《鲁迅全集·书信》340727 信,第 13 卷第 183 页;1934 年 8 月 9 日写的复信,见《鲁迅全集·书信》340809 信,第 13 卷 195 页。人民文学出版社 2005 年版),不但就学习日语方面的情况及学习方法提出了意见,而且给唐弢寄去内山书店关于日文书籍的目录,目录上除有内山书店老板推荐的书目外,鲁迅还另外在内山完造推荐的书上加上圈子。唐弢在鲁迅的教导下,在上海邮局邮务工会酝酿开办了日语学习班,聘请专人教授,每星期两次授课。读书会的成员能参加的都参加了,教科书就用鲁迅推荐的《现代日语》上册。当时邮务工会的大权掌握在国民党党棍手里,由于工贼暗中捣乱,学习班不久宣告结束,停办了。

在这期间,鲁迅曾通过许广平转赠唐弢《准风月谈》和两种版本的《伪自由书》。

8 月 1 日,写作杂文《关于游览区》。文章根据中央社消息,关于袁良要将北平改为世界游览区,供外国人游息和采购特产的讲话,唐弢进行讽刺。此文后发表在 9 月 5 日的《人间世》第十一期,署名风子。收入《推背集》、《唐弢杂文选》、《唐弢杂文集》。

8 月 5 日,写作杂文《今与昔》。本文从人类是从猿猴的亲族转变而来的生物起源说谈起,认为"绅士们是看不起禽兽的,虽然骨子里更无行,更野蛮"。讽刺绅士们的"觉今是而昨非"的做法。此文后发表在 9 月 5 日的《人间世》第十一期,署名风子。收入《推背集》、《唐弢杂文集》。

8 月 16 日,在《申报·自由谈》发表杂文《出路》,署名风子。收入《推背集》《唐弢杂文选》《唐弢杂文集》。文章对青年的艰难寻找出路的理解,反对绅士学者们所认为的青年人才力弱、眼界高的看法,认为学者们开出的专治的灵药:自觉和反省,也还是使青年找不到出路。

8月20日,写作杂文《爱护和孝顺》。文章对于父母慈爱、子孙孝顺表示了怀疑,认为是都有"为了自己"的私心,尤其是在富贵门第。而在陋巷草棚之间,也许才有真正的孝子。此文后发表在10月5日的《太白》第一卷第二期,署名风子。收入《推背集》《唐弢杂文集》。

8月27日,写作杂文《关于狸猫换太子》。唐弢在文中分析了戏曲《狸猫换太子》为小市民和劳动者所欢迎的原因,是因为戏里有不怕大官、不欺平民的包拯,有立足于本阶层的善恶观,而且教给他们依赖、懦弱、屈服和定命论。最后作者对新剧、电影等民众艺术的提倡者表示希望,希望能根据广大观众的需求,对旧戏进行整理、分析、改删和创造。此文后发表在9月20日的《太白》创刊号,署名风子。收入《推背集》《唐弢杂文集》。

8月30日,写作杂文《关于"祀孔"》。文章从报纸上关于山东曲阜隆重的祭孔典礼说起,对祀孔的做法进行讽刺。此文后发表在9月3日的《中华日报·动向》上,署名唐弢。收入《推背集》《唐弢杂文集》。

9月2日,写作杂文《漫谈乡村教育》。文章从弥妒写给《人言》的信《从乡村教育想到》谈起,弥妒在信中认为,乡村教育办不好的原因主要是教师待遇不高,而不是乡村教师的教育。唐弢在文中反驳认为,小学教员待遇苛刻,只是乡村教育办不好的一个原因,其主要原因是对乡村教育的普遍不重视,因为农家子弟一生所受的学校教育,只有乡村里的小学校,而这些农家子弟,偏偏又占着老百姓中的大多数,因此,应该重视乡村教育。此文后发表在9月20日的《人间世》第十二期,署名风子。收入《推背集》《唐弢杂文集》。

10月2日,写作杂文《偶记所感》。文章从外国的艾迪博士关于中国国情的演说辞说起,谈到艾迪博士在称颂中国除地大物博、人口多、年代古外,又称颂各省的长官,又对各省的长官提警告建议禁毒和治贪污。唐弢从艾迪的矛盾的说法中,讽刺中国的国情的确也是不成问题的往往成了问题、绝对对立的却又能并行不悖的矛盾,并同时指出外国人评说中国时的圆滑。此文后发表在 10 月 20 日的《人间世》第十四期,署名风子。收入《推背集》、《唐弢杂文集》。

10 月 5 日,在《人间世》第十三期发表杂文《杀性》,署名风子。收入《推背集》。文章从自己平生第一次杀鸭子,而被人评为杀性不够说起,同意别人所指出的张献忠入川后大肆杀掠、有杀性的原因是因为没落,即张献忠是认为天下已没有了自己的东西,所以他要毁坏别人的东西。

10 月,美国有个刊物登出一张讽刺日本制造华北事件的漫画,画着日本天皇在为法西斯军阀拉炮车。当这期刊物由邮船运至上海,准备分寄给中国订户时,国民党反动当局竟出动大批特务,赶到邮局,将刊物没收。唐弢将此事写信给鲁迅,想请鲁迅用笔将反动当局的嘴脸勾勒出来。不久,唐弢见到鲁迅,鲁迅又询问了一些细节,还让唐弢追述了牛兰夫妇案件的经过,问唐弢能否参考日本的《近代文艺笔祸史》,以政治内容为主,编一部近代中国文网史。但当鲁迅听完唐弢关于读书会的情况介绍后,又改变了主意,劝唐弢放弃编写,还是多掌握新知识,多写些报刊需要的文章。

约在本年 10 月起,至 1935 年 1 月初,唐弢回到家乡镇海休息养病,期间写了《亲善种种》等文章。

11 月 1 日,在家乡养病,写作杂文《亲善种种》。文章从清朝入关统治中国后关于"满汉一体"的亲善的经过和原因的分析,来指出日本在东北实施奴化教育的所谓"亲善"的虚伪和阴谋。此文后发表在 12 月 20 日的《人间世》第十八期,署名唐弢。收入《海天集》。

11 月 19 日,写作杂文《言志篇》。文章谈到做英雄的和做伟人的都有法术和秘诀,而自己是这个不想做,那个不能做,所以只是没出息,成不了英雄和伟人。文章对所谓的英雄和伟人进行嘲讽,讽刺了龙虎山张真人求雨作法时却念佛的事。此文后发表在 12 月 20 日的《人间世》第十八期,署名唐弢。收入《推背集》、《唐弢杂文集》。

11 月 25 日,写作散文《农荒琐记》,收入《推背集》、《唐弢杂文集》。文章通过对家乡农村的旱灾、农民的陷入绝境的天灾人祸的生活的描述,以及苛捐杂税的沉重,写出了农民的坚忍、辛苦、一点都不偷空的勤劳。

12 月 19 日,写作随笔《读〈研山斋杂记〉漫记》。本文从对《四库全书》是选本、是为了倡导乾隆所认可的忠君勤王思想的评价说起,谈到四库本《研山斋杂记》的内容和作者。此文后发表在 1935 年 1 月 5 日的《人间世》第十九期,署名风子。收入《推背集》《唐弢杂文集》。

本年年底,上海有家期刊征文,题目是"一九三四年我所爱读的书籍",唐弢当时因对历史发生了兴趣,在自修生活中一度舍哲学而就历史,所以填了韦尔士的《世界文化史》、萧一山的《清代通史》,并声明在所读的历史书籍中,还没有遇到心爱的书,比较可以看看的只有这两部。

在 1934 年,唐弢继续撰写了大量杂文,分别在《申报·自由谈》《时事新报·青光》《大晚报·火炬》《中华日报·动向》以及《人间世》《新语林》《太白》等报刊发表。一些杂文继续引起人们的注意,其中发表在 5 月 5 日《人间世》第三期上、署名风子的《关于小品文》引起了反响,引发了一场关于"花边文学"的论争。7 月 3 日,《大晚报·火炬》发表了林默的杂文《论"花边文学"》,认为杂文或"花边文学"乃是"走入鸟道以后的小品文变种,并无足取"。鲁迅在《花边文学·序言》中给予唐弢支持,并揭露了某些文人的嘴脸。在散文写作方面,除了对家乡的怀念之外,用更多的笔墨来反映农村、农民的生活,表达了对农村、农民的命运的担忧和同情。

1935 年(乙亥,民国 24 年),23 岁

本年　1 月 13 日,中国共产党中央政治局于遵义召开"遵义会议"。会议批判和结束了王明"左倾机会主义错误",确立了毛泽东在党内的正确领导,使中国革命的胜利得到了重要保证。这是中国共产党在历史上具有伟大意义的转折。

本年　国民党政府继续奉行"攘外必先安内"的政策,对日本继续妥协、委曲求全,对内继续"围剿"红军,对红军长征围追堵截。在文化宣传方面,禁止报纸、杂志发表所谓不利于"中日友好邦交"的言论。6 月 10 日,南京政府颁布敦睦友邦令:"凡我国民对于友邦务敦睦谊,不得有排斥及挑拨恶感之言论行为,尤其不得以此目的组织团体,以妨邦交……如有

违背定予严惩"。并应日本领事要求,封闭《新生》,逮捕主编杜重远。8月,当局又查禁社会科学书刊676种。

中共继续主张抗日救国。8月1日,中共中央发表"为抗日救国告全国同胞书"(即"八一宣言"),要求停止内战,一致抗日,建立统一战线,挽救民族危亡。

10月19日,中央红军与陕北红军会合于保安西北之吴起镇,胜利地结束了二万五千里长征。

日本加紧对华北的军事侵略,推动所谓"华北自治",国民政府一再妥协。12月9日,北京爆发了声势浩大的学生爱国运动,学生高喊口号示威游行,途中为宋哲元部袭击,伤一二百人,是为"一二·九"运动。此后,平津学生纷纷南下宣传,杭州、天津、上海、武汉、南京等地先后发生学生运动,全国掀起抗日反蒋的高潮。

12月12日,沈钧儒、邹韬奋等发起的上海文化界抗日救国会成立,并发表救国运动宣言。27日,发表第二次宣言。全国进步的著名文化学者纷纷支持学生运动,如章太炎、朱自清等。

1月2日,写作杂文《杂文家和大菜司务》。文章从人们的对于杂文的嘲讽说起,认为人们因为杂文的短小、低微而看不起杂文。但杂文家能看清现实,写一点对现实生活有关的东西,绝非"甘自菲薄",而且杂文并不和戏曲小说对立,因为杂文的功用是:杂文的合于社会,能使。此文后发表在2月10日的《读书生活》第一卷第七期,署名唐弢。收入《推背集》、《唐弢杂文集》。

1月12日,写作杂文《上海通信》。文章通过《明天》杂志向自己约稿的事,表明自己对明天、对未来失望的心情,同时对对方信中提到的红蕉吟馆启事的钞本的评价是:这钞本是奴才帮闲写作的帮闲文章。此文后发表在1月15日的《青岛时报·明天》,署名风子。

2月5日,在《人间世》第二十一期发表杂文《也算试笔》,署名风子。收入《推背集》。

2月13日,在《申报·自由谈》发表杂文《追话旧历年》,署名唐弢。收入《推背集》。

　　2月20日,写作杂文《谈"杂文"》。本文批驳了林希隽在《文艺画报》的《寒夜随笔》里对杂文的意见。林希隽认为杂文是"非文艺作品"、不在"文艺作品领域之内的"。唐弢认为,杂文的确不像小说、诗歌、戏剧,取材虽很广泛,但也不是其他各科的论文和记述,杂文有杂文自己独特的体裁,绝不是林希隽所说的要被逐出文艺作品领域。此文后发表在2月23日的《申报·自由谈》,署名唐弢。收入《推背集》、《唐弢杂文集》。

　　2月21日,写作杂文《小品文拉杂谈》。文章认为,小品文就是杂文。小品文的所以杂,无所不谈,正足以表示它反映整个社会,具备了文艺作品的主要的条件,它不像其它各科那样只限于一种专门知识,它是内容技巧并重的。所以,小品文是文艺体裁的一种。小品文它不妨碍小说、诗歌、戏剧的发展,相反正可以携手并进。唐弢认为,小品文不易写,它不是追求名利的人的成名的捷径,并认为小品文的发展,不应停顿在"闲适"上,或停顿在"大话家"的舌头上。这篇文章后发表在生活书店3月出版的《太白》纪念特辑《小品文与漫画》(单行本)中,署名风子。收入《推背集》、《唐弢杂文集》。

　　3月8日,写作杂文《不是人身攻击》。文章批驳了林希隽的《又是杂文》和其它对杂文非难的文章,唐弢认为林希隽的文章贬低杂文,把产生不了伟大的作品的原因归因于杂文,是在"捣鬼"。此文后发表在3月19日的《申报·自由谈》,署名唐弢。收入《推背集》、《唐弢杂文集》。不久,署名亦沙的作者,写了《所谓一枝一节》一文针对唐弢的这篇文章进行反驳。

　　3月14日,写作杂文《接受批评》。文章表达了对日人武者小路实笃在《凡有艺术品》的短文中的关于对待批评的意见的看法。武者小路实笃认为,批评家真心不希望作者好,他们根本不懂别人的作品,因此作家可以置之不理。唐弢认为,目前中国文艺界的对待批评,的确是置之不理,有的还反唇相讥。为此,唐弢认为批评家总体上是要作家好的,批评家也是人,是能够"懂得别人的作品的",所以要求文艺界正确地对待批评,并要有正确的批评。此文后发表在3月19日的《申报·自由谈》,署名唐弢。收入《推背集》、《唐弢杂文集》。

　　3月15日,写作杂文《"严重的错误"》。1935年以来,上海的经济不景气,失业破产者增多。王平陵在 1 月 23 日的《自由谈》上发表《永劳永逸》的文章,专谈失业,目的是要矫正失业者"一劳永逸"的错误观念,告诉他们"只有永远劳苦的人,方能永劳永逸"。为此,唐弢写了这篇文章进行批驳,认为现在的大学生找工作要文凭,便是投稿发表文章也要文凭,文凭不能找饭碗,但饭碗却实在是要找文凭的。大学生四年辛苦所得到的,除了文凭,还有相应的能力,如果没有"生存的权利",则是社会冤枉了他;失业者不是不肯劳动,是没有机会去劳动。此文后发表在 3 月 20 日的《太白》第二卷第一期,署名唐弢。收入《推背集》、《唐弢杂文选》、《唐弢杂文集》。

3 月 18 日,写作杂文《古今词话》。熊希龄续娶了与他年龄相差大的女人,舆论认为足可师法。青岛的危文绣女士因与一店伙再醮后,而被逐出青岛。危女士认为这是重男轻女思想的原因。唐弢在此文中认为,社会对于男女再婚、男女私情的毁誉,并不因为男女差别而转移,而主要是看男、女主角的社会地位(才气、官运)如何。文章鞭挞了不合理的社会现象。

3 月 20 日,在《人间世》第二十四期发表散文《春》,署名唐弢。收入《推背集》、《唐弢杂文集》。文章从自己带孩子去种牛痘说起,想到自己小时候在春天时的采野菜、种牛痘的事来。

3 月 20 日,写作杂文《我们的孩子》。文章从政府定去年、今年为儿童年说起,讲了时下儿童的悲惨的命运和现状,认为即使那些有条件上学的童星,也都是被成人培养成"听话的工具"。作者又通过中国儿童与苏联儿童现状的对比,希望社会能真正重视儿童问题。此文后发表在 4 月 5 日的《太白》第二卷第二期,署名唐弢。收入《推背集》、《唐弢杂文集》。

3 月 21 日,写作杂文《清福》。文章从清慎郡王胤禧的一首樵歌中表现清福的内容说起,来说明权贵者眼中的清福,不是樵夫们的福气,因为后者要谋生砍柴。文章表达了对劳动人民的同情。此文后发表在 4 月 6 日的《申报·自由谈》,署名唐弢。收入《推背集》、《唐弢杂文集》。

4 月 4 日,写作杂文《从此盖棺定论》。文中作者回忆了自己写作旧诗的缘起、情况,并摘录了一些旧诗。从这篇文章还可看到,"捣锄头柄的人家是不会出书香子弟的",成为作者心中永远的痛。此文后发表在 8 月

20日的《芒种》第九、第十期合刊,署名唐弢。收入《海天集》。

4月17日,唐弢给鲁迅写信询问学日语的方法、购买清朝史书及为自己的杂文结集的出版问题。

4月19日,鲁迅复信唐弢一一作了答复。同时,鲁迅对唐弢关于历史书籍的意见表示赞同,把萧一山的《清代通史》和夏曾佑的《中国古代史》并论,并提出了《清代文字狱档》那样的原始材料。本年,唐弢继续和鲁迅通信。

4月20日,写作杂文《趣味》。文章从安特列夫的作品大多融着社会问题的事实说开去,讲到时下读者趣味低下的问题,希望严正的纯文学能加入些非毒质的趣味来,使读者能够欣赏文学,懂得真正的趣味,能把他们从低级趣味里解放出来。此文发表在5月9日的《申报·自由谈》,署名风子。收入《海天集》。

5月5日,在《太白》第二卷第四期发表杂文《天讨》,署名唐弢。收入《海天集》、《唐弢杂文集》。文章从武昌起义时讨满清政府的檄文中的"天讨"一词说起,讲到历史前进、新陈代谢的"天讨"的不可阻挡,认为"存文会"之类的古董、"天讨"逆流的复辟,完全是枉费心机,并由此讥刺了中国是开化最早的国家的论调。

5月13日,写作杂文《消闲》,收入《海天集》。文中回忆了自己在儿时所看到的古唐村农民在茶馆里的消闲。十多年后,作者重访"得春茶馆"和唱新闻的金昌瞎子,却见到了农村的萧条和金昌的已故去,感慨农民的生活是大不如前了。

5月21日,在《申报·自由谈》发表杂文《从诗与现在说起》,署名风子。收入《海天集》、《唐弢杂文集》。文章从自己早年写诗的经验、诗与现实的关系说起,对袁枚的诗歌进行评价,认为袁枚虽倡"性灵",但其好的诗却大多叙写事实,描绘风景,采取现实材料。他的倡"性灵",不过是以此作为疑古和反传统思想的工具。文章同时驳斥了周劭在《申报·自由谈》上发表的《诗话》一文。

5月26日,写作杂文《看到想到》。在副刊"点滴"里,有人认为"做人,不可做得太彻底,总是随俗浮沉,'难得糊涂'的好!"针对这种论调,唐弢认为袁中郎似的随世浮沉、非儒非释、不擅一能、不堪一务的风雅,是不合时宜的。此文后发表在 7 月 5 日的《太白》第二卷第八期,署名唐弢。收入《海天集》、《唐弢杂文选》、《唐弢杂文集》。

5 月,写作《〈推背集〉前记》。《推背集》收 1933 年春至 1935 年 3 月止的文章,这篇前记写自己当年开始动笔的初衷,谈到自己写的文章被当成鲁迅的而遭到围攻,文章还表达了对中年及中年以上的人玩各种把戏的反对。

月 5 日,在《太白》第二卷第六期发表杂文《名教遗绪》,署名唐弢。收入《海天集》、《唐弢杂文选》、《唐弢杂文集》。文章从时下有人倡议读经、把经书当作宝典说起,想起了以前胡适对名教的定义和嘲笑。因此,唐弢在文中倡导,要给后代以新鲜活泼的知识、生存的道路,"让名教的遗毒就止于我们这一代吧,不要再安排陷阱似的泥淖,陷害自己的子孙了"。

6 月 19 日,在《申报·自由谈》发表杂文《"今文八弊"补》,署名南宫离。收入《海天集》、《唐弢杂文集》。林语堂在《人间世》连载三期的《今文八弊》后,作者也补上二弊:一为倡性灵而似卖狗皮膏药的胡吹,打死人招牌;二为讲究绅士风度,倡幽默、闲适,其实是沐猴衣冠,猢狲做戏,自相矛盾。文章讽刺了林语堂的《人间世》和倡导性灵、闲适。

6 月 20 日,在《太白》第二卷第七期发表杂文《前后三十年》,署名唐弢。收入《海天集》、《唐弢杂文选》、《唐弢杂文集》。文章从庚子年的义和团运动说起,回顾了庚子前后的清政府的节节失败、维新运动,到时下的复古、读经、倡文言,前后三十年,照例是要人们做糊糊涂涂的子孙。作者讽刺了时下的复古运动。

6 月 24 日,写作杂文《乡愁》,收入《海天集》、《唐弢杂文集》。文章从电影《乡愁》说起,谈到时下乡下农村正面临的大旱,同情农民的血泪生活。

6 月 25 日,写作杂文《批评与骂》。文章表达了对文学批评和骂的看法,指出指摘错误、挑剔破绽的批评,即使是痛骂而并不希望骂倒一切,则也是健康的批评。对于文学的批评,作者认为,文学批评不是要骂倒一切的批评,但也不要一团和气的捧场。此文后发表在 7 月 20 日的《太白》第二卷第九期,署名唐弢。收入《海天集》、《唐弢杂文集》。

7 月 14 日,写作杂文《论逃世》。文章由今年的经济恐慌中导致小生产者的自杀说起,讲到逃世的方法除了自杀之外,还有做隐士和当和尚两条路。作者在文中讽刺了逃世病,同时也认为自杀揭出了这个社会的弱点,但自杀毕竟是要有一点勇气的。此文后发表在 8 月 5 日的《太白》第二卷第十期,署名唐弢。收入《海天集》《唐弢杂文集》。

7 月 17 日,在《申报·自由谈》发表杂文《辟虫夜谈》,署名唐弢。收入《海天集》《唐弢杂文集》。文章辨析了儒道和佛混合的经过,分析了那些将儒道和佛混为同源的人的自欺欺人的原因,并举出也有不同意佛儒一致的人如韩愈等人。讽刺了时下是真的佛儒一致,不见痕迹了,最终大家都糊涂。

7 月 26 日,在《申报·自由谈》发表杂文《消暑闲话》,署名风子。收入《海天集》《唐弢杂文集》。1935 年 6 月 2 日,周劭在《时事新报·青光》上发表《论诗尚曲》,对唐弢的《从诗与现实说起》一文进行批驳、辩解。唐弢在《消暑闲话》中,继续批驳周劭的《论诗尚曲》,并对袁枚的诗进行评价,认为曲、直是文学的表现手法,好诗文的标准是不受曲直的限制的。5 月 21 日,唐弢在《申报·自由谈》发表杂文《从诗与现在说起》,是从诗与现实的关系说起的;在 7 月 26 日,唐弢在《申报·自由谈》发表杂文《消暑闲话》,则是就诗风问题和周劭展开的论争。两篇杂文都是同周劭就诗的问题展开论争。

8 月 12 日夜,写作杂文《新秋杂感》。文章认为,隐士的风雅,遇到肃杀的世道,也会成为帮忙、帮闲,至于成为杀人的帮凶,作者以清朝的风雅文士、隐士为证,认为"风雅这条路,往往正通着恶俗呢"。此文后发表在 8 月 15 日的《时事新报·青光》上,署名南宫离。收入《海天集》《唐弢杂文集》。

8 月 15 日,在《申报·自由谈》发表杂文《别字和正字》,署名唐弢。收入《海天集》《唐弢杂文集》。有人主张写别字,太炎先生则主张写正字,以为写白话文的应该深通《小学》,提倡写《康熙字典》里的正字。唐弢认为文字要合乎生活的需要:便利,精密。语言精密,是为了能充分表达意见,文字是代表或补充语言的不及的,当然要求迁就口语,使声口毕肖,而不应以种种理由抬出文言文。

8 月 15 日,写作杂文《游戏文章》,收入《海天集》《唐弢杂文集》。作者反驳林语堂在《说本色之美》中所提出的观点,反对做作、反对浮泛的游戏文章,认为游戏文章是绝不能存在于今日的,不赞成以文章为游戏和游戏文章。

8月15日,在《创作》第一卷第二期发表新诗《古塘桥》,署名唐弢。收入《松涛集》。此诗是对家乡古唐桥的咏叹,以及对经过古唐桥的人们的喜怒悲愁的感叹。

8月20日,写作杂文《偶感》。文章表达对王安石的青苗免役法的肯定的评价,并提倡新的、向前的改革,讽刺现今人们的重谈青苗法的目的。作者一针见血地指出,他们所以重谈青苗法,是因为那是古法,没有再多的对自己利益的侵害。此文后发表在9月5日的《太白》第二卷第十二期,署名唐弢。收入《海天集》、《唐弢杂文集》。

8月25日,写作《从辜鸿铭的蛮劲说起》。胡适在天津《大公报》的《文艺副刊》上发表《记辜鸿铭》的文章,记叙辜氏的一些所谓蛮劲的轶事,认为辜有真性情,特别是辜氏关于辫子的问题。唐弢认为把辜氏比吕晚村,比江浙人,则他的所谓蛮劲,只见古怪,滑稽,可怜。因为江浙文人在明季,在清文字狱事件中表现的蛮劲,实在比辜氏高明得多。

8月26日,唐弢计划出《推背集》,致信鲁迅,询及出集子的版税等事宜。当日鲁迅作了答复。其中鲁迅谈到国民党检察官的压迫时说:"审查诸公的删掉关于我的文章,为时已久,他们是想把我的名字从中国驱除,不过这也是一件颇费事的工作。"

8月28日,在《时事新报·青光》发表杂文《文坛·画坛》,署名唐弢。收入《海天集》、《唐弢杂文集》。文章先对画坛的总体状况进行评价,并希望有力作出来,特别是要有接近于生活、有灵魂的漫画作品。

9月10日,在《申报·自由谈》发表《〈推背集〉前记》,署名唐弢。收入《海天集》。文章回顾了自己开始写作的情况,自己的文章被当作是鲁迅的作品的事,以及对鲁迅的崇敬,谈到自己的文章主要是为了反对社会上形形色色的把戏,如复古、倡幽默等等。

9月13日,在《时事新报·青光》发表杂文《花瓶文学》,署名唐弢。收入《海天集》、《唐弢杂文集》。林庚在天津《大公报》上发表文章《小公园》,文中把"为艺术而艺术"的主张比喻成做花瓶,唐弢进行了反驳。林庚把"为艺术而艺术"比喻成做花瓶,花瓶除了作花瓶的用处外,还可以做桌灯架子,虽然桌灯架子只是附带的作用。唐弢认为花瓶本是专供插花的,而偶然作了桌灯架子,这是"强奸",认为文学是反映人生的,既曰反映,就带一点宣传,不必强制,也无须持偶然的机会。作家总要表达自己的意识,随手写来,即成宣传。艺术而至于没有目的,没有宣传,那就等于花瓶,玩玩而已。因此,唐弢认为,文学、艺术是反映活着的现实社会的,故要磨炼、战斗,反对"为艺术而艺术"的花瓶文学。

9月16日,写作杂文《读史有感》。文章认为应该改写历史著作。对于史实,需更加要求其真实可信,而且还得用新的方法,重新评价,注入进步的世界观。同时,唐弢还对过去的史书、史学进行了评价,对目前中国的历史著作及研究提出期望,希望有科学世界观的、正确的、丰富的历史知识的整部史书出现。此文后发表在9月24日的《申报·自由谈》上,署名唐弢。收入《海天集》、《唐弢杂文集》。

10月3日,在《申报·自由谈》发表杂文《吃茶文学论补略》,署名唐弢。收入《海天集》、《唐弢杂文集》。文章从阿英的《吃茶文学论》说起,讲雅人们吃茶的特权,并对自古至今吃茶及吃茶文学的演变进行溯源,对追求风雅的"苦茶派"的文学和"雅事"表示鄙夷。

10月14日,在《申报·自由谈》发表杂文《游园感言》,署名唐弢。收入《海天集》。文章从上海城隍庙的内园开放,游园的"挤",内园的曲折、狭小,来谈到中国古典园林的风格,喝苦茶的风雅,认为这只能是对国民及年青一代的暮气的培养起作用,最后希望"内园"能革新,变得明朗、轩豁。

10月15日夜,写作杂文《与陈子展论蛮劲书》,收入《海天集》、《唐弢杂文集》。陈子展在《言林》上发表的《论言林体》,文中认为《人间世》半月刊比《太白》还存在时间长,是"显出了林语堂先生所说江浙人不懂的福建人的蛮劲"。唐弢对此进行批驳,认为林语堂极推崇的辜鸿铭的主张复辟,不过是做作、失却自我和真,林语堂和他的《论语》、《人间世》所表现的,不过是卑怯、退后,都不是蛮劲。

10月17日,在《申报·自由谈》发表杂文《全国木刻联合展览会印象记》,署名唐弢。收入《海天集》、《唐弢杂文集》。文章对木刻版画展进行评价,并殷切希望木刻版画能发展、茂盛。

10月25日,在《立报·言林》发表杂文《同名》,署名风子。收入《海天集》《唐弢杂文集》时改为《名的纠纷》。唐弢发现,发表在《第一线》刊物上的译文《法西斯帝治下的意大利》的作者,也署名"风子",因此,唐弢举了从古至今的关于因同名而发生的尴尬事,最后以调侃的语气希望译文作者今后在署名"风子"时能加以区别。

11月3日晚,唐弢在上海金城大戏院观看话剧《钦差大臣》。鲁迅也在同场观看。

11月14日,在《立报·言林》发表杂文《笔名》,署名风子。收入《海天集》《唐弢杂文集》时改为《名的纠纷》。在另一署名"风子"的《关于同名》(主要是反驳唐弢的《同名》的)一文发表后,唐弢又发表《笔名》一文来加以反驳。说明了自己笔名"风子"的取名由来,以及对"初出茅庐"的作者"风子"的冷嘲热讽。

11月15日,写作杂文《喜雨与苦雨》,收入《海天集》《唐弢杂文集》。文章写了文人和农人的喜雨,认为双方喜雨的角度不同。文人喜雨是因为喜欢凄婉、清幽;农人喜雨是为了实用和风调雨顺。文章举了文人喜雨的诗词,说明了农人求雨的方式、方法的演变,农人认为求来的雨,是龙卷来的。

11月20日,写作杂文《歌哭》,收入《海天集》《唐弢杂文集》。文章说,自己从南社的诗文集中所表现出来的慷慨激昂里,看出了其中所表现出来的无可奈何的情绪,即歌哭。作者认为歌哭在乱世是正常的,但歌哭而无行动,却只能令人讪笑。文章还认为去年以来的中国,却连歌哭也没有了,如同沙漠。作者在感慨之余,又呼唤歌哭的出现。

11月21日,在《立报·言林》发表杂文《意阿战争》,署名风子。收入《海天集》。文章对意大利侵略阿比西尼亚的行为和所发表的宣言进行批判,认为战争绝不是强者对弱者的恩赐和合乎卫生的。

11月28日,在《立报·言林》发表杂文《三不朽》,署名风子。收入《海天集》。文章对支持意大利侵略阿比西尼亚的三个知名的文化科技界人士皮蓝得娄、邓南遮、马可尼的讽刺和揭露,反讽他们为"三不朽",认为他们在科学、文学上的成就看来是可以不朽的,而他们支持墨索里尼侵略阿比西尼亚的言行也是可以不朽的。

11月30日,在《立报·言林》发表杂文《文人相轻》,署名风子。收入《海天集》、《唐弢杂文集》。从元末明初的倪云林认为世无人物可画的言论说开去,来分析"文学论坛"上隼先生所举的"各以所短,轻人所短"和"各以所短,轻人所长"的两个例子,唐弢认为这两个例子其实也是无是非的"文人相轻"的表现。

12月1日,在《立报·言林》发表杂文《文坛骂风》,署名风子。收入《海天集》、《唐弢杂文集》。反对杂文的人认为文坛上的"骂风"有不可收拾的局势。唐弢则认为杂文绝不是为了骂人,倒是那些反对杂文的人由怀恨而来骂杂文,所以真正骂人的,是那些骂杂文的人。

12月4日,在《立报·言林》发表杂文《文学有用论》,署名风子。收入《海天集》、《唐弢杂文集》。文章从"百无一用是书生"的文人牢骚说起,谈到周作人的"文学无用论",作者认为文学毕竟是有用的,周作人的言论只能说明他的意志衰退,失去战斗的意志。

12月8日,在《时事新报·青光》发表杂文《寒山子诗》,署名风子。收入《海天集》。这是唐弢对《寒山子诗》中寒山的事迹、诗作的赏析和评价,很有见地。

12月8日写作杂文《旧事重提》。此文是对周劭发表在《立报·言林》上的《张继诗》一文的反驳,周劭把张继的《枫桥夜泊》中的诗句"月落乌啼霜满天,江枫渔火对愁眠"错引用成"枫落乌啼霜满天,江火渔船对愁眠",还要在《张继诗》一文中强行辩解,唐弢对此进行批评和讽刺。此文显示了唐弢对此诗的源流版本的详细了解,以及较扎实的古典诗词基础。此文后发表在12月14日的《立报·言林》,署名风子。收入《海天集》。

12月10日,在《立报·言林》发表杂文《论陶渊明》,署名风子。收入《海天集》、《唐弢杂文集》。从昭明太子、沈德潜的论陶渊明诗文说起,唐弢认为陶渊明的确"时时寄托",但"自任语""悲愤语"则比较少而隐晦。同时,他又认为陶渊明不似一般儒家的惄惄乎为天下,其沉醉在安闲、淡泊的环境中,是靠自己的躬耕力作的辛勤劳作得来的。

12月10日,写作杂文《泛论个人主义》。对周作人在《苦竹杂记》序里所宣扬的为自己而写作、倡导悠闲的个人主义的写作态度和论调进行批评,强调文章的社会功用。这篇文章体现了青年唐弢挑战权威的勇气。

此文后发表在 12 月 22 日、23 日的《时事新报·青光》,署名南宫离。收入《海天集》《唐弢杂文集》。

12 月 16 日,在《立报·言林》发表杂文《学生运动》,署名风子。收入《海天集》《唐弢杂文集》。文章对北平学生游行示威行为的评价支持,并把它比之为五四运动,分析了这次运动和五四运动的形势的不同,表明了自己明确的支持学生爱国行动的态度。

12 月 23 日,在《立报·言林》发表杂文《军人诗》,署名风子。收入《海天集》《唐弢杂文集》。唐弢认为那些从小不曾读书,后在行伍中混得有地位的军人写的诗,真实、粗豪、少书生气,才是真正的军人诗。民国时能算军人诗的,冯玉祥算一个。唐弢还认为封建时代和民国时代的军人诗的不同在于,现代军人渐染上书生气,其诗中少了十足的封建气。

本年,王统照接替傅东华主编《文学》,唐弢开始为《文学》投稿,并与王统照通信认识。

本年上半年,申请加入"左联",鲁迅先生劝唐弢暂时不要加入。但"左联"有什么事情,唐弢都一一照办。

本年,在鲁迅和唐弢的一次谈话中,谈到图书检查的情况。鲁迅先生问唐弢能不能编写一部中国文网史,唐弢回答说,这个工程过于浩大,自己力不胜任。鲁迅先生点头同意了。此后,唐弢开始注意留心起禁书的资料。

1935 年,唐弢继续在《申报·自由谈》《时事新报·青光》《立报·言林》《人间世》《太白》《芒种》上发表杂文,署名除唐弢、风子等外,又多了一个"南宫离"。其中 2 月 23 日发表在《申报·自由谈》上的《谈杂文》,3 月 19 日发表在《申报·自由谈》的《不是人身攻击》,都是驳斥林希隽对杂文的攻击的。这两篇文章和 2 月 21 日写作的杂文《小品文拉杂谈》,都是为杂文鼓与呼,肯定了杂文的积极的社会作用。

鲁迅后来在《且介亭杂文·序言》里曾总结关于杂文的论争时说:"近几年来,所谓'杂文'的产生,比先前多,也比先前更受着攻击。例如自称'诗人'邵洵美,前'第三种人'施蛰存和杜衡即苏汶,还不到一知半解程度的大学生林希隽之流,就都和杂文有切骨的仇恨,给了种种罪状的。"这是鲁迅对唐弢的支持。

唐弢在本年写作的杂文,还体现了他作为一个青年作家"初生牛犊不怕虎"的精神,敢于对胡适、周作人、林语堂等人提出批评。

1936 年(丙子,民国 25 年),24 岁

本年　国民党政府继续对日实施妥协政策,对内反共和压制民众抗日言行。中共和全国人民继续掀起抗日运动。5 月 21 日,全国各界救国联合会在上海成立,通过"抗日救国初步纲领"。

2 月,周扬所主持的"左联"常委会接到萧三从苏联的来信,信中有关于要求解散"左联"的意图,于是,常委会决定同意解散"左联",并请徐懋庸找鲁迅谈谈。鲁迅认为不宜解散,认为"左联"不如"秘密存在"。不久,"左联"常委会召开会议,专门听取徐懋庸征求鲁迅意见的经过和鲁迅的基本态度,最后一致同意解散"左联"。就"左联"解散问题,徐懋庸第二次受命与鲁迅见面,鲁迅知道"文总"和"左联"常委会的意见后,沉思了半晌,对徐懋庸说:"既然大家主张解散,我也没意见了。"但鲁迅还是主张要发表一个解散宣言。这个宣言最后没有下文。于是,"左联"就这样无声无息地解散了。鲁迅在失望中认为,"左联"不是解散,而是溃散。①

6 月 7 日,中国文艺家协会在上海正式成立,发表《中国文艺家协会宣言》。左翼作家联盟解散以后,原"左联"一部分负责人即筹组该会,原拟取名中国作家协会,后改为现名。

6 月,《文艺界》月刊、《光明》半月刊相继在上海创刊。

9 月 18 日,上海民众纪念"九·一八",国民党派军警禁止,群众多人被捕、受伤。

9 月 20 日,鲁迅与巴金、王统照、林语堂、周瘦鹃、茅盾、郭沫若、傅东华联名发表《文艺界同人为团结御侮与言论自由宣言》,载《新认识》第 2 号和《文学》第 7 卷 4 号。

---

①　据刘小清著《红色狂飙——左联实录》,第 505—511 页,人民文学出版社 2004 年版。

10月19日,上午5时25分,伟大的文学家、思想家、革命家鲁迅先生卒于上海寓所,享年56岁。

11月,上海救国会领袖沈钧儒、邹韬奋、李公朴、沙千里、史良、王造时、章乃器七人被捕。

12月12日,张学良、杨虎城发动"西安事变"。

1月1日,在《时事新报·青光》发表杂文《元旦试笔》,署名唐弢。收入《海天集》、《唐弢杂文集》。文章从溥仪的一首诗所表现的情感,来分析溥仪的"蛮劲",并对民元以后的社会状况的凄零、急迫、萧条表示了自己的感慨,但认为溥仪在诗中所表现的快乐、私愿和认为民国也好不了多少的思想是不会长久的。

1月5日,写作杂文《论咬文嚼字》,收入《海天集》、《唐弢杂文集》。作者主张正确的咬文嚼字,反对以追求绮丽、浮躁、典雅而掩饰文章内容的空调子,倡导简练、明澈、清楚、正确、质朴、切合事实的文字,倡导作家对自己作品的认真的推敲。在语言上,主张使用现实生活里的语汇、字汇,但也可以使用书本中与现代的和普通的生活相通的语言,也可以借用外来的、欧式的语句,还可以在普通的口头语外,从生活里吸取成语和土话,经过"咬、嚼"而选择。作者希望伟大的作品有正确的、丰富的、动人的内容,又要求其语言的完善、形式的成功。

1月15日,写作杂文《关于通俗化》。文章对通俗化运动提出了自己的意见,认为通俗化就是要求行文力求明澈、易懂,不但要打破文言文、语录体、白话八股等的营垒,还要有积极、建设的一面,大众不但要看得懂,听得懂,而且要使大众能够咀嚼、消化,发挥实际的效用,使行文明白如大众的话。同时要求作家们到大众的队伍里去。

1月18日,在《立报·言林》发表杂文《文字狱》,署名风子。收入《海天集》、《唐弢杂文集》。文章从清朝的文字狱说起,联系到民元以后及当下的文字狱、文字压迫的情况,唐弢表达了自己对清朝文字狱案中奴才的被杀的鄙夷,也对有气节的文人的赞扬,并希望于广大民众的觉醒。

1月中下旬(本年阴历年底前),唐弢回家过年,在除夕父亲的忌日,祭奠和纪念了父亲。

1月30日,写作散文诗《眼睛》,收入《松涛集》《落帆集》。散文诗回忆和纪念了父亲。这是唐弢在父亲死后三年,在雪夜里祭奠父亲,表达了自己对父亲的感情。

2月7日,写作杂文《论非常时》。作者认为在华北问题发生的非常时期,对于日本侵略的暴行,应该立刻奋起、抵抗,要向前看,向前干,不应有因循、观望和一丝的苟且或偷安的念头。此文后发表在3月5日的《夜莺》第一卷第一期,署名唐弢。收入《海天集》《唐弢杂文集》。

2月17日,写作杂文《"国防文学"的感想》。非常时期就是民族危难的时期。作者针对署名角先生的《所谓非常时期的文学》一文中的观点,提出了批驳意见。角先生认为非常时期即战时,在战时,文学是不能也不需要存在的。唐弢认为非常时期有汉奸、失地,有学生运动、义勇军等现实的基础,是国防文学提出和描绘的现实基础。国防文学的正面敌人是帝国主义,主要任务是反帝及抗日等等,其题材是丰富、现实的,还有古今中外人民大众争取自由、解放的运动,这正是国防文学存在的必要性、现实性。此文后发表在3月11日的《时事新报·每周文学》,署名风子。收入《海天集》。

2月20日,在《立报·言林》发表杂文《"鼓掌而退"》,署名唐弢。收入《海天集》《唐弢杂文集》。文章从一个外国人认为租界对中国有很多好处的言论说开去,用讽刺的手法列举了租界的种种"好处",认为它使同胞隔膜,成为高等华人的避难所,也成为洋人欺负中国人的地盘。

2月20日,写作杂文《论胡中藻诗狱》,收入《海天集》《唐弢杂文集》。文章是对清朝文字狱胡中藻一案的分析,认为胡的因文字被杀,决非胡诗中所表现的意思,因为胡诗中不但没有种族之见,而且连一点讽刺也没有,纯因为乾隆反对立党,而胡中藻却依附师门,甘为鹰犬,就把他杀了,以此作为惩罚来禁止朋党。其他的清文字狱案,也不过都有弦外之音罢了。

3月1日,在《立报·言林》发表杂文《静穆和热烈》,署名唐弢。收入《海天集》《唐弢杂文集》。唐弢用散文化的语言,表达了自己摒弃静穆,希望自己作为一个青年,要有朝气、有热烈的追求的思想,虽然现在是困苦地活在人间。

3月2日,在《立报·言林》发表杂文《说红》,署名唐弢。收入《海天集》、《唐弢杂文集》。文章谈到过去文坛上的争论,有一手致人死地的办法,那就是给人戴红帽子,如卢布谣之类。此外,还有因为结红领带、得红斑狼疮而得罪的,他们是都因红色而得罪。作者最后得出"地无东西,屠夫们的触觉、才能和手段,大都是差不多"的结论。

3月15日,写作杂文《论文艺商业化》。文章从朴先生发表在《民报》社评里的一篇《论文艺》中的观点说起。朴先生认为学者们"一为文人,便无是观",认为文艺家致力于文艺,只不过是为了生活去换柴米,其卖文常迎合一般人心理而投其所好,以图商品之推销,这是文艺的商业化。唐弢认为文艺家固然要生活,但并非都为迎合大众而以卖文为目的,而是为了达到社会的和艺术的成功。"文艺商业化之在今日,是一种不可避免的趋势。但作者倘能明白自己的任务,不以个人的享受为满足,文艺作品的前途,是决不会断送在稿费、版税里的"。此文后发表在4月5日的《文学青年》第一期,署名唐弢。收入《海天集》、《唐弢杂文集》。

3月15日,唐弢致信鲁迅,询及天马书店及文化生活出版社等的情况。

3月17日,鲁迅复信唐弢,谈及自己在病中,并希望唐弢最好还是写些长文章,"写《自由谈》上那样的短文,有限制,有束缚,对于作者,其实也并无好处"。并委婉地谢绝了唐弢要登门探望病情的要求。

3月24日,在《立报·言林》发表杂文《谈幽默》,署名唐弓衣。收入《唐弢杂文集》。文章从《论语》、《宇宙风》倡导的幽默说起,对幽默的功用、特点等进行分析评价,认为《论语》、《宇宙风》所倡导的幽默是没落了。

3月24日,写作杂文《再论文艺商业化》,收入《海天集》、《唐弢杂文集》。文章再论文艺商业化的趋势,认为不能因为作家要拿稿费,而把文艺的作用一棍子打死。

3月25日,写作《从宣传过去到接受未来》。文章分析了文坛上向外国宣传中国的过去的东西是什么:女人和故宫文物;而向外国引进的是什么:未来主义的皮毛。因此,唐弢提出,我们"所要宣传的过去,必须是所以产生现在的过去,而且所要接受的未来,也必须是从现在出发的将要到来的未来。我们不能虚无,夸大,梦想"。此文后发表在4月5日的《夜莺》第一卷第二期,署名唐弢。收入《投影集》《唐弢杂文集》。

4月14日,唐弢致信鲁迅,询及清代文字狱的情况,鲁迅当晚复信作了回答。

4月19日,在《立报·言林》发表杂文《读〈桃园〉》,署名唐弢。文章是对茅盾的介绍弱小民族的文学的译作集《桃园》的评价,唐弢认为这是替弱小民族和被压迫民族说几句话,对茅盾此书表示肯定。

4月20日,在《立报·言林》发表杂文《谈春游》,署名唐弢。

4月28日,在《时事新报·每周文学》发表杂文《评铁马版画》,署名唐风子。

4月,唐弢在鲁迅和陈望道的帮助下,由上海天马书店出版了第一本杂文集《推背集》,收1933年6月以来的杂文、散文85篇。分别为:《老话》61篇(实为55篇,另附驳文6篇),《说实话》7篇,《物喻》6篇,《乡音》10篇,《读书记》1篇。

5月5日,在《海燕》第一卷第三期发表杂文《谈集体创作》,署名南宫离。收入《短长书》。

5月5日,在《文学青年》第二期发表杂文《关于翻译》,署名唐弢。收入《投影集》、《短长书》、《唐弢杂文集》。

5月10日,唐弢寄赠鲁迅《推背集》一本,并寄去一函。

5月13日,在《立报·言林》发表杂文《怀古》,署名唐弢。

5月17日,在《申报·每周增刊》第一卷第十九期发表小说《晓风杨柳》,署名唐弢。

5月19日,写作杂文《国葬》。文章表达对胡汉民国葬一事的想法,由胡汉民的灵柩暂厝黄花岗,等秋凉后再移到南京一事,联想到匈牙利作家K.密克萨斯的小说《旅行到另一个世界》中的故事:小说中的主人公发誓绝不离开故乡去维也纳,其在生前为村里修铁路出了大力,死后他的遗体却阴差阳错地被火车运到了维也纳,结果是不得死所。文章借此暗讽胡汉民的不得死所。此文后发表在5月21日的《立报·言林》,署名唐弢。

5月20日,写作《〈海天集〉前记》,收入《海天集》。文章回忆了自己的文章写作、编集的情况,以及其中的几篇文章受到争议和指责的情况,以及《海天集》命名的由来。

5月22日，由于文艺界"两个口号"的论争的表面化，刊物的态度一时成为注意的中心。本来就是"第三种人"据点的现代书局改组为今代书店。5月中旬，今代书店要唐弢和庄启东（"左联"成员）合编一个文艺刊物，要求他们在当前的文艺论争中，作为编者严守中立，不属于任何一面。唐弢自己则认为在抗日的总目标下可以有各种各样的意见，却不赞成内部展开争论，有一种朴素的希望团结的愿望。唐弢因此抄下要求，于5月22日给鲁迅写信，希望争取他的支持。当天，在病中的鲁迅即复信唐弢。指出："编刊物决不会'绝对的自由'，而且人也决不会'不属于任何一面'，一做事，要看出来的。如果真的不属于任何一面，那么，他是一个怪人，或是一个滑人，刊物一定办不好。"结论是："对于这样的一个要求条件，还是不编干净罢。"唐弢接到鲁迅的信后，和庄启东争取同一步调，谢绝了书店的约请。唐弢于6月2日将前后经过写信告诉鲁迅。鲁迅十分欣慰，6月3日，病情加重的鲁迅仍复信唐弢，支持他不编那种所谓"中立"的刊物："刊物不编甚好，省却许多麻烦"。

5月23日，写作杂文《关于女人的书籍》。从有人要翻译李渔的关于女人的作品说起，对《悦客编》和《笠翁偶集》进行对比、评价，指出这是对女人的玩弄，是奴性的遗留。接着作者谈到被人们关注到的关于后妃和娼妓类女人的书，并进行评价。认为如果关于女人的书籍都翻译出来，终觉没意思，还不如多翻译国外的关于妇女问题的书籍以供借鉴。此文后发表在7月1日的《文学》第七卷第一号，署名唐弢。收入《投影集》、《唐弢杂文集》。

5月24日，在《立报·言林》发表杂文《遗嘱》，署名唐弢。

5月30日，由上海新钟书局出版唐弢的杂文集《海天集》。该书为"新钟创作丛刊"第一辑第十一册，共收杂文46篇。此时，唐弢之前出版的《推背集》一书，受到各方面的注意。5月30日至31日，《北平新报》发表罗荪的书评《读〈推背集〉》。5月31日，《益世报·语林》发表湘慧的书评《谈〈推背集〉》。6月8日，《立报·言林》发表苗圩的书评《读〈推背集〉》。《铁报·动与静》发表苹儿的书评《唐弢及其〈推背集〉》，都对这本书作出较高的评价，但对内容的编排也有不同的意见。

5月31日,在《立报·言林》发表杂文《何恨于国》,署名唐弢。

6月9日,写作杂文《争取言论和出版的自由》。文章谈古论今,表达了对统治者的压迫和限制、禁止言论和出版的自由的不满,表示要争取言论和出版的自由。此文后发表在7月1日的《现实文学》第一卷第一期,署名唐弢。收入《投影集》、《唐弢杂文选》、《唐弢杂文集》。

6月10日,中国文艺家协会在上海成立,唐弢参加并成为会员。7月10日,《文学界》第一卷第二号发表《中国文艺家协会会员名录》,唐弢是其中之一。

7月2日,写作杂文《悼念玛克辛·高尔基》。高尔基逝世后,作者作此文以纪念他,并从全人类、全世界角度高度评价了高尔基,同时还联系中国实际,希望着民族的觉醒。此文后发表在7月15日的《作家》第一卷第四号,署名唐弢。收入《投影集》、《唐弢杂文选》、《唐弢杂文集》。

7月18日,在《立报·言林》发表杂文《年代》,署名唐弢。

8月3日,写作杂文《雨夜杂写》。文章分五个部分谈了自己对文禁和文网的感想。一、对清朝的焚毁书籍、改窜旧作的评价,对《四库全书》的分析评价,以及对文人帮闲奴才们窜改文献的鄙夷。二、从乾隆的窜改《四库全书》的用意,说到北宋的《推背图》的查禁和抽乱的方法,说明分析了文字狱的血腥和统治者的文网的严酷,以及统治者的阴谋诡计,他们是要使后世惑乱。三、进一步揭示乾隆诏示窜改《四库全书》的用意、谕旨,清统治者对明末奏折的略加窜改,以示所谓的殷鉴和恩赦。四、乾隆从自己的阶级出发而又维护包括汉武帝在内的有关书籍,乾嘉后又有士大夫在小说上作文章,斥小说为淫词,借维持风化的名目禁止异己的书籍。五、辛亥革命后,到了民国,文禁和文网更甚。新旧的冲突的剧烈,使现在的文网更甚,"五四"时的新党变成了老新党,如胡适、周作人、刘半农之流,又来压制更新的文化。作者希望人们觉醒起来,从而送这些学者们没落下去。此文后发表在8月15日的《作家》第一卷第五期,署名唐弢。收入《投影集》、《唐弢杂文选》、《唐弢杂文集》。

8月7日、17日,唐弢两次致信鲁迅,希望得到一本《珂勒惠支画选》,并询问给鲁迅写信可用何名。8月20日,鲁迅对两封信一并作答,说明《画集》早已分送净尽,"容他日设法耳"。又说来信"可用周豫才","比鲁迅稍不触目而已"。不久,鲁迅却将一册亲笔题上"十二"两字的线装编号本,由夫人许广平亲自送给唐弢。

8月10日,在《文学界》第一卷第三期发表散文《苦闷的时候》,署名唐弢。收入《松涛集》《生命册上》。文章从街头看到的看相先生画的像、贴的近代人的像说起,说到看相和将来,从而表达对连向往将来都不准许的社会的讽刺、抨击和无奈。

8月14日,在《立报·言林》发表杂文《我的庆祝——为世界语五十周年纪念作》,署名唐弢。收入《短长书》。

8月22日,写作杂文《看报》。文章对报纸媒体的阿民所好进行讽刺,同时揭示了看报人猎奇、猎艳的心态,作者希望报纸能撤去对新闻的封锁,查出事实,解除痛苦,改变先生们猎奇、猎艳的现状。此文后发表在9月5日的《新认识》创刊号,署名唐弢。收入旧新两版《短长书》、《唐弢杂文集》。

9月2日,写作杂文《释放四题》。文章分四个部分。（一）《奴才见识》。文章分析了国内所谓大赦政治犯的情况,揭示希特勒大赦的欺骗内幕,并对国内奴才们反对释放政治犯言论的抨击。作者对政治犯们表示了同情、支持,认为他们是要挣扎,他们是不安于做奴隶!（二）《大国民风度》。文章反对把优胜劣汰等同于弱肉强食,认为弱肉强食不但利己,而且还损人。同时,作者分析了所谓的"大国民风度",认为这实则是弱肉强食。讽刺了希特勒的假大赦、真专制和实行暴政,这就是所谓的"大国民风度"。（三）《他们的意见》。通过两个关在狱中的所谓的政治犯的对话,指出狱犯入狱并不因为政治犯或其他什么大不了的罪行,他们只是被冤屈和残害;又指出狱中比狱外的人间好,因为狱外的人间反而更黑暗、残酷,使得他们不想被大赦出狱。末尾,作者又揭示,所谓释放政治犯只是一个幌子,因为可以把所谓政治犯说成不是政治犯,从而不得释放。（四）《应该有爱国的自由》。监狱里年轻的犯人激增,他们大多是为了政治的苦闷而入狱,作者认为释放政治犯应该一律看待,不因有功没功而区别对待,同时认为释放政治犯只能算作释放的一半,还应该让人们有爱国的言论自由,爱国的行为如集会、游行的自由,应该真正把自由还给中国人民。此文后发表在9月15日的《作家》第一卷第六号,署名唐弢。收入《投影集》、《唐弢杂文选》、《唐弢杂文集》。

9月3日，写作杂文《谣言种种》。文章分析了古代谣言的神异成分，使这些谣言成为了封建统治者吓退敌人、压迫愚民的工具，成为改朝换代的工具，这谣言就好像爬天的云梯，使奴隶安于现状，苟活下来。到了当代，谣言又可以假作事实来愚民，比如协定签字了，却还说是谣言，把事实和谣言混为一谈。作者讽刺了当下的社会现状。此文后发表在9月20日的《中流》第一卷第二期，署名唐弢。收入《投影集》、《唐弢杂文选》、《唐弢杂文集》。

9月5日，在《中流》创刊号发表杂文《对于两个口号的一点意见》，署名唐弢。

9月8日，写作杂文《做戏》。北京市社会局以《风波亭》、《走麦城》二剧能使英雄气短为由，下令禁止演唱。作者对此进行讽刺和评论，认为把历史、人生看做戏，实在也是古已有之，不过并不十分认真，所以才出现对卖国失地不以为气短，却偏偏对小戏场太认真的现象。此文后发表在9月20日的《新认识》第一卷第二号，署名唐弢。收入旧新两版《短长书》、《唐弢杂文集》。

9月25日，写作杂文《也投一票》。文章表达了对两个口号"国防文学"和"民族革命战争的大众文学"的意见，认为这两个口号没有太多差别，"国防文学"是要发展到"民族革命战争的大众文学"方面去的，并且这两个口号的提出，对于作家是"应该要求，却不必强迫"。认为两个口号是能发挥相辅的作用，而且我们所要统一的并不是口号，而是实际的工作。此文后发表在10月5日的《中流》第一卷第三期，署名唐弢。收入《唐弢杂文集》。

10月6日，写作杂文《私议二章》。文章分两部分，一、对希特勒和法西斯主义灭绝文化的愚民政策的分析和批判，认为纳粹使真正的德意志文化丧失。二、《北平特辑》登载了周作人的文章，把北平比作边塞、破椅子。唐弢对此分析、反驳，指出个人主义一接触现实，是无法存在的；同时，又联想到周作人把日人三上参次在贵族院里讲到中国的国号的事，斥之为"老人的胡闹"，唐弢又对此进行分析和评论，认为年龄无论大小，应该都趋时维新，反对复古；不应该专讲闲适和宽容、恋旧。此文后发表在

10月15日的《作家》第二卷第一期,署名唐弢。收入《投影集》、《唐弢杂文集》。

10月15日,写作《救人与杀人》。文章从虹口女科医院的埋尸一案说起,讽刺复古派的"人心不古"的言论。

10月19日,鲁迅在上海逝世。唐弢在下午两点接到朋友的电话,还以为是别人的谣言,所以并不相信。到家后,接到另外的朋友的通知,才□了先生已经逝世的消息,于是于下午6时赶到万国殡仪馆。10月22日,唐弢参加鲁迅送葬仪式,同群众一同呼喊口号:"争取民族解放来纪念鲁迅先生。"在葬仪期间,唐弢认识了靳以、冯雪峰等作家。以后,唐弢又写了不少纪念鲁迅的文章,主要有:

10月23日,在《申报》发表《鲁迅先生不死》,署名唐弢。

10月24日,写作《由活着的肩起》,发表在10月26日的《立报》上,署名唐弢。回忆鲁迅先生逝世后,自己参加丧仪的所见所闻。表达自己对鲁迅的理解、评价,认为鲁迅的逝世是中国文学、艺术、思想的巨大损失,也是中国民族革命力量的巨大的损失,鲁迅的精神应该不能忘记,我们不能曲解他的路线,凡他所遗下来的责任,都该由我们这些活着的肩起来。

10月25日,唐弢写了《鲁迅先生丧仪散记》。回忆鲁迅先生逝世后,自己参加丧仪的所见所闻。

11月1日,写作杂文《请鲁迅先生安息》,文章对鲁迅的成就作了高度的评价,并表示有许多青年会传播、发扬、实践鲁迅精神。此文后发表在1936年11月22日北平《新报》,署名唐弢。

11月2日,写作散文《药》。文章回忆了父亲临终前的用药医治,对所谓中医、儒医,所谓用药的霸道、王道,以及对中医的不可验证的感叹。此文后发表在11月20日的《中流》第一卷第六期,署名唐弢。收入《松涛集》、《生命册上》。

11月5日,在《中流》第一卷第五期发表杂文《向高墙头示威》,署名唐弢。收入《短长书》、《向鲁迅学习》、《回忆·书简·散记》时改为《鲁迅先生丧仪散记》。

11月6日,在《译文》新二卷第三期发表《乡村外一篇》,俄国I. 屠格涅夫作,唐弢译。

11月15日,在《作家》第二卷第二期发表《纪念鲁迅先生》,署名唐弢。收入《投影集》、《向鲁迅学习》、《回忆·书简·散记》。

11月20日,写作散文《种在诬蔑里的决心》。文章回忆了父亲的执意要他读书,以摆脱种田胚的命运的往事,以及由此受到乡绅的冷嘲,经济的压迫和各种的侮蔑,认为这些都使自己在侮蔑里成长。此文后发表在12月5日的《中流》第一卷第七期,署名唐弢。收入《松涛集》、《生命册上》。

11月25日,写作杂文《关于〈一柱楼诗〉狱》。文章介绍了乾隆朝江苏东台徐述夔的《一柱楼诗》狱案的经过、始末,从而分析清文字狱下各相关人的表现,认为此事事起豪绅争田,其结果是所牵连的人众多,显示了文字狱的酷烈。

11月26日,写作杂文《盛世的悲哀》。对清朝文字狱"殷宝山案"的分析评价,认为这个细小的文字狱案,一方面是因为大臣们为表示自己办事得力干练而严办导致的,一方面是因为殷宝山在盛世太平的情况下,自称"刍荛之献"向皇帝表忠心,上书说太平盛世"无一而可",从而得罪了乾隆,结果是想做奴才而不成功,造成了文字狱案。此文后发表在12月的《谈风》第四期,署名风。收入《投影集》、《唐弢杂文集》。

11月27日,在《立报·言林》发表新诗《日暮》,署名仇山。

11月,写作散文《记鲁迅先生》,文章回忆了自己与鲁迅先生的过从、交往,以及自己所受到先生的教益。此文当时未发表,后于1953年8月改正,收入散文、杂文、书信集《回忆·书简·散记》。

12月14日,西安事变发生后第三天,陈子展约唐弢、徐懋庸、周木斋等人,到他家位于上海巨泼来斯路美华里的寓所晚餐。席间,大家谈了对事变的看法,都朦胧地感到一个大转变就要到来。

12月17日,在《立报·言林》发表杂文《闲话友谊》,署名公衣。

12月18日,在《立报·言林》发表杂文《公式主义》,署名弓一。

12月18日,在《立报·言林》发表杂文《论"但书"》,署名忍士。

12月25日,写作杂文《随思录》。这篇文章类似鲁迅的随想录,分八个部分。一、对"雅人们"把"五四"文学运动的源流一直追寻到明末的"公安"、"竟陵"的观点的分析,认为这种牵扯,只是泥淖,而不是源流。二、有人把清朝的学术思想划分为三个时期,认为第三期是西洋文化输入期,作者对此提出了异议。三、对提拔培训新作家的意见,认为在刊物、教材上应有真正教导人如何创作的东西。四、对文学批评和批评界的意见,认为不要过分热心于理论和原则的搬取,而应该注重对具体作品的指点、批评,注重理论的实际的应用。五、对近来批评家和作家们互相"离弃"和"大骂"的现象的评价,认为批评家和作家之间,应该互相尊重,互相理解。六、对文艺的通俗化的意见,认为"五四"以后的新文艺,未考虑中国的大多数民众,没有能把新文艺流布到他们中间去,而且还追求艰深,决不肯引用口语和讲究通俗。七、关于实施通俗化,有人主张少用新名词,更有人主张排除欧式。对此,作者认为,应该少用新名词,却反对绝对不用。认为适当的欧化的语法、名词,并加以注解,是应该的,与民族的独立无关,与"独立的民族的文艺"更无关。八、认为用中文写商籁体、学王尔德应该慎重,不要专务其大,而追求"古"癖、"大"瘾。此文后发表在 12 月 31 日的《中流》第一卷第八期,署名唐弢。收入《投影集》、《唐弢杂文集》。

12 月 28 日,在《立报·言林》发表杂文《犹太人》,署名唐弢。收入旧新两版《短长书》。

12 月 31 日,在《立报·言林》发表杂文《岁暮》,署名公衣。收入旧新两版《短长书》。文章表达了对新年的希望,借汉斯·索翟斯(Hans Sachs)的《温特勒夜莺》一诗,来表达自己渴望战斗的、反抗的叫声。

除此之外,本年还写有一些杂文。

本年,写作杂文《通俗化中的一个小问题》。针对力生在《生活知识》上发表的关于通俗化问题的文章中所表示的意见,唐弢认为通俗化是为了提高大众的文化知识,所以写文章应使文章做到格外鲜明,简洁,易懂,不要缠夹不休,要与眼前活生生的口头语一致。

本年,写作杂文《文坛横议》。文章说,曾今可在两年前曾有"解放词",宣称打打麻将,不用管国家事;林语堂在一年前提倡"闲适"、"性灵",都受到了人们的批评、攻击,现在国难当头,林语堂先生都已经放弃闲适而在尽责任了,而曾今可却仍旧宣扬个人的风花雪月。作者为此将林、曾对比,批评了曾今可,对林语堂表示赞同。文章强调了文人对社会、国家应尽的责任。

　　本年,写作杂文《漫谈美术》。文章从中华美术研究会成立的正确的宣言说起,分析了国内画坛的混乱状况,并希望中国美术爱好者能好好努力,使美术在中国放出光彩。

　　本年,写作杂文《论讽刺》。文章分析了幽默和讽刺的不同,认为幽默是自然的流露,它虽然隽妙,却不具有什么作用,大抵只限于揭示;而讽刺则期望改善,比较积极。唐弢认为,时下中国的幽默家,大抵只有油滑,而讽刺又为当代所不容。

　　本年,写作杂文《"黑马"异议》。有首子先生劝人学学无用,认为无用的人可能会成为"黑马",因为有用的人会招人妒忌、愤恨。作者批驳认为,应该从现实出发分析有用、没用,应使有用的人自励,无用的人则应更加努力,使其成为有用,而不应该侥幸地劝他成为"黑马"。

　　本年夏天,因黎烈文筹办《中流》半月刊,出版者要求每期有鲁迅、茅盾的文章,而鲁迅先生在病中,所以编者向茅盾组稿。一天,唐弢到极司非尔路(后改万航渡路)的信义村探望迁入新居的黎烈文,茅盾先生住在附近,黎烈文就拉唐弢同去拜访他。唐弢先前就认识茅盾,此后因郑振铎的关系,就与茅盾交往起来。

　　本年,为适应新形势,要撰写一些宣扬爱国主义的文章,唐弢应艾思奇之约,为中共上海地下党文委办的《新认识》半月刊"社会杂感"栏撰写短文。该刊于1937年3月被禁。

　　1936年,唐弢的杂文写作无论从题材、内容,还是思想上,都有很大的进步,因为受鲁迅的影响和建议,其本年所写的杂文又较多地关注清文字狱和历代文网的禁锢,谈古论今,从而对国民政府的压制言论自由和宣传控制进行讽刺和揭露。同时,对杂文的社会作用继续鼓与呼,继续强调了文学的社会作用,更多地关注社会现实。

　　本年,1936年10月19日,鲁迅逝世后,唐弢怀着对鲁迅先生的崇敬,开始写作纪念鲁迅的文章,宣传鲁迅精神,并开始研究鲁迅。

1937 年（丁丑,民国 26 年）,25 岁

本年　7 月 7 日,日本侵略军向北平郊区卢沟桥发动进攻,我国守军奋起抗敌。卢沟桥事变后,抗日民族解放战争全面爆发。上海、北平各地出版的纯文学刊物几乎全部停刊,抗日救亡小报相继而起。

8 月 12 日,上海"八·一二"战争爆发。13 日,日军发动对上海的大规模进攻。至 11 月 12 日,中国军队全部撤出,上海便为日军占领,成为"孤岛"。

8 月,《救亡日报》创刊,郭沫若任社长,茅盾、郑振铎、胡愈之等组成编委会。

8 月,由阿英、崔嵬、张季纯、丁玲、宋之的、夏衍等集体创作的三幕剧《保卫卢沟桥》在沪公演。

10 月,上海戏剧界救亡协会组织了 13 个救亡演剧队分赴全国演出,宣传抗战。

11 月,南京政府宣布迁都重庆,政府机关搬至武汉。中旬,日军在金山卫登陆,上海沦陷,部分作家留沪坚持抗日文艺运动,史称"孤岛文学"。

12 月 13 日,南京沦陷。24 日,日军占领杭州。

本年,唐弢继续在《大晚报·火炬》、《立报·言林》、《中流》、《希望》、《文学》、《自修大学》、《生活学校》、《新认识》等发表大量杂文,署名又有公衣、仇山、双替等。

1 月 1 日,在《立报·言林》发表杂文《1937 年文坛预言》,署名端尼。文章表达对文坛现状的揶揄和讽刺。

1 月 10 日,在《好文章》第四期发表速写《偷营》,署名唐弢,收入《松涛集》。

1 月 14 日,在《大晚报·火炬》发表杂文《文苑闲话（一～二）》,署名唐弢。收入旧新两版《短长书》、《唐弢杂文选》、《唐弢杂文集》。一、唐弢表达了自己对翻译的意见。何圭人先生因为看到几篇批评翻译的文字,有了不祥的预感,担心"大家都绝笔于翻译",并向批评者提出抗议来。唐弢认为译者应该正视翻译的错误,并努力纠正。在批评者方面,则应指出

译者的错误,同时指出好的和对的来,决不可因译文的错误,而认为翻译应该绝笔。二、唐弢认为《新月派》的诗风,是要从式微堕入没落去。林庚先生主张把文学当作花瓶,而又必须为花瓶而花瓶,正如《新月派》的为艺术而艺术的烂调。林庚认为自己的四行诗是现代诗,戴望舒对此进行批驳,唐弢也认为林庚的诗不过是用白话写着古诗,赞成戴望舒主张的现代的诗歌的形式和内容,是应该和时代完全调和的,不是拿新瓶装旧酒,否则是开倒车。

1月15日,在《中流》第一卷第九期发表杂文《随思录(续)》,署名唐弢。收入《投影集》、《唐弢杂文集》。

1月15日,写作杂文《我淌着冷汗》。文章通过日历牌上的"郭巨埋儿"的图画,感到时下的社会中类似的惨剧还在发生,又通过宋云彬对鲁迅的"肩住黑暗的闸门,放他们到宽阔光明的地方去"的看法,唐弢主张做父母的绝不能做"郭巨"型的爸爸,而应与一切企图活埋我们的孩子的恶势力做斗争。此文后发表在5月1日的《文学》第八卷第五期,署名唐弢。收入《投影集》、《唐弢杂文集》。

1月16日,写作杂文《为青年辩护》。收入新版《短长书》、《唐弢杂文集》。胡适在《大公报》上骂青年"危害国家",唐弢对此论调进行反驳,认为这也跟古来把亡国的责任都推到女人身上的论调一样,因此他反对胡适的言论,为青年辩护和高呼,同时认为在青年一面也当感谢为我们"打扫了道路"的先进。

1月26日,写作杂文《恺撒和群众》。收入《投影集》。某先生看了莎士比亚的《恺撒传》以后,认为古罗马时代的群众是愚昧的,并以此将中国与罗马对比,认为中国的群众也是愚昧、低能的。唐弢认为,这是因为某先生忽视了古罗马恺撒式的制度所给予群众的压制,也忽视了中国当下的现实情形。作者认为,无论罗马、中国的人民,都有追求自由和光明的顽强。在中国,义勇军、学生工人的救亡,都充分表示着中国群众的有理性,不昧于是非。

2月1日,写作杂文《偶感》。文章是对清末的老新党们的讽刺,认为他们在"中学为体,西学为用"的幌子下,凡对外国的事物,都要来个溯源,如飞机的雏形是风筝等,以此来压倒"西化"说,但却"趁现成"而趁得不像样。此文后发表在 3 月 2 日的《立报·言林》,署名唐弢。收入新版《短长书》、《唐弢杂文集》。

2 月 10 日,在《立报·言林》发表杂文《纪念普式庚》,署名唐弢。收入《短长书》。

2 月 16 日,在《译文》第二卷第六期发表译文《普希庚的流行之基础》,苏联 L.格劳司门作,署名唐弢译。

2 月 19 日,写作杂文《不是新酒旧瓶》。文章通过对郁达夫的旧体诗的评价,认为对"新出的现象",只要能尽量表现出来,就不存在所谓的新酒旧瓶的问题。同时,唐弢还认为,我们可以用旧诗来表现新出的现象,但却也不能作为旧诗还可以存在的理由。此文后发表在 2 月 20 日的《立报·言林》,署名仇山。收入旧新两版《短长书》、《唐弢杂文集》

2 月 20 日,写作杂文《关于欧化》。《青光》上有一篇题为《小问题》的文章,其作者认为外来语词的使用虽免不了,但也要有所限制,除非迫不得已,它还是要在模型里重铸一过。而外来的文法和风格,则是不必要引用的。对此,唐弢进行反驳,认为一国的语言文字,虽大多由于本国的传统,却随时受着生活习尚的改造,和外来语的影响,单词一经引用,语法也往往起变化,这是自然演变的结果,与政治和世道人心无关。唐弢主张通俗化立场上的正确的语言的欧化。此文后发表在 3 月 5 日的《中流》第一卷第十二期,署名唐弢。收入《投影集》、《唐弢杂文集》。

2 月 28 日,写作杂文《拿出一点勇气来》。文章从文网的严密、新闻和言论的不自由说起,作者认为文网固然严密,客观环境固然恶劣,但新闻界也应在请求开放以外,应当信任自己的力量,明白自己的责任,拿出一点勇气来,这并不是劝别人赤膊上阵,认为新闻界也应团结起来抗争。

3 月 10 日,写作论文《超乎俏皮的悲愤》。文章对发表在《中流》第 8 期上鲁西良的报告文学初选的评论,评价了此文对反映中国社会的真实性的作用,并指出了其中的不足,提出了对报告文学的要求:真实性(简单的真实),反映周围的环境和客观的现象。

3 月 10 日,在《希望》第一卷第一期发表杂文《文苑闲话(三~四)》,署名唐弢。收入旧新两版《短长书》、《唐弢杂文选》、《唐弢杂文集》。(三)炯之先生认为现在的作家,因为太关心时代的原因,出现了作品都差不多的现象,因此认为"作家间需要一种运动"。唐弢对此进行反驳,认为炯之的这种看法,是自作聪明,是"莫名其妙"的"矫揉造作",认为文学必须和时代有关,作家的关心时代,却仍能表现自己的个性、想法和作风,绝不是差不多。(四)唐弢通过寻找有"差不多"的论调的文章,以驳斥炯之的"差不多"理论,认为炯之的"差不多"理论也是袭用别人的看法。最后,唐弢希望作家们抛弃幻想,加紧生活的体验,接触现实,写出反映自己熟悉的生活的作品。

3月15日,写作杂文《提起时代》。自从炯之先生在《大公报·文艺》栏提出反"差不多"的口号后,文坛上开始对公式主义进行清算,分析认为"差不多"、公式主义的原因是"趋时"。唐弢为此进行分析批驳,认为"差不多"和公式主义恰恰因为是不能"记住时代",不能反映自己时代的生活,同时,还忽略了艺术和个性。所以作者认为,作家的创作,应该内外一致,把时代和艺术兼顾起来,在具体描写时代的现实时,把梦和行动连接起来。此文后发表在3月20日的《中流》第二卷第一期,署名唐弢。收入《投影集》、《唐弢杂文选》、《唐弢杂文集》。

3月18日夜,写作杂文《戈雅的画》。文章从中国现在出版的书刊杂志内少插画的现象说起,分析了这个现象的原因一是编辑、作者的不经意,一是中国实在没有这样的画家;因此唐弢说到西班牙画家戈雅的画来,因为戈雅的画的"反动",是正统派眼里的异端,他用笔尖刺着千秋万世的专制魔王们,他的画捍卫着民主的马德里,充满勇敢和反抗,作者希望中国也能"转贩"这样的画。此文后发表在3月21日的《立报·言林》,署名唐弢。收入旧新两版《短长书》、《唐弢杂文选》、《唐弢杂文集》。

3月26日夜,写作杂文《随想》。作者认为,纪德的《从苏联回来》一书,是个人主义的自由思想者的表现,并联系到日本及所有帝国主义向中国、苏联有进攻的征兆看来,唐弢认为,英国人如高尔斯华绥那样认为英国人是没有一个人会梦想有这样的进攻的想法,也是一种个人主义的自由思想,这是会重蹈覆辙的。因此,唐弢预言帝国主义的进攻会向苏联、英国发起。此文后发表在3月29日的《立报·言林》,署名唐弢。收入旧新两版《短长书》、《唐弢杂文选》。

3月24日,写作杂文《文苑闲话(五)》。炯之在《作家间需要一种新运动》一文中认为,"三五个因历史关系先走一步的老作家,日月交替,几年来有形无形都成了领袖和权威",因此,炯之把他们视为中国文坛的罪人。唐弢结合苏雪林的《过去文坛病态的检讨》一文,对苏雪林等恶意攻击郁达夫、鲁迅的观点进行反驳、批判。此文后发表在 4 月 10 日的《谈风》第十二期,署名唐弢。收入旧新两版《短长书》、《唐弢杂文选》、《唐弢杂文集》。

3 月,唐弢回了趟故乡,并与小学同学裕、毓等去了宁波奉化溪口,游览了溪口公园、雪窦寺、妙高台、千丈岩,参观了武岭小学。晚上住在溪口镇的客栈。5 月 6 日,写了《三人行》记录此事。

4 月 16 日,在《译文》新三卷第二期(西班牙专号)发表译文《我见了西班牙》,英国 S.T.华纳作,唐弢译。

4 月 22 日写作杂文《性爱和文学》。文章从近来爱尔兰因赫克狄等人的小说中有"妨碍风化"的性爱描写而遭禁说起,唐弢同意卡尔浮登在《现代文学里性的解放》一文里关于文学中性爱描写的见解,并分析了英国及欧洲、苏联文学中关于性爱描写的各种的情况,最后说到国内苏雪林、施蛰存等认为性爱描写是色情的观点。作者认为,性爱的描写,正是打破资产阶级的传统思想,而建立起新的伦理来。我们不能拿猥亵的描写来挑逗或迷惑读者,更不应不顾一切地专写性爱,对外国作家作品的翻译,也不应做删节,而应正确对待之。此文后发表在 5 月 5 日的《中流》第二卷第四期,署名唐弢。收入《投影集》、《唐弢杂文集》。

4 月 25 日,写作杂文《纪德往何处去》。人们认为纪德的《从苏联回来》一书是对苏联的攻击,从而使得德国、波兰的一些法西斯蒂的报纸一方面嘲笑苏联,一方面想拉拢纪德。中国的一些所谓的贤明作家,也是如此。为此,作者全面分析了纪德和《从苏联回来》一书,认为纪德并不是"转变了",一方面他在写此书之后又认为人类乌托邦的理想在苏联实现了;一方面他在此书中的目的是为了对所赞美的人们取严格的态度,这使得他在此书中以颂扬和敬慕开端,却让诬蔑和中伤占去了后半部。作者认为纪德是一个追求进步的作家,虽然他永远"谈着改革的必要,而并不是革命"。此文后发表在 5 月 3 日的《申报每周增刊》第二卷第十七期,署名唐弢。收入《投影集》。

4月25日,写作散文《独处》,文章抒发了自己独处的人生滋味,描述了自己独处的生活。

5月13日,致许广平信,信中除问及由黄源转交的鲁迅写给唐弢的信是否已送到许广平处外,还表示鲁迅先生写给自己的四封信可以暂时保存在许先生处,待影印后归还。

5月18日,写作杂文《反天才说》。文章对上海报载的所谓天才儿童邓平生的事进行评价,认为早慧的孩子的确有。但一般的认为,文人武士都是靠着他们的天才而成功的,则持这种观点的人们的目的,一方面是为了掩盖自己的弱点,一方面是想借天才说来使别人放弃对所谓成功的非分之想。唐弢认为,世界并不是天才们的世界,天才是人造出来的。一种合理的教育制度所要培养的,是多数人的文化程度,并不是一两个特出的天才。对于天才,也应以普通人视之。此文后发表在5月29日的《自修大学》第一卷第二辑第十号,署名唐弢。收入新版《短长书》、《唐弢杂文集》。

5月27日,写作杂文《"群莺乱飞"观后》。文章是对戏剧《群莺乱飞》的评价。认为该剧作者想引导观众们走上救亡之路的目的,是失败的。此文后发表在5月30日的《立报·言林》,署名仇山。

6月1日,写作杂文《从〈都会的一角〉到〈新地〉》。在上海的租界里上演新剧《秋阳》、《走私》和《都会的一角》,都因宣扬爱国、"东北是我们的"而遭租界当局禁演,日德合拍的宣扬东北是日本"新地"的电影,却在租界得以上映。作者对此提出抗议,认为租借当局抹煞事实,鼓励侵略,并要求民众记住,不能让自己的国土,变成别人的"新地"。此文后发表在6月12日的《自修大学》第十一号,署名唐弢。收入新版《短长书》、《唐弢杂文选》、《唐弢杂文集》。

6月4日,在《群众新闻·开拓》发表杂文《从变小到变大》,署名唐弢。鲁迅先生给时玳的一封信中,建议他不要关注上海的鬼鬼祟祟的文坛消息,而应该关注译著的理论和作品。唐弢对此进行评说后,希望《开拓》编辑能撇开小的"无关大体的无聊事",而代以"理论和作品",使读者们能由此望得见大,接近大——伟大的大。

6月5日,在《中流》第二卷第六期发表散文《三人行》,署名唐弢。收入《生命册上》。这是一篇写自己和两位同学游溪口的游记。

6月5日,写作杂文《文苑闲话(六)》。在鲁迅先生逝世后,苏雪林发表声称还在鲁迅在世时写的骂鲁迅的文章。唐弢对此进行揭露,认为她们是魑魅魍魉。文章接下来还对朱光潜的关于"思想"和"信仰"等方面的论点进行批驳,指出其自相矛盾的说法。此文后发表在6月20日的《中流》第二卷第七期,署名唐弢。收入新版《短长书》、《唐弢杂文选》、《唐弢杂文集》。

6月22日,写作杂文《又是思想问题》。文章从上海前几天的天才儿童说起,认为天才儿童的早熟只是畸形的发展,而在现实社会中,人们又将这种畸形视为常态。现在,人们把承国新等5个小孩送去西北旅行,又看作是有"图谋不轨","思想左倾"之嫌。对此,唐弢认为,这真是治人者们的神经过敏,缺乏自信。此文后发表在6月26日的《自修大学》第十二号,署名唐弢。收入新版《短长书》、《唐弢杂文集》。

7月5日,写作杂文《天灵盖以外》。文章是对旧事的讥讽。作者认为时下的国势,也真像南宋小朝廷的末世,使人们又记起了天灵盖,以及天灵盖以外的忿忿,但却也搅不起什么来,因为人们没有真正觉悟到:当前的危机,其实还不在于大家的迷信天灵盖,而是在于一种天灵盖似的东西的过于自信;不知道天灵盖的运用,更在于天灵盖以外的四肢五官乃至整个身体的运用,也即要团结抗敌。此文后发表在7月24日的《自修大学》第十四号,署名双替。收入新版《短长书》、《唐弢杂文选》、《唐弢杂文集》。

7月7日,卢沟桥事变发生。8月13日,上海抗战爆发。唐弢的杂文的矛头也指向民族敌人,写下了《"和敌人一起倒下"》、《所谓上海中立区》、《粉碎敌人的计划》、《我也为伤兵请命》等战斗檄文。

7月9日,在《国民》第一卷第十期发表文艺理论文章《为什么要从事文学活动》,署名唐弢。

7月14日,写作杂文《"和敌人一起倒下"》。文章从罗曼·罗兰声援中国"九·一八"事变的"和敌人一起倒下"的话说起,针对"七·七"卢沟桥事变,作者坚决支持民众和军队的抗战,反对屈辱献媚和求和,主张宁可和敌人同归于尽,也要求团结抗日。此文后发表在8月5日的《中流》

第二卷第十期,署名唐弢。收入《横眉集》、《劳薪辑》、《唐弢杂文集》。

7月15日,写作杂文《〈天灵盖以外〉之余》。作者认为,自己的《天灵盖以外》一文发表后,卢沟桥事变发生,当此应该全民团结抗战之际,人们却想起天灵盖,想求和,并以宋哲元的电文为证。作者认为这是汉奸们的天灵盖又在晃动了,文章希望人们奋起抗战,不要相信有不流血而又不屈辱的和平来,应该拿起自己的狼牙棒来抗战。此文后发表在7月24日的《自修大学》第十四号,署名双替。收入新版《短长书》、《唐弢杂文集》。

7月18日,在《大晚报·火炬》发表杂文《喝道文学》,署名唐弢。

7月20日,写作杂文《关于文艺翻译》。署名唐弢。收入《投影集》、《唐弢杂文集》。《文学》九卷一二期登出陈宪和先生译的关于翻译问题的意见的特辑。唐弢由此对文艺翻译的必要性、文艺翻译在中国的历史(汉、晋、六朝、清末维新、五四、当下)的情况进行综合分析,提出自己对文艺翻译的意见,认为不能有误译,翻译要在信的情况下顺,并提出五项意见。

7月26日,写作杂文《"乐园"胜景图》。文章从墨西哥驻沪领事弗莱斯柯的《上海——冒险家的乐园》一书得罪租界外籍"绅士"一事说起,讽刺上海租界在帝国主义统治下的糖衣包裹着的虚伪:演爱国剧不许,唱救国歌不许,开纪念会不许,连上海外滩公园里四个中国青年议论时事也要被拘捕,讽刺称这实在是"乐园"的胜景。此文后发表在8月5日的《新学识》第二卷第一期,署名唐弢。收入新版《短长书》、《唐弢杂文选》、《唐弢杂文集》。

7月28日,写作杂文《"谁家天下"》。文章写租界之中白人统治下的国人们的生活:随意被害性命,拆房子,钳制思想自由的严密。漫画家张文文等为抗战捐款义展画作,因作品中有一幅名为《谁家天下》而遭禁。作者在文章的最后问道,在这白人统治的租界上,真是他们(白人们)的天下吗?此文后发表在7月31日的《立报·言林》,署名公衣。收入新版《短长书》、《唐弢杂文集》。

7月30日,写作杂文《从〈且介亭杂文〉论鲁迅》。文章从苏雪林的骂鲁迅,胡适的"借刀杀人",从而引起郭沫若对此事的评价说起,唐弢认为郭沫若的评价鲁迅的"无己",正是鲁迅一生基本精神的一型。因此从三本《且介亭杂文》里,唐弢分析了后期鲁迅的思想精神:无己的精神;非常重视文艺的社会意义;站在大众的立场上,对社会思想和现象的代表者进行暴露和打击;反虚伪,反压制、反蒙蔽和愚民政策;对民族的自信力和对日本侵略的态度。此文后发表在8月1日的《生活学校》第一卷第七期,署名唐弢。收入《唐弢杂文集》、《鸿爪集》。

8月8日,写作杂文《血写的历史》。文章是对日军在平津的暴行的控诉,希望人们起来抗日。文章引用了特列季亚科夫的自传里关于1920年4月日军侵占海参崴的情形的描写,认为这是通过文学作品中人们反抗侵略的描写,来写出奴隶们终要起来,终应起来的事实,并对江朝宗、齐燮元之流的汉奸表示鄙视。

8月12日,唐弢将次子送到镇海乡下,当天返回。8月13日晨到达上海。因"八一三"战事,唐弢将家搬到法租界西区的一间平房里(即树民小学)。

8月23日,写作杂文《遣送回籍》。收入《横眉集》、《劳薪辑》、《唐弢杂文集》。战时,上海的难民大量涌入,有人提议要把难民遣送回籍。作者认为,遣送难民回原籍,应分别不同的难民情况,应该把青壮组织起来抗日,把老弱妇孺和剥削者遣送回籍是必要的,因为这是为了减少上海都市的负担,使剩余的整个力量都能集中于对付敌人。

8月29日,在《立报·言林》发表杂文《所谓上海中立区》,署名唐弢。收入《横眉集》、《劳薪辑》、《唐弢杂文集》。抗战全面爆发,有人提出因上海是金融经济中心的原因,应设立上海中立区。但这个一厢情愿的想法,却被日本拒绝。作者认为,在上海设中立区是错误的,认为这次战争是中日甲午战后的总清算,上海不能成为开局部解决的先例,况且战争已不容谈判或谈判时机未到;文章又认为战时的经济中心已不在上海而在乡村。在军事上,作者认为中国应全面持久的抗战,利用上海持久的抗战,牵制日本,使全国抗战,并得到最后的胜利。文章反对设立上海中立区的幻想。

9月20日,写作杂文《粉碎敌人的计划》。日本已经侵入中国,杀掠民众,而学者文人们还在考虑不宣战而绝交有没有法律依据。作者据此认为,我们不但要立即绝交,而且要废除中日之间一切不平等条约,采取一些措施,下最大决心对日绝交,并准备宣战,以粉碎日本的恶毒计划。

10月2日,在《立报·言林》发表杂文《我也为伤兵请命》,署名唐弢。收入《横眉集》《劳薪辑》《唐弢杂文选》《唐弢杂文集》。战时伤兵的救护有许多不足之处,包括医护的准备、医护人员的培训和责任心,都存在问题。作者由此进行披露和提出建议,对受伤战士表示同情。作者认为,战争发生了,前方救护及物资不足,而后方则财力和资料闲置,究其原因,则是平日太没准备,临时又太不懂组织。

10月8日,写作杂文《战时的诗歌——从马雅科夫斯基到埃弥》。文章从俄国革命时期的革命诗人马雅科夫斯基说起,谈到抗战爆发后需要有革命性和通俗性的诗歌的重要性,从而对萧三(埃弥)的诗歌进行评价。此文后发表在10月15日的《民族呼声》第三期,署名唐弢。收入《松涛集》《鸿爪集》。

10月14日夜,写作散文《献——为鲁迅先生逝世周年纪念作》。收入《松涛集》《鸿爪集》。唐弢在鲁迅先生逝世一周年的时候,写此文来纪念鲁迅。在这天空中有炮弹、飞机的晚上,作者希望人们更加团结,能秉承鲁迅先生的遗教,争取民族解放的胜利。

10月16日,写作杂文《纪念鲁迅先生》。此文后发表在1937年10月19日的《立报·言林》,署名唐弢。收入《横眉集》《劳薪辑》。文章从民族革命的角度理解鲁迅,希望人们继承鲁迅遗志,努力争取反帝、反日民族解放的胜利。

10月18日,战时文艺协会在女青年会纪念鲁迅先生逝世一周年。19日,上海市文化界人士在浦东大厦纪念鲁迅先生逝世一周年活动,11月3日,上海市文艺界救亡协会正式成立,郭沫若都出席了,唐弢由此开始认识郭沫若。

10月20日,写作杂文《红的黎明》。收入新版《短长书》《唐弢杂文选》《唐弢杂文集》。作者通过德国纳粹诗人赫柏·波姆的《"红的黎明"》一诗,分析德国在纳粹统治前和纳粹下的文艺现状,呼唤德国反法西斯文艺的生长,期待着能唤醒德意志精神。

10月22日,写作杂文《文艺界的团结》。在鲁迅逝世周年纪念座谈会上,陈望道建议组织一个文艺界救亡协会。作者认为这是必须的,并希望在这个组织下,实现上海文艺界的真正的团结,在抗日救亡运动中发挥作用。此文后发表在 10 月 25 日的《立报·言林》,署名公衣。收入《横眉集》、《劳薪辑》、《唐弢杂文集》。

10 月 23 日,中国文艺界救亡协会成立,唐弢加入为会员。

10 月 28 日,写作散文《中国在斗争着》。文章为抗日战争鼓气,作者希望人们团结一致,用刀和笔,同日本帝国主义斗争,争取民族的生存、独立与自由。

10 月底,原驻守北火车站大楼的国民党第八十八师二六二旅五二四团——谢晋元团在完成部队后撤的任务后,退守到西藏路桥北首苏州河畔的四行仓库坚守。上海人民纷纷支持和慰问谢晋元团。唐弢所在的上海邮局投递组也立刻捐款,并买了慰问品送去,唐弢和另外两个邮递员穿着绿色号衣,利用邮递员能在战区自由进出之便,把慰问品送到了谢晋元团。

11 月 2 日,在《大晚报·火炬》发表杂文《九国公约会议》,署名唐弢。收入《横眉集》。文章是对在比利时布鲁塞尔召开的九国公约会议的评论。作者期望九国公约能对日本侵华有所制裁,希望能达到太平洋集体安全制度的建立。

11 月 12 日,在《民族呼声》第七期发表杂文《我们还迟疑些什么》,署名唐弢。

11 月 12 日,国民党军队退出上海,上海成为"孤岛"。唐弢住在法租界西区的一所平房里,有一段时间,没有进行写作,有的只是沉闷和潜思。直到次年 2 月,《文汇报》创刊,柯灵主编副刊《世纪风》,才又重新拿起笔来。

11 月 14 日,在《烽火》第十一期发表杂文《中国在斗争着》,署名唐弢。收入《松涛集》、《鸿爪集》。

11 月 23 日,写作杂文《"乏"的战术》。梁实秋成了参议员后,在五个关于拥护政府抗战到底的议案合并讨论时,只有他不举手赞成,且指指点点,吞吞吐吐。作者为此对梁实秋进行驳斥,认为对他要进行过去旧账的清算,揭出他本来就是一个"乏"的战术的使用者,是投降者的嘴脸。

12 月 3 日,写作散文《叹息·诅咒·进攻》。文章写自己在上海的阁楼里的思考、写作、写作杂文的目的,以及杂文的意义和自己的心态。

12月15日,写作杂文《闲话交谊》。文章从嵇康与朋友绝交的"直性狭中,多所不堪"说起,认为嵇康的能是非分明,反而是可亲的,而与今天的文人相较,则连是非分明、好恶热烈都没有了,反而难于让人亲近。作者又对有些文人的满脸都是作家气进行了批评,并对理想和私交之间的矛盾进行分析,希望有正确的朋友观。

本年,作诗二首,一为《日暮》:"日暮危城飞乱鸦,'提携'声彻长官衙。通盘有策曾捐土,流寓无余可纾家;鬼子行踪长窃窃,叭儿意态竟哈哈!伤心猛忆盲人语,万里江山一片沙。"此诗写出了上海成为"孤岛"后,日伪勾结、汉奸卖国的丑态,以及对浩浩中国竟是一片散沙的感叹。其二为《读笔记》:"唐风已输赵风好,法网何如文网周? 一至赭衣书驿壁,更无人问汉家牛。"这是唐弢在读野史笔记时,结合时事和国情所发的感慨。

本年,卢沟桥事变前后,上海职业界救亡协会成立了"邮政组",由成员钱一鸣介绍,唐弢参加了邮政组,三个人一组,在钱一鸣办的树民小学(在巨泼来斯路,后改安福路)开过两次会。不久,"邮政组"改为互助社。

本年,写作杂文《语录的末日》。文章从林语堂所写的一文《悼鲁迅》,而批斥林语堂的宣扬语录文体,认为语录体实在是到了要完结且连尸骨都要被烧光了的时候了。

1937年,唐弢的杂文除了对社会问题继续抨击和批评外,开始拿起杂文这个武器,为民族抗日战争进行鼓与呼,鼓舞人们起来团结抗日,对汉奸卖国行为进行揭露和批判,并以清醒的头脑提醒人们抛弃对敌人的幻想,显示了杂文的实绩。

1938年(戊寅,民国27年),26岁

本年 抗战继续。

本年 随着全国抗日统一战线的形成,文艺界抗战的热情高涨。1月10日,中国共产党机关报《新华日报》在武汉出版,中华全国戏剧界抗战协会成立,并发表宣言。17日,中华全国歌咏协会在武汉成立;29日,

中华全国电影界抗敌协会在武汉成立。

2月27日,中华全国文艺界抗敌协会在汉口成立。

6月,全国文协发表《为时局告同胞书》。

8月,鲁迅先生纪念委员会发起出版《鲁迅全集》二十卷本。

本年 10月,日本侵略军继续侵略进攻。21日,广州失陷。25日,武汉失陷。至此,华北、华中和华南广大国土相继丢失。

本年,由光未然、高兰、任钧倡导的朗诵诗运动掀起高潮。长沙、广州、成都、昆明、桂林、香港、宜昌、上海、贵阳、延安等地相继成立中华文艺界抗敌协会分会,同时发刊会报——《抗战文艺》。"文章下乡,文章入伍"形成广泛运动。

本年,唐弢继续为《文汇报·世纪风》、《译报·爝火》、《申报·自由谈》、《自学旬报》、《华美周报》、《文献》、《少年读物》及邮工刊物《雁声》等撰写杂文。署名有将离、横眉、步兵、桑天、双替、马前卒、韦长等。

年初,由胡愈之、胡仲持等组成的复社发起出版《鲁迅全集》,由蔡元培等七人组成编辑委员会,郑振铎、王任叔、许广平实际负责,不少人前去义务参加校对,唐弢是其中的一个。6月,二十卷本的《鲁迅全集》一次出版。

2月12日、13日,在《文汇报·世纪风》发表杂文《读余书杂》,署名将离。

2月18日,写作杂文《吉诃德颂》。文章从波兰文艺批评家依格那西·马都秀斯基对堂·吉诃德的评价,唐弢赞同了他的对吉诃德精神的赞颂,认为堂·吉诃德勇往直前、不屈不挠,挟公理,打不平,其态度是严肃的,并忠于自己的思想。唐弢还认为堂·吉诃德精神的可贵处,是应该加以正确的导引、处理,他是可以成为新的战士的。此文后发表在2月21日的《文汇报·世纪风》,署名横眉。收入《边鼓集》、《劳薪辑》、《唐弢杂文选》、《唐弢杂文集》。

2月22日,写作杂文《漫成》。希特勒承认伪"满洲国",并称日军屠杀中国平民、强奸中国妇女是为造成远东和平之力量。唐弢对此言行进行抨击,认为希特勒的言行,不代表德国人民,德国人民将以此为羞辱、痛苦,并将爆发火花。此文后发表在 2 月 28 日的《文汇报·世纪风》,署名横眉。收入《边鼓集》《劳薪辑》《唐弢杂文集》。

3 月 16 日,写作杂文《恐怖》。文章认为,上海的人头案,并非如古时的复仇,而是示威,使人觉得在上海滩头,并非歌声靡靡、舞姿翩翩。作者同时认为,志士的鲜血、头颅,激励着无数的后继者,血是流不尽的,并将消弭了一切有人心者的寂寞之感。此文后发表在 3 月 19 日的《文汇报·世纪风》,署名将离。收入《边鼓集》《劳薪辑》《唐弢杂文选》《唐弢杂文集》。

3 月 23 日,在《文汇报·世纪风》发表杂文《奴才的唾沫》,署名将离。收入《边鼓集》《劳薪辑》《唐弢杂文选》《唐弢杂文集》。文章谈到一张没人要的奴才办的报纸,除了歌颂指挥刀的威力外,却还要大骂知识分子的怯弱和可怜,且还引用托尔斯泰的日记。唐弢认为托尔斯泰是伟大的,却被奴才曲解,这真是可悲,故不愿坐视奴才的唾沫,飞上托翁的衣角,才写作了此文。

4 月 1 日,在《文汇报·世纪风》发表杂文《幻想》,署名横眉。收入《边鼓集》《唐弢杂文选》《唐弢杂文集》。汤姆斯·曼认为,德国的吞并奥国,可能是希特勒与张伯伦之间订有密约。唐弢认为这种密约是由于国家的领导者的可耻的懦弱造成的。而在我国,这种遭遇是太多太惨了。作者希望爱好和平的国家联合起来,建立起反侵略的阵线来,并希望小资产阶级抛弃幻想,不要寄希望于本国的可耻的懦弱的执政者。

4 月 8 日,写作杂文《纯文艺》。收入《边鼓集》《唐弢杂文选》《唐弢杂文集》。作者从美国平民诗人山特堡的经历、诗歌的特点说起,认为作家应该有正视现实的勇气。特别是在上海的“孤岛”,必须认清这不是象牙塔,绝无“纯文艺”可言,号召作家们正视现实,反抗侵略,不要离开严重的政治,离开生活里所发生的严重问题而谈文艺的“纯”。

4 月 8 日,写作杂文《民歌》。文章从美国诗人兼民歌收集者山特堡的爱好民歌说起,讲到中国民歌无人搜集,即使有收集,也是把民众的情绪缩小、看狭,甚至歪曲的情况。最后作者谈到拿破仑侵略西班牙时,西班牙民众唱的一首歌,诙谐地表达了对付侵略者的努力,从而希望中国也有这样的民族民歌,在当前的抗战中起到鼓舞作用。此文后发表在 4 月

9 日的《文汇报·世纪风》，署名将离。收入《边鼓集》、《唐弢杂文选》、《唐弢杂文集》。

4 月 10 日，在《文汇报·世纪风》发表杂文《消遣的艺术》，署名将离。

4 月 20 日，写作杂文《群众的要求》。绥拉菲靡维支在《铁流》里描写了俄国群众怎样从褴褛、饥饿、散漫的队伍，经过了难堪的艰苦和残酷的斗争，终于锻炼出了惊人的一致的行为，产生了伟大的力量。作者由此感到中国的抗击侵略，也要求取得民众为民族革命、争取解放的一致要求。此文后发表在 4 月 23 日的《文汇报·世纪风》，署名将离。收入《边鼓集》、《唐弢杂文选》。

4 月 25 日，写作杂文《"孤岛"我见》。作者希望在上海"孤岛"上的人们，特别是文化人，多做"切实而有益"的工作，认为"孤岛"并不是沙漠，还有苦难的人们，还有艰苦的斗争。至于那些混水里洗澡、恋"魔术"的人们，则请他们滚。此文后发表在 4 月 28 日的《文汇报·世纪风》，署名横眉。收入《边鼓集》、《劳薪辑》、《唐弢杂文集》。

5 月 1 日，在《文汇报·世纪风》发表杂文《五一谈邮运》，署名古雁。

5 月 14 日，写作杂文《明枪与暗箭》。文章谈到，在上海"孤岛"的争取海关和邮政主权的独立斗争运动中，先是由于汉奸的指认，使税警杨文龙为日本人绑架，又有海关当局的下令解散护关委员会。作者认为这样的暗箭和明枪是很可耻的，希望中国人能以积极的行动，甚至鲜血来回答明枪、暗箭，维护主权。此文后发表在 5 月 17 日的《文汇报·世纪风》，署名将离。收入《边鼓集》、《劳薪辑》、《唐弢杂文选》、《唐弢杂文集》。

5 月 15 日，写作杂文《并不矛盾》。作者听到从汉口来的消息，有关统一战线有分裂或摩擦的传言，又听到一些关于抗战统一战线的不合适的议论。因此，作者认为如果故意诋毁统一战线，则是无耻的，否则是无知，并明确提出了当前统一战线的重要性：统一是对内，而战线的任务则在于对外。此文后发表在 5 月 18 日的《文汇报·世纪风》，署名横眉。收入《边鼓集》。

5 月 21 日，在《文汇报·世纪风》发表诗《吊知堂（叠五十自寿韵）》，署名将离。唐弢在听到周作人和钱稻荪一同附逆后，仿佛觉得在文化上打了一次最大而最不名誉的败仗一样，气得不得了，就叠周作人的五十自寿诗原韵,作了此二首诗。诗一云:"万劫灰余犹恋家,错将和服作袈裟。炎丘史笑裈中虱,叛国人嗟袖底蛇。寂寞古城春似水,低徊旧事雨如麻。生涯此日垂垂老,又玷清名一盏茶。"诗二云:"万语千言都为家,舞来长袖胜袈裟。更生文化夸功狗,老去衣冠数嬾蛇。北国男儿犹沥血,中原士子欲披麻。而今苏武亦臣虏,汉室何曾薄苦茶?"这两首诗对周作人的投敌卖国的行径进行直斥。

5月22日,写作杂文《关于〈鲁迅全集〉》,文章表达对《鲁迅全集》出版的期盼和高度评价,并对鲁迅的爱憎分明的精神进行评价。此文后发表在5月23日的《文汇报·世纪风》,署名横眉。收入《边鼓集》、《劳薪辑》、《唐弢杂文集》。

5月28日,在《文汇报·世纪风》发表杂文《和平的曙光》,署名横眉。收入《劳薪辑》、《唐弢杂文集》。针对同盟社关于中日和平的消息,作者认为这是谣言,希望民众有坚强的抗日持久的意志。但同时认为,中日之间的和平的曙光在于两国人民,从日军俘虏和日本人民关于要求民众和平的声音中,作者认为只有把中日人民共同的敌人——日本法西斯军阀打倒,中日间才有真正的和平。

5月30日,在《译报·嚼火》发表杂文《五卅小感》,署名将离。收入《边鼓集》、《劳薪辑》、《唐弢杂文集》。在"五卅"纪念日,作者发表了对"五卅"的感想,认为"五卅"不是如义和团运动似的中国排外的行动,也不是国内学者所认为的违背"五四"精神的一种反欧美行动。作者通过把"五四"和"五卅"相对比,认为在介绍西洋文化,努力向欧美学习方面,其切实、深刻、适应所需、略见成效的,"五卅"比"五四"来得深刻,"五卅"还使中国人民认清了自己的半殖民地的地位,睁开了眼睛,分清了敌友,不再一味盲目地乱撞。

6月10日,写作杂文《嘘》。在华的德籍顾问福冈霍森将军反对希特勒的召回,而中国国内的"为奴"的报纸却斥福冈为卖国贼。唐弢对此进行驳斥,认为德意志民众如柏林工人的批判希特勒,反对苏台德地区并入德国,保持了德国的精神,是值得称道的。末了,作者对这种为奴的批评和心态进行了批判。此文后发表在6月13日的《文汇报·世纪风》,署名将离。收入《边鼓集》、《劳薪辑》、《唐弢杂文集》、《鸿爪集》。

6 月 13 日，写作杂文《新的事实》。文章认为日本法西斯不但在上海封锁自己岛国内民众的真实声音，即使在自己的本土，也极力压制着本国人民反战的言行，并以谎言掩饰着一切。作者认为，这谎言总有一天会被戳穿，一切封锁、禁止、屏蔽、压制，将全归于无效。同时，作者把希望寄托在日本民众上，希望能一起反对法西斯。此文后发表在 6 月 16 日的《文汇报·世纪风》，署名将离。收入《边鼓集》、《劳薪辑》、《唐弢杂文集》。

6 月 23 日，在《文汇报·世纪风》发表杂文《却说》，署名三藏。作者以唐僧的语气，对上海"孤岛"形形色色的社团、杂志及论调进行冷嘲热讽，对日本法西斯的虚伪舆论宣传如东亚共荣、对占领区的粉饰太平进行揭穿，并预言日本将战败。

6 月 29 日，在《文汇报·世纪风》发表杂文《吉诃德式精神》，署名将离。

7 月 5 日，在《大英夜报·星火》发表散文《归乡》，署名风子。

7 月 23 日、25 日，在《文汇报·世纪风》发表杂文《蛆沫集批注》，署名万人唾。收入《边鼓集》、《劳薪辑》、《唐弢杂文选》、《鸿爪集》。作者通过对上海"孤岛"上政客、文艺家、教育家、民族主义文学家等形形色色的"蛆"似的人的言行进行再现，并加以批评，以显示其虚伪、无耻和卖国的行径。《蛆沫集批注》于 1038 年 7 月编于上海。

7 月 27 日，写作杂文《架空》。法西斯国家想以文化来掩饰自己的侵略、屠杀，作者对此进行批驳，认为茅坑里出来的文学，终究是茅坑文学。此文后发表在 7 月 30 日的《文汇报·世纪风》，署名桑天。收入《边鼓集》、《劳薪辑》、《唐弢杂文集》。

8 月 1 日，唐弢在邮工刊物《驿火》创刊号发表诗《驿火献诗》，署名马前卒。这个刊物是由邮局同事沈以行、徐世芳等人倡导创办，5、6 月间，他们找到唐弢，表示想几个人办刊物，发动邮务工人起来抗战。于是当场商定刊名《驿火》，要唐弢写篇发刊词，题个刊头字。唐弢答应了。差不多同时，邮局工会编者也想请唐弢一起编个小型刊物，准备在"八一三"上海抗战周年纪念日创刊，取名《雁声》。因考虑抗战形势和工会的情况，唐弢也答应了，于是针对"孤岛"形势，唐弢用"步兵"笔名，写了《还是前线》一文。不久，《驿火》、《雁声》合并，后又改名《大众》。这个邮工刊物虽不能按时出版,存在的日子却较长。从这个刊物,唐弢也开始频繁同地下党接触。

8月4日,写作杂文《"老僧的诗缘"》。文章对周作人所作自寿诗的各方反应、唐弢自己的态度进行说明,并反对周作人、林语堂辈的追求出世和悠闲的态度。9月21日,唐弢在此文的后面附周作人答胡适的诗;11月5日,唐弢又引用别人的来信所评,希望周作人不要待在北平附逆。此文后发表在11月5日的《文献》第三期,署名风子。收入旧新两版《短长书》、《鸿爪集》。

8月4日,写作杂文《种族主义》。收入《边鼓集》、《劳薪辑》。希特勒倡议种族主义,中国的汉奸也以种族主义主张中日"亲善"。作者对法西斯主义国家的种族主义政策进行批判,并对教皇反对种族主义的谈话进行分析,认为打击种族主义是全人类的任务。

8月9日,在《文汇报·世纪风》发表杂文《文艺大众化》,署名桑天。收入《识小录》、《唐弢杂文集》。针对时下的提出文艺大众化口号的意见,唐弢认为大众化问题的核心,是由革命的普罗文学,发展到全民的抗战文学了,但两者间的联系性是一贯的、积极的。并认为改良的评剧、时调小曲、新大鼓词、章回体虽也有大众化的倾向,却是新文人兜转于古瓶之中,走的是文艺大众化问题里的狭路。最后,作者希望简明、战斗的,以大众的生活和情绪为基础的新的大众文艺,其核心是内容和形式的一致。

8月12日,写作杂文《从擂台到戏台》。收入《边鼓集》、《劳薪辑》、《唐弢杂文选》、《唐弢杂文集》。文章是对在上海"孤岛"上的帮闲文艺、汉奸文艺的讽刺。前一种以抗战的名义,却宣扬色情的内容,以萎靡看客的心志。它若非无耻,即近无知,若无通敌嫌疑,也在间接地助敌麻醉民众;后一种汉奸文艺,则是外强中干,躲躲闪闪,投敌求荣,却又要欺骗国人。作者认为,这两种文艺,其结果只能是拆台,倒台。

8月13日,在《雁声》创刊号发表杂文《还是前线》,署名步兵。收入《边鼓集》、《劳薪辑》、《唐弢杂文选》、《鸿爪集》。在上海"八·一三"抗战一年后的今天,作者著文纪念,认为过去一年在上海的战士英勇的抗战和被残杀,鲜血足以浇灌出"初苗的自由的蓓蕾",并可以唤醒新的战士来,重新建造起新的上海、新的中国。因此,从这个角度来说,唐弢认为,上海仍是抗战前线。

8月16日,写作杂文《关于电影检查》。从上海的画报只登名媛、美女,到现在开始有时事、艺术作品的登载说起,说到外国画报、电影的检查和删削现象也很多,如美国图画杂志《生活》披露各国电影检查删去的各种内容。作者认为现在世界各国都没有自由,而中国的沦陷区的禁止和忌讳,十百倍于好莱坞,可惜的是没有人像《生活》杂志那样,搜集被删、被禁的内容并加以保存。此文又发表在8月19日的《文汇报·世纪风》,署名横眉。收入《边鼓集》、《劳薪辑》、《唐弢杂文集》。

8月16日,写作杂文《从电影检查说开去》。电影中涉及中国的地方,如留辫和蓄婢,已为中国政府所禁止,作者认为这种对电影的限制,对中国人的侮辱的限制,是明智的。然而,"九·一八"事变不久,中国正在遭受日本侵略,而中国的检查老爷们却因美国《时装》杂志登有讽刺日本天皇的漫画而去查禁,这使人怀疑这是否在中国的土地上。虽然自从抗战后,这些老爷早已成为虫豸,但现今日本在孤岛的检查、禁止却变本加厉。最后,作者认为这一切都在蓄积新生的反抗。此文后发表在8月20日的《文汇报·世纪风》,署名横眉。收入《边鼓集》、《劳薪辑》、《唐弢杂文集》。

8月19日,写作杂文《宣传家》。文章从林语堂的纪念苏杭的陷落的文章说起,唐弢认为这不是宣传,因为他没有揭露中国人民被侵略和被残杀,即使是对第三国侨民的现状的描写。作者又从外国商人看到的外国侨民被日本欺侮的报道说起,认为由此不难想象,青岛的同胞们的更多的肝脑和血肉、中国人的血肉正在被戕害,并认为造成暴行的日本军阀,才是为中国而宣传的宣传家。

8月20日,在《自学旬刊》第一卷第一期发表杂文《蛆沫集》,署名横眉。

8月20日,在《自学旬刊》第一卷第一期发表杂文《修改不了》,署名横眉。收入《劳薪辑》、《鸿爪集》。文章对被日本占领区的伪政权教育部修改教科书,实行殖民教育,篡改文化历史一事表示愤慨,唐弢感慨于中国的汉奸的普遍:老学究变成新贵人,教材由大字号书局承印,并由向称严整的学校来承教。但作者认为,在中国,旧的腐烂了,新的正在积聚力量来战斗，新的青年的意志是不可修改的，他们可以向伟大的现实学习，认清被侵略的现实。

8月20日，在《自学旬刊》第一卷第一期发表杂文《新的地狱》（杂文），署名双替。收入《劳薪辑》、《鸿爪集》。文章讽刺上海的绅士淑女们追求怪异和恐怖的刺激，追求艳而恐怖的现象。作者认为，绅士淑女们在一旁欣赏着地狱的挣扎、呻吟，他们是不具备人类的心肠的。因为在上海，在日本的侵略下，本身就是地狱，他们为了防疫把中国的活人焚杀。这种焚杀，若移到租界，卖门票让人观看，也是会有人看的，因为醉生梦死的租界的人们要寻的是刺激。最后，作者认为，在地狱下的人们，总有一天会奋起反抗，从而踏进自由的天堂。

8月20日，在《自学旬刊》第一卷第一期发表杂文《"对我生财"》，署名双替。收入《劳薪辑》、《鸿爪集》。文章从《聊斋志异》中席方平慨叹没钱贿赂地狱中各级鬼怪说起，说到浦东伪督署因财政困难向平民聚敛钱财的事，作者认为，奴隶们的血腥哲学："衙门八字开，有理无钱莫进来！"是懦怯的托词，文章号召有人气的奴隶们起来反抗。

8月24日，写作杂文《"夸张性"》。收入《边鼓集》、《劳薪辑》、《唐弢杂文选》、《唐弢杂文集》。文章从马蒿来的认为好的历史也必须在慎重的态度上，加上文学的夸张性的观点说起，唐弢认为历史应该是真实的，人们都是向历史学习，并不是向历史家学习的。文学的夸张性，在日本侵略者的夸张宣传上，却处处表现为他们的自大和谎言，如日军宣传的四小时占领上海，一星期打到南京，三个月吞下中国，还有说中国空军薄弱，却每天宣传今天击落多少飞机，明天多少。这只能是夸张，都只是为了掩饰侵略者的没落和败亡。

8月28日，写作杂文《再谈文艺大众化》。唐弢再次阐述对文艺大众化的意见，认为在当前重又提出文艺的大众化，是为了适应抗战的需要，因为斗争的力量必须普遍和深入。而群众的文化水准和过去的新文学距离很远，为了救急，用现成的旧形式只是权宜之计，但绝不是通向大众化的必经之路，还得冲出"旧瓶"，建立起崭新的大众化的形式来。因为时下的"旧瓶新酒"，已暴露出其局限性来。现在的主张内容和形式的统一，是指新旧、进步和落后而言的。最后作者希望建立搜集和输送大众文艺的组织,把作品制成小册子遍发。

8月30日,在《自学旬刊》第一卷第二期发表杂文《照片》,署名双替。收入《劳薪辑》、《鸿爪集》。文章从上海"孤岛"的伪《新申报》上报道的纪念"八·一三"的征文、照片、新闻说起,通过另一则新闻揭露浦东民众游行、演说的真相,指出这是在日本侵略者导演下的奴才们和奴隶们上演的丑剧,是为了掩饰和美化宣传。奴才们是为了政治野心、贪婪心理和热衷利禄,奴隶们则是为了实在的小利。

8月30日,在《自学旬刊》第一卷第二期发表杂文《根绝恐怖》,署名双替。收入《劳薪辑》、《鸿爪集》。文章从公共租界警务处华籍督察长被仇杀的政治恐怖案件说起,认为对恐怖事件要辨明是非善恶,对租界当局的纵容日人和汉奸在租界上作政治活动、却禁止中国人在租界上的爱国活动的行为提出批评,认为租界当局和《大美晚报》对日态度的纵容和暧昧,是有选择的中立态度。

9月9日,写作杂文《病中杂感》。收入《边鼓集》、《劳薪辑》、《唐弢杂文集》。文章从天才的是否有病说起,认为这无从结论。但根据中国的老例,和病最有缘分的是要人。于是,作者对中国的要人、"友邦"的天才政治家进行了讽刺。

9月10日,在《自学旬刊》第一卷第三期发表杂文《"怪剧"》,署名双替。收入《劳薪辑》、《鸿爪集》。文章从中国记载娼妓的书籍说起,认为书中大抵是对娼妓说好话,十分雅致。但到了民初,则也有了上海滩上的文人替娼妓叫苦,说她们是因为家贫所致。但现在的娼妓,则是因为失去国家的土地和主权,许多人被掳沦为日军的慰安妇,是猛虎、煞神口里的活牲,当然也有少数是奴才的曲尽媚态。因此,唐弢认为,这决不可以"怪剧"二字来概括日军的禽兽行径。

9月10日,写作杂文《邮件检查》。文章从上海美国侨民要求外交部向日本提出四项条件,其中一件是取消邮件检查的事说起。作者认为,只取消对外侨的邮件检查,是一厢情愿。自日本占领上海后,对外侨的邮件检查变本加厉,而北方的伪政权还想把上海的邮权收归其下。最后作者认为,要求取消邮件检查,只有外侨和华人职员合作,联合起来反对并争取邮权,才有希望。

9月10日,写作杂文《书愤》。文章对恺撒和哥伦布进行评价。认为恺撒是独夫,哥伦布是贪婪、残虐和阴险的殖民者,但现在却又出现了日本法西斯的"大和魂",则只有残忍、卑怯和一无所有,它连恺撒的武功、哥伦布的胆量都没有。文章直斥了日本大和孽种。

9月20日,在《自学旬刊》第一卷第四期发表杂文《账》,署名双替。收入《劳薪辑》、《鸿爪集》、《唐弢杂文选》。文章从鬼怪的爱好含糊、怕算清账说起,讲到日鬼土肥原来沪后,要查汉奸奴才和伪政权的账,从而使汉奸、奴才大造假账以应付日鬼的检查。作者替这些汉奸列出血账,认为对汉奸奴才的清算,总有一天是要到来的,"以血来夺取的,也还得以血来偿还"。

9月20日,在《自学旬刊》第一卷第四期发表杂文《电影圈》,署名双替。收入《劳薪辑》、《鸿爪集》、《唐弢杂文选》。文章谈到,日本侵略者对上海等占领区的文化的侵略,也是毒辣之至,他们通过在上海滩上的流氓文人,来成立检查所,压制中国文化,炮制汉奸文化,在电影圈则想通过金钱拉拢明星,来摄制汉奸电影。作者对大多数电影界人士的不肯助虐表示赞扬,但也希望中国电影界人士能挺起背脊,对汉奸电影予以反击,有所作为。

9月23日,在病中写作杂文《少年队伙的鲁迅先生》。文章回忆了鲁迅对青年、对少年儿童的关怀,及为救他们而努力的事,并把他与高尔基并论。此文后发表在10月16日的《少年读物》第四期,署名唐弢。收入《投影集》、《唐弢杂文集》。

9月30日,写作杂文《劣迹展览》。收入《劳薪辑》、《鸿爪集》。作者分析了洋场上、非洋场上的"文武"奴才,指出他们原来做帮闲、游手和清客,在黑暗里出没。到了日占期,就寻找新的主人,成为汉奸,继续做奴才掳掠同胞。作者借日报上对此辈"文武"奴才设伪机关敛财,为日裁撤而奔走求饶、互相拆台等劣迹,认为这种劣迹展览会,是洋场和非洋场间的胜景。

9月30日,在《自学旬刊》第一卷第五期发表杂文《大扫除》,署名双替。收入《劳薪辑》、《鸿爪集》、《唐弢杂文选》。文章从清末的笔记对林则徐的禁烟没有明确的腹诽说起,认为鸦片在清末,屡禁不绝,也实在是因为清末士大夫阶级的愚昧、帝国主义和封建势力的撑腰。而到了日占区的上海，督察竟要施行"鸦片公卖"，幸好侵略者的毒计虽毒，但上这当的都是流氓和篾片。作者认为这恰好是侵略者对中国劣种人们的大扫除，反而要"感谢"侵略者。最后作者希望清末的鸦片悲剧，不要再重蹈。

9月30日，在《文汇报·世纪风》发表杂文《空想以外》，署名公衣。收入《劳薪辑》《唐弢杂文集》。日人林房雄在归国途中，突然想到六百年前的日本倭寇的"不平凡的业绩"来了，认为这是日本民族活力的泛滥。唐弢由此对其批驳，认为倭寇的残忍、阴险、奸诈等，是六百年前和现今的日本侵略者一致的，保持这样的血统，还引以为"光荣"，实在是无耻。作者最后认为，明末倭寇的猖狂，不仅有朝廷的优容，还有官兵的不抵抗。现在则不同了，中国人则应团结抗日。

本年，从10月开始，文艺界发生了关于"鲁迅风"杂文的论争。先是进步阵营内部的意见发生分歧，唐弢未发表意见。《边鼓集》出版后，国民党顽固派趁机挑拨，唐弢即与巴人等"鲁迅风"杂文作家著文反击，发表了《帮手与帮口》《不通和不懂》等杂文。

10月8日，写作杂文《感旧》。文章表达对"双十节"来临的感想和纪念，对民国的成立和烈士的鲜血的高度赞扬，但也为民国后幸存下来的人物在今天的表现（遁入深山、爬上青云、昏庸没落）表示失望，并希望"双十节"的历史意义能给后来者以战斗的勇气，并为未来而斗争。此文后发表在10月10日的《文汇报·世纪风》，署名公衣。收入《横眉集》《劳薪辑》《唐弢杂文选》《唐弢杂文集》。

10月8日，写作杂文《争取自由》。文章从鲁迅的《伪自由书》说起，认为"在斗士的手里，无论如何，也总可以把握得到自由的"。又说到从清末的戊戌变法，同盟会、南社的争自由，到现在的抗战争自由，号召人们以生命、血和头颅争取自由，使自由永生。此文后发表在10月10日的《申报·自由谈》，署名风子。收入《横眉集》《劳薪辑》《唐弢杂文选》《唐弢杂文集》。

10月10日，《自学旬刊》第一卷第六期发表杂文《"点化工作"》，署名双替。收入《鸿爪集》。文章对共产党的优待尊重敌人、教育点化他们表示赞许，也对国民党的开始实行这一方法表示赞许，同时作者认为，对汉奸的诛锄行动,是否也可在其"不投降"之前,进行说服点化,使其不敢、不再做汉奸,并要使他们认识到自己是中国人和自己的使命。文章最后认为应向共产党学习。

10月10日,在《自学旬刊》第一卷第六期发表杂文《伦常闲话》,署名双替。收入《劳薪辑》、《鸿爪集》、《唐弢杂文选》。作者认为,"五四"新文化运动时代的所谓文白之战,骨子里是新旧道德的冲突。在新文化运动中,旧道德、礼教曾遭受严厉批判,但却止于真情,合乎义理,并无"偏颇"处,但礼教却在"五四"后二十年里继续在掩蔽作恶。到了抗战时期,礼教的是非真伪,终于明白分界,孔子被列为侵略者的教科书、"王道"的宣扬者,而且在"王道"的日伪统治下,又有子侄卖爷叔而成汉奸的事例,这直接戳穿了旧礼教的虚伪。

10月11日,在《文汇报·世纪风》发表杂文《禅理》,署名将离。收入《横眉集》、《劳薪辑》、《唐弢杂文集》。良乡"新民会"派和尚去日本接受佛学训练,其原因是认为中国佛学日渐趋向于共产主义而堕落。作者对此进行批驳,作者认为那时的佛学传入,是一种时行清玩,反映当时的士风和消极政治动向。现在当国难之际,倘以出世的精神入世,则僧侣的左倾,应是以代表慈航普渡的精神,佛座莲花,是洁净的象征,然则生在卑污残虐的时代里,佛也应该是斗争的化身。

10月18日,写作杂文《从杂文得到遗教》。文章是对鲁迅杂文的特点、影响的评价。此文后发表在10月19日的《文汇报·世纪风》,署名唐弢。收入《横眉集》、《劳薪辑》、《唐弢杂文选》、《鸿爪集》。

10月18日,写作杂文《关于〈鲁迅全集〉(1938年版)的校对》。文章是关于1938年版《鲁迅全集》校对方面的说明,唐弢感到鲁迅在古文字学方面功底的扎实。此文后发表在10月19日的《申报·自由谈》,署名风子。收入旧新两版《短长书》、《唐弢杂文集》、《鸿爪集》。

10月19日,写作杂文《"时代的悲哀"》。收入《横眉集》、《劳薪辑》、《唐弢杂文集》。文章从香港的尊孔,谈到陈济棠、何键在粤、湘倡读经,还有日占区南北两个伪政府的倡复古、倡"王道"的事。作者认为这是时代的悲哀,是枪刺下的孽债,无不体现着倡导者的没落。

10月23日,写作杂文《剽窃和模仿》。收入《横眉集》、《劳薪辑》、《唐弢杂文集》。文章针对批评家当此抗战的情况下,批评文章的"模仿"、"抗战八股"等问题,作者提出了自己的看法,认为在文学史上,由模仿而因袭的例子很多,这是应以原谅的,因为它是基于学习的、而且是会从模仿而达到超越的。而剽窃是应该唾弃的。

10月27日,写作杂文《夜读一章》。文章从爱罗先珂的关于两只蝴蝶追求光明,却受到蟋蟀、蛙、猫头鹰等讽刺的童话故事说起,认为光明是总会到来的,因此在当前抗战的形势下,人们不应虚无,而应有坚定的信念。此文后发表在10月30日的《文汇报·世纪风》,署名将离。收入《横眉集》、《劳薪辑》、《唐弢杂文选》、《唐弢杂文集》。

11月1日,写作杂文《急就艸》。作者认为生活是紧要的事,但也要为生存而斗争,要把国家的生命、子孙的生命看成一条,进行有组织的集体行动,以付诸实行的行动,才是要紧。不要学华威先生,但作为领导也不要把事事放在自己肩上去做,而应领导群众打成一片,领导群众去做。此文后发表在11月10日的《文汇报·世纪风》,署名马前卒。收入《横眉集》、《劳薪辑》、《唐弢杂文选》、《唐弢杂文集》。

11月3日,写作杂文《抓住希望》。作者希望人们分清希望和梦想的不同区别,真干真为,抓住希望,坚定抗战的信心,争取抗战的胜利,并希望能哺育茁生未来,而梦想是麻醉的,只给人一个空间的安慰。此文后发表在11月16日的《少年读物》第六期,署名唐弢。收入《劳薪辑》、《唐弢杂文集》。

11月4日,写作散文《火花》。文章鼓励人们为自由、真理和爱而斗争。

11月9日,写作杂文《从抓"周"说起》。文章是对上海沦陷一周年的纪念。作者从蔡若虹的漫画《抓周》说起,认为一年来的沦陷,使上海人民从血泪中再生,将会使人们拿起复仇的刀子。此文后发表在11月12日的《导报·少年先锋》第三十期,署名风子。收入《横眉集》、《劳薪辑》、《唐弢杂文集》。

11月15日,在《文汇报·世纪风》发表杂文《风子启事》,署名风子。

11月25日,写作杂文《帮口和帮手》。文章对庞朴的文章进行批驳和冷嘲。庞朴认为上海的文化人试图以发扬"鲁迅风"来霸持文坛,目的是卑污的,是结成帮口。唐弢认为去年周年纪念鲁迅时,要组成文化界救国会,却被一些所谓"文学者"和流氓所破坏,而现在孤岛上霸持文坛的还是这帮"文学者",由"帮口"到"帮手"了。此文后发表在 11 月 28 日的《文汇报·世纪风》,署名马前卒。收入《劳薪辑》、《唐弢杂文选》、《唐弢杂文集》。

11 月,上海文汇有限公司出版"文汇报文艺丛刊之一"杂文集《边鼓集》,分为六卷,收文载道、周木斋、周黎庵、屈轶(王任叔)、柯灵、风子(唐弢)的杂文各一卷,共收唐弢的杂文 26 篇。

12 月 9 日,写作新诗《生活》,诗歌表达了自己要在烽火亮遍了大地的伟大时代,要摆脱生活的缠羁,追求光明、新生和自由的感情。此诗后发表在 12 月 21 日的《大众》上,署名步兵。收入《松涛集》。

12 月 10 日,写作杂文《不通和不懂》。收入《横眉集》、《劳薪辑》、《唐弢杂文选》、《唐弢杂文集》。人们认为,杂文的缺点其一是难懂。对此,作者认为,人们的攻击杂文,其策略和保守文言者的策略是一致的。但是通过事实的真实性,通过被压迫者同有的环境和正义感,现行的杂文是能为读者所懂的。同时,作者也认为有使人看不懂的杂文,其原因一是对事实的歪曲,二是举旁证的荒诞。唐弢认为,杂文的根据是人间世的活生生的事实。

12 月 14 日,在《华美周刊》第三十六期发表散文《叹息·诅咒·进攻》,署名风子。收入《松涛集》、《鸿爪集》。文章写自己在上海的阁楼里的思考、写作、写作杂文的目的,以及杂文的意义和自己的心态。

12 月 14 日,写作杂文《怀曼殊上人》。文章是对苏曼殊的评价,认为他是一个日本人,同拜伦一样会为别国争独立,但他又与拜伦有所不同。最后,唐弢表达了自己对中国抗战必胜的信心。此文后发表在 12 月 28 日的《文汇报·世纪风》,署名韦长。收入《横眉集》、《劳薪辑》、《唐弢杂文集》。

12 月 20 日,写作杂文《辟"两亡论"》。文章认为日本还有像鹿地亘这样的反战人士、爱好和平的人民在反战。文章还对日本元老西园寺的关于中国、日本都要亡国的谈话的反驳,认为中国必胜,日本人民在军阀败亡后,也会新生。文中,作者以友好的态度对日本人民、鹿地亘抱以希望,表扬鹿地亘们的抗战。此文后发表在 1939 年 1 月 3 日的《文汇报·世纪风》,署名韦长。收入《横眉集》《劳薪辑》《唐弢杂文集》。

12 月 28 日,写作杂文《鲁迅的杂文》。文章对鲁迅的杂文的特点从内容到形式上的全面的阐述、评价。此文后发表在 1939 年 1 月 11 日的《鲁迅风》第一期,署名唐弢。

12 月,由《译报》编辑部出面,召集"鲁迅风"杂文论争诸方人士座谈。最后,于 12 月 28 日,在《文汇报》联合发表《我们对于"鲁迅风"杂文问题的意见》,署名有应眼群、孔另境、柯灵、唐弢、巴人等共三十七人。后来,朋友中提出"重振杂文"的口号,唐弢积极拥护。

本年 唐弢应聘在中共地下党领导、巴人(王任叔)主持的社会科学讲习所讲授文学课程。在孔另境担任校长的华光戏剧专科学校讲授文学课。同时,还在树民、师承中学、苏州工业专门学校教文学课。唐弢教的是语文和写作,语文课又兼顾政治和道德的修身教学。作为这些上课的副产品,他逐步酝酿成一本《文章修养》。在这些学校教学期间,唐弢接触了许多进步学生、地下党员,并协助一些学生往苏区参加新四军。

本年 参加上海职业界救亡协会。

本年 写作散文《清夜》。文章写道,在清夜里,作者重遇着过去的苦闷,表达了要向黑暗做斗争的努力,和决不屈服、彷徨的决心。

本年,写作散文《梦》。文章写梦见自己披荆斩棘爬上山顶,成为一个侦察兵准备围歼敌人。

1938 年,唐弢继续以自己的杂文的实绩,显示了"鲁迅风"杂文家的实力。本年,他的杂文一方面抨击和揭露了上海"孤岛"的形形色色的社会现象和人物,揭露了汉奸、卖国贼的丑恶嘴脸,揭露了日本侵略者在占领区的奴化统治和粉饰太平的阴谋,认为侵略者必亡;一方面又通过杂文,鼓舞上海"孤岛"和敌占区的人们,坚定信心,树立中国必胜的信心,为人们的抗日鼓与呼。在文艺方面,唐弢又倡导文艺的大众化,加强对民众的宣传,并希望简明、战斗的,以大众的生活和情绪为基础的新的大众文艺,其核心是内容和形式的一致。

1939 年(己卯,民国 28 年),27 岁

本年　抗战继续。

本年　7 月 7 日,中共中央发表《为抗战两周年纪念对时局的宣言》,提出"抗战到底,反对投降;坚持团结,反对分裂;坚持进步,发对倒退"三大政治口号。

9 月 1 日,德国侵占波兰。3 日,英法对德宣战,第二次世界大战爆发。

9 月,于伶的五幕剧《夜上海》由上海艺术出版社出版。

10 月,冯梦云编辑的《鲁迅风》(旬刊)在上海创刊。

1 月 8 日,写作散文《拾得的梦》。文章写自己梦见冰岛的溶化、新生,赞扬了合并的力量、团结的力量使一切新生。此文后发表在 1 月 18 日的《鲁迅风》第二期,署名风子。收入《松涛集》、《落帆集》、《鸿爪集》。

1 月 11 日,"鲁迅风"杂文作家的同人刊物《鲁迅风》创刊,唐弢是该刊的骨干,成员有王任叔(巴人)、文载道等。这段时间,唐弢在创作上的一个转变,是抒情性的散文开始写得多起来了。

1 月 17 日、18 日,在《大公报》发表杂文《战时之上海邮政》,署名不典。文章回忆、介绍了抗战期间的上海邮政的情况。

1 月 25 日,写作散文诗《心的故事》。文章写生命的灭亡、新生、又灭亡的过程,礼赞生命的新生,以及所受的火、光和热,赞美了心的自由。此文后发表在 2 月 1 日的《鲁迅风》第四期,署名风子。收入《松涛集》、《落帆集》、《鸿爪集》。

1 月 25 日,写作《〈横眉集〉后记》。收入《横眉集》。

1 月 25 日,改作杂文《关于历史题材》。文章从"孤岛"上的人们关于文艺的观点、认为文艺是差不多的说法谈起,唐弢认为在抗战时期,文学作品在内容和形式方面,应有所拓展,特别是在内容方面,可以开辟历史题材的运用。但在历史题材的运用方面,作者认为,凡所撷取的题材,必需和眼前的现实有共同感的事象,易于使人们"联想",从"联想"里得到实际的教训。并且历史题材要能争取一般观众,要运用通俗的,为大家所熟

悉的历史题材。同时,为配合当前的抗战,历史题材的搜集也不应太古,并且要注重人民群众对历史的作用。对于历史上民众反抗失败方面的历史题材,则一要慎用,二要有环境的烘托、对事件本身有精密的分析,否则会落入失败主义的坏效果。此文后发表在 2 月 12 日的《自学旬刊》第二卷第四期,署名风子。收入《投影集》、《唐弢杂文集》。

2 月 1 日,写作杂文《书感》。文章表达了对于军事战略家所应具备素质的看法,认为战略家最好同时又是一个科学家、哲学家和艺术家,有广博的知识。认为日本没有能驾驭全国的人物、有能够领袖全国的大作家,也没有好的军事家,所以他们只能没落、悲哀,而我们却会有不断进步的战略家。此文后发表在 2 月 8 日的《鲁迅风》第五期发表,署名将离。收入《劳薪辑》、《唐弢杂文集》。

2 月 12 日,写作杂文《穷》。近来的日报里的一些文章,大都称道吴秀才的穷和硬。作者认为他的好处只在于硬,和穷是无涉的。作者以此认为中国的所谓读书人,常将穷和达连在一起,从韩愈的《送穷文》分析,则穷的见称,是因为它可以当作钓誉的工具而已。同时,作者对韩愈的用谀墓的手段拿稿费表示批评。此文后发表在 2 月 15 日的《文汇报·世纪风》发表,署名张尚达。收入《劳薪辑》、《唐弢杂文选》、《唐弢杂文集》。

2 月 18 日,除夕,作诗一首《廿八年除夕作》:"风冷市桥月似钩,万人笑语下高楼。自经丧乱多离索,长夜心魂一脉流。"此诗表达了唐弢在人们欢度新年的除夕之夜,对家国多丧乱的伤感。

3 月 5 日,写作散文诗《黎明之前》。文章认为光明和希望,终久会战胜黑暗和空虚,虽然光明和希望会暂时被关在牢笼里,但胜利、自由一定会到来。此文后发表在 3 月 15 日的《鲁迅风》第九期,署名风子。收入《落帆集》、《鸿爪集》。

3 月 28 日,写作杂文《关于黑暗面的把握》。收入《劳薪辑》、《唐弢杂文集》。文章从人们对文艺作品"差不多"的评价说起,唐弢认为人们提出的解决的方法也"差不多"。但在关于开展题材方面,有人提出描写黑暗面。唐弢认为,对黑暗面的讽刺和揭露,的确可以促进改革,促人正视,矫正只见白不见黑的乐观,有教育意味,但在实践过程中,其怎样写法是值得注意的,否则会动摇人民抗战的信心,被敌人和失败主义者作借口,成为悲观主义。因此,在创作上要刻画典型,并暗示这黑暗是局部现象,并非全部,并提出这现象的改进的可能性。在态度上,则应把无情的冷嘲,改为有情的讽刺。

4月6日,写作散文诗《童年》。文章表达对童年、梦一般的童年的赞美。此文后发表在4月12日的《鲁迅风》第十三期,署名风子。收入《落帆集》、《鸿爪集》。

4月7日,写作散文诗《某夜》。文章表达了自己对求乞者出卖悲哀以求得别人的同情的拒绝,以及由此引发的感想。此文后发表在5月4日的《文汇报·世纪风》,署名风子。收入《落帆集》。

4月12日,写作杂文《我的看法》。文章说,去年播映的以流浪儿童为题材的美国电影《都会的穷巷》,至今在中国的影评界、文艺界和人们的视野中没有反应,作者认为这是对儿童的冷淡。现在虽然是要以抗战为第一要务,但并不和"救济失学儿童"、"抵制吐痰运动"矛盾。作者认为,目前只要无背于抗战的精神,则我们的工作是可以,而且也应该向多方面开展的。此文后发表在4月15日的《文汇报·世纪风》,署名横眉。收入《劳薪辑》、《唐弢杂文集》。

4月13日,在《文汇报·世纪风》发表散文《死—死有重于泰山,有轻于鸿毛》,署名风子。文章认为死亡是灵魂的飘入冥界。不同的灵魂对生命之神剥夺自己的生命有不同的态度,而执着于生的灵魂,会使生命之神无言,使冥界骚动。文章是对生、死意义的探讨。

4月,写作《〈文章修养〉序》。收入《文章修养》。

5月26日,写完散文《心上的暗影》。文章写自己的最小的儿子(第三个)在庸医的治疗下,逐渐地死去,沉痛地死去!并带着作者的深深的懊恨和悲痛。这是一篇沉痛的回忆文章。此文后发表在6月5日的《鲁迅风》第十五期,署名风子。收入《投影集》、《生命册上》。

6月3日,写作散文《生死抄》。文章表达对自己的孩子死去后的怀念和痛悼之情,以及死者的留恋、生者的不舍和悲哀的感情。此文后发表在7月1日的《东南风》第一卷第一期,署名风子。收入《落帆集》、《鸿爪集》。

7月20日,写作杂文《瓜蔓集》。文章分五个部分。一、对孙毓棠文章《谈抗战诗》中关于诗不能大众化,不相信诗适宜于宣传等观点进行分析。唐弢认为,诗歌写作只要能够真实,就能起到陶冶、宣传的作用;只要诗歌能表现时代,则个人表现和时代里的群众的要求一定相合,就能达到诗歌的大众化。二、认为小说、戏曲、诗歌都可以采取大众化的形式,何况诗歌本来就产生于大众、民间。文艺大众化的口号是因为在当前文化程度发展得不够平均的阶级社会里才有。以后大众、小众既不对立,这个口号就会消失。现在的提出,正是为了要消灭这个口号。三、提出在抗战的情况下,为向友邦学习,翻译显得重要。为此,要求译界努力,并分清轻重缓急,节省时间、精力,对原作应加以认真选择,并要求译界有计划,有个组织来协调翻译,不要抢译,也不要糟蹋原作。四、针对一些不三不四的文坛指导者的批评,唐弢认为,这会使编者无所适从。五、对报刊杂志编辑界的宗派、搞团体的行为进行批评。认为有些事情,用团体的力量把群众的力量鼓舞起来,才是有成效的,但切忌宗派观念。此文后发表在 8 月 1 日的《宇宙风》乙刊第十一期,署名风子。收入《投影集》、《唐弢杂文集》。

7 月,世界书局出版郑振铎、王任叔、孔另境主编的“大时代文艺丛书”《横眉集》,收入孔另境、王任叔、文载道、周木斋、周黎庵、风子(唐弢)和柯灵七人的杂文。唐弢共收入杂文 21 篇,《后记》1 篇。《横眉集》是抗战时期“孤岛文学”、“鲁迅风”杂文的成果之一。

同月,“大时代文艺丛书”又出版诗歌散文集《松涛集》,收入(陈)白曙、石灵、宗珏(即旅冈,本名卢豫冬)、武桂芳、风子(唐弢)、柯灵、关露和戴平万等八人的散文和诗,共收入唐弢的文章 16 篇。

9 月 10 日,在《新儿童》第三卷第三期发表杂文《坚定意志》,署名唐弢。文章对处于“孤岛”上海的人民的坚守表示赞扬,认为上海的人民在这两年来,展开了艰苦的挣扎,依旧用着心和力,在培养着胜利的芽头。但暴力的压迫也愈趋险恶。作者因此鼓励人们,要无背于做个中国人的良心,要坚定自己的意志,保持一贯的立场。

9 月 16 日、10 月 1 日,在《宇宙风》乙刊第十三期、第十四期发表写作谈《字和词·土语和成语》,署名唐弢。收入《文章修养》。

9 月,由文化生活出版社出版《文章修养》上册。11 月,出版下册。《文章修养》写于 1939 年,曾由上海文化生活出版社出版,并有 1983 年 9 月三联书店版。编定后,分为上下编。上编六章,偏于叙述,下编八章,专谈作法。目的是要使读者对文章先有一点认识,然后再从这一点认识出发,来研究写作的方法,这样不但易于入手,而且还可以把握住问题的中心。

11月1日,在《宇宙风》乙刊第十六期发表写作谈《论会话》,署名唐弢。收入《文章修养》。

12月1日,柯灵主编的《大美报》副刊《浅草》创刊,这是在《文汇报》被迫停刊后,继承《世纪风》风格的副刊,唐弢和"孤岛"上的其他作家积极支持,纷纷送来新作。

12月4日,写作杂文《从欧化到中国底的》。文章从巴人的文章《中国气派与中国作风》说起,唐弢回顾了清末维新派"中学为体,西学为用"的历史和得失,回顾了五六年前上海设立存文会、读经尊孔的故事,认为这是自大和本位主义。针对巴人提出的中国气派和中国作风,唐弢认为这不是对欧化的全盘否定,而是为了更深入地融和与化合。在文学方面,则是为了使文学服务于抗战,在艺术上保有民族的特有的气派和风格,反映真实的民族生活。此文后发表在12月6日的《大美报·浅草》,署名风子。收入《劳薪辑》、《唐弢杂文选》、《唐弢杂文集》。

12月16日,在《文艺阵地》第四卷第四期发表杂文《从"苦住"到"喝道"》,署名仇山。文章是对周作人的附逆的讽刺和指斥。从清蒋苕生的讽刺号称"山人"的陈眉公说起,认为蒋苕生戳穿了陈眉公的虚伪,打下了几百年来附庸风雅的所谓隐士们的招牌,从而指斥周作人的以"念佛"、"苦住"为借口而附逆的虚伪,认为这是认贼作父,视无耻为勋业。文章收入《劳薪辑》、《唐弢杂文选》、《唐弢杂文集》、《鸿爪集》。

12月25日,写作杂文《株连草》。文章从自己的一本书遭到北京市政府警察局的禁止说起,讲到不止在中国,在日本,法西斯对知识分子、书刊杂志、文化的禁止,对大学生、民众的禁止、限制自由也是一样,并介绍了日本国内的反战情况,以及人民的压迫,没有人身一切自由的情况。最后,作者希望中日民众的斗争,能汇成洪流。此文后发表在1940年4月25日的《现代文艺》第一卷第一期,署名唐弢。收入《投影集》、《唐弢杂文集》。

本年,唐弢的家庭发生大的变故,从4月到11月,共失去四个亲人。4月下旬,三岁的小儿子患病去世。10月22日夜,患肺结核病的妻子王嫩离开人世。11 月 3 日晚,患结核脑膜炎的 5 岁次子又去世了。同月 23 日,在镇海乡下的祖母,因忍受不住哀伤的折磨,也随着去世。这对唐弢的思想影响很大,他除了继续写作许多战斗性的杂文外,也写了好些富于感情,但不无哀伤的散文。如 6 月 5 日,在《鲁迅风》第十五期发表的《心上的暗影》,7 月 1 日,在《东南风》一卷一期发表的《生死抄》等。

好友陆蠡(圣泉)知道唐弢妻子的死讯后,来信安慰:"人世坎坷,古哲同叹,尚祈勉抑悲怀,保重身体,为社会国家服务。斯亦一句俗套,然愧无一字堪相慰耳。"

本年,写作诗歌《推轮者》。收入《松涛集》。

本年,写作散文《希望》。收入《松涛集》。

1939 年,唐弢继续写作"鲁迅风"杂文家杂文。本年,他的杂文继续抨击和揭露了上海"孤岛"的形形色色的社会现象和人物,揭露了汉奸、卖国贼的丑恶嘴脸,揭露了日本侵略者在占领区的奴化统治和粉饰太平的阴谋,侵略者认为必亡;一方面继续通过杂文,鼓舞上海"孤岛"和敌占区的人们,坚定信心,树立中国必胜的信心,为人们的抗日鼓与呼。在文艺方面,唐弢开始写作散文和散文诗,抒发了自己对亲人的去世的悲哀,对生和死、对童年、对希望、对人生的思考。

1940 年(庚辰,民国 29 年),28 岁

本年　抗战继续。

本年　1 月,《回忆鲁迅及其他》由上海"宇宙风"社初版,署名郁达夫等著。

3 月 30 日,汪精卫南京政府成立,进一步公开投日卖国。

7 月 7 日,中共中央发表《为抗战三周年纪念对时局的宣言》,再次号召全国人民团结起来,为克服空前的投降危险而斗争。

8 月 20 日—12 月 5 日,八路军在华北发动有一百多个团参加的"百团大战"。

11 月,重庆文艺界举行鲁迅逝世四周年纪念会。

本年　八路军、新四军力量不断壮大,蒋介石反共限共的阴谋和摩擦不断。

1月1日,在《文艺阵地》四卷五期发表杂文《两种脸谱》,署名仇山。收入《劳薪辑》、《唐弢杂文选》、《唐弢杂文集》、《鸿爪集》。文章是对上海"孤岛"上在敌人的罗翼笼罩下的文艺的分析、嘲笑和揭露,认为这种文艺有两种不同的嘴脸(脸谱):一是所谓以"新月派"、"第三种人"把文学当花瓶的京朝派为代表,主张"为文艺而文艺"的纯文学,但只是保持面子上的一点"纯";一是"为做官而文艺"的文艺,是在指挥刀下的流氓的"妈的"文学。这两种文艺,虽是新搭舞台,却是原有的班底,在所谓文学的背后,则是杀人的魔影;在满嘴清白的背后,则是男盗女娼。作者最后希望大家提起枪样的笔杆来,戳穿它。

2月20日,写作杂文《东南琐谈——关于明季稗史》。收入新版《短长书》、《唐弢杂文选》、《唐弢杂文集》、《鸿爪集》。有人将目前转战各地的游击队,故意比作明末的流寇。对这种搬弄和挑拨的说法,使作者从明末的历史出发,来分析东南一隅的往事,以寻出覆亡的症结。唐弢在文中分析了东南沿海民众拥福王、鲁王、康王抗清的史事和失败的不同原因,以警醒现下抗战的人们。文章的分析切中利害,史料丰富。

2月28日,在《大美报·浅草》发表《〈投影集〉序》,署名唐弢。收入《投影集》。序中介绍了自己的集子结集的经过,集子命名的原因("影是我的去世的女人的小名"),并交代了自己听从鲁迅的劝告,写了些较长的杂感,此次都收在了《投影集》里。

3月1日,《宇宙风》乙刊第二十二期发表散文《我要逃避》,署名唐弢。这篇散文从1939年11月动笔,1940年1月改作。这是唐弢为纪念于1939年相继因病去世的妻子和孩子而作的著名散文。

3月8日,写作杂文《"混"》。文章从上海人的口头禅"混"字说起,讽刺了汉奸、政客、钻营者们的"混"法之妙,特别是对汉奸、奴才的"混",则直斥其为"混蛋"。与之对照的,则是作者赞扬的"愚民"的做人做事的认真、坚忍和战斗,他们在压迫里苦生反抗。此文后发表在3月11日的《大美报·浅草》,署名仇如山。收入《劳薪辑》、《唐弢杂文选》、《鸿爪集》。

3月10日,写作杂文《"雀吃饼"》。文章从张宗昌的打麻将故事,谈到中国人的打麻将中所隐含的做人法,又进一步对上海"孤岛"中的人们"吃":垄断、屯积;"碰":政治冒险、携械打家、卖国;"和":找靠山等的行径进行讽刺。此文后发表在3月13日的《大美报·浅草》,署名仇如山。收入《识小录》、《唐弢杂文选》、《唐弢杂文集》。

3月17日、18日,在《大美报·浅草》发表杂文《天上·人间·心的探讨》,署名仇如山。

3月22日,写作杂文《保障作家生活》。文章是对作家生活的状况,特别是上海作家生活状况的关切,希望政府和出版者能切实提高稿费,保障作家生活,因为作家也要生活。此文后发表在3月25日的《大美报·浅草》发表,署名仇如山。收入《劳薪辑》、《唐弢杂文集》。

4月16日,在《文艺阵地》第四卷第十二期发表杂文《各尽所能》,署名仇如山。收入《劳薪辑》、《唐弢杂文选》、《唐弢杂文集》。文章根据传闻中的前线作家和后方作家互相看不起的说法说起,作者认为也许这是一个幻影。倘有,则应克服这种错观念。抗战,应该调动一切的力量,使我们的事业和抗战联系起来,使一切力量都能服役于祖国,因此无论前线后方的作家,都应自觉地奋勇地参加民族革命战争,各尽所能。

4月,由上海文化生活出版社出版唐弢的《投影集》,收杂文散文25篇,序1篇。这些文章大都是经鲁迅劝告后写的一些篇幅较长的杂感。该书为巴金主编的"文学丛刊"第六集中的一册。6月30日,香港《大公报·文艺综合版》发表宗珏的书评《〈投影集〉》,说他发现作者的风格有了转变,提出了"杂文散文化"的论点。

6月1日,写作一组散文诗《停棹小唱》。表达对妻、子的怀念,是悲哀的情绪的泻泄。《扁舟》写自己如大海中的扁舟一叶,为海浪所击碎。《我来自田野》写自己的童年的生活如牛马,毫无希望。自己长大后入了城市,又被戴上枷锁,也同样是毫无自由和希望。《收获》赞扬复仇,赞扬为争取生存、自由的努力,但认为这终究是毫无希望。《悼》这是一首悼念妻子的诗,表达自己对社会、对时代的诅咒。《动静》写三个亲人的相继死亡,使自己从死的寂灭中、灰静中复活过来,并充满对时代的诅咒。此文后发表在10月25日的《现代文艺》(福建永安出版)第二卷第一期,署名唐弢。收入《落帆集》、《鸿爪集》。

6月10日,写作杂文《渍羽杂记》。文章分六个部分。一、对家乡浙东先贤、民众抗拒异族的沉痛历史的描述;明末浙东是反满的根据地,浙东先贤在失败后戒约子弟,不去应试做官,而从事商业——不合作。在清兵攻下绍兴后,鲁王臣僚除死节外,或出家,或隐居,或耕农,拒绝新命。虽然在有清一代,浙江文风突衰,但祖先是历来反对侵略的。因此,唐弢赞扬了故乡先贤,以此反驳日本人认为支那人在抗战时的"执迷"。二、认为历代异族和现在日本侵略者所倡的"王道",即是霸道,因为他们连史可法、张煌言这类封建道德的典型代表都不相信。史可法、张煌言们都在抗异族的斗争中大义赴死,唐弢表达了对浙东人民在明末抗敌的赞扬。三、简单地对日人小柳司气太的关于"王道"与修改了的"三民主义"是相顺应的谬论,进行了批驳。四、认为明末清初,浙东人借经商来逃避"王道"的,只通行于少数遗民。同时分析了浙东的铜臭气味是由地理和经济的关系决定的。如倭寇的入侵,则是和浙东的铜臭气味相关的,是浙东的奸商、达官巨富、舶主和土豪在加入和撑腰以渔利。而日人所称的倭寇是"日本民族活力的泛滥"的言论,则纯是日人小气、贪婪、狡诈的表现,日本人是想从奉献一点土著的物品,以换取明代朝廷的厚赏,其贪婪无耻实在是大背日侵略者所倡的"王道"精神的。五、对日人铸宽永通宝流入浙江沿海的情况进行分析;六、对自己喜欢看野史的原因的分析:受南社的影响。此文后发表在7月的《文阵丛刊一:水火之间》(总49号),署名唐弢。收入新版《短长书》、《唐弢杂文集》、《鸿爪集》。

6月20日,写作杂文《马士英与阮大铖》。文章有感于今年上海的剧坛上,《明末遗恨》之类的戏剧很走红,且连《珍珠塔》和《三笑姻缘》也上了镜头,生意十分兴隆。因此,唐弢写了此文,目的是要人们由历史而注重现在,通过对明朝的事情、明朝的人物的追述,从明末清初的野史旧闻来写出马士英、阮大铖相互勾结、相互引荐心腹,祸乱南明灭亡而投敌的故事,写出汉奸的下场,分析了明末南明灭亡的原因主要是马、阮等汉奸的祸害。文章对周作人、汪精卫等的汉奸卖国行为进行暗示、讽刺,并揭示其没好下场。此文后发表在8月1日的《宇宙风》乙刊第二十七期,署名唐弢。收入新版《短长书》、《唐弢杂文选》、《唐弢杂文集》、《鸿爪集》。

7月22日,写作杂文《摩罗小品》。文章从自己的"惊异于禅宗的浸渍之深"的笔记摘录中,写此小品文。主要表达了自己对于儒、佛、老庄的看法,是作者的一些思想散墨类的作品。第一则中,对周作人所认为的汉文学的传统是儒家的思想的看法进行反驳,认为这有可能是对日本侵略者的"王道"之类的响应。此文后发表在9月1日的《宇宙风》乙刊第二十八期,署名风子。收入新版《短长书》《唐弢杂文集》《鸿爪集》。

8月27日,写作杂文《笑》。文章对笑与讽刺的关系进行分析,认为笑是一种力,支持这力的是社会和阶级的基础。农民不笑农民,皇帝不笑皇帝,因此,泅泳于习熟了的阶级或社会里,讽刺是会失掉效能的。此文后发表在11月20日的《文学界丛刊》第一辑《丽芒湖上》,署名风子。收入《劳薪辑》《唐弢杂文选》《唐弢杂文集》《鸿爪集》。

8月,在《文阵丛刊二:论鲁迅》(总50号)发表杂文《鲁迅思想与鲁迅精神》,署名唐弢。文章分析评价了鲁迅的思想和精神,认为鲁迅不同于孔夫子,不是泥塑的偶像;认为鲁迅的思想走过了从为己为人到无己的路;他并没受过高尔基的影响,而是受了嵇康、尼采的影响;他又是现实主义和浪漫主义统一在一起的。这篇文章是为了纪念鲁迅诞生60周年而作。

9月16日,写作杂文《"救火者的工作"》。文章从周黎庵的杂文《救火者的工作》中的观点说起,周认为时代的苦难显然已超越了庐舍的毁烬,救亡者的工作,当然是急于救火者的工作的。唐弢认为,同为救火,绅士们的对于火灾的态度和常人相比是不一样的,很难求得"协同一致的行动"。因此,救火者的工作固在于扑灭威胁,也在于争取伙伴,这也是文学工作者,目前的上海文人所应做的工作,为抗日救亡用文学争取伙伴。此文后发表在9月20日的《正言报·草原》,署名风子。收入《劳薪辑》《唐弢杂文选》《唐弢杂文集》《鸿爪集》。

9月21日,写作杂文《度支新法》。文章分析了中国的阔人们使用钱财,一向只有两种态度:挥霍如土,爱钱如命。但其结果后来也是一无所有,成为父子两代的悲剧。而对于有些文人,则是表面上对人澹泊,背人搜敛、贪污。最后作者对汪精卫通过绑架上海一大批商人来充实"国库"的事进行揭露和讽刺。此文后发表在9月24日的《正言报·草原》,署名万人唾。收入《劳薪辑》、《唐弢杂文选》、《唐弢杂文集》、《鸿爪集》。

9月，陆象贤主张编"杂文丛书"，唐弢积极支持，但后来因刚编完《投影集》、《劳薪集》两本杂文，编第三本的分量不多，所以交稿较迟，这就是《短长书》一集。

10月5日，写作杂文《板凳随笔》。文章表达对学校教育的意见，认为吃饱比知识重要。应在吃饱的前提下，教育孩子。并希望用谈话取代体罚，循循善诱。同时，要重视教科书和教材，因为这是切实而有益的工作。在对于学生方面，教师要与学生保持距离，将学生屏绝于笑谈圈外，同时鼓励学生要怀疑而不盲从，倡导老师做学生的朋友、知己。反对"孤岛"上的国学社、经书会开历史倒车的复古式教育。

10月26日夜，写作杂文《略论自大之类》。文章认为士的近官，是因为要从"事大"入手而追求自大，从而成为权门清客和豪门篾片，给主子捧场以显其肉麻有趣，临下则一副自大的尊严脸孔，因为他记起了自己读书人的身份。因此，作者以阮籍和嵇康为对照，认为阮嵇这样的文人是应该珍视的，因为"上海的许多文人，正想自大而又事大"，想去做汉奸呢。此文后发表在10月30日的《正言报·草原》，署名王二。收入《识小录》、《唐弢杂文选》、《唐弢杂文集》、《鸿爪集》。

10月27日，写作散文诗《如果》。散文诗通过对妻、子死亡的悲哀的描述，表达对生命、死、梦的感悟。后发表在《正言报·草原》，署名韦长。收入《落帆集》、《鸿爪集》。

10月，写作《〈劳薪辑〉题记》。收入《劳薪辑》。文章介绍了集子的结集情况，说明这个集子里有几篇文章碰痛了许多人；同时说明，这一集的一些文章，又是唐弢最悲愤惨苦的时候写的（妻、子三人的相继死去）。

11月23日，写作杂文《从罗亭说起》。文章从屠格涅夫笔下的罗亭说起，罗亭的谈独立讲牺牲，然而一旦压力下来，就立刻服从，正如胡适之流的知识分子的讲道德、自由、民主，然而一有压力，就服从命运。他们的借口是"环境关系"和为"时势所逼"。文章在最后对罗亭型的知识分子在大考验时的态度、选择表示关注。此文后发表在1941年1月15日的《奔流文艺丛刊》一：《决》，署名仇山。收入《识小录》、《唐弢杂文选》、《唐弢杂文集》、《鸿爪集》。

11 月 25 日,写作杂文《柏达列夫斯基》。文章从屠格涅夫的《罗亭》中的人物柏达列夫斯基这个人物典型的塑造说起,认为上海"孤岛"上文坛中的一些文人,也有柏氏的一面:俨然绅士,但在女人面前,则又殷勤、懂事,暗地里示着几分"色情"。他们抱着一颗妒忌的心,窥视消息,乐见灾祸,这是上海一些文人惯用的伎俩,文中讽刺了邵洵美等人。此文后发表在 11 月 27 日的《正言报·草原》,署名王二。收入《识小录》、《唐弢杂文选》、《唐弢杂文集》、《鸿爪集》。

12 月 1 日,写作杂文《丑》。文章说到,这几天,所谓"当代丑角大王"的叶盛章来到上海,作者由此想起戏台上的丑角来,并分析了丑角的帮忙和帮闲的区别,认为丑角身受豢养,却并不全听驱使;虽是打诨,也还是装得十分正经。比如汪精卫在《日汪条约》、《中日"满"三国共同宣言》公布后的讲话,在上海滩上副刊杂志上的类似演出,都显示了丑角们的出色的表演。此文后发表在 12 月 4 日的《正言报·草原》,署名王二。收入《识小录》、《唐弢杂文选》、《唐弢杂文集》、《鸿爪集》。

12 月 3 日,写作杂文《市侩主义》。文章从对古今中外的商人、市侩的鄙视说起,谈到而今上海滩上的市侩主义盛行,并且已侵入到读书人的圈子,从而使文人堕落,文风低下,使文化畸人、青年斗士也都是悠然于这种风气之中,这使作者感到惋惜,并捏把汗。此文后发表在 12 月 9 日的《正言报·草原》,署名王二。收入《识小录》、《唐弢杂文选》、《唐弢杂文集》。

12 月 16 日,在《正言报·草原》发表《〈短长书〉序》,署名唐弢。收入新版《短长书》。介绍了这个集子的结集经过,对当时写杂文的状况的评价,以及对"鲁迅风"杂文的认识。

12 月,写作杂文《蝇矢篇》。收入新版《短长书》、《唐弢杂文集》、《鸿爪集》。文章从垃圾场上的苍蝇,谈到上海的汉奸、华北的汉奸们的劣行和嘴脸,对汪精卫、陈公博、周作人等汉奸之流的无耻嘴脸和卖国言行的揭露和讽刺,指斥他们为污秽的苍蝇和苍蝇矢。这篇文章是因为 12 月的汪伪《中华日报》的广告栏里出现了"打倒卖国贼汪精卫"的字样,唐弢作了此文《蝇矢篇》以记其事。

12 月,由北社出版唐弢的杂文集《短长书》,为列车(陆象贤)编的"北社丛书"第四种,收杂文 16 篇,序 1 篇。

12月,写作《北社版〈短长书〉序言》,对自己的杂文的特色、散文化的倾向进行分析。

本年秋,邮局同事陈泉恩和一家印刷厂主合作,想办个文学刊物,邀唐弢主编,经过许多波折,于11月出版了《文学界丛刊》第一辑,收了王统照、巴人、芦焚、姚克、周建人、许广平等人的文章。但印数少,发行时又被没收。

本年,发表杂文《诗话六章》。文章分六个部分。一、对谢灵运的在宋做官、后因不得志而思晋室被拘的事进行评价,从而想起白莲教提出的"官逼民反"的口号。作者认为,有血有肉的人,对于无理的压迫,本是难以忍受的。二、认为目前的情形,实在太像明末了,而更像的则是南宋末期,并引高斯得耻堂存稿的诗为证,认为现在的情形跟南宋末的一样,也是粉饰,苟安,模糊;三、将南宋末的事,比之当下,唐弢对陆游诗歌中的爱国情怀表示了高度的评价。四、论明末事,认为明末不单单是文人们所提及的袁中即的小品文,也有凌厉削拔、激昂慷慨的爱国之志。作者对陈卧子的抗清、抗卖国贼行为的介绍,表达了对卖国贼、汉奸、奸臣的痛恨。五、对明末遗老黄九烟的不忘明室的诗和行迹的介绍。六、倪钊发现黄九烟的《九烟诗钞》,并把黄九烟比作宋末的郑所南,作者由此对郑所南的诗和生平进行了介绍和评价。

本年,继续在《大美报·浅草》、《正言报·草原》、《文艺阵地》、《宇宙风》(乙刊)等发表杂文。

本年,作诗二首,一为《偶成》:"荧荧灯火结红毯,百尺书城漫淹留。吟到义山暗锦瑟,梧桐疏雨落清秋。"此诗写了唐弢秋夜读李商隐诗时的心情。二为《感事》(次黎庵韵):"万山烽火渍烟腥,风雨暮鸦例此惊;瓜蔓抄余腾小惠,豆萁炙后卖'精诚'。剧怜孺子梦华国,又见衣冠集降城。痛哭江南闻战伐,粼粼一水毁群氓。"此诗为和周黎庵的诗,主要表达了唐弢对国事的担忧,对汪精卫辈投降卖国的愤怒。

本年,唐弢通过高等考试,考取并甄升为上海邮局甲等邮务员。

本年,巴金准备去内地。陆蠡、柯灵和唐弢在霞飞路一酒楼为他饯行。席间,巴金送唐弢一本四月刚出版的《秋》。

1940 年,唐弢继续写作"鲁迅风"杂文家杂文。本年,他的杂文继续抨击和揭露了上海"孤岛"的形形色色的社会现象和人物,揭露了汉奸、卖国贼的丑恶嘴脸,一方面继续通过杂文,鼓舞上海"孤岛"和敌占区的人们,坚定信心,树立中国必胜的信心,为人们的抗日鼓与呼。在文艺方面,唐弢继续写作散文和散文诗,抒发了自己对亲人的去世的悲哀,对生和死、对童年、对希望、对人生的思考。

本年,唐弢通过杂文,把目光投向南宋末和明末清初,分析了宋亡和明亡的历史经过和原因,对自己的家乡浙东人民的抗敌精神高度赞扬,鼓舞人们继续抗日,不做亡国奴,主要杂文有《东南琐谈——关于明季稗史》、《渍羽杂记》、《马士英与阮大铖》、《诗话六章》等。同时,抨击了一些文人政客的投敌变节,认为这个时代太像南宋末或明末清初的情形了。

唐弢的杂文写作越来越受到人们的注意,其散文化的倾向也愈发明显。

1941 年(辛巳,民国 30 年),29 岁

本年　抗战继续。

本年　1 月,蒋介石一手制造"皖南事变",新四军在渡江北上时,遭遇重创。

1 月 15 日,延安成立鲁迅研究会。

5 月 19 日,毛泽东在延安干部会议上作了题为《改造我们的学习》的报告,延安整风运动进入准备阶段。

6 月,国民党中央图书杂志审查委员会印发的从 1938 年 10 月至 1941 年 6 月《取缔书刊一览》表明,此间共取缔查禁书刊 961 种。

8 月 3 日,《解放日报》发表社论《努力开展文艺运动》。

8 月 4 日,上海法租界电车、公共汽车工人 1200 余人总罢工。

10 月 19 日 延安各界举行鲁迅逝世五周年纪念大会,萧三、丁玲在会上讲话。

10 月 23 日,丁玲在《解放日报》发表《我们需要杂文》一文,倡议向鲁迅学习,举起杂文这一武器。

11月，重庆、香港、延安三地文化界人士分别集会，庆祝郭沫若五十寿辰和文学创作成就。

12月9日，国民政府正式发表对日、德、意宣战文告。10日，蒋介石发表《告全国军民书》，就太平洋战争爆发，勖勉协助友邦，消灭共同敌人。

本年，唐弢继续在"奔流文艺丛刊"、《正言报·草原》、《宇宙风》（乙刊）、"朝花丛刊"、"新文丛"、"杂文丛刊"等发表散文、杂文。

1月16日，写作杂文《"但书"二例》。文章从日本侵略者欲盖弥彰的文字"但书"的形式，说明日人明言"合作"实为"独占"，扬言"亲善"，实为"剥取邻国的土地和主权"的阴谋，说明"但书"是有折扣、附则和密款的。而在文场上，"但书"也是为了开脱自己，以此招摇过市。作者揭示了文场的虚伪、自我开脱。此文后发表在1月23日的《正言报·草原》，署名仇重。收入《识小录》、《唐弢杂文选》、《唐弢杂文集》。

1月20日，在《正言报·草原》发表杂文《暗夜棘路上的里程碑——"孤岛"一年来的杂文和散文》，署名仇重。收入《鸿爪集》。文章对上海沦为"孤岛"后一年来的杂文、散文创作实绩的评点。此文写于1940年岁末。

1月30日，写作散文诗《书后》。收入《落帆集》、《鸿爪集》。文章通过对自己所受妻、子死亡的打击的描写，宣泄了自己沉痛的心情。文章又从赫尔岑的《一个家庭的戏剧》中，从赫尔岑的家庭不幸中，联想到了自己的不幸。

2月16日，写作杂文《"头衔"一解》。文章从官场的补、捐头衔说起，讲到时下文坛的政客式文人的猎取、出卖"头衔"，又故作清高的伎俩，批判了一些无耻文人的嘴脸。此文后发表在4月16日的《宇宙风》乙刊第四十三期，署名仇山。收入《识小录》、《唐弢杂文选》、《唐弢杂文集》。

2月20日，写作散文诗《水仙》。收入《落帆集》、《鸿爪集》。这是一篇短的散文诗，通过水仙的无泥土而开花、而摇落，表达了自己对亲人的哀悼。

2月25日，写作杂文《"处世"小言》。文章谈到，近两年来，翻开杂志的广告，最多的是《处世教育》之类的书籍。这使作者感慨，在当下为抗战取得民族自由的时候,人们竟还在追求处世的秘诀。作者在讽刺这种风气的同时,希望能有不营营于礼数的琐屑的傻子和大志士。此文后发表在 3 月 16 日的《宇宙风》乙刊第四十一期,署名仇山。收入《识小录》、《唐弢杂文选》、《唐弢杂文集》。

3 月 7 日,写作杂文《"结论"》。看到最近苏联文坛上的文艺论战的收获,作者联想起国内前几年大众语、国防文学、现实主义论争的没有结论的情况,并分析了之所以这样的原因。针对时下文坛上出现的要求结论的呼声,唐弢提出了自己的观点,认为要建立一个结论,不但要摒绝拉扯,而且也须踢开姑息和随和,并批评了小报对于无结论的论战的冷淡和诬蔑。此文后发表在 3 月 25 日的《奔流文艺丛刊》三:《渊》,署名仇山。收入《识小录》、《唐弢杂文集》。

3 月,由福建永安的改进出版社出版唐弢的杂文集《劳薪辑》,为"现代文艺丛刊"(六)。共收唐弢 1931 年 7 月至 1940 年 9 月所写的杂文 76 篇,题记 1 篇。

4 月 5 日,写作杂文《溃羽再记》。文章通过对历代统治者特别是清朝的酷刑、文字狱的分析,揭示目前的中国的官僚的在蒙蔽和粉饰下的暴行和残酷、野蛮。分析了清时异族皇帝的残酷,但却比不上奴才们帮闲、帮忙的残酷,主了令奴才们对罪犯宽大点,这"宽大"还为奴才们所颂扬。最后作者认为在日本异族入侵的时候,对付异族,应该是官民一致的仇恨。此文后发表在 6 月 15 日的《新文丛》之一《兽宴》,署名风子。收入新版《短长书》、《唐弢杂文集》、《鸿爪集》。

4 月 15 日,在《杂文丛林》第一辑《鱼藏》发表杂文《略论请愿》,署名一士。收入《唐弢杂文集》。这是一篇时论政治性的讽刺文章。文章谈到,在日本松冈访德之机,国内的奴才式的文人政客们提出,也希望中共能到苏联去"请愿"要求援华。针对这一言论,作者提出,那些奴才的主子们,梦想的是德意日路线,是对希特勒抱有幻想的,他们总会露出真实的意图来的,如猴子变戏法一样。

5 月 10 日,写作杂文《让我们笑吧》。文章通过对文艺中表现的讽刺和笑、滑稽和插科打诨的不同,以及对社会现象的批评作用的分析,主张要具有严肃的讽刺的笑,以此来对抗统治者的压迫。此文后发表在 5 月

25 日的《朝花丛刊》第一辑《炼》,署名仇山。收入《识小录》、《唐弢杂文选》、《唐弢杂文集》、《鸿爪集》。

5 月 25 日,在《现代文艺》第三卷第二期发表杂文《再真实些》,署名唐弢。收入《识小录》、《唐弢杂文集》。文章谈了对文学特别是小说的真实性的要求,认为抗战文艺虽有成果,但忽略了中国的社会还是半殖民地半封建社会和新民主主义社会的错综的组合,抗战文艺在人物个性的塑造上,又走了极端,要么是天生的英雄,要么是注定的屠头。最后,唐弢希望作家向陀思妥耶夫斯基学习:再真实些。

6 月 1 日,在《宇宙风》乙刊第四十六期发表杂文《略论吃饭打屁股之类》,署名仇山。收入《识小录》、《唐弢杂文选》、《唐弢杂文集》、《鸿爪集》。俄寓言作家陀罗雪维支说:"中国的皇帝用两件法宝治理天下,一件是米饭,另一件则是板子;他用米饭来养活所谓良民,却又用板子去打莠民的屁股",作者由此又进一步分析,认为皇帝们常找不出真正该打的屁股,因为板子是由奴才真正执行的,奴才则与人才是对头,所以这使奴才的功业久长。文章在最后对中国刑罚中板子的历史进行了溯源。

6 月 18 日,在《杂文丛刊》第四辑《湛卢》发表速写《奇闻七则之一》,署名风子。

7 月 9 日,写作散文《破晓》。文章分三个部分。《魇》表达自己对梦、天堂和地狱、平庸和不凡、灵魂、性、生和死的感想。《梦回》表达自己对人生如梦的感受。《破晓》表达自己对生命、生、死、孤独、黑暗、希望的感悟。

7 月 10 日,写作杂文《排斥异端》。文章从西班牙的十六世纪中叶的腓力二世统治的排斥异端的严酷说起,说明"凡压迫,是一定将以反抗为收束的",联系国内的暗杀、逮捕和审查禁止出版,作者认为异端绝不是杀戮所能排斥的,压迫是以反抗为收束的。此文后发表在 7 月 30 日的《奔流文艺丛刊》六《激》,署名仇山。收入《识小录》、《唐弢杂文选》、《唐弢杂文集》、《鸿爪集》。

8 月 1 日,写作散文《悼木斋》。文章是对自己的朋友周木斋的哀悼和评价、回忆。此文后发表在 9 月 1 日的《宇宙风》乙刊第五十一期,署名唐弢。收入《回忆·书简·散记》、《生命册上》。

8 月 5 日,写作杂文《哀辞》。文章对朋友周木斋的逝世表示哀悼,高度评价了周木斋的为人,认为他是坚决反抗日本侵略的战士。此文后发表在 8 月 15 日的《新文丛》之三《割弃》,署名唐弢。收入《唐弢杂文集》。

9 月 3 日,在《杂文丛刊》第六辑《巨阙》发表散文《追悼周木斋》(散文),署名风子。

10 月 3 日,在《奔流新集》之一《直入》发表杂文《关于人权》,署名执诺。收入《识小录》、《唐弢杂文选》、《唐弢杂文集》。文章谈到,日报和一辑都谈起了人权,他们认为这是十八世纪卢骚所喊过的口号,现在重提,是"别有用心"的"异党",不够勇敢,且小家子气。唐弢对此予以批驳,认为重提人权,虽已过时,却是反映着中国政治的现实,在中国,从抗战到现在,正开展着残酷的虐杀和暗暗的谋害,恰说明了人权的被侵害,故应倡导人权。

11 月 1 日,在《萧萧》第一期发表散文诗《飞》,署名风子。收入《落帆集》、《鸿爪集》。文章用童话的体裁,构画了一个美妙的童话世界。这是作者写给一个沉默苦闷的孩子的。

12 月 8 日,太平洋战争爆发。同日,日本占领军冲入上海租界,"孤岛"陆沉。大约一星期后,唐弢突然得知一个消息,说是许广平被捕,日本宪兵队还从她家里抄去许多书籍。唐弢立刻想到了《鲁迅全集》、复社和郑振铎,于是悄悄到与许广平住一个里弄的陈西禾家,想打听消息的确实与否,并通知郑转移。后经辗转打听,才知郑已安全。几天后,唐弢见到了郑振铎,并劝说他离开上海。郑振铎没有马上离开上海,在沪期间,曾利用唐弢在邮局的关系,请唐弢为他转移、递送和邮寄了一些书信。

本年,作诗二首,其一为《平林》:"平林秋色赤于霞,瑟瑟西风动荻花;日暮长空孤雁远,亦应有梦到天涯。"此诗写出了秋天萧瑟高远的景象。其二为《有人》:"生存华屋死荒丘,浪说杜康能解忧;十载闲云埋旧梦,有人挥泪过西洲。"此诗抒发了人生如梦的感慨,寄托颇深。

1942 年(壬午,民国 31 年),30 岁

本年　抗战继续。

本年　3 月 9 日,上海黑市米价每石涨至 300 元。

　　3月9日,丁玲在《解放日报》发表杂文《三八节有感》;11日,艾青发表杂文《了解作家,尊重作家》;12日,罗烽发表杂文《还是杂文时代》;13日,23日,王实味发表《野百合花》。这些作品连同4月8日萧军的《论同志之"爱"与"耐"》和王实味在《谷雨》上发表的《政治家、艺术家》一起,在延安整风时被批判。其中王实味被普遍地批判。

　　4月3日,中共中央宣传部作出《关于延安讨论中央决定及毛泽东同志整顿三风报告的决定》。

　　5月,毛泽东发表《在延安文艺座谈会上的讲话》。

　　6月8日,中共中央宣传部发出《关于在全党整顿三风学习运动的指示》。自此,延安整风运动开始。

　　10月10日,蒋介石庄重地向中国民众宣布,美英废除了在华不平等条约。

　　在日军进入租界初期,即通令在沪的写过抗日文章的作家前去登记。作家队伍发生了变化,少数软骨头的去登了记,还向敌人献殷勤要动员唐弢、柯灵等也去登记。唐弢、柯灵拒绝干这种出卖灵魂的事。为此,唐弢被迫离开邮局,躲到上海西区,停止了写作。后由刘哲民介绍进联华银行担任秘书。同时,唐弢开始了《鲁迅全集》的补遗工作。

　　1942年3月初,陆蠡和张宛若女士喜结良缘。唐弢和友人们在陆蠡负责的上海文化生活出版社喝他们的喜酒。

　　本年,作诗四首,其一为《岂是》:"野棠落后草初肥,绿拥春城燕子飞。岂是江南风物好,一行胡马踏花归。"此诗写了春天的江南景色,寄寓了春色依旧、江山已改的感慨。

　　其二为《倦听》:"倦听吴儿醉后歌,中年哀乐意如何?江山一碧风流尽,远塞红旗入梦多。"此诗表达了自己对人生彷徨的一种心态。

　　其三为3月3日生日所作的《三十初度四首》:"待归平淡脱幽燕,三十浮名路八千。岂有文章凌少作,渐多涕泪逼中年。义山锦瑟悲空切,鹿菲绮怀恨莫铨。太息余生终寂寂,不须重泛五湖船。""弹指韶华去不留,杜陵短发漫遮羞。网罗有计逃张禄,驿路无人识马周。倦对西风怀故国,闲归大泽放新虬,文章千古我何似?历尽名场一笑休。""已度闲生梦一场,消磨慧骨为家常。愁边儿女因缘短,望里旌旗日月长。半壁河山余涕泪,十年湖海老行藏。从来词赋多相误,愿谢文名绝句章。""屏除丝竹种青萝,忧患年年泣逝波。劫毁家园千籍尽,狱成文字一言多。岂真鸟喙能亡敌?不信鼠须竟作魔!迁客已拚湖海老,为从湖海访荆轲。"这四首诗伤怀人生,感慨世事、家国、寄寓颇深。

其四为11月3日,在唐弢的第二个儿子的忌日写的《仲儿忌日》:"熬煎生死苦难支,惨忆人寰挥手时。夜半梦回惟独语,一灯泪落尔应知。"此诗回忆了次子离世的痛苦,以及次子死后自己对他的怀念之情。

本年,唐弢开始有目的地买书。他住在上海徐家汇,日本军侵略上海,一天几次警报。上海市民家家烧书、撕书,成批地把书当作废纸卖。唐弢目睹文化浩劫,实在心痛得很,于是发了狠,大量地买书。这对他的后来成为藏书家、成为现代文学研究专家打下了坚实的基础。

1943 年(癸未,民国 32 年),31 岁

本年　抗战继续。

本年　中国共产党继续整风运动。

3月10日,中共中央文委和组织部联合召开了党的文艺工作者会议。陈云、刘少奇、凯丰出席会议并作了重要讲话。

3月20日,中共中央政治局召开会议,会议决定中央书记处由毛泽东、刘少奇、任弼时组成,毛泽东任中央政治局中央书记处主席,并兼任中央党校校长。会议通过了《关于中央机构调整及精简的决定》。中共认为"三月政治局会议",是中国共产党历史上一次极为重要的会议,这次会议从组织上彻底完成了自遵义会议以来对王明"左倾"错误的纠正和毛泽东在全党领导地位的确立。毛泽东成为中共的真正领导者。

7月5日,王稼祥发表《中国共产党与中国民族解放的道路》,纪念共产党成立22周年和抗战6周年,并率先提出了"毛泽东思想"的概念。

8月1日,汪伪政府接管上海法租界和公共租界。

12月7日,上海煤球价格每担涨至300元。

本年,唐弢开始向《万象》投稿。

3月,在《万象》3月号(第二年第九期)发表旧体诗《弹指》,署名唐弢。

4月,在《万象》4月号(第二年第十期)发表散文《野眺》,署名唐弢。

5月16日,写作散文诗《寻梦人》。这篇散文诗表达了对人生、梦想、生死的感想。写一个出身于豪富之家的青年,在迅速荡尽家产后,在世人的忘却中度过了二十年寻梦、沉思的日子,直到有一天看到蓝天,才离开了自己的废弃的古宅,去寻梦。此文后发表在7月1日的《万象》7月号(第三年第一期),署名若思。收入《落帆集》。

6月10日,写作杂文《麻将哲学》。麻将成为"国粹"并输出到国外,之所以如此,唐弢讽刺道,这是因为麻将中所包含着深切的做人哲学,"和"是一局好戏的段落。此文后发表在7月1日的《万象》7月号(第三年第一期),署名方城。收入《识小录》、《唐弢杂文集》。

6月12日,写作杂文《文艺批评与社会批评》。文章表达对文艺批评和社会批评的看法,认为目前社会批评显得比文艺批评要来得迫切,要求人们像文艺批评一样,通过自己的生活经验来理解社会,深思熟虑,建立健全的社会批评。此文后发表在7月1日的《万象》7月号(第三年第一期),署名太索。收入《识小录》、《唐弢杂文集》。

7月,柯灵继陈蝶衣后接编《万象》,唐弢更成了该刊的积极撰稿人,并以多种笔名写杂文,以"若思"笔名写散文,以"潜羽"笔名写小说。

8月1日,在《万象》8月号(第三年第三期)发表小说《海和它的子女们》,署名潜羽。收入《鸿爪集》。

8月20日,写作散文诗《自春徂秋》。文章描写了春天的绿、落花、雨,秋天的残阳、西风,表达了自己寂寞的情怀。此文后发表在9月的《万象》9月号(第三年第三期),署名若思,收入《落帆集》、《鸿爪集》。

10月5日,写作杂文《"名士才情"与"商业竞卖"?》。收入《识小录》、《唐弢杂文选》、《唐弢杂文集》。沈从文曾经对海派下过注脚,认为它是"名士才情"与"商业竞卖"的相结合。唐弢认为,随着时间的流逝,京派久已变质,海派的注脚也起了变化,商业无须竞卖,文人也已无文,无才情,且名士和商人相互看不起,根本结合不得。唐弢还认为,现在的海派也已堕落。

10月5日，写作杂文《随笔》。文章对俄国安德列耶夫和他的喜剧进行评价，认为他是苦闷时代的怀疑思想的代表，虽是进入了绝望的世界，但终究是思索过来的。安德列耶夫所刻画的失败者失去了心灵和谐，永远在歧路上彷徨；安德列耶夫的喜剧沉重，抑郁，而又有一种动人的深度。此文后发表在11月的《万象》11月号（第三年第五期），署名太索。收入《识小录》《唐弢杂文集》。

本年，唐弢回故乡镇海老家探亲。

本年，作诗三首。其一为《重过故居》："劫后江南景色阑，重来海曲泪潜潜。燕雏已乳棠花落，梦雨一春老义山。"其二为《登临》："登临故国夕阳斜，指点碧天话晚霞。忽见城头旗色改，吞声一语是回车。"其三为《无题》："红绫少女咏轻絮，白发诗人对落花。等是感怀身世意，相逢泪湿在天涯。"诗中表达了自己对时事、家国的感慨。

本年，作旧体诗一首，题名已佚："倦听吴儿醉后歌，中年哀乐意如何。江山一碧风流尽，远塞红旗入梦多。"诗歌表达了诗人对人生、家国的感慨。（此诗《唐弢文集》未收录。据《唐弢文集》第10卷《书信卷》第71页，致王启初信的注释记：王启初时为湖南省博物馆馆长，他于1982—1983年，拟编辑《当代名人诗翰》一书，经蔡尚思推荐，向唐弢征集诗稿，1983年，唐弢于北京书赠旧作一首，即此诗。）

1944年（甲申，民国33年），32岁

本年　抗战继续

6月7日，上海工人举行罢工。

6月，国共双方谈判在重庆再次进行。

10月，国共谈判成僵局。

本年　10月，宋庆龄、郭沫若、张澜等七十二人发起追悼文化名人邹韬奋的纪念大会。

1月，在《万象》1月号（第三年第七期）发表小说《稻场上》，署名潜羽。收入《鸿爪集》。

　　3月20日,写作散文诗《舍》。文章描写普罗米修士因为盗火给人间,而被宙斯囚禁在史克斜峰前,遭受永无尽头的残酷折磨的故事。赞扬了普罗米修士的为人类盗火的勇敢精神。此文后发表在4月的《万象》4月号(第三年第十期),署名若思。收入《落帆集》。

　　4月5日,写作杂文《谣言辩》。文章谈到,上海流行脑膜炎,于是有人借刚生小孩、猫讲人言来提警告、留药方的谣言,使得乌梅、赤豆和香灰、井水涨价而骗钱。作者对此进行辟谣辩谎,希望人们不要被谣言掩蔽。此文后发表在5月1日的《万象》5月号(第三年第十一期),署名怀三。收入《识小录》、《唐弢杂文集》。

　　4月10日,写作杂文《"破门"解》。文章从老虎是猫的徒弟的传说说起,讲到师徒、学生和老师的关系问题。有的老师不肯将技能全部授之于徒,有的徒弟偷老师的东西据为己有,或者还要忘恩倒打一耙。为此,作者希望建立正常的师徒关系,并认为师徒之间因学术思想的差异而谢本师,也是一个进步,与负恩背亲不同。文章认为,周作人所说的沈启无这样的学生的恶劣的影响,也因多了而不足为奇。此文后发表在5月1日的《万象》5月号(第三年第十一期),署名从洛。收入《识小录》、《唐弢杂文选》、《唐弢杂文集》。

　　4月18日,写作散文《小品二章(镜、枕)》。《镜》写自己从地摊上买来的一面古铜镜,从而想到过去这面镜子曾经所照着的富贵和绝代丰华,由此体会到生命的消逝和人生的无常。《枕》写自己由枕来探索人间的温情,想起了唐明皇的思恋杨贵妃,曹植的赋甄妃,想起了枕上的人间悲欢。此文后发表在5月的《万象》5月号(第三年第十一期),署名若思。收入《落帆集》。

　　4月20日,写作杂文《逃与趋》。文章通过对人类的"逃"的本质进行分析,认为逃的作为应付困难的方法,人各不同,那些说海话的阔佬、爱吹牛的小厮、长腿的将军、滑脚的拳师的逃,则是可鄙又可笑的;而百姓的逃荒,逃难,逃离黑暗,则该当别论。和逃相反,腿的另外一个用途是趋,则是奴才和被畜养者的进身的先阶和攀附的捷径了,作者讽刺嘲笑了说大话的阔佬、将军们的逃敌行径和奴才们的趋炎附势的丑行。此文后发表在6月的《万象》6月号(第三年第十二期),署名怀三。收入《识小录》、

《唐弢杂文选》、《唐弢杂文集》。

6月,在《万象》6月号(第三年第十二期)发表杂文《谜》,署名韦长。收入《识小录》、《唐弢杂文选》、《唐弢杂文集》。文章从谜语的起源、发展和宋的全盛说起,推而对时世、社会现象的批评,认为统治者们的行为的诡奇、遮掩,使得百姓如猜谜一样活着,猜着过日子。

6月,在《万象》6月号(第三年第十二期)发表杂文《官商颂》,署名怀三。收入《识小录》、《唐弢杂文集》。上海的柴米又涨价了,引发了作者对官商的看法。唐弢认为时下有两种人是幸福的,一是以掠夺为生的强盗,一是有缘可化的和尚。而幸福又是永远属于两种人,一是强盗型的官老爷,一是和尚型的商人,他们各以其术巧取豪夺。而薪水阶级则只有沦为乞丐的命运。

6月,好友柯灵遭日本宪兵队逮捕。出狱后,柯灵意识到楼适夷可能有更大的危险,考虑到唐弢曾在邮局工作,于是托唐弢去通风报信,要楼适夷尽快离开上海。唐弢尽力去办了。

7月,在《万象》7月号(第四年第一期)发表小说《山村之夜》,署名潜羽。收入《鸿爪集》。

8月12日,写作散文《学贾》。这是一篇对童年生活的回忆文章,作者由自己想学生意而不成的事,从而回忆起自己的父亲、家世和童年生活。此文后发表在9月的《万象》9月号(第四年第三期),署名若思。收入《生命册上》。

9月,收到茅盾从重庆唐家沱寄来的为唐弢写的书笺。书笺写于8月27日,为书王国维的《浣溪沙》"掩卷平生有百端"、"漫作年时别泪看"两首。唐弢读后,百感交集,非常感动。

10月1日,写作散文《秋季音乐会献词》。文章从秋天的虫鸣天籁的美好,想到音乐的美好,再联想到春天,由春天而想起儿童,和穷困的儿童,从而揭示出举办秋季音乐会的主题是为了穷困的失学儿童而举行音乐会以助学。

10月5日,写作散文《以虫鸣秋》。文章是对童年生活的记忆,由秋天的鸣虫种种,引发了童年时自己对捉秋虫的兴致。文章通过对童年的回忆,表达了自己对人生的感悟和寄托。此文后发表在11月1日的《万象》11月号(第四年第五期),署名若思。收入《生命册上》。

10月,与上海联华银行的同事刘哲民一起去北平。刘哲民此行的目的主要是要伴送一位韩姓友人的太太赴京,旅途恐有不便,故要找一位朋友同行;唐弢的主要目的是,受郑振铎和上海文化界人士的委托,访鲁迅先生的在京家属朱安夫人,阻止其出售鲁迅藏书。行程中,他们路过南京。10月10日,在南京鼓楼、下关,于人力车上作一诗,云:"潮走秋江月未明,十年二度出斯城。何当重话前朝事,劫后山河太(《帝城十日》中作"终")有情。"10月12日清晨,过黄河时,又作诗一首《夜渡黄河》:"万古黄河抱溃流,平沙千里早成丘(《帝城十日》中作"邱",应为"丘")。人生不尽沧桑感,遗老筵前已白头。"下午三时到北平,住西总布胡同钱泰大使寓所,略事休息、洗浴后,到附近书肆访书。10月13日,经东交民巷,往琉璃厂,访友和书,中午在泰丰楼用餐后,游中央公园,参观古物陈列所。之后,又雇车去中南海游览。参观结束后,往西长安街访王君。晚在东安市场用餐。10月14日,上午赴琉璃厂晤张君,之后与刘哲民参观师范大学。下午,与韩太太、钱小姐等往北海游览并荡舟湖中。傍晚,与刘哲民往北平图画馆,访宋紫佩,谈鲁迅藏书出售事。与宋紫佩晤谈后,即同往西三条访鲁迅先生在北平亲属。见到朱安女士后,说明来意,表达了在沪亲属和好友要求不要出售鲁迅藏书,且给朱女士以生活保障的意思。朱安女士当即答应。此后,宋紫佩陪同参观了鲁迅的家和藏书,至八时辞出。晚在西大街用餐。10月15日,晨八时出门,往访赵斐云(万里,燕声),谈鲁迅藏书出售事。九时许辞出,往颐和园、万牲园参观游览。晚往中和听小翠花,至一时始寝。10月16日,往天坛、天桥、太庙游览。中午简单用干粮后,往北平图书馆参观,看了《四库全书》和其他善本。之后,唐弢往老君堂访俞平伯,晤谈,六时余辞出,往东安市场,购旧书数册。10月17日,八时出门,乘三轮车往西山,十一时至西山,又作诗一首《西山道中》:"词赋名场心力残,玉泉裂帛听终寒。霜风红遍西山路,莫作江南春色看。"谒梁启超墓,作《谒梁任公墓》:"荒山走马吊梁公,乱世文章眼底空。不信才人甘寂寞,墓园松柏有悲风。"归途,游玉泉山。

10月18日,游故宫是日开放的中西路。下午,往西单商场,在旧书摊访书,购书数册。晚八时回寓所,侍者告知俞平伯来访,并留下了名片和字幅之事。此前,在唐弢去古槐书屋拜访俞平伯先生时,带去了宣纸请俞平伯写几首自作的诗。18日晚回寓后,唐弢收到的俞先生为他写的几首诗,其中一首是:"侧身天地一长物,漠漠秋云无古今。开卷譬如刚上学,闭门心迹忆山深。封书渐远疏亲旧,笔墨时闲贱寸阴。窗外红梨都是叶,萧萧风色比寒林。"另一首是:"野塘十顷几荷田,一水含清出玉泉。菱蒂无端牵旧恨,萍根难植况今年! 江妆飘粉谁怜藕? 翠袖分珠不是园。莫怯荒城归去早,西山娟碧晚来鲜。"唐弢看后十分高兴,因为他理解俞平伯在诗中表达的深意。前一首说得比较明白,如"封书渐远疏亲旧,笔墨时闲贱寸阴",表示俞平伯先生素居荒城,不再写作。后一首中"一水含清出玉泉"、"西山娟碧晚来鲜",都是双关语,作者借此表示他一片清白的心迹。

10月19日,再游故宫,游是日开放的东路。中午,往前门外吃烤全羊。至隆福寺听说相声,在修绠堂购旧书数册。晚,王君来,谈一小时。10月20日,晨,赵斐云(万里、燕声)来,谈有顷。之后,往前门将所购书付邮。下午,与刘哲民一起外出购零物,准备行装。寄俞平伯函,附诗一首:"词赋名场心力残,玉泉裂帛听终寒。霜风红遍西山路,莫作江南春色看。"10月21日,往东安市场购物。下午二时五十分上火车返回。

11月1日,在《万象》11月号(第四年第五期)发表散文《帝城十日》,署名晦庵。写了自己的于1944年10月10日至10月21日在北京的行程。

11月25日,写作散文《三迁》。文章回忆了自己在家乡宁波镇海的小学读书生活。此文后发表在12月的《万象》12月号(第四年第六期),署名若思。收入《生命册上》。

1945年(乙酉,民国34年),33岁

本年　抗战继续。

本年　1月,胡风主编的《希望》杂志出版。第一期发表了舒芜的《论主观》,胡风的《置身在为民主的斗争里面》,认为作家的"主观力量"在现实生活中的"自我扩张"就是"艺术创作的源泉"。

1月,国共再度协商谈判。2月2日,国共代表共同草拟召开政协建议案。不久,谈判再陷僵局。

2月9日,上海报贩罢工。

4月23日,中共第七次全国代表大会在延安开幕,毛泽东发表《论建立联合政府》。

7月5日,上海大米一石涨到96万元。

7月7日,国民政府宣布对日军全面反攻。

8月3日,上海2000个工厂停闭,150万雇员失业。

8月13日,中华全国文艺界抗敌协会成立"附逆文化人之调查委员会"。

8月15日,日本无条件投降。

9月2日,中华全国文艺界抗敌协会发表"为庆祝胜利告国人书"。

10月10日,国共签署《双十协定》。

本年 日本投降,国共内战危机又起。10月13日,蒋介石密令国民党军剿共。

本年年初,柯灵从《万象》辞职后,暂时在钱庄做事,决定要办一个"政治性刊物",并与唐弢、刘哲民取得一致意见,刊名拟定为《自由中国》。6月16日晚,柯灵第二次被日本宪兵队逮捕,该计划没能实施。

本年初春,王统照在离开工作的上海开明书店、决定回青岛去前,与唐弢等话别,并赠所书的七律一首,为《将北归赋此以示诸友》:"蹉跎十载负江南,双鬓徒赢雪色添。梦寐海隅思钓咏,园林故里竞戈铤;飘凌空有逍遥羡,艰悴深知来复缘。敢向人天存怨想,尚拟努力补华年。"

3月,作诗一首,为《流年》:"俯仰头颅意未堪,流年塞厄到三三。愁丝乱刀断千绪,苦酒浮生饮半酣。漫忆恩仇溯少小,独期才具尽东南。从今收拾狂名起,书剑江湖一倦骖。"诗歌表达了自己的对人生的感慨。

6月,在《万象》6月号(第四年第七期)首次发表书话《呐喊》、《周作人最早的书》、《邻二佚文》、《草原故事》、《史铁尔》、《子夜的翻译》、《落叶之一》、《落叶之二》、《刻意集》、《萌芽的蜕化》等,署名晦庵。后收入《晦庵书话》。

6月16日,柯灵第二次被日本宪兵队逮捕,托人带出口信,告诉日宪也准备逮捕唐弢。唐弢只得离家出外躲避,以"王晦庵"名义,由中共地下党员、他的学生钱松寿为他在龙华弄到一张"居住证",经钱家圭介绍,蛰居在徐家汇另一地下党员叶克平任副校长的培真中学。

8月15日,日本无条件投降。唐弢应召重返邮局工作。

8月16日,《文汇报》复刊。9月6日,由柯灵任主笔和副刊主任。同日,副刊《世纪风》复刊,唐弢又开始向《世纪风》投稿。

9月5日,写作杂文《八年来的抗战文艺运动》。文章对八年抗战以来的文艺运动的情况进行了简要的回顾。

9月6日,写作杂文《戏》。收入《识小录》、《唐弢杂文选》、《唐弢杂文集》。文章谈到,抗战胜利不久,国民政府接收大员到上海,上海滩上的接收乱象如同《封神榜》式的世界,而上海滩上原先的各路汉奸,则纷纷摇身一变为爱国者,洗清了自己的劣迹。作者认为这些把戏,是未必做得久长的,不是给人看的戏。作者劝这些英雄和妖魔早点收场。

9月8日,唐弢与柯灵、刘哲民、钱家圭等四人合办的综合性刊物《周报》创刊,唐弢参加了编辑工作。该刊积极投入了反内战的民主运动。唐弢几乎每期都撰写短评,署名为端、长、晦、风、羽、韬、潜、堂等。

9月8日,写作杂文《借尸还魂》。收入《识小录》、《唐弢杂文集》。文章通过对八股文的简单回顾,嘲笑了时下以抗战胜利为内容的文章,即"胜利八股"。文章反对人云亦云,希望人们有切实的苦干的精神。

9月8日,在《周报》创刊号发表《发刊词》,表白创《周报》一刊的目的是"加强团结,实行民主",并说明也是创刊的主张。

9月8日,在《周报》创刊号发表短评《迎国军》,署名韬,短评写了在日本无条件投降后,上海市民欢迎国军进驻,庆祝胜利的情形,表达了自己的感情。

9月8日,在《周报》创刊号发表短评《东京签订降书》,署名端,短评描写了日本签订降书的情况,并希望日本人民能清除在日本的法西斯军阀余孽。

9月8日,在《周报》创刊号发表短评《蒋主席九三演辞》,署名长;短评《毛泽东抵陪都》,署名晦,短评是对毛泽东赴重庆谈判的评论和希望,希望国共两党能和谈,停止内战,共建国家。

　　9月8日,在《周报》创刊号发表短评《中苏友好盟约》,署名风,短评是对中苏友好盟约签订的内容介绍及表达自己对盟约签订的拥护。

　　9月12日,写作杂文《贼与捉贼者》。收入《识小录》、《唐弢杂文集》。文章谈到,抗战胜利后,一些原先的汉奸们,通过贼喊捉贼的手法,以撇清自己的投敌罪行,作者对此进行揭露和批判。

　　9月15日,在《周报》第二期发表短评《从东条自杀说起》,署名羽;短评从东条自杀说起,认为日本以"武士道"精神所表现的自杀的死,实在是滥用、不合理。文章从对东条的抨击和揭其罪恶开始,再说到对日战犯的清算问题,认为对日战犯的清算应从中日战争的开始算起,应包括对近卫文麿的罪行清算。

　　9月15日,在《周报》第二期发表短评《宽大与严厉》,署名韬。文章谈到,国人对日本投降的态度,有的主张宽大,有的主张严厉。作者认为,对日本寄予失败者以宽大和同情,必须由日本人民自动的来争取,即日本人民此后所表现的诚意,即是我们宽大和严厉的升降标准。万一执迷不悟,则我们必须吝啬我们的同情。

　　9月16日,写作杂文《从奴隶到奴隶》。收入《识小录》、《唐弢杂文选》、《唐弢杂文集》。作者分析了西崽的历史渊源和由来,认为西崽见洋人则说洋话,低眉顺眼,显洋奴的媚外相,见同胞则俨然是伟人。文章认为上海的重新招考侍者,是西崽制度的复活,是从奴隶到奴隶之路,这是不能等闲视之的。汉奸则不在西崽之列。

　　9月22日,在《周报》第三期发表短评《痛定思痛》,署名潜,短评认为"九·一八"之后,东北的沦陷的原因在于政府的目光集中在对内,漫藏海盗,所以在抗战胜利后,应重建东北,因为东北关系整个国际局势,国家的国计民生。

　　9月22日,在《周报》第三期发表短评《严办战争罪犯》,署名羽,短评认为严办战争罪犯,要弄清楚哪些是战争罪犯。认为日本的东条、近卫,支援法西斯军人的财阀、政客、浪人都是战争罪犯,日本宪兵、华人翻译密探都是罪犯,都应严办。

　　9月29日,在《周报》第四期发表短评《抗议暹逻事件》,署名堂。短评谈到,暹民和暹逻政府对日屈膝投降和帮凶的罪行未遭联合国制裁,战后又阻扰华人庆祝抗战胜利，并引发流血冲突。作者对此义愤填膺，希望能清算暹逻罪行。

9月29日，在《周报》第四期发表短评《从速恢复地方秩序》，署名潜。文章对抗战胜利后，接收地方政权、庆祝胜利等方面所反映出来的问题进行揭示和批评：一切照旧，人民仍未得到喘息，原先投敌的人继续当权。文章希望能严明纪律，尽快恢复地方秩序。

9月29日，在《周报》第四期发表短评《谢绝"谢罪团"》，署名韬。针对日本拟组织谢罪团赴中美英的消息，作者发表评论，认为这是对中国的侮辱，日本当前最应做的是忠实执行波茨坦宣言中的义务。

10月2日，写作杂文《虫鸟之志》。收入《识小录》、《唐弢杂文集》。文章表达了自己对童年、农村、农民生活的眷恋，以及对都市的喧闹、逐利的厌倦感。

10月6日，在《周报》第五期发表短评《两件急政》，署名羽。文章表达对大汉奸头子落网的赞扬，并认为对敌伪时期的"行动总队"、"保甲制度"也应予以撤销，并行清算。

10月6日，在《周报》第五期发表短评《释"接收"》，署名韬。文章表达对抗战胜利后接收的意见，希望当局能选拔民间真才、延揽党外人士，以专业人才从事接收，同时要排除敌伪的影响，尽快使学校报馆和生产机构恢复运行。

10月6日，在《周报》第五期发表短评《撤废出版检查》，署名潜。政府宣布从10月1日起撤废出版检查。作者对此表示欢迎，并希望在上海迅速实行，从速安定社会秩序，在文化建设上奋起直追，继续保持文化中心的地位。

10月6日，唐弢和柯灵联名给郭沫若写信，希望合编的《周报》能得到郭沫若的支持。不久，接到郭沫若从重庆写来的回信，并附《天地玄黄》一文。

10月10日、11日，《世纪风》组织了两个版面的《我理想中的新中国》，刊发了马叙伦、郭绍虞、师陀、唐弢等人的文章，这些文章对国家前途较多充满了希望，提出了翼求。

10月11日，在《文汇报·世纪风》发表杂文《痴人说梦》，署名唐弢。

10月12日，在《文汇报·世纪风》发表书话《燕知草》，署名晦庵。收入《晦庵书话》。这篇书话介绍了俞平伯的开明线装版《燕知草》的版式和内容。

10月12日起，又开始发表书话，署名晦庵，并在本年度的《文汇报》上发表。

10月13日，在《文汇报·世纪风》发表书话《三闲书话》，署名晦庵。收入《晦庵书话》。

10月13日，在《民主》创刊号发表杂文《胜利日》，署名唐弢。作者对胜利充满了喜悦，然而又清醒地认识到将来，认为在将来还需要团结一致和互相督促，还要有更艰苦的工作。抗战胜利是民主主义的胜利，作为文化工作者须尽最大的努力来保卫这一成果。

10月13日，在《周报》第六期发表短评《双十双庆》，署名羽。

10月13日，在《周报》第六期发表短评《"民亦劳止"》，署名潜。文章对当局接收前后所导致的上海的乱象和现状表示不满，特别是最近的物价上涨，作者希望政府能有切实的行动，不失尽人心。

10月13日，在《周报》第六期发表短评《失业问题》，署名风。文章希望政府在接收之后，迅速分清敌伪产权，恢复工商业、银行，解决日益严重的失业问题。

10月13日，在《周报》第六期发表杂文《打破沉默吧》，署名风子。

10月14日，在《文汇报·世纪风》发表书话《木刻三种》，署名晦庵。收入《晦庵书话》。这篇书话介绍了鲁迅印的木刻三种的情况。

10月15日，在《文汇报·世纪风》发表书话《饶了她》，署名晦庵。收入《书话》《晦庵书话》。这篇书话介绍了郁达夫的小说《她是一个弱女子》不断遭禁而改名的情况。

10月17日，写作散文《记第一次会见鲁迅先生》。文章回忆了自己第一次在《自由谈》撰稿人聚会上见到鲁迅的事。此文后发表在10月20日的《文汇报·世纪风》，署名唐弢。收入《向鲁迅学习》《回忆·书简·散记》。

10月20日，在《周报》第七期发表短评《关于新党》，署名韬。对于要召开政治会议前，新党出现很多的现象，文章谈了自己的意见，认为新党的建立必须符合人民的利益,公布成立的党纲、动机。文章还对中国民主同盟成立一年来的作用表示肯定。希望各党由民族的利益出发,能以国家为重。

10 月 20 日,在《周报》第七期发表短评《国共会议》,署名潜。在国共会谈之后,期望国共能和解,并继续合作。

10 月 20 日,在《周报》第七期发表短评《再谈物价》,署名羽。文章发表对上海物价飞涨的意见,希望政府的出手能对症下药,在原料供应、交通运输方面能采取措施。

10 月 23 日,在《文汇报·世纪风》发表书话《淦》、《〈春蚕〉改订》,署名晦庵。收入《晦庵书话》。《淦》简单介绍了冯沅君的集子《卷葹》和其笔名"淦"。《〈春蚕〉改订》介绍了茅盾的《春蚕》一集因遭检查后的改订本的情况。

10 月 26 日,在《文汇报·世纪风》发表杂文《"中国的……"》,署名风子。

10 月 26 日,在《文汇报·世纪风》发表书话《一只马蜂及其他独幕剧》,署名晦庵。收入《晦庵书话》。这篇书话介绍了丁西林的剧作集的出版情况。

10 月 27 日,在《周报》第八期发表短评《东南亚烽火》,署名堂。文章表达对越南和东印度的争取民族独立运动的声援和支持,并寄希望于国际和平机构。

10 月 28 日,在《文汇报·世纪风》发表书话《原来是梦》、《昙花一现的玉君》,署名晦庵。收入《晦庵书话》。《〈原来是梦〉》简单介绍了宋春舫的独幕剧《原来是梦》的出版情况。《昙花一现的玉君》介绍了杨振声的《玉君》一书的初版本的情况。

10 月 29 日,在《文汇报·世纪风》发表书话《叶俞合集》,署名晦庵。收入《晦庵书话》。这篇书话介绍了叶圣陶、俞平伯的散文合集《剑鞘》的情况。

11 月 3 日,在《周报》第九期发表短评《坚决反对内战》,署名韬。文章从民众的角度,要求国共两党不要再挑起内战,希望能实现战后的和平与民主,并希望只有一个政府,要求国民党以超党的态度取消内战。

11月3日,在《周报》第九期发表短评《国大代表及其主张》,署名堂。

11月4日,写作杂文《关于〈夜店〉》。文章表达对改编的高尔基的《夜店》这个作品的赞赏。

11月10日,在《周报》第10期的《周报》社发表社论《我们坚决反对内战》,表白《周报》不依附于任何党派,纯粹地站在老百姓的立场上发言,反对内战。并以中立的态度,希望国共两党能停止战争。

11月17日,在《周报》第十一期发表短评《政治协商会议》,署名韬。文章表达了对召开政治协商会议的见解和主张。

11月24日,在《周报》第十二期发表短评《言论自由》,署名韬。文章希望政府能废除对上海市民的言论自由的限制。

11月,与徐伯昕、郑振铎、傅雷、马叙伦等共同发起中国民主促进会。共和国成立以后,与郑振铎、傅雷同时退出该会,因此,当1950年4月在北京召开中国民主促进会第一次代表大会时,他们三人没有参加。

12月1日,在《周报》第十三期发表短评《经济建设》,署名韬。针对在最高经济委员会成立时蒋介石的关于提高人民生活水准等的讲话,文章进行了评论,希望政府官员们能切实尽到改善人民生活的责任,在经济建设同时辅以民主政治的实施。

12月1日,在《周报》第十三期发表短评《怪火乎》,署名堂。在政府总算为平抑物价决定开放仓库之际,忽然仓库失了火,引起了人们的质疑,文章希望政府能追究此事。

12月8日,在《周报》第十四期发表短评《赫尔利的失败》,署名羽;文章对赫尔利辞去驻华大使并发表讲话一事进行评论,认为赫尔利的言行是轻率、失败的,它使得美对华执行政策有碍。

12月8日,在《周报》第十四期发表短评《注意暹逻问题》,署名潜。英国在战后要继续对暹罗的殖民统治,作者希望政府能有所作为,在外交上对此事进行交涉。

12月15日,在《周报》第十五期发表短评《另一种仓库失火》,署名韬。文章要求政府能公布汉奸被捕、关押和公审的情况,并怀疑政府对汉奸的暧昧态度,认为看守所像个仓库,商人用仓库囤货,而我们的政府却还囤着一大批汉奸,但这囤汉奸的仓库也许会失火。

12 月 17 日,中华全国文艺界协会上海分会成立,唐弢当选理事。

12 月 22 日,在《周报》第十六期发表短评《转机》,署名堂。文章认为美苏谈判关系到中国国内国共两党间的关系,并对时局提出了自己的看法。

12 月 26 日,收到朱安女士信,信中言及未收到上海方面的生活费的事。

12 月 28 日,致许广平信,谈到收到朱安女士关于没收到生活费的信,希望许先生或者郑振铎能马上致信北京的沈兼士,请他设法暂时解决朱安女士的生活费问题,待汇兑通后,再寄钱。同时,唐弢还向许广平为《周报》约稿。

12 月 29 日,在《周报》第十七期发表短评《谈判重开》,署名韬。在停顿五星期的国共谈判又重新举行的情况下,文章发表评论,认为国共谈判的首要目标应为顺应民意停止内战,达到政治民主,国家统一,并以此寄希望于两党会谈。

本年,又应聘为震旦大学中国文学教授。

本年,又作诗一首,为《我自》:"雾城何日听传春? 百邑江南未帝秦。我自书生甘白袷,饥驱衣食老催人。"诗中表达了自己对时事和现状的关心和担忧。

本年,至无锡,游惠山作《游惠山》:"绿满平芜水满湾,梁溪此日小投闲。词人不许风光老,烟雨一车上惠山。"

1945 年,唐弢在写作杂文之外,还参加了《周报》的编辑工作,并撰写短评,以中立的角度,对抗战胜利后上海及国家的政治、经济、社会的问题,发表了建设性的意见,并切中时弊,体现了作为一个知识分子的社会责任感。

本年,唐弢开始写作《晦庵书话》,通过自己所藏的现代书刊资料,以及自己扎实的文学素养、独到的眼光,体现了书话的实绩,开始引起人们的注意。

1946 年(丙戌,民国 35 年),34 岁

本年　国共内战的危机继续酝酿,国民政府在美国、苏联支持下,收复大批失地,并不断向根据地挑起战火。

1月2日,上海公用事业、面粉业、纺织业等17万工人举行大罢工。

1月5日,国共谈判代表关于停止国内军事冲突之办法,获得一致意见。1月10日,国共签署停战协定。

1月13日,上海市万余学生集会,追悼昆明"一二·一"死难师生,要求惩办屠杀学生的凶手。

1月,上海内山书店被作为敌产由国民政府接收。

2月9日,国民政府颁布了《废止戏剧审查令》。

2月15日,上海戏剧界曹禺、夏衍、丁玲等500余人要求减轻戏剧电影界捐税负担。

2月,国民政府修订、公布了《电影片检查暂行标准》,并成立"内政部电影检查处",由"中统"、"军统"特工人员充当检查人员。

5月5日,上海人民团体联合会成立,参加该会的有民进、民盟、民建、中国农村经济研究会、工商协会、妇女联谊会、美术作家会、中小学教师团体及百货、水电、机器各种职业与产业工会共52个单位。马叙伦、罗叔章、沙千里、胡厥文、林汉达、许广平等为常务理事。联合会发表《反对内战宣言》,号召"人民团结起来,以具体行动来阻止战乱"。

5月12日,上海戏剧界17个剧团因为反对当局实行"艺员登记",在伶界联合会开会,田汉、于伶、吴祖光等40余人出席。

6月23日,上海5万多群众举行反对内战的示威游行,把全国反内战运动推向高潮。

6月26日,国民党以30万大军围攻中共中原解放区,全面内战爆发。

7月3日,上海文艺、戏剧、电影、美术、音乐等各界知名人士茅盾、巴金、郑振铎等260人联合发表上海文化界反内战自由宣言。

7月11日,李公朴在昆明被国民党特务暗杀;7月15日,在纪念李公朴的大会结束后,闻一多被暗杀。

8月8日,上海国民党当局勒令50余家广播电台停止广播。

8月28日,上海15000摊贩到市政府请愿,反对国民党当局取缔摊贩业的决定。经多次斗争,于12月取得胜利。

10月4日,上海各界5000余人举行李公朴、闻一多追悼大会。

10月29日,上海文协总会等12个文化团体举行鲁迅逝世10周年纪念会。

11月1日,国统区邮电、火车运费即日起加价,邮费增加5倍,电报费增加10倍。

本年 多次发生美军在上海胡作非为事件,如唐巧珍被美军劫持致死事件,人力车工人臧大咬子被美军殴打致死事件,引发市民愤怒和抗议。12月,北大女生沈崇被美军强奸,激起北京、上海学生和文化界的强烈抗议。

本年,唐弢继续在《周报》撰写大量短评,在《民主》、《文汇报》等刊物撰写杂文。

本年,唐弢继续在《文汇报·文化街》和文化教育体育专栏撰写大量书话,署名晦庵。

1月5日,在《周报》第十八期发表短评《改善士兵生活》,署名堂。文章是为国军士兵改善待遇作呼吁。

1月10日,作诗一首《怀郁达夫》:"毁家诗纪读哀哀,望断南天又几回。最是临安潮汛至,素车白马此重来。"此诗表达了对郁达夫的怀念,并把他比作伍子胥。

1月12日,在《周报》第十九期发表短评《一点中心》,署名堂。文章希望正在召开的重庆政治协商会议的决议能得到付诸实施,并希望政治协商会议有决定权。

1月12日,在《周报》第十九期发表短评《学潮处处》,署名堂。文章是对学生举行学潮的支持,认为当局对昆明"一二·一"惨案的延迟惩凶,对学生的武力迫害,正是学潮的原因,是政治的不民主。

1月15日,写作杂文《锲而不舍》。收入《识小录》、《唐弢杂文集》。文章对自己的做事、创作的生活的回顾,认为自己有农民的性格:鲁钝,但它却培养了自己"锲而不舍"的精神,并希望有牛的天赋的少年不要气馁,发挥"锲而不舍"的精神。

1月19日,在《周报》第二十期发表短评《改组政府》,署名韬。文章表达了对改组、建立联合政府的意见,认为要加强民主,重选国大代表,调整行政权力组织,刷新政治范围,实现军党分治,重视人民的权利。

1月19日,在《周报》第二十期发表短评《四项诺言》,署名堂。针对蒋介石在政治协商会议的开幕词里的四项诺言,文章发表看法,表示了怀疑态度,并举例子证明了民主和诺言的不能兑现,希望诺言能切实施行,全国人民和协商会代表能监视执行。

1月26日,在《周报》第二十一、二十二期合刊发表短评《关于两院制》,署名韬。文章表达对于政治协商会议研讨五五宪法关于五院制的看法,认为只要设立行政院和立法院即可,以真正行使起监察和行政的权力。

1月26日,在《周报》第二十一、二十二期合刊发表短评《工潮》,署名潜。文章认为现时工潮的大规模发生,是政治的不民主,是接收的官老爷、党老爷的人为封闭和舞弊。希望能实现政治民主,解决工人的失业问题。

2月9日,在《周报》第二十三期发表短评《尊重政协决议》,署名韬。文章希望各方能切实履行政协决议。

2月9日,在《周报》第二十三期发表短评《养成民主作风》,署名潜。文章认为建立民主政体,需要养成民主作风,因此一要自己反省,二要常作检讨,看自己的言行是否是民主的,并建立有社会性的运动来养成民主作风。

2月16日,在《周报》第二十四期发表短评《姜公美无罪?》,署名堂。文章表达了对上海宪兵队队长涉嫌贪污渎职一案既捉又放、不公开审问一事的意见,表示质疑,并主张公开重审。

2月19日,写作杂文《尾巴及其他》。收入《识小录》、《唐弢杂文选》、《唐弢杂文集》。作者分析了讽刺文学存在的原因,认为统治者是有尾巴的人,为了不使尾巴露出来,就压迫讽刺的文学。作者认为,讽刺文字的存在,不单是给奴才和奴隶之外的第三者看,同时也要给拖有尾巴的人自己看。

2 月 23 日，在《周报》第二十五期发表短评《东九省问题》。署名韬。文章表达对东北问题的意见，认为关键是中苏、国共关系问题，前者应以中苏条约为基础，要苏军撤出东北；后者应以三人小组的停战令为基础，停止内战，争取和平、民主、团结、建设。

2 月 24 日，在《文汇报·星期评论》发表杂文《天塌了》，署名唐弢。文章说，"民以食为天"，而今却物价飞涨，百姓民不聊生。作者认为这是天坍了下来，并提出解决的办法是争取政治的民主，从速履行政协决议。

3 月 1 日，写作散文《花城寺》。文章回忆自己 16 岁那年的夏季放假，自己从上海回到老家，随祖母去化城寺的经历。表达了自己对宗教的态度。此文后发表在 4 月 1 日的《文艺复兴》第一卷第三期，署名唐弢。收入《生命册上》时改为《化城寺》。

3 月 2 日，在《周报》第二十六期发表短评《把戏》，署名韬。文章对国民党特务的破坏的把戏的揭露，揭露他们利用学生游行打砸新华社，利用小市民"请愿团"砸军事调处执行部中共办公室的事实。

3 月 16 日，在《周报》第二十七、二十八期合刊发表短评《二中全会》，署名韬。文章是对国民党召开二中全会的评论，认为国民党二中全会是在破坏政协决议，仍想要一党专政，骑在人民的头上，这是国民党的失败。

3 月 23 日，在《周报》第二十九期发表短评《参政会重开》，署名韬。文章发表了对陪都召开的参政会的意见，认为参政会如果能落实政协决议，则是对人民利益的负责，否则则仍成为一党的御用机关。文章坚持对国民党二中全会的评价。

3 月 23 日，写作杂文《石器时代》。文章认为，捣乱沧白堂会场、进袭新华日报馆、复旦大学里打洪深教授的，都是石子，作者由此嘲讽中国在政府的黑暗统治下，成了石器时代。并对抗战胜利后，官方所宣称的所谓政府的行为符合"特殊国情"说法进行讽刺，希望能实现民主。

3 月 30 日，在《周报》第三十期发表短评《一线曙光》，署名韬。文章是对国际国内局势的评价，认为国内国民党顽固分子的背弃人民，反对政协决议，只会导致国民党分裂。文章还对邵力子表示要执行政协决议案的决心表示赞赏，认为这是一线曙光。

4月6日,在《周报》第三十一期发表短评《经济危机》,署名韬。文章是对时下的经济危机的评价,认为蒋介石关于经济危机的表态,只不过是安定人心的,而经济危机是确实存在的,其根本原因是政治不民主,一党专政,接收大员们中饱私囊,美国借款使用的不用于民生。

4月13日,在《周报》第三十二期发表短评《汉奸受审》,署名韬。文章从大汉奸陈公博在苏州受审说起,要求国民政府严惩汉奸,并质疑政府对汉奸包庇的暧昧态度,要求主审法官宁失诸严,勿失诸宽。

4月20日,在《周报》第三十三期发表短评《从童芷苓说起》,署名韬。为了女伶童芷苓能上已离开码头驶行的江泰轮,军运办事处姜处长使人命令该轮在大沽口等候达11个小时。作者对此事进行评论,认为国民党政府吏治腐败,实是国民党一党专政所造成的。因此,百姓不应被置于第三者之外。而看待此事,应以进步与落后、民主与反民主为标准。

4月20日,写作散文诗《路》。收入《落帆集》。文章通过写晚年的哈代和他的倦于旅途的心境,表达了自己对路的畅想、感慨。

4月27日,在《周报》第三十四期发表短评《选举吗?》,署名韬。文章对上海选举参议员时各种贿选的行为的揭露、讽刺。

4月,邮局同事、地下党员陆象贤(列车)托唐弢办一张《文汇报》特派记者的证明,说是要到台湾去搞工人运动,以便不时之需。唐弢照办了。不久,唐弢被由信箱间调到邮局公众服务组。唐弢是不愿意去这个组的,因为他在信箱间,可以利用职务之便,避开当局检查人员的检查,为上海的进步文化人士传递书报杂志和信件。

4月上旬,与柯灵、师陀游杭州,并住了几天。唐弢是第一次到杭州,所以对杭州的感觉比较新鲜。其间,他们往南屏山拜谒了张苍水的墓,晚上与柯灵、师陀在旅馆大作打油诗。唐弢作四首诗,其一为《苏堤晚归》云:"平堤一抹柳扶苏,笼得江东侠气无?归去秋娘坟上望,夕阳如血照明湖。"其二《灵隐道上》云:"滴翠清泉传谷风,年时寻梦太匆匆,我来恰值桃花雨,浴后春山飞落红。"其三为《过满觉坨》:"十里新篁和雨栽,蓬山泥壁砌青苔,重回满觉坨前路,为尔惊鸿一瞥来!"其四为《张苍水墓》:"廿年前已读公诗,沧海波涛若有知。今日墓门依病马,杜鹃啼老碧桃枝。"

5月4日,在《周报》第三十五期发表短评《国府还都》,署名韬。文章是对国民党政府还都南京的评论,认为当年抗战迁都,是人民抗战的坚持,是信任政府;但八年胜利后,当年抗战的动摇分子现在却要破坏和平,阻碍民主,打内战,包庇贪污,因此,很使人怀疑此次迁都的意义。

5月7日,写作杂文《谈张苍水》。文章谈到,作者和柯灵、师陀去杭州,拜谒了张苍水的墓,并追思了张苍水的抗清英勇斗争的一生,文章高度评价了张苍水,并对人民的力量进行赞扬。此文后发表在5月18日的《民主》,署名唐弢。收入《唐弢杂文集》。

5月11日,在《周报》第三十六期发表短评《参议员的"新猷"》,署名韬。文章对上海选举中的贿选进行继续揭露,并结合宣评的通讯,揭出了这些参议员得选后,以各种机会,如放赌等办法回收贿选成本的阴谋。

5月18日,在《周报》第三十七期发表短评《"固有尊严"》,署名韬。文章对北京警察局要求市民男女两性切勿同坐汽车、人力车,以免触犯中国固有尊严的命令的分析、讽刺。揭示了国民党统治下的腐败和民生情况,认为这正是尊严的丧失。

5月25日,在《周报》第三十八期发表短评《停止宣传战》,署名韬。文章对马歇尔吁请国共双方停止"毫无顾忌"、"充满忧恨与猜疑的宣传战"的言论的分析、批评,讽刺国民党发动内战却宣扬共产党罪行的言论,以及对国民党的宣传喽啰们的讽刺,并斥国民党为战争贩子。

6月1日,在《周报》第三十九期发表短评《民意何在?》,署名韬。文章对上海设立"警管区制"、挨家挨户搜查民众一举的揭露、讽刺,结合《消息》半周刊被停刊的消息,唐弢认为这是对蒋介石四大诺言的反对,是反民意的剥夺民主、自由。

6月8日,在《周报》第四十期发表短评《当前的大危机》,署名韬。文章是对东北内战时局的评论,认为美国的所谓和平调停、运兵、运武器,实际上是帮助国民党挑起内战。

6月初,太平洋旅行社邀请唐弢和柯灵游富春江,道出富阳,于是就上岸访郁达夫故居,见到了郁达夫的二哥郁养吾。

6月10日,写作散文《在富阳——访郁达夫故居》。文章记录了这次的行程,此时唐弢尚不知达夫已被害。此文后发表在6月15日的《周报》第四十一期发表,署名唐弢。收入《生命册上》。

6月22日,在《周报》第四十二期发表短评《"语言道断"之后》,署名韬。文章认为十五天的停战,其实是对战争的部署、屠杀的准备,因为武力决不可恃,和平更不能用时日来局限。老百姓的反内战,是人心所向,学生们的反内战,是尽前驱者的任务,可惜国民党使"语言道断"。

6月,在郭沫若的上海狄思威路的住宅第一次见到周恩来,不久后又两次见到。这时国共和谈尚在进行,周恩来是中共的首席代表,蒋介石磨刀霍霍,正准备向解放区进攻。三次会面,都谈到和平与战争的问题,周恩来还就未来的战局作了详尽的分析。对此,唐弢既"衷心倾倒又满腔激动"。(唐弢:《回忆·书简·散记—永恒的怀念》)从此,唐弢开始同郭沫若交往。

7月1日,唐弢进《文汇报》后,由柯灵策划、唐弢负责编辑的文艺副刊《笔会》创刊。

7月6日,在《周报》第四十四期发表短评《纪念七七》,署名韬。在"七七"事变纪念日到来之际,文章对之进行评价,认为"七七"事变使中国人民觉醒,民族团结,民主团结运动得到起步,并展望未来,希望民主。

7月13日,在《文汇报·笔会》发表杂文《读画有感》,署名唐弢。收入《识小录》、《唐弢杂文选》、《唐弢杂文集》。文章是对司徒乔的画的评价,指出了他的画风的前后转变,并希望在他的画笔下,除了苦难,还可以看到抗争。

7月13日,在《周报》第四十五期发表短评《时局严重》,署名韬。文章发表了对时局的评论,认为内战是随时可以爆发的,谈判只不过是为了掩饰军事目的。

7月13日,在《周报》第四十五期发表短评《迎司徒雷登大使》,署名堂。文章欢迎司徒雷登出任驻华大使调停国内形势,并对司徒雷登作了高度评价,寄予希望。

7月19日,报上传出《周报》将被查禁的消息。柯灵、唐弢和刘哲民急忙去市府新闻处力争,出示《周报》合法办理的"登记证",但被告知并未遭禁。三人放心了,以为无事了。为小心起见,《周报》上登出沈钧儒、沙千里、史良、闵刚侯等四律师受任"上海出版公司"常年法律顾问的通告:"如有侵害其出版、言论或其他法赋权益者,本律师等有依法保障之责。"

不久，他们又从可靠渠道得知《周报》确属被禁之列，故又去市新闻处交涉，但结果还是要被查禁。

7月20日，在《周报》第四十六期发表短评《悼李闻两先生》，署名堂。文章是对昆明惨案李公朴、闻一多被暗杀的评论，认为他们是被国民党政府暗杀的，应该向他们算账，同时认为在这样没有民主的形势下，政党也应有军队，如共产党也应有自己的军队。文章对李闻作了高度评价。

7月27日，在《周报》第四十七期发表短评《孙夫人对时局意见》，署名堂。文章是对宋庆龄发表对时局的意见的评论。认为孙中山的三民主义在其死后被人有意无意地误用，只有孙夫人是忠实的追随者，其所表达的对当前局势和三民主义的看法，正是人民的要求。

8月2日，在《文汇报·文化街》发表书话《小记》、《扬鞭集之后》，署名晦庵。收入《晦庵书话》。《小记》介绍了自己写的书话的受人注意，以及笔名"晦庵"的由来。《扬鞭集之后》介绍刘半农的《扬鞭集》原计划出上中下三册，但只出了上中二册，无下册的情况。

8月3日，在《文汇报·文化街》发表书话《周作人绍兴话序歌》，署名晦庵。收入《晦庵书话》。这篇书话介绍了刘半农的山歌集《瓦釜集》和周作人用绍兴话写的序歌的情况。

8月3日，在《周报》第四十八期发表短评《局势不利于打》，署名韬。文章发表了对时局的看法，认为不应该发生内战，并对主战派进行了驳斥。

8月5日，在《文汇报·文化街》发表书话《竹林的故事及其他》，署名晦庵。收入《晦庵书话》。这篇书话介绍了冯文炳的《竹林的故事》新潮版的情况，和冯文炳其它作品的出版情况。

8月6日，在《文汇报·文化街》发表书话《湖畔诗人》，署名晦庵。收入《晦庵书话》。这篇书话介绍了中国湖畔诗人出版的诗集《湖畔》和《春的歌集》的情况。

8月7日，在《文汇报·文化街》发表书话《地底旅行》、《〈孤儿记〉与〈侠女奴〉》，署名晦庵。收入《晦庵书话》。《地底旅行》是对鲁迅译儒勒·凡尔纳的科学小说的情况介绍，并介绍了凡尔纳的情况。《〈孤儿记〉与〈侠女奴〉》介绍了周作人译的《孤儿记》、《侠女奴》。

8月9日,在《文汇报·文化街》发表书话《〈野草〉异同》、《〈诗经〉今译》,署名晦庵。收入《晦庵书话》。《〈诗经〉今译》介绍了郭沫若的《诗经》今译的作品集《卷耳集》,以及郭沫若的今译引起文坛争论的情况。

8月10日,在《文汇报·文化街》发表书话《〈子夜〉翻印版》、《德国诗选》、《花之寺》,署名晦庵。收入《晦庵书话》。《〈子夜〉翻印版》是对救国出版社翻印茅盾的《子夜》一书的情况的介绍和赞许,以及《子夜》的被禁毁的情况。《德国诗选》介绍了郭沫若、成仿吾合译的《德国诗选》的情况。《〈花之寺〉》介绍了凌叔华的《花之寺》的新月书店版的内容和出版情况。

8月12日,在《文汇报·文化街》发表书话《雪莱诗选》、《旅程》,署名晦庵。收入《晦庵书话》。《雪莱诗选》介绍了郭沫若译的《雪莱诗选》。《旅程》介绍巴金藏的邵冠军的新诗集《旅程》并评价其诗。

8月13日,在《文汇报·文化街》发表书话《闻一多诗》,署名晦庵。收入《晦庵书话》。这篇书话介绍评价了闻一多的诗。

8月14日,在《文汇报·文化街》发表书话《易卜生情书》,署名晦庵。收入《晦庵书话》。这篇书话介绍了林语堂译的勃兰克斯写的《易卜生评传及情书》,介绍了易卜生的恋爱。

8月16日,在《文汇报·文化街》发表书话《心的探险》,署名晦庵。收入《晦庵书话》。这篇书话介绍了高长虹的《心的探险》一书,以及他多得鲁迅帮助的情况。

8月16日,在《文汇报·笔会》发表《"抗战名作推荐"编者赘言》。

8月17日,在《文汇报·文化街》发表书话《向培良》、《狂飙社》,署名晦庵。收入《晦庵书话》。《向培良》介绍了乌合丛书之三的向培良的小说集《飘渺的梦及其他》。《狂飙社》简介了狂飙社的狂飙丛书。

8月19日,在《文汇报·文化街》发表书话《陀氏三书》,署名晦庵。收入《晦庵书话》。这篇书话介绍了陀思妥耶夫斯基的三部作品《罪与罚》、《被侮辱与损害的》、《卡拉马卓夫兄弟》三书在中国的译作出版情况,重点介绍了韦丛芜译、韦素园跋的《罪与罚》一书。

8月20日,在《文汇报·文化街》发表书话《穷人》,署名晦庵。收入《晦庵书话》。这篇书话介绍了韦丛芜译的陀思妥耶夫斯基著的《穷人》一书。

8月21日，在《文汇报·文化街》发表书话《安特列夫》、《都会诗人》，署名晦庵。收入《晦庵书话》。《安特列夫》介绍未名社李霁野译的安特列夫的作品二种《往星中》、《黑假面人》。《都会诗人》介绍未名丛刊中的勃洛克诗集《十二个》，有鲁迅的校记。

8月23日，在《文汇报·文化街》发表书话《北平笺谱》，署名晦庵。收入《晦庵书话》。这篇书话介绍了《北平笺谱》的印行情况及求得经过。

8月24日，在《文汇报·文化街》发表书话《沉钟之五》，署名晦庵。收入《晦庵书话》。这篇书话介绍了1944年在北京访得的《沉钟》丛刊第五种的情况。

8月24日，在《周报》第四十九、第五十期合刊发表杂文《暂别读者》，署名唐弢、柯灵（唐弢撰文）。收入《短长书》、《唐弢杂文选》、《唐弢杂文集》时改为《〈周报〉休刊词》。当日，《周报》出至第四十九、五十期合刊，终于因"议论国事有罪"，被国民党查禁。该期发表《暂别读者》一文，署名唐弢、柯灵，由唐弢执笔。《暂别读者》详尽地说明了被禁的经过和真相，谈到《周报》的诞生，到被封闭，受欢迎和受国民党嫉恨、诬蔑的经过。最后说："在二十世纪的中国，即使做梦打鼾，也还有检查和警察的。君不闻'天下有道，则庶人不议'乎？在这样的'有道'的天下，我们只好闭紧嘴巴，暂时休刊了。'等因奉此'，以告读者！"8月28日，以宣扬和平、民主的《周报》，告别了读者。

8月26日，在《文汇报·文化街》发表书话《〈上元镫〉及其他》，署名晦庵。收入《晦庵书话》。这篇书话介绍了施蛰存的小说集《上元镫》和另一种《将军的头》。其小说集《将军的头》中的一篇《石秀》为郁达夫所赞赏，为此，唐弢同时在文中忆念了郁达夫。

8月27日，在《文汇报·文化街》发表书话《追》、《曹靖华》，署名晦庵。收入《晦庵书话》。《追》介绍施蛰存的水沫书店版小说集《追》。《曹靖华》介绍了曹靖华的俄译《第四十一》的译刊情况。

8月28日，在《文汇报·文化街》发表书话《苏州山歌》、《〈君山〉和〈冰块〉》，署名晦庵。收入《晦庵书话》。《苏州山歌》介绍顾颉刚的苏州山歌集《吴歌甲集》。《〈君山〉和〈冰块〉》简介韦丛芜的诗集《君山》、《冰块》。

8月30日，在《文汇报·文化街》发表书话《朝花两集》，署名晦庵。

收入《晦庵书话》。这篇书话介绍了鲁迅和朝花社成员译介国外文学《近代世界短篇小说集》的情况。

8月30日夜,写作诗歌《你——》,后发表在9月2日的《文汇报·笔会》,署名风子。这是一首写得较好的新诗,表达了作者对梦中的"你"的一种情绪。

9月2日,在《文汇报·文化街》发表书话《小彼得》,署名晦庵。收入《晦庵书话》。这篇书话介绍了鲁迅译的《小彼得》的出版情况。

9月3日,在《文汇报·文化街》发表书话《袖珍诗册》,署名晦庵。收入《晦庵书话》。这篇书话介绍了卢冀野的两本袖珍新诗集《春雨》、《绿帘》。

9月4日,在《文汇报·文化街》发表书话《山中杂记》、《叶俞合集》,署名晦庵。收入《晦庵书话》。《山中杂记》介绍了郑振铎的散文集《山中杂记》一书。《叶俞合集》介绍了叶圣陶、俞平伯的散文合集《剑鞘》的情况。

9月4日,在《文汇报·笔会》发表诗歌《代简》,署名风子。

9月6日,在《文汇报·文化街》发表书话《百喻经》、《纪伯伦散文诗》、《从空虚到充实》,署名晦庵。收入《晦庵书话》。《百喻经》介绍了王品青校点《百喻经》成《痴华鬘》一书的版式、内容,以及鲁迅的序。《纪伯伦散文诗》介绍了冰心译的纪伯伦的散文诗集《先知》。《从空虚到充实》介绍了张天翼的小说集《从空虚到充实》的出版情况。

9月7日,在《文汇报·文化街》发表书话《朝花小集》、《苦雨斋小书》,署名晦庵。收入《晦庵书话》。《朝花小集》介绍朝花社出版的一本《朝花小集》,为崔真吾译的捷克斯惠式拉著的《接吻》。《苦雨斋小书》介绍了北新书局出版的《苦雨斋小书》丛书的情况。

9月7日,在《文汇报·笔会》发表诗歌《信》,署名风子。

9月9日,在《文汇报·文化街》发表书话《昨日之歌》,署名晦庵。收入《晦庵书话》。这篇书话介绍了冯至的诗集《昨日之歌》。

9月10日,在《文汇报·文化街》发表书话《李金发诗》,署名晦庵。收入《晦庵书话》。这篇书话介绍了李金发的诗集《微雨》、《食客与凶年》及其诗的特点。

9月11日,在《文汇报·文化街》发表书话《为幸福而歌》,署名晦庵。收入《晦庵书话》。这篇书话介绍了李金发的诗集《为幸福而歌》的特点、情况。

9月14日,在《文汇报·文化街》发表书话《文艺理论家田汉》、《创造社丛书之四之五》、《兰生弟的日记》,署名晦庵。《文艺理论家田汉》介绍了田汉的关于文艺理论的集子《文艺论集》。《〈创造社丛书〉之四之五》介绍了《创造社丛书》第四、五两种的情况。《兰生弟的日记》简单介绍了徐祖正的《兰生弟的日记》。

9月16日,在《文汇报·文化街》发表书话《路》,署名晦庵。收入《晦庵书话》。这篇书话介绍了茅盾的小说《路》的出版情况,以及瞿秋白的改删建议。

9月17日,在《文汇报·文化街》发表书话《过客之花》,署名晦庵。收入《晦庵书话》。这篇书话介绍了巴金译的意大利亚米契斯著的《过客之花》,并对巴金的翻译进行评价。

9月18日,在《文汇报·文化街》发表书话《夏娃日记》,署名晦庵。收入《晦庵书话》。这篇书话介绍了鲁迅托李兰译出的马克·吐温的《夏娃日记》一书。

9月20日,写作杂文《鲁迅先生的梓印工作》。文章介绍了鲁迅主持印行的几部书的情况,说明了鲁迅对印书的质量和版式的重视。此文后发表在10月1日的《上海文化》第九期,署名唐弢。收入新版《短长书》、《唐弢杂文集》。

9月20日,在《文汇报·文化街》发表书话《"献给世间有情人"》,署名晦庵。收入《晦庵书话》。这篇书话介绍了朱光潜译的欧洲民间著名故事《愁斯丹和绮瑟》。

9月21日,在《文汇报·文化街》发表书话《徐志摩手迹》,署名晦庵。收入《晦庵书话》。这篇书话介绍了良友文学丛书之四中徐志摩的《爱眉小札》。

9月23日,在《文汇报·文化街》发表书话《〈雅歌〉的中译》,署名晦庵。收入《晦庵书话》。这篇书话评价并介绍了吴曙天译的《雅歌》。

9月24日,在《文汇报·文化街》发表书话《霜枫之三》,署名晦庵。

收入《晦庵书话》。这篇书话介绍了李青崖译的莫泊桑的短篇小说集《髭须》。

9月25日,在《文汇报·文化街》发表书话《尼采》,署名晦庵。这篇书话介绍了尼采的书在中国的译介的情况。

9月27日,在《文汇报·文化街》发表书话《茵梦湖》,署名晦庵。收入《晦庵书话》。这篇书话介绍了郭沫若译的德国施笃姆著的《茵梦湖》。

9月28日,在《文汇报·文化街》发表书话《莫泊桑短篇》,署名晦庵。收入《晦庵书话》。这篇书话是对书话《霜枫之三》的修正。

9月30日,在《文汇报·文化街》发表书话《琵亚词侣诗画》,署名晦庵。收入《晦庵书话》。这篇书话介绍了邵洵美译的《琵亚词侣诗画集》。

9月30日,在《文汇报·笔会》发表诗歌《时间》,署名风子。

10月1日,在《文汇报·文化街》发表书话《"文艺连丛"》,署名晦庵。收入《晦庵书话》。这篇书话介绍了鲁迅策划的《文艺连丛》的出版情况。

10月1日,在《文艺复兴》第一卷第三期发表《〈鲁迅全集补遗〉编后记》,署名唐弢。收入《鲁迅全集补遗》。文章回顾了自己主动要求参加1938年版《鲁迅全集》的校对的事,以及后来自己于抗战后陆续从事鲁迅遗文的辑轶,并以此文记录了辑轶的过程和情况。

10月2日,在《文汇报·文化街》发表书话《鬼与人心》,署名晦庵。收入《晦庵书话》。这篇书话介绍了胡也频的短剧集《鬼与人心》,及鲁迅对这个集子的评价。

10月4日,在《文汇报·文化街》发表书话《野草书屋》,署名晦庵。这篇书话介绍了野草书屋出版的其中一册《萧伯纳在上海》的编集情况。

10月5日,在《文汇报·文化街》发表书话《勇敢的约翰》,署名晦庵。收入《晦庵书话》。这篇书话介绍了孙用译的《勇敢的约翰》一书及原作者,其中有鲁迅的记。

10月7日,在《文汇报·文化街》发表书话《"水仙"》,署名晦庵。收入《晦庵书话》。这篇书话介绍了梁宗岱译的《水仙辞》(法国梵乐希作)。

10月8日,在《文汇报·文化街》发表书话《新文人作旧诗》,署名晦庵。收入《晦庵书话》。

10月10日,写作杂文《变》。收入《识小录》、《唐弢杂文选》、《唐弢杂文集》。文章不点名地对曹聚仁评论民主党派的文章进行批驳,认为曹氏的以昨日之非,攻今日之是,却也证明着自己的非,并希望他少作怪论,认为人是在变的,要看到有些人是在进步的,再生的。

10月11日,在《文汇报·文化街》发表书话《曹葆华和朱湘》,署名晦庵。收入《晦庵书话》。这篇书话介绍了曹葆华的新诗集《寄诗魂》,并从此集的序中得知曹葆华的写诗,曾得到朱湘的鼓励的事。

10月12日,在《文汇报·文化街》发表书话《"水仙"余闻》,署名晦庵。收入《晦庵书话》。这篇书话介绍了梵乐希的逝世经过,更正了书话《"水仙"》一文中所传的梵乐希叛国行为的谣言。

10月14日,在《文汇报·文化街》发表书话《沈尹默旧诗》,署名晦庵。收入《晦庵书话》。这篇书话介绍了沈尹默的旧诗词合刊《秋明集》,并评价其作品的特点。

10月15日,在《文汇报·文化街》发表书话《挂枝儿》,署名晦庵。收入《晦庵书话》。这篇书话是从性的角度看《挂枝儿》民歌。

10月18日,在《文汇报·文化街》发表书话《傀儡美人》,署名晦庵。收入《晦庵书话》。这篇书话介绍了冯乃超的小说集《傀儡美人》。

10月19日,在《文汇报·文化街》发表书话《鲁迅与版画》,署名晦庵。这篇书话介绍了鲁迅与木刻、版画的研究,及刊行《近代木刻选集》的情况。

10月21日,在《文汇报》发表《鲁迅先生笔名拾遗》,署名唐弢。收入《鲁迅全集补遗》。

10月21日,致许广平信,表示自己所编辑的《鲁迅全集补遗》未经许先生首肯,请她原谅;同时表示此书的版税应给许先生,请她告知鲁迅先生的版税计算法,并请她不要客气。

10月22日,在《文汇报·文化街》发表书话《克鲁泡特金》,署名晦庵。收入《晦庵书话》。

10月23日,在《文汇报·文化街》发表书话《鲁迅"拾另"》,署名晦庵。

10月25日,在《文汇报·文化街》发表书话《肉与死》,署名晦庵。收入《晦庵书话》。这篇书话介绍了曾孟朴、曾虚白父子合译的边勒鲁意(即比尔·路易)的《阿弗洛狄德》,中译本名为《肉与死》。

10月27日,在《联合日报》(晚刊)发表书话《杂志话旧——记〈语丝〉》,署名晦庵。这篇书话介绍了鲁迅和《语丝》的关系及《语丝》的情况。

10月27日起,《联合日报》(晚刊)发表唐弢的书话,署名晦庵。

10月,由上海出版公司出版鲁迅著、唐弢编的《鲁迅全集补遗》,收鲁迅1912年至1934年的文章51篇,鲁迅笔名补遗9个。许广平在书末发表《读唐弢先生编全集补遗后》。这本书被列为上海出版公司"文艺复兴丛书第一辑"。

本月,为纪念鲁迅先生逝世十周年,唐弢编的《文汇报·笔会》编辑了鲁迅纪念专辑。冯雪峰的《鲁迅回忆录》开始在《笔会》上连载。

10月,第三次到南京,主要是为了去看望沈絜云。此前,夏天,因沈絜云的家庭坚决反对沈絜云与唐弢恋爱,故她被调往南京。在南京,他们游了莫愁湖、玄武湖、秦淮河、灵谷寺、鸡鸣寺。

11月1日,写作杂文《"觉有情"》。收入《识小录》、《唐弢杂文集》。文章表达了自己对游览南京的感想。

12月11日,在《文汇报·文化教育体育》发表书话《毛边党与"社会贤达"》、《精装两种》、《钱君匋封面设计》,署名晦庵。收入《晦庵书话》。《"毛边党"与"社会贤达"》谈了个人喜欢毛边书的原因,表示自己不喜欢精装的"社会贤达"书。《精装两种》介绍了茅盾带去苏联的两本精装书《团的儿子》、《苏联爱国战争短篇小说译丛》的内容。《钱君匋封面设计》介绍了钱君匋设计的《爱国者》、《第一年》、《家》的封面。

12月18日,在《文汇报·文化教育体育》发表书话《关于陶元庆》、《〈苦闷的象征〉封面》、《从〈小约翰〉说起》,署名晦庵。收入《晦庵书话》。《关于陶元庆》介绍了陶元庆的封面画及绘画,并对其成就表示赞赏。《〈苦闷的象征〉封面》介绍了陶元庆为鲁迅的译作《苦闷的象征》所做的各版封面的不同。《从〈小约翰〉说起》介绍了鲁迅和齐寿山合译的《小约翰》一书出版及谈到鲁迅对诺贝尔文学奖的意见。

12月20日,写作散文《圣泉纪念》。文章纪念了朋友陆蠡(圣泉),回忆了他的不幸的人生,并对他的品德进行了高度评价。

12月,重新改作散文诗《枕》。收入《落帆集》。

12月,唐弢又去了南京。12月25日,唐弢和沈絜云从南京到上海。26日,奔波一天,邀定沈钧儒证婚,郑振铎、蔡尚思(临时不能赶到,改由张邦铎代替)作介绍人。12月27日,在上海借威海卫路一个俱乐部,与沈絜云结婚。婚后第二天即赴杭州旅游,留12天,再成《湖上杂诗》六首,其一《西湖泛舟》云:"美人峰上挂红霞,落日疏林一望斜。绝似江南秋未老,明湖熠熠漾轻槎。"其二《苏堤散步》云:"一水盈盈展笑眸,人间难得此□。廿年我与湖山约,书剑归来共白头。"其三《上玉皇山》云:"猛忆青天携手辞,觉来旧梦信如斯。千寻不惮泥山滑,一笑相扶下石墀。"其四《登六和塔》云:"晴日烟霞笼碧绡,六和古塔影迢迢。黄昏忽报山风急,回首钱塘有怒潮。"其五《楼外楼(次夷初先生原韵)》云:"衣冠百辈看升沉,薄醉高楼夜未深,我自倚天输一剑,湖山不夺少年心。"其六《苏曼殊墓》云:"横刀挟瑟事难能,欲忏尘缘记未曾!却忆调筝人去远,多情怜尔一诗僧。"

本年,又作诗一首,云:"钿合钗分信未真,如磐夜气压轻尘。书生不作名山想,好掷黄金买美人。"

本年,为朱德将军的六十岁寿辰,作《寿朱德将军》一诗云:"将军六十请长缨,白马红旗万里营。相慰苍生惟一语,只争民主不争城。"这是因为唐弢秘密参加了由中共驻沪办事处借为朱德将军六十寿辰名义举办的会议,会上周恩来同志作了形势报告。

本年,写作《编者告白》。这是1946年,唐弢主编的上海《文汇报》副刊《笔会》时写的一篇编者的话,对林焕平在《艺文管窥备忘》一文中的"波特莱尔不宜赞美"的观点,唐弢认为不能苟同。唐弢认为,波特莱尔的诗虽然神秘,但他又不安于现状,毕竟是在呐喊。同时,作者又对何其芳的《画梦录》进行辩护,认为人们读作家的作品,应该能跳进去,又能跳出来,论者不应高估文艺写作者的受影响的深度,因为影响终究是有限度,有条件的。作为编者,唐弢希望投稿者能写作一些作为对时代的感应、对急剧变化的现状的反映的作品,反对凭文字写作一些专门替自己和别人抹白鼻子的东西。此文后发表在1947年1月30日的《文汇报·笔会》,署名唐弢。收入《识小录》。

1946 年,唐弢继续在《周报》撰写大量短评,在《民主》、《文汇报》等刊物撰写杂文。表达了自己对民主、自由和建立民主国家的意见,反对内战,对国民政府的弊端进行抨击。体现了唐弢的社会责任感和对时政的关心所表现的政治才能及勇气。同时,唐弢继续在《文汇报·文化街》和文化教育体育专栏撰写并发表的大量的书话,继续引起人们的关注,为现代文学的发展保存了资料,理清了脉络。

1947 年(丁亥,民国 36 年),35 岁

本年　国共内战继续进行。国统区反内战、争自由、民主的运动不断举行。

1 月,国统区物价飞涨。

2 月 17 日,上海金银业商号有 200 余家均告停业,上海金价一日五涨。

2 月 19 日,上海百货业职工、厂商各业 500 余人,于上午 9 时在南京路劝工银行三楼举行爱用国货、抵制美货运动筹备大会,郭沫若、邓初民亦被邀参加。不久,受到暴徒打砸破坏,永安公司职工梁仁达被打死,是为"二·九"血案。

4 月,国统区的物价开始了新的疯狂上涨。由于粮价狂涨,引起各地粮食危机和"米骚动",引发杭州、无锡、合肥、成都、上海、南京等地抢米风潮,并席卷全国。

5 月 18 日,国民政府勒令《文汇报》、《联合晚报》、《新民晚报》停刊。

5 月,上海 8000 多名工人与学生包围国民党市政府,纺织工人 15000 多人示威游行。

6 月 9 日,上海市机器、染织、皮革、笔墨等业工人为资方不按生活指数发工资,举行罢工。

9 月 19 日,上海电力工人罢工。不久,其他行业在中共地下党发动下,举行罢工声援。

12 月 1 日,国统区邮资再次加价,大钞发行,米价飞涨,民不聊生。

本年　中国人民解放军陆续转入战略进攻。9 月,解放军大举反攻。

本年,唐弢的杂文写得较少。

上半年,国内局势恶化。3月15日,蒋介石宣布国共谈判破裂,全面内战开始。5月,《文汇报》被国民党政府查禁,《笔会》也随之停刊。

1月15日,《少年读物》第四卷第一期发表散文《圣泉纪念》,文章追怀了上海沦陷时期为日本侵略军杀害的著名散文家陆蠡。署名唐弢。收入《回忆·书简·散记》《生命册上》。

1月15日,在《文艺春秋》第一卷第一期发表书话《闲话〈呐喊〉》、《周作人最早书》、《草原故事》、《〈邻二〉佚文》、《史铁尔》、《子夜的翻版》、《落叶之一》、《落叶之二》、《刻意集》、《山雨》、《萌芽的蜕化》,署名晦庵。收入《晦庵书话》。《闲话〈呐喊〉》是对鲁迅的《呐喊》的出版经过、印刷、版本、内容调整等所做的详细的介绍。《周作人最早书》介绍了周作人最早的三本书《孤儿记》、《侠女奴》、《玉虫缘》。《草原故事》介绍了巴金译高尔基的《草原故事》一书,其中有马来西亚本的情况。《〈邻二〉佚文》谈到,茅盾的散文《邻二》因在《新文艺》发表排印时,最后一页佚失,故由施蛰存改写结尾发表。后茅盾致信要求改正,而《新文艺》却已停刊,最后在开明版《速写与随笔》里恢复了佚文。唐弢对这一情况进行介绍。《子夜的翻版》对救国出版社翻印茅盾的《子夜》一书的情况的介绍和赞许,以及《子夜》的被禁毁的情况。《落叶之一》、《落叶之二》介绍了郭沫若的小说集《落叶》,徐志摩的散文集《落叶》的版本样式,以及自己的读后感,并对两个集子的内容进行简介。《山雨》简单介绍了王统照的小说《山雨》在初版遭删后再出版的情况。

1月30日,在《文汇报·笔会》发表《编者告白》,署名唐弢。收入《识小录》。

2月4日,写作杂文《小卒过河》。文章对胡适的述怀诗进行讽刺,认为胡适是为主子卖命的小卒。此文后发表在2月6日的《文汇报·笔会》,署名唐弢。收入《识小录》、《唐弢杂文选》、《唐弢杂文集》。

2月15日,在《文艺春秋》第一卷第二期发表书话《花束》、《赠尔多情书一卷》、《爱经》、《显克微支》,署名晦庵。收入《晦庵书话》。《花束》介绍了王鲁彦译的法国查理斯·拉姆贝尔的讲演稿三篇,名《花束》。《赠尔多情书一卷》是从苏曼殊的介绍《沙恭达罗》说起,介绍了王维克译的《沙恭达罗》。《爱经》介绍了戴望舒译的罗马布勃里乌思·沃维提乌思·拿梭的作品《爱经》。《显克微支》介绍了波兰的显克微支的作品在中国的译作,有王鲁彦、徐炳昶、乔晋劬、叶灵凤、张友松等翻译的作品及出版情况。

2月16日,写作杂文《举一个例》。耿庸对唐弢的《编者告白》中关于《笔会》的取稿标准进行攻击。唐弢进行反击,他认为文坛的进步,须摒除宗派,建立真正的批评,不应不分敌我,逢人狂吠,信口胡说。此文后发表在2月19日的《文汇报·笔会》,署名唐弢。收入《识小录》。

2月23日,在《文汇报·笔会》发表杂文《"小市民趣味"》,署名唐弢。收入《识小录》、《唐弢杂文集》。林焕平在《艺文管窥备忘》中,指摘了目前盛行的一些小市民趣味,如新闻标题采用章回小说式的对句等。唐弢赞同其看法,又作了些补充,认为这种偶尔掉书袋开玩笑的事,虽贤者不免,只要和国计民生无关,是不足深责的,但成为小市民趣味的咬文嚼字和油腔滑调,则是应该警惕的。

2月28日,写作杂文《谈批评》。文章对文学批评的现状进行分析,最后希望无论是批评的或是被批评的,都主张应该有公正的批评。此文后发表在3月3日的《文汇报·新文艺》,署名唐弢。收入《识小录》、《唐弢杂文选》、《唐弢杂文集》。

3月5日,在《文汇报·浮世绘》发表诗歌《湖上杂诗——卅五年春与师陀、柯灵同游杭州作》,署名唐弢。

3月5日,在《文汇报》发表杂文《"知识过剩"》,署名唐弢。收入《识小录》、《唐弢杂文选》、《唐弢杂文集》。文章谈到,在这文盲占到百分之九十的国度里,学生在社会上求职,却面临着"毕业即失业"的状况,使得知识分子偏又无处安顿、显出过剩。针对这一现象,唐弢进行了分析和抨击。文章的最后又对未来充满希望,认为一个新的社会将会呼之欲出。

3月15日,在《文艺春秋》第一卷第二期发表书话《战争与文学》、《美的性生活》、《阿左林》、《伊巴涅思短篇小说》、《洗澡》、《左拉两种》,署名晦庵。收入《晦庵书话》。《战争与文学》介绍了茅盾的论文著作《欧洲大战与文学》的内容与出版情况。《美的性生活》介绍了鲍文蔚译的《阿弗洛狄德》的另一种中译本《美的性生活》。《阿左林》介绍了戴望舒、徐霞村合译的西班牙阿左林的《西万提斯的未婚妻》一书和阿左林其他作品在中国的翻译情况。《伊巴涅思短篇小说》介绍了戴望舒译的《伊巴涅思短篇小说集》。《洗澡》介绍了徐霞村译的左拉的短篇小说集《洗澡》。《左拉两种》简介了毕树棠译的左拉两个短篇小说集子《夜之爱》、《不测》。

3月23日,重新改作散文诗(1946年4月15日初稿)《窗》。文章通过想象,描写诗人波特莱尔在深夜的街头徘徊,在每个窗子面前停下,来猜测窗内人们的人生故事,他们的悲欢离合的琐事。收入《落帆集》。

3月24日,在《文汇报·笔会》发表《〈短长书〉序(新版)》,署名唐弢。收入新版《短长书》。序是对当时写杂文的状况的评价,对"鲁迅风"杂文的认识。

4月,上海南国出版社出版唐弢的新版《短长书》,共收杂文34篇,篇幅比旧版增加了一倍以上,删去4篇,增加22篇。

6月16日,写作《答〈文艺知识〉编者问》。这是唐弢答复《文艺知识》编者的文章,是关于创作理论和经验的作品。

7月1日,改作散文诗《城》。此文后发表在7月4日的《大公报》,署名唐弢。收入《落帆集》。文章写自己在边城怀念汉时的飞将军李广,他在雪夜的自刭,和城为命运所压倒的故事。最后,作者期望着有新的城,不是为命运所决定的城的出现。

8月22日,写作散文诗《桥》。文章是对桥的咏叹和感悟,作者怀古思今,发掘了关于桥的象征意义。此文后发表在9月1日的《文艺复兴》第四卷第一期,署名唐弢。收入《落帆集》。

8月25日,写作杂文《〈原野〉重演》。文章表达对曹禺的《原野》重演的想法,认为曹禺的剧作是"性格戏"。剧作家的善良,是源于生活的创作,他使人们恐惧和喜欢。此文后发表在8月29日的《大公报》,署名唐弢。收入《唐弢杂文集》。

8月26日,在《大公报》发表杂文《扑灭死信》,署名唐弢。

9月1日,写作散文《生命册上》。文章是对自己在上海公学读书生活的回忆,以及对革命的记忆,写了被上海公学开除的顾同学在自己的不远处牺牲,给自己以深刻的影响的事。此文后发表在10月1日的《中国作家》第一卷第一期,署名唐弢。收入《生命册上》。

9月20日,编完杂文集《识小录》,写作《〈识小录〉序》。收入《识小录》。序回忆了自己的书、文的被检查、被禁的情况。

10月1日,在《人间世》第二卷第一期发表速写《孔耀庭(奇闻七则之一)》,署名唐弢。收入《鸿爪集》。

10月15日,写作《〈识小录〉后记》。收入《识小录》。

11月1日,在《文艺复兴》第四卷第二期发表《重订鲁迅译著书目》,唐弢拟订。

12月,上海出版公司出版唐弢的杂文集《识小录》,收1937年11月至1947年10月杂文44篇,序1篇,后记1篇。

本年,好友柯灵为躲避特务追捕,在唐弢家避难一个多月,后因有暴露行踪的可能,柯灵再次转移。

1947年,唐弢主要写作并发表了书话。

1948年(戊子,民国37年),36岁

本年   国共内战继续,国民政府节节败退。

1月,上海、天津、沈阳粮价猛涨。

2月2日,国民党上海当局出动数千名军警和装甲车,冲进上海申新第九棉纺织厂镇压罢工工人,打死3人,打伤40多人,逮捕400多人,开除800余人。上海工人成立"申九惨案后援会"声援,迫使当局释放大部分被捕者,并恢复部分被开除工人的工作。这次罢工是由中共上海地下党组织领导,于1月30日为改善生活待遇而举行的。

4月16日,国民党当局下令查封上海的《世界知识》、《国讯》及《时与文》等三杂志。

4月,国民政府举行"行宪国民代表大会",蒋介石当选为中华民国行宪后第一任总统。

5月,上海小学教师举行"反饥饿"罢教运动,并到市教育局门口示威。

9月12日,辽沈战役打响。解放军于11月解放东北全境,取得

胜利。

11 月 6 日，解放军华东、中原野战军协同发起淮海战役。1949 年 1 月 10 日，淮海战役胜利结束。

11 月，上海连续发生抢米风潮。

12 月 20 日，解放军发动天津战役，平津战役开始。

12 月 23 日，国民政府行政院命令中央银行即日起停止申请存款兑现，上海 3 万市民挤兑黄金造成惨剧，死伤 20 余人。

4 月 25 日，为黄裳的散文集《旧戏新谈》作跋，唐弢认为作者的散文，常举史事，不离现实，笔锋带着情感，虽然着墨不多，而鞭策奇重。

5 月 20 日，写作散文诗《扇》。这是一篇美文，文章是对扇子所寄托的寓意的感叹，从轻罗小扇到班婕好的纨扇歌，再到陆放翁的团扇，认为这实在是寄慨颇深。此文后发表在 7 月 18 日的香港《大公报》，署名若思。收入《落帆集》。

5 月 30 日，改作散文诗《渡》，收入《落帆集》。文章讲述了摩西渡犹太民族由奴隶到自由人的故事，摩西帮助犹太人出埃及摆脱奴隶命运，沿途经过千辛万苦，来到了西奈半岛的犹太族故土，即约旦河流域的丰饶的以实谷。

6 月 3 日，改作散文诗《帕》，收入《落帆集》。文章由手帕而联想起唐朝的红绡帕所引起的有情人私奔的美好故事，从而赞美手帕的意义：因为它使女性得到新生。

6 月 30 日，在香港《大公报》发表散文诗《手帕》，署名若思。收入《落帆集》时改为《帕》。

9 月 12 日，在香港《大公报》发表散文诗《某夜》，署名若思。文章表达了自己对求乞者出卖悲哀以求得别人的同情的拒绝，以及由此引发的感想。

10 月 1 日，在《动力文化》第一辑《鲁迅的方向》发表书话《鲁迅书话拾零》，署名风子。收入《晦庵书话》。

10 月 15 日起，香港《大公报》陆续发表唐弢的书话，署名风子。

10 月 15 日，在香港《大公报》发表书话《撕碎了的〈旧梦〉》，署名风子。收入《晦庵书话》。这篇书话是对刘大白的诗集《旧梦》的出版经过的论述和评价,兼及其人。

10月16日,在香港《大公报》发表书话《觅我童心二十年》,署名风子。收入《晦庵书话》。文章写自己从旧书摊中淘得王统照的诗集《童心》说起,介绍并回忆了自己与王统照的交往,并介绍了王统照的其他作品集。

10月28日,在香港《大公报》发表书话《安徒生的传记》,署名风子。收入《晦庵书话》。这篇书话介绍了安徒生童话在中国的译介和安徒生的传记《安徒生专号》的情况。

10月,上海文化生活出版社出版唐弢的散文诗集《落帆集》,收1936年至1948年所写散文诗26篇,为巴金主编的"文学丛刊"第八集之一册。

10月,唐弢在报上发表关于找到王统照的最早诗集《童心》的书话后,王统照从青岛寄来一信,有七律《谢晦庵君》一首:"旧稿飘零刊本残,谢君拾掇自荒摊。童心愿化春泥种,往事难如蜡泪干。北国鼓鼙萦梦寐,平生意想剩华颠。西窗何日同听雨?樽酒论文忘夜阑。"

11月,淮海战役开始,国民党政权摇摇欲坠。上海邮局黄色工会头头陆京士等人对唐弢的压迫越来越紧,送恐吓信,开黑名单,迫使唐弢晚上不能回家,四处流浪。党在这时支持唐弢,告诉唐弢在紧急时将派人通知他,并带他离开上海。当时文艺界地下党领导也派人和唐弢联系,使唐弢汲取了坚持的力量。

11月1日,在香港《大公报》发表书话《海涅〈还乡〉》,署名风子。收入《晦庵书话》。这篇书话介绍了海涅的《还乡》在中国译著的情况,并重点介绍范纪美译的《还乡》和他的木简书屋。

11月3日,在香港《大公报》发表书话《独向遗编吊拜伦》,署名风子。收入《晦庵书话》。这篇书话介绍了宋雪亭译的《拜伦诗选》袖珍本。

12月5日,在《文讯》发表书话《鲁迅书话三章(舍金上梓、出了象牙之塔、三迁)》、《文艺理论小丛书》、《正名》、《"敲门的声音"》,署名风子。收入《晦庵书话》。《舍金上梓》介绍了鲁迅捐刻的《百喻经》、王品青节录成的《痴华鬘》二书的情况。《出了象牙之塔》介绍了鲁迅的《出了象牙之塔》。《三迁》介绍了鲁迅译的爱罗先珂的《桃色的云》的出版情况。《文艺理论小丛书》介绍了鲁迅等译的《文艺理论小丛书》的情况。《正名》介绍了鲁迅译的《工人绥惠略夫》一书。《"敲门的声音"》介绍了鲁迅译的日人武者小路实笃的《一个青年的梦》。

12 月 15 日,在《文艺春秋》第七卷第六期发表书话《书话话诗》,署名风子。

本年,郑振铎从香港转道北上,临行前一夜,与唐弢告别。

本年,通过赵景深认识法国神父善秉仁(JOS. Schyns,研究中国现代文学专家)。

第三编

1949—1976

1949 年(己丑,民国 38 年),37 岁

本年　1949 年元旦,毛泽东发表《将革命进行到底》的新年献词。1 月 6 日,中共中央政治局会议召开,会议通过了《关于目前形势和党在一九四九年的任务》的决议,拟向全国进军并成立中央政府。

同日,蒋介石发表新年"求和文告"。1 月 14 日,毛泽东发表《关于时局的声明》,对蒋介石的元旦求和声明再次进行驳斥,并提出了八项和谈条件。

1 月 15 日,解放军攻占天津。

1 月 21 日,蒋介石下野,保留国民党总裁职位。副总统李宗仁代理总统职务。

1 月 22 日,到达解放区的各民主党派领导人及著名民主人士联名发表《我们对时局的意见》,声明与中共站在一起,支持中共提出的和平民主八项条件。

1 月 25 日,已经"引退"的蒋介石在奉化溪口召见何应钦、顾祝同、汤恩伯等,共同部署长江防线,欲决战到底。

1 月 31 日,北平和平解放,平津战役结束。

2 月 4 日,国民政府南迁广州。

2 月 11 日,国民政府开始在上海发放黄金短期公债。12 日,京沪杭警备总司令汤恩伯在上海公布《维持治安秩序五项准则》。

2 月　国民政府第三次将故宫博物院和中山博物院文物运往台湾,并将国库财物运台。

3 月 10 日,汤恩伯宣布"言论界配合政府备战谋合政策"之六项遵守原则。18 日,上海当局取缔《和与战》等 28 种刊物。

3 月 5 日至 13 日,中共七届二中全会在西柏坡召开。会议报告指出,在全国胜利的局面下,党的工作重心必须由农村转入城市,并规定了中共在夺取全国政权后,在政治、经济、外交方面将采取的基本政策。

3 月 25 日,中共中央、人民解放军总部机关由河北省平山县西柏坡村迁至北平。

4 月,上海米价每石涨破 40 万元(金元券)大关。上海宣布进入战时

状态,实行全面军事管制,并颁布紧急治安条例八条。4月25日,上海警备司令部宣布"紧急命令",实行大逮捕。

4月2日至20日,国共双方在北平进行最后和谈,最终谈判破裂。

4月21日,毛泽东、朱德发布《向全国进军命令》。

4月23日,百万解放军突破长江防线,占领南京。

5月13日,周恩来邀请周扬、茅盾等就新政协召开前先开全国文艺界代表大会、上海在共和国成立以后的文化工作政策问题进行座谈,指示要广泛团结文艺家。

5月27日,上海全部解放。

6月15日,新政协会议筹备会在北平召开。

6月26日,华北人民政府拨款20万人民币修缮北平鲁迅先生故居。

7月21日,中华全国美术工作者协会、音乐工作者协会、文学工作者协会在北平成立,徐悲鸿、吕骥、茅盾分别担任主席。24日,中华全国戏剧工作者协会在北平成立,田汉任党委会主席。26日,中华全国电影艺术工作者协会在北平成立,阳翰笙为主席。

7月24日,上海遭遇18年来最大台风灾害。

7月2日至29日,中华全国文学艺术工作者代表大会在北平召开,共有648名作家、艺术家参加了大会(唐弢参加)。大会成立了中华全国文学艺术界联合会,郭沫若当选主席,茅盾、周扬为副主席。

9月,中国人民政治协商会议在北平召开,人民英雄纪念碑奠基。

10月1日,毛泽东宣告:新中国诞生,中华人民共和国中央人民政府成立。

10月21日,政务院宣告成立。

10月,全国物价自本年4月、7月两次大幅度上涨后,10月下旬又开始第3次猛烈上涨。进入11月以来,涨势更猛,这次涨风以上海为中心波及各地,经中央财政经济委员会的统一决策,从26日起,上海和各地物价从高峰上跌落下来,物价下跌30%—40%。

12月27日,成都解放以后,全国除西藏以外的中国大陆已经全部解放。

1月10日,在《文艺春秋》第八卷第一期发表杂文《书红》,署名若思。收入《唐弢杂文集》。这篇杂文希望能实现真正的变革,以循乎民情,认为这才可以求其实效。

3月15日,在《文艺春秋》第八卷第三期发表速写《诗的保卫战》,署名唐弢。收入《鸿爪集》。

本年　5月,上海局势紧张,国民党抓紧做撤退的准备。有传言,邮局工会方面可能要逮捕唐弢。唐弢在工友的帮助下,带了家眷搬进所工作的邮政大厦。从5月23日晚到5月28日清晨,目睹了解放军解放上海及大厦的情景。

5月27日,上海解放。唐弢任邮政工会常务委员兼文教科长。

6月,《文汇报》复刊,担任副刊《磁力》编辑,至1950年10月。

6月,赴北京参加7月召开的中华全国文学艺术工作者第一届代表大会和全国文学工作者协会(即后来的作协)第一届会员代表大会,被选为中国文协委员、上海分会常务委员。期间,唐弢碰到了许多好友,与郑振铎热烈会面。

8月5日,在《文艺复兴》(中国文学研究号)发表《新文艺的脚印——关于几位先行者的书话》,署名唐弢。

9月1日,唐弢接受上海复旦大学、上海戏剧专科学校的聘请,兼任教授。

10月4日,在《文汇报》发表杂文《"生命的完美和喜悦的气氛"》,署名唐弢。收入《学习与战斗》。这是为欢迎以法捷耶夫为首的苏联文化代表团而写的。文章歌颂了中苏人民的友谊,介绍了法捷耶夫的作品经过鲁迅的翻译进入中国,激发了中国青年的热情的经过。唐弢认为,法捷耶夫的作品充满着"生命的完美和喜悦的气氛",激励着中国人民继续战斗。

10月4日,在《文汇报》发表短评《迎法捷耶夫和苏联代表团》,署名唐弢。收入《学习与战斗》。

10月19日,在《文汇报》发表杂文《谈〈毁灭〉中译本》,署名风子。

12月8日,在《文汇报》发表短评《接受国际主义的教育》,署名唐弢。收入《学习与战斗》。文章对在北京召开的亚澳工会会议进行评论,认为这是体现国际主义和全世界工人团结的大会,使大家都接受了国际主义的教育。

12月22日,在《文汇报》发表短评《伟大的友谊——祝中苏友协上海分会成立》,署名唐弢。

本年　8月上旬,陈白尘在上海影剧协分会传达了第一次全国文艺工作者代表大会精神,新闻报道将他的话错误地转述为:"文艺为工农兵,而且应以工农兵为主角,所谓可以写小资产阶级,是指以工农兵为主角的作品中,可以有小资产阶级、资产阶级人物出现。"消息在《文汇报》刊出,副刊《磁力》(是1949年6月《文汇报》复刊后的副刊名)收到大量来稿,各种说法都有。唐弢踌躇了一阵,觉得既然有这么多意见发表出来,公开讨论一下也好。于是就出现了"可不可以写小资产阶级"的论争,先后大约选登了二十篇文章。论争持续了两个多月,到11月12日,唐弢发了一个"关于知识分子的思想改造"特辑。28日,又将何其芳发表在《文艺报》第一卷第四期上直接论述这个问题的《一个文艺创作问题的论争》当作总结刊出。1952年夏,文艺整风,唐弢虽已离开了《文汇报》,却为此次论争作了公开检讨,时任上海市委宣传部长的夏衍也作了公开检讨。

1950年(庚寅),38岁

本年　新中国成立后,百废待兴。中央人民政府发布一系列措施和政策,努力使政治、经济、文化、军队、教育、法律、农业、工商业等走上正轨。本年底,国民经济开始恢复。

1月6日,英国承认中华人民共和国。此后,印度、丹麦、芬兰、瑞典和瑞士等国,也相继承认人民中国。

2月3日,国民党飞机轰炸上海,炸死炸伤1500余人。全国人民声援上海。

2月14日,中苏缔结友好同盟互助条约。

2月18日,中共中央发出《严厉镇压反革命分子的指示》,镇压土匪、特务的反革命活动。

4月13日,中央人民政府委员会第7次会议举行,批准财政和粮食状况的报告,通过《中华人民共和国婚姻法》。

4月30日,海南岛解放。

4月,上海战胜4月危机。3月和4月,上海公共秩序比较混乱,敌特活动表面化,税收、公债政策受到攻击,劳资关系紧张,人心浮动。这些情况以4月上旬为最紧张,经上海市委的正确应对,解决了一系列问题。

5月1日,中共中央发出《关于在全党全军开展整风运动的指示》。

6月6日,中共七届三中全会在京召开。

6月25日,朝鲜战争爆发。6月30日,美国出兵朝鲜。7月,"联合国军"入侵朝鲜。

6月28日,中央人民政府委员会第八次会议召开,通过中华人民共和国国徽、《中华人民共和国土地改革法》、《中华人民共和国工会法》。

7月6日,政务院发出保护文物的通令。

7月11日,文化部颁布电影管理的有关条例。

8月4日,政务院第44次政务会议通过《关于划分农村经济成分的决定》。

10月8日,中共中央做出"抗美援朝保家卫国"战略决策,毛泽东向中国人民志愿军发布入朝作战命令。19日,中国人民志愿军渡过鸭绿江,开赴朝鲜前线。通过发动入朝后的两次战役,于12月24日收复朝鲜元山、兴南地区,收复了三八线以北除襄阳以外的全部失地及翁津和延安半岛,扭转了朝鲜战局。

本年 美国不断派飞机轰炸我国东北边境,武装干涉解放军统一祖国,激起中国强烈反对。

2月17日,在《文汇报》发表杂文《友敌分明》,署名若思。收入《学习与战斗》。文章谈到,在台湾的国民党空军对上海实施轰炸的时候,《中苏友好同盟互助条约》签订了,这表现了苏联人民对中国人民的友谊,文章希望人们分清友敌。

3月1日,由复旦大学聘任为中文系专任教授,向邮局申请离任被批准。

3月15日,写作散文《二老》。这是一篇怀念自己的故乡,怀念自己的祖母和外祖母的感人至深的文章。此文后发表在1981年1月的《东方》第一期,署名唐弢。收入《生命册上》。

春,与冯雪峰商量纪念鲁迅的方案,后被列入华东文化部文物处一九五〇年计划。

5、6月间,与冯雪峰一起寻找和走访了上海的鲁迅遗迹,主要有大陆新村、拉摩斯公寓、花园庄、公啡咖啡馆、中华艺术大学、爵禄饭店、荷兰西菜室,以及在虹口唐山路以北的召开反战会议的旧址。

7月15日,由唐弢执笔,向中央文化部文物局写报告,要求许广平亲自到上海指导设立鲁迅纪念馆的工作和恢复故居。因许广平时任政务院(国务院的前身)副秘书长,周恩来总理同意了。

7月21日,在《文汇报》发表杂文《谈"羊毛"》,署名唐弢。收入《学习与战斗》。文章是对合众社的一篇新闻报道作出评论。报道写到美军在朝鲜战场上突遇朝鲜军队的袭击,不知所措地发呆、逃难。作者认为这是让"羊毛"(戏剧圈子里称呼不善演唱的票友)去为华尔街上的老板卖命,这是低估和平的力量,当然要失败。

7月,参加上海市第一届文代会,被选为上海市文协常委。

9月,唐弢调任华东文化部文物处副处长,在土地改革运动中,由于发动群众抢救珍本古籍、古旧文物及太平天国文物,保护了许多书籍文物,受到中央文化部通报嘉奖。

9月10日,写作杂文《〈鲁迅全集补遗〉编后记(附录一)》,收入《回忆·书简·散记》。这是一篇对《儿时》一文的著作者进行辨析的文章。

9月12日,在《文汇报》发表杂文《对〈儿时〉一文的说明——〈鲁迅全集补遗〉四版后记》,署名唐弢。收入《向鲁迅学习》。

9月25日,写作杂文《新的鼓舞》。收入《学习与战斗》。这是一篇欢迎伊利亚·爱伦堡和巴勃罗·聂鲁达访问上海的文章,歌颂了国际友谊和世界和平。

9月,在北京拜访周作人,谈到鲁迅遗文的事,证明《百草书屋札记》非鲁迅遗文。

10月前,在许广平到达上海前,唐弢和王稼冬、朱友瑞等同志,积极动迁大陆新村九号和十号的住户,并得到谷牧、姚依林、吴觉农等同志的大力支持,已积极修葺完成房子、布置了纪念馆的一部分。许广平此次南来,一个更重要的任务是把鲁迅晚年留在上海的藏书全部运往北京。唐弢要求许先生留点书给上海鲁迅纪念馆,提议:一、现代中国木刻家赠送给鲁迅先生,或者由先生自己购置的中国木刻版画,无论成册或单册,全部留给上海;二、鲁迅逝世及以后,许先生收藏的海内外(包括华侨办的)纪念鲁迅的报纸期刊,留给上海;三、霞飞坊(后改淮海坊)六十四号物件清理北运后,暂不将房屋交出,由华东文物处派人再将废纸杂物清理一次。许广平表示同意。之后,唐弢、王稼冬、吕贞白,以及向来薰阁请来的几名懂书的人,在许先生的指导下,帮助将鲁迅藏书和遗物编目装箱,于11月6日完成此项工作。同时,在清理霞飞坊(后改淮海坊)六十四号的废纸杂件时,唐弢他们发现了许多珍贵的文物,并将它们留在了上海鲁迅纪念馆。

从10月起,唐弢担任《文汇报》主笔,开始在《文汇报》上写短评,几乎每天一篇,到年底大约写了370多篇,均发表在题为"上海新语"的短评栏里。遇到休息的日子,则由徐铸成、柯灵、黄裳等代笔。这些短评结合新闻,论述的是"毛泽东时代的人物,一些英勇斗争的生命,一些可歌可泣的事迹","后半部的篇什,便大抵和抗美援朝保家卫国的运动有关"。(唐弢《上海新语·后记》)《上海新语》是1950年唐弢为上海《文汇报》写作的短评的总题目,大约写了370多篇,1951年1月选录其中的69篇,仍用《上海新语》为书名,编入上海文汇报社编辑的《时事小品丛刊》出版。

本年,唐弢还发表了一些较长篇幅的时事杂感。有划清敌我界线、祝贺中苏友好同盟互助条约签订的《友敌分明》,发表在2月17日的《文汇报》上;有揭露美国侵略军在朝鲜战争溃败的《谈"羊毛"》,发表在7月21日的《文汇报》上等。

10月初,在北京,见到了胡乔木,听胡乔木转述了毛泽东关于领袖问题的意见。毛泽东说,当领袖不需要什么秘诀,只要一件,"集中了群众的意见,坚持下去!"(大意)

10月20日,在《文汇报》发表短评《灾民回乡》,收入《上海新语》。文章对国民党时期淮河流域救灾的情况,和共和国成立以后救灾的情况进行了对比,颂扬了新政府救灾的有力。

10月20日,在《文汇报》发表短评《大处着眼》,收入《上海新语》。有人把政府对拉洋片、唱街头戏、拾破烂者的关心表示赞叹,认为是无微不至、无远弗届。作者认为人们是太少关心这些人群,把他们看成微、看成远的,才有此叹。因此认为应从"大处着眼,小处着手"去关心这些人。

10月21日,在《文汇报》发表短评《以钟为喻》,收入《上海新语》。文章认为工商业界者积极参加国家建设,总比当旁观的冷嘲者好,这就如一个虽走着却老是有快有慢的钟比一个停着的钟好。因为走着的钟毕竟可以揣摩出时间,可以校准。

10月21日,在《文汇报》发表短评《劝募寒衣》,收入《上海新语》。文章倡议读者为皖北灾民捐寒衣。

10月22日,在《文汇报》发表短评《昨天和今天》,收入《上海新语》。文章通过人民政府对工人创造发明的奖励、封建统治者对劳动人民发明的侮辱的对比,赞扬了劳动人民的伟大创造力和新政府对劳动人民的创造的尊重和奖励。

10月22日,在《文汇报》发表短评《"思想残废"》,收入《上海新语》。文章认为思想残废比身体残废更严重,但却又比身体残废更易医治,表扬了荣军代表戴玉根,表扬他人虽残废,但发誓思想不残废,要靠自己劳动养活自己的决心。

10月23日,在《文汇报》发表短评《这就是政治》,收入《上海新语》。文章是对过去的包打听式的警察和现在新政府的警察的对比,认为今天的人民警察的为人民服务的光荣事迹,是党领导下的人民政府的政治的变化。

10月24日,在《文汇报》发表短评《小和尚还俗》,收入《上海新语》。

10月25日,在《文汇报》发表短评《依靠群众》,收入《上海新语》。文章对上海依靠职工同志采取民主评议的方法,完成工商业税的征收的方法的赞扬,表达了对政府信任、依靠、发挥群众智慧的赞扬,抨击了旧社会税局查账的贪污行为。

10月25日,在《文汇报》发表短评《消灭窃案》,收入《上海新语》。

10月27日,在《文汇报》发表短评《一句名言》,收入《上海新语》。文章把毛泽东关于怎样当领袖问题的话,即"集中人民群众的意见,坚持下去"进行阐释、分析,希望各级领导人能在工作中,特别是克服困难时能做到。

10 月 28 日,在《文汇报》发表短评《谈包袱》,收入《上海新语》。

10 月 29 日,在《文汇报》发表短评《扑灭匪特》,收入《上海新语》。

10 月 30 日,在《文汇报》发表短评《一个对比》,收入《上海新语》。

10 月 30 日,在《文汇报》发表短评《脱胎换骨》,收入《上海新语》。文章表扬私立山西医院由于职工同志说服资方,改变经营方式和各种措施,使医院取得了脱胎换骨的改变。认为旧时代的脓疮必须结束,从而能脱胎换骨。

10 月 31 日,在《文汇报》发表短评《否定了的笑话》,收入《上海新语》。文章对旧社会类似于外科医生不治内科的病的现象进行抨击,认为这是笑话。而现在医院和医生的服务有了巨大变化,赞扬了新社会的改变。

11 月 1 日,在《文汇报》发表短评《寒衣种种》,收入《上海新语》。

11 月 3 日,在《文汇报》发表短评《政治的寒暑表》,收入《上海新语》。

11 月 4 日,在《文汇报》发表短评《"唇亡齿寒"》,收入《上海新语》。

11 月 5 日,在《文汇报》发表短评《人民观点》,收入《上海新语》。

11 月 5 日,在《文汇报》发表短评《及时调节》,收入《上海新语》。

11 月 6 日,在《文汇报》发表短评《"文明"的拍卖》,收入《上海新语》。

11 月 7 日,在《文汇报》发表短评《普及时事教育》,收入《上海新语》。

11 月 7 日,在《文汇报》发表短评《发动生产竞赛》,收入《上海新语》。

11 月 8 日,在《文汇报》发表短评《大团结》,收入《上海新语》。

11 月 9 日,在《文汇报》发表短评《哲学的武器》,收入《上海新语》。

11 月 11 日,在《文汇报》发表短评《揭穿美帝的面目》,收入《上海新语》。

11 月 12 日,在《文汇报》发表短评《丑名"远扬"》,收入《上海新语》。

11 月 13 日,在《文汇报》发表短评《却说"救济"》,收入《上海新语》。

11 月 14 日,在《文汇报》发表短评《谣言之类》,收入《上海新语》。

11 月 14 日,在《文汇报》发表短评《进入冬防》,收入《上海新语》。

11 月 16 日,在《文汇报》发表短评《对比一下》,收入《上海新语》。

11 月 17 日,在《文汇报》发表短评《金山溶化了》,收入《上海新语》。

11月18日,在《文汇报》发表短评《收容灾民》,收入《上海新语》。

11月18日,在《文汇报》发表短评《打击投机》,收入《上海新语》。

11月19日,在《文汇报》发表短评《克敌制胜》,收入《上海新语》。

11月21日,在《文汇报》发表短评《"人定胜天"》,收入《上海新语》。文章从政府对淮北救灾的切实的行动说起,肯定了万众一心,团结一致抗灾的做法,即所谓"人定胜天"。

11月22日,在《文汇报》发表短评《祝店员工会成立》,收入《上海新语》。文章对上海市店员工会委员会成立的祝贺和评论,认为这是新民主主义社会里的一个开端,是对旧制度的否定和改造。

11月24日,在《文汇报》发表短评《发扬光荣传统》,收入《上海新语》。

11月25日,在《文汇报》发表短评《反美力量大检阅》,收入《上海新语》。

11月26日,在《文汇报》发表短评《光和热》,收入《上海新语》。

11月27日,在《文汇报》发表短评《奶粉和纲领》,收入《上海新语》。

11月28日,在《文汇报》发表短评《拥护爱国公约》,收入《上海新语》时改为《爱国公约》。

11月29日,在《文汇报》发表短评《摒除太平观念》,收入《上海新语》。

12月1日,在《文汇报》发表短评《用锤子敲打丧钟》,收入《上海新语》。

12月2日,在《文汇报》发表短评《送旧上海入净火》,收入《上海新语》。文章欢呼并预祝上海各界人民抗美援朝保家卫国代表会议的召开,认为经过这次会议的召开,发动各界群众,可以使旧上海的买办文化、西崽哲学彻底肃清,送旧上海入净火。

12月3日,在《文汇报》发表短评《一个故事》,收入《上海新语》。

12月4日,在《文汇报》发表短评《斯大林同志的话》,收入《上海新语》。

12月5日,在《文汇报》发表短评《祖国需要你　革命需要你》,收入《上海新语》。文章是对中国新闻出版印刷工会上海市委员会举行"招待老工人座谈会"的感想,认为上海的老印刷业工人有革命的优良传统,希望年轻的印刷工人能继承老工人的斗争精神,去报考军事干校,去继承并发扬革命精神。

12月6日,在《文汇报》发表短评《"尼龙"丝袜的问题》,收入《上海新语》。

12月7日,在《文汇报》发表短评《踢开这样的"友谊"》,收入《上海新语》。

12月9日,在《文汇报》发表短评《学习白求恩大夫》,收入《上海新语》。

12月10日,在《文汇报》发表短评《以生命写成的文章》,收入《上海新语》。

12月11日,在《文汇报》发表短评《跳出腐蚀的圈子》,收入《上海新语》。

12月12日,在《文汇报》发表短评《第一封信》,收入《上海新语》。文章通过上海公交工人在新旧社会的状况对比,赞扬了新社会公交工人的新风貌。

12月13日,在《文汇报》发表短评《向母亲的心呼吁》,收入《上海新语》。文章从珂勒惠支的木刻《牺牲》讲起,颂扬在革命时期,母亲把自己的孩子献给革命的伟大壮举。在新社会下,作者呼吁母亲们支持孩子报考军事干校,投身国防建设。

12月14日,在《文汇报》发表短评《赵国有的笑》,收入《上海新语》。

12月15日,在《文汇报》发表短评《勇敢的后一代》,收入《上海新语》。

12月16日,在《文汇报》发表短评《小市民生活的结束》,收入《上海新语》。

12月17日,在《文汇报》发表短评《新的希望》,收入《上海新语》。

12月20日,在《文汇报》发表短评《冬防工作》,收入《上海新语》。

12月22日,在《文汇报》发表短评《质奥斯汀》,收入《上海新语》。

12月23日,在《文汇报》发表短评《两项任务》,收入《上海新语》。

12月24日,在《文汇报》发表短评《新的历史在创造》,收入《上海新语》。

12月25日,在《文汇报》发表短评《"圣诞老人"》,收入《上海新语》。

12月26日,在《文汇报》发表短评《一个好现象》,收入《上海新语》。

12月29日,在《文汇报》发表短评《支前运输队》,收入《上海新语》。

12月31日,在《文汇报》发表短评《迎和平使者》,收入《上海新语》。

本年,唐弢参加了上海市二届一次人民代表大会。

1950年,唐弢以满腔的热情,积极投身到新中国的建设之中,通过自己在人民共和国成立前后对上海的生活感受,写作了一些颂扬新社会,抨击旧社会的文章、短评,体现了知识分子对新政府和中国共产党的拥护之情。

1951年(辛卯),39岁

本年　抗美援朝继续进行。各行各业继续恢复发展,爱国主义生产竞赛运动在全国蓬勃掀起,国民经济进一步恢复。土地改革进一步深入,人民政府发给农民房产和土地所有证。

本年　《婚姻法》公布后,广大妇女要求自主离婚案件居高不下。

1月8日,上海鲁迅纪念馆成立。

2月4日,政务院发布《关于没收战犯、汉奸、官僚资本家及反革命分子财产的指示》。同时,剿匪工作在广东、广西、湖南等地和全国深入开展。毛泽东三次批示,要坚决镇压反革命匪首,轰轰烈烈的镇压反革命运动在全国范围内展开。

4月11日,《人民日报》发表魏巍的散文《谁是最可爱的人》。

5月20日,《人民日报》发表社论《应当重视电影〈武训传〉的讨论》。全国开始批判《武训传》。7月23日,《人民日报》又公布了经毛泽东亲笔修改的《武训历史调查记》,说武训是一个"大流氓、大债主和大地主"。这样,《武训传》的讨论就变成了全国性政治大批判,并持续一年多。这一批判严重地混淆了思想艺术和政治问题的界限,使著名的编导孙瑜受到沉重的打击,40多位同志受到牵连,也给新中国的电影艺术创作的发展带来了严重的不良影响。

5月23日，中央和西藏地方政府全权代表在京签订《关于和平解放西藏办法的协议》，最后完成了中国大陆的全部解放。

5月，《人民戏剧》第三卷第一期发表老舍的话剧剧本《龙须沟》。

6月，上海天花、白喉大流行。

9月29日，周恩来向北京、天津高校教师作关于知识分子的改造问题的报告，知识分子改造运动开始。

本年上半年　全国工商业好转，税收渐增加。

9月，中共中央召开的第一次互助合作会议上通过了《关于农业生产互助合作的决议（草案）》，全国农业合作化运动迈开了第一步。

10月12日，《毛泽东选集》第一卷出版发行。

11月27日，朝鲜停战谈判，双方就军事分界线问题达成协议。

11月20、30日，毛泽东分别批转东北局、西北局关于开展增产节约运动，进一步深入开展反贪污、反浪费、反官僚主义运动。12月1日，中共中央做出《关于实行精兵简政，增产节约，反对贪污、反对浪费和反对官僚主义的决定》，全国掀起"三反"运动高潮。

11月30日，中共中央发出《关于在学校中进行思想改造和组织处理工作的指示》，要求在学校教职员和高中以上学生中普遍进行初步思想改造的工作。此后，思想改造的学习运动从教育界扩展到文艺界和整个知识界。

12月21日，老舍被北京市人民政府授予"人民艺术家"称号。

本年　唐弢继续写作和发表一些篇幅较长的时事杂感。

本年　在对电影《武训传》的批判中，唐弢写了一些文章，主要有：4月20日，写了《缺乏政治敏锐和严肃性》。6月5日，写了《在电影〈武训传〉的讨论中》。7月1日，《文艺新地》第一卷第六期发表《鲁迅和武训》。8月10日，写了《扫除主观主义的作风》。

在文艺生活方面的杂感有：8月15日，《文艺新地》第一卷第七期发表的《文娱生活中的浪费现象》；9月15日，《文艺新地》第一卷第八期发表的《坚持批评的原则》和《写人》；11月15日，《文艺新地》第一卷第十期发表的《思想改造》。

纪念鲁迅的论文,主要有:10 月 19 日,在《解放日报》发表《鲁迅,一个伟大的爱国主义者》;11 月 19 日,在《文汇报》发表《鲁迅思想所表现的反自由主义的精神》。

在文艺理论方面,主要有:4 月 29 日,唐弢在上海人民大舞台作演讲《谈〈水浒〉》,从《水浒》的社会影响与历史背景、社会生活的真实反映、人物创造等方面进行了论述。

1 月 3 日,写作《〈上海新语〉后记》,收入《上海新语》。这是在《文汇报》改版后,唐弢每天写的一段短评的结集,总题叫《上海新语》。唐弢在这篇《后记》中介绍了自己的写作情况,以及自己的评价。

1 月 30 日,写作《〈鲁迅全集补遗〉编后记》(附录二),收入《鲁迅全集杂文补遗》、《回忆·书简·散记》。文章谈到,自己通过拜访周作人(1950 年 9 月在北京拜访周作人,谈到鲁迅遗文的事),证明了《百草书屋札记》非鲁迅遗文。

2 月 12 日,在《文汇报》发表杂文《关于〈百草书屋札记〉——〈鲁迅全集补遗〉五版后记》,署名唐弢。

2 月 20 日,在《文汇报》发表杂文《人民的声音是伟大的力量》,收入《学习与战斗》。文章对美国的杜勒斯去日本,企图单独和日本媾和,以进一步武装日本的阴谋进行揭露。

2 月,上海《文汇报》馆出版短评集《上海新语》,共收短评 69 题,时间是 1950 年 10 月到 12 月为止。

2 月,华东文联刊物《文艺新地》创刊,唐弢任副主编,主编为冯雪峰,冯雪峰调北京后改为巴金,出至八期。

4 月 20 日,写作杂文《缺乏政治敏锐和严肃性》。收入《学习与战斗》。这是一篇批判电影《武训传》的文章,文章认为,出现《武训传》这样的电影,是完全暴露了文化界思想的混乱,是文艺工作者缺乏政治的敏锐性和严肃性的结果。文章分析了武训的历史史实,认为武训是不值得表扬歌颂的。

6 月 5 日,写作《在电影〈武训传〉的讨论中》。收入《学习与战斗》。文章分析了在电影《武训传》的讨论中的一些观点和做法,认为讨论中有浮夸、轻率和"母猪渡河"式的论调,但也有很多认真、诚恳、分析详尽,能够提出问题的篇什。认为武训不是一个改良主义者,是封建社会的维护者和帮闲。

7月1日,在《文艺新地》第一卷第六期发表《鲁迅和武训》。

8月8日,写作杂文《反对浪费》。文章对店员工会的许多基层组织建立乐队,造成不必要的浪费表示批评,认为:"任何文娱活动一离开生产建设,便失去重心,削弱了教育的意义。任何文娱活动一离开具体的经济条件,便成了好高骛远、不切实际的铺张和浪费。"此文后发表在8月15日的《文艺新地》第一卷第七期,署名唐弢。收入《学习与战斗》时改为《文娱活动中的浪费现象》。

8月10日,写作杂文《扫除主观主义的作风》。文章认为,武训历史调查团把武训的历史经过详尽、实事求是的调查公布了,因此,文艺界的一些工作者,没有经过调查,是犯了主观主义的错误。文章批评了孙瑜、李士钊对武训的主观主义的看法。此文后发表在8月15日的《文艺新地》第一卷第七期,署名唐弢。收入《学习与战斗》。

8月30日,写作杂文《写人》。作者认为文学青年热爱时代,要表现这个时代,就应该抓住人这个中心,不要让故事指挥人物,而是让人物主宰故事,要善于真实地表现人,通过人的活动反映现实,并指出我们时代的精神和斗争的意义。此文后发表在9月15日的《文艺新地》第一卷第八期,署名唐弢。收入《学习与战斗》、《唐弢杂文集》。

9月1日,写作杂文《坚持批评的原则》。文章要求文艺界能重视文艺批评,并能从人民利益和国家利益的原则坚持正确的批评和接受批评。此文后发表在9月15日的《文艺新地》第一卷第八期,署名唐弢。收入《学习与战斗》。

9月20日,写作论文《一个伟大的爱国主义者的道路》。文章从鲁迅的思想道路的发展经过,来高度评价鲁迅的思想和精神,讲述他受维新思想的影响、科学救国的历程、"精神界之战士"、在爱国的基础上共鸣、战斗的任务、无产阶级的战士等方面的经历和思想历程,认为鲁迅是一个马克思主义者。此文后发表在10月19日的《解放日报》,署名唐弢。收入《向鲁迅学习》、《鲁迅在文学战线上》。

10月,上海平明出版社出版唐弢的短评集《可爱的时代》,共收短评84题,时间是 1951 年初到 6 月为止。

11 月 8 日,写作杂文《思想改造》。文章对毛泽东主席提出的关于知识分子思想改造的谈话表示拥护,认为小资产阶级知识分子的思想改造不是简单的想通了,而是应该在实践和革命斗争中接受锻炼。此文后发表在 11 月 15 日的《文艺新地》第一卷第十期,署名唐弢。收入《学习与战斗》。

11 月 19 日,在《文汇报》发表杂文《鲁迅思想所表现的反自由主义的精神》。署名唐弢。收入《向鲁迅学习》。

12 月 16 日,写作杂文《〈鲁迅全集补遗续编〉编校后记》,收入《鲁迅全集补遗续编》、《向鲁迅学习》。《后记》中谈到,《鲁迅全集补遗》出版以后,唐弢又搜集了一些遗文,并经出版总署鲁迅著作编刊社同意开始编辑,经近一年的考订,完成近 35 万言的续编,并作编校说明。

本年,从一月开始继续在《文汇报》上发表短评,大多是配合党在各阶段发出的号召的文章。一直到六月止,共写了八十余篇。这些短评,后都收入《可爱的时代》(收录的是 1951 年唐弢在上海为报纸写作的时事短评),在 1951 年 10 月结集后收入潘际坰、黄裳编辑的《新时代文丛》第二辑,由上海平明出版社出版,共收入文章 84 篇。

这些收入《可爱的时代》的短评主要有:

1 月 5 日,在《文汇报》发表短评《不要宽大无边》,收入《可爱的时代》。

1 月 7 日,在《文汇报》发表短评《顺政国皇帝》,收入《可爱的时代》。

1 月 8 日,在《文汇报》发表短评《肃清敌特》,收入《可爱的时代》。

1 月 13 日,在《文汇报》发表短评《临歧一决》,收入《可爱的时代》。

1 月 15 日,在《文汇报》发表短评《横杆作用》,收入《可爱的时代》。

1 月 16 日,在《文汇报》发表短评《把这些带上去》,收入《可爱的时代》。

1 月 17 日,在《文汇报》发表短评《灵魂上的虱子》,收入《可爱的时代》。文章是对官僚主义的分析和抨击,并举上海铁路局对事务员朱寿良失窃公款一案的例子。

1 月 19 日,在《文汇报》发表短评《重货轻币》,收入《可爱的时代》。文章对王筠吉囤购配尼西林一事进行评论,认为根据王筠吉个人在新中国的情况,玩火囤购,使人民蒙受损失导致个人覆灭是无可避免的;但作为金融工会上海银行分会和行政,则应该了解职工、会员的历史情况,与职工多联系,这样通过个人自警和行政、工会的关注职工,可肃清反人民行为。

1月20日,在《文汇报》发表短评《近视病》,收入《可爱的时代》。文章抨击了企业负责人患近视病,只重视眼前利益,而不注重职工劳动生产的安全工作。

1月21日,在《文汇报》发表短评《落水鬼》,收入《可爱的时代》。

1月22日,在《文汇报》发表短评《慎始善终》,收入《可爱的时代》。

1月23日,在《文汇报》发表短评《鸵鸟式的办法》,收入《可爱的时代》。

1月25日,在《文汇报》发表短评《摩根这家伙》,收入《可爱的时代》。

1月26日,在《文汇报》发表短评《第一步》,收入《可爱的时代》。文章是对青工参干运动中的爱国主义精神的颂扬,赞扬青年工人的革命精神。

1月29日,在《文汇报》发表短评《拥军优属》,收入《可爱的时代》。文章赞扬并倡导拥军优属运动,并要求和反动党团特务分子登记运动结合起来,使之成为抗美援朝运动的具体行动。

1月31日,在《文汇报》发表短评《谈谈版税》,收入《可爱的时代》。文章希望有一个合理的版税办法,使它与旧制度不同,在减轻读者负担,推动文化高潮原则下给以作家合理的版税。

2月2日,在《文汇报》发表短评《路只有一条》,收入《可爱的时代》。

2月3日,在《文汇报》发表短评《临时工问题》,收入《可爱的时代》。文章倡议正确对待临时工的问题,杜绝一些资方利用临时工的身份进行剥削,并要求资方和企业严格按新政府的临时工规定办。

2月4日,在《文汇报》发表短评《红盘》,收入《可爱的时代》。

2月5日,在《文汇报》发表短评《腊尽》,收入《可爱的时代》。

2月9日,在《文汇报》发表短评《春》,收入《可爱的时代》。在春节来临之际,文章对共和国成立以后中国社会取得的伟大成就的颂扬:春来到了。

2月10日,在《文汇报》发表短评《仇恨的日子》,收入《可爱的时代》。

2月11日,在《文汇报》发表短评《火》,收入《可爱的时代》。文章对春节期间上海市区火灾频发的感想,回顾旧社会人们对火神的忌怕,从而联想起在清末,租界政府对组织洋枪队压迫中国人的华尔·戈登进行纪念,并以他的名字命名道路的事,认为新社会应组织消防灭火,同打倒美帝战贩一样,要求消灭火灾,加强防火。

2月13日,在《文汇报》发表短评《司法界奇绩》,收入《可爱的时代》。文章表达了对旧封建衙门的抨击,对新社会人民法院的赞美。

2月17日,在《文汇报》发表短评《办好学校》,收入《可爱的时代》。沪江大学、复旦大学决定停止接受美、法津贴,由华东教育部宣布收回教育主权。作者对此表示赞颂,并对旧的社会教育、文化教育进行抨击。

2月23日,在《文汇报》发表短评《一丘之貉》,收入《可爱的时代》。

2月24日,在《文汇报》发表短评《"西洋镜"》,收入《可爱的时代》。

2月25日,在《文汇报》发表短评《前驱者的血》,收入《可爱的时代》。文章是对"左联"五烈士牺牲二十年的纪念和高度评价。

2月27日,在《文汇报》发表短评《为了明天的幸福》,收入《可爱的时代》。

2月28日,在《文汇报》发表短评《这一着棋子》,收入《可爱的时代》。

3月4日,在《文汇报》发表短评《"膏药"和"骷髅"》,收入《可爱的时代》。

3月5日,在《文汇报》发表短评《伟大的收获》,收入《可爱的时代》。

3月7日,在《文汇报》发表短评《反对"练血成金"》,收入《可爱的时代》。

3月9日,在《文汇报》发表短评《看展览会》,收入《可爱的时代》。

3月10日,在《文汇报》发表短评《悟道之言》,收入《可爱的时代》。

3月14日,在《文汇报》发表短评《起点》,收入《可爱的时代》。文章批判了美国及资本主义国家的文化侵略,以及对部分青年的腐蚀,希望肃清帝国主义文化侵略的影响。

3月17日,在《文汇报》发表短评《大恋之所存》,收入《可爱的时代》。

3月18日,在《文汇报》发表短评《扫除垃圾》,收入《可爱的时代》。

3月19日,在《文汇报》发表短评《温床和摇篮》,收入《可爱的时代》。

3月27日,在《文汇报》发表短评《小杂感》,收入《可爱的时代》。

4月14日,在《文汇报》发表短评《立场和态度》,收入《可爱的时代》。

4月15日,在《文汇报》发表短评《敌我之辩》,收入《可爱的时代》。

4月16日,在《文汇报》发表短评《分清本质》,收入《可爱的时代》。

4月17日,在《文汇报》发表短评《说隐秘》,收入《可爱的时代》。

4月18日,在《文汇报》发表短评《贪污处死》,收入《可爱的时代》。

4月27日,在《文汇报》发表短评《篱笆扎扎紧》,收入《可爱的时代》。

4月28日,在《文汇报》发表短评《论"无所谓"》,收入《可爱的时代》。

4月29日,在《文汇报》发表短评《胜利的行动》,收入《可爱的时代》。

4月30日,在《文汇报》发表短评《两种观念》,收入《可爱的时代》。

5月1日,在《文汇报》发表短评《劳动节》,收入《可爱的时代》。在五一劳动节到来之际,对国家取得的巨大成就、工人阶级地位上升的赞扬。

5月4日,在《文汇报》发表短评《五四杂感》,收入《可爱的时代》。文章是对五四运动的评价。

5月6日,在《文汇报》发表短评《镇压两题》,收入《可爱的时代》。

5月8日,在《文汇报》发表短评《遇狼的故事》,收入《可爱的时代》。

5月9日,在《文汇报》发表短评《血泪碑》,收入《可爱的时代》。

5月11日,在《文汇报》发表短评《随感》,收入《可爱的时代》。

5月12日,在《文汇报》发表短评《二端》,收入《可爱的时代》。

5月13日,在《文汇报》发表短评《认识这一点》,收入《可爱的时代》。

5月14日,在《文汇报》发表短评《阶级教育》,收入《可爱的时代》。

5月16日,在《文汇报》发表短评《"英""美"派》,收入《可爱的时代》。

5月19日,在《文汇报》发表短评《杂感二则》,收入《可爱的时代》。

5月22日,在《文汇报》发表短评《走向深入》,收入《可爱的时代》。

5月23日,在《文汇报》发表短评《禁运两题》,收入《可爱的时代》。

5月26日,在《文汇报》发表短评《白纸上的花样》,收入《可爱的时代》。

6月2日,在《文汇报》发表短评《要求提出问题》,收入《可爱的时代》。

6月4日,在《文汇报》发表短评《母猪渡河》,收入《可爱的时代》。

6月5日,在《文汇报》发表短评《改良主义》,收入《可爱的时代》。

6月8日,在《文汇报》发表短评《思想上的敌人》,收入《可爱的时代》。

6月9日,在《文汇报》发表短评《历史的任务》,收入《可爱的时代》。

6月11日,在《文汇报》发表短评《宝贵的经验》,收入《可爱的时代》。

6月13日,在《文汇报》发表短评《蜗牛壳》,收入《可爱的时代》。

6月15日,在《文汇报》发表短评《以血来说明》,收入《可爱的时代》。

6月16日,在《文汇报》发表短评《投降的道路》,收入《可爱的时代》。

6月17日,在《文汇报》发表短评《阿门》,收入《可爱的时代》。

6月18日,在《文汇报》发表短评《这也是打仗》,收入《可爱的时代》。

6月19日,在《文汇报》发表短评《光荣的名词》,收入《可爱的时代》。

6月20日,在《文汇报》发表短评《也是前线》,收入《可爱的时代》。

6月22日,在《文汇报》发表短评《一批生力军》,收入《可爱的时代》时改为《生力军》。

6月23日,在《文汇报》发表短评《动员起来》,收入《可爱的时代》。

6月24日,在《文汇报》发表短评《力的美》,收入《可爱的时代》。文章对工人阶级及工人劳动竞赛进行了赞扬。

6月25日,在《文汇报》发表短评《保证了这一天》,收入《可爱的时代》。

6月26日,在《文汇报》发表短评《政治课》,收入《可爱的时代》。

6月27日,在《文汇报》发表短评《祖国之爱》,收入《可爱的时代》。文章对家长支持学生报名参加军事干校,学生积极要求报考军事干校进行热情的赞美,赞美了爱国主义精神。

6月29日,在《文汇报》发表短评《以天下为己任》,收入《可爱的时代》。文章对社会主义新人张德庆进行赞扬。

6月30日,在《文汇报》发表短评《前夕》,收入《可爱的时代》。

8月15日,写作杂文《〈可爱的时代〉后记》,收入《可爱的时代》。文章是对《可爱的时代》一集结集的用意的说明,歌颂毛泽东时代的新人新事。

1952 年(壬辰),40 岁

本年　中央于1951年12月号召开展的"三反"(反贪污、反浪费、反官僚主义)运动继续。2月上旬,又在全国掀起轰轰烈烈的"五反"运动。"五反"运动即反行贿、反偷税漏税、反盗骗国家财产、反偷工减料、反盗窃国家经济情报。10月,"三反"、"五反"运动在全国范围内胜利结束。

本年　抗美援朝战争继续进行。

3月15日,苏联各报发表了苏联部长会议关于以斯大林奖金授予1951年文学艺术方面有卓越成就者的决定。中国作家获得的有丁玲的小说《太阳照在桑干河上》(二等奖);贺敬之、丁毅的歌剧《白毛女》(二等奖),周立波的小说《暴风骤雨》(三等奖)。

5月24日,新华社消息,华东、上海、中南、西北等地文艺界整风学习运动正式开始。

8月6日,中央人民政府委员会第16次会议听取和批准了1951年国家预算的执行情况的报告。报告表明:中国财政经济情况已经根本好转。到年底,国民经济恢复工作胜利完成。

8月31日,中财委颁发《关于编制五年计划轮廓的方针》及《中国经济状况和五年建设的任务及附表》,国家"一五"计划方针确定。

12月22日,上海市人民政府决定在全市试行办理婚姻登记。

年初,中国共产党开展了文艺整风运动,唐弢在运动中提出了入党申请。

1月10日,写作杂文《和平的奠基石》,收入《学习与战斗》。文章表达了对苏联文化艺术代表团访问上海的欢迎,认为中苏两国人民的友谊是人类和平的奠基石。

1月25日,写作杂文《变了狗的"狮子"》。文章从香港英国政府逮捕、驱逐中国人的一系列事件谈起,认为这是英国政府向美国示好,一起来敌视中国的丑恶行径,认为英国政府是变了狗的"狮子"。此文后发表在1月27日的《文汇报》,署名唐弢。收入《学习与战斗》。

1月30日,写作散文《鲁迅纪念馆记事》。文章介绍了苏联诗人吉洪诺夫和历史学家叶菲莫夫参观上海山阴路大陆新村九号鲁迅故居的事，介绍鲁迅对介绍旧俄文学、苏联文学的功绩，赞扬中苏友好情谊。此文后改题《吉洪诺夫在鲁迅纪念馆》，发表在 12 月 2 日的《解放日报》，署名唐弢。收入《向鲁迅学习》。

3 月，由上海出版公司出版鲁迅著、唐弢编的《鲁迅全集补遗续编》，收鲁迅佚文 106 题（再版时增至 111 题），另有较长的《中国矿产志》、《人生象教》（即《生理学讲义》）两部，小说备校七篇等三题，以及手编《鲁迅笔名补遗续》和《编校后记》。

5 月 4 日，在《解放日报》发表论文《维克多·雨果纪念》，署名唐弢。收入《学习与战斗》、《燕雏集》。文章是为了纪念雨果诞辰一百五十周年，对雨果的文学艺术方面和思想上的成就进行了评价。

10 月 18 日，写作杂文《看法变了》。文章分析了鲁迅的《拿破仑与隋那》一文，认为鲁迅预见了当时希特勒等法西斯的战争危机，具有远见性，从而促进了抵抗力量的结成。此文后发表在 10 月 19 日的天津《大公报》，署名唐弢。收入《向鲁迅学习》。

冬，好友石灵来上海，参加《文艺月报》的创刊工作，到华东文化部来探望唐弢。不久，组织调唐弢到《文艺月报》任副主编。

本年，唐弢和郑振铎在杭州、绍兴、余姚、宁波等地做工作旅行，此行的主要目的是寻访鲁迅遗迹和寻书访书。在宁波，他们重点参观了我国现存最古的藏书楼范氏天一阁。

本年，唐弢在上海华东文化部，协助徐森玉（鸿宝）先生筹组文物处。因那时华东最大的图书馆和博物馆都在南京（上海直属中央），为扩展经费问题，唐弢特地前往南京，住南京博物馆，与共和国成立以前就在上海认识的石西民商谈博物馆建设事宜。

1953 年（癸巳），41 岁

本年　1 月 1 日，《人民日报》发表《迎接 1953 年的伟大任务》的社论。社论指出，1953 年将是我国进入大规模建设的一年，三项伟大任务是：继续加强抗美援朝斗争；开始执行国家建设的第一个五年计划；召集全国人民代表大会,通过宪法,通过国家建设计划。

1月5日,中共中央发出毛泽东新起草的《关于反对官僚主义、反对命令主义和反对违法乱纪的指示》,"新三反"运动在全国开展。

2月1日,中共中央、政务院发布贯彻婚姻法的指示。

2月15日,中共中央通过《关于农业生产互助合作的决议》,作为正式决议发布,农村互助合作运动全面开始。

3月1日,我国第一部《选举法》公布实施,普选运动在全国开始。

5月15日,中苏签订援助中国发展经济的协定。

5月27日,国家确立反对资本主义,工业实行利用、限制、改造总方针。

6月15日,毛泽东在中央政治局扩大会议上第一次对党在过渡时期的总路线和总任务的内容作了比较完整的表述。9月25日正式公布过渡时期总路线。

6月15日,我国伟大的诗人屈原逝世2230周年纪念会在京举行。

7月26日,朝鲜停战谈判达成协议。27日,朝中、美方代表在板门店正式签署朝鲜停战协定及其附件和临时补充协议,历时三年的朝鲜战争结束。

9月23日   10月6日,中华文学艺术工作者第二次代表大会在京举行。

9月25日—10月4日中国文学工作者第二次代表大会在京召开,决议将中华全国文学工作者协会改成中国作家协会。

本年   开始执行第一个五年计划。

1月起,任《文艺月报》副主编,主编先为夏衍,后为巴金。

本年的创作主要是有关文艺生活方面的杂感,主要篇目是:1月5日,《文艺月报》1月号《纠正粗暴的偏向》。2月5日,《文艺月报》2月号《及时地反映生活和斗争》。4月5日,《文艺月报》4月号发表《高尔基作品在中国》等。

1月2日,写作杂文《纠正粗暴的偏向》这是唐弢对共和国成立后的戏曲改革问题的意见,明确批评了各地在戏曲改革中存在的一些突出性问题：一是借口封建，全部作废；二是违反历史，混淆今古；三是神话迷信，分辨不清。针对这些对待民族艺术遗产的粗暴偏向，作者认为应该严肃对待民族艺术遗产，反对保守，反对任何滥禁乱改的粗暴的偏向，消除民间艺术和专业艺术的距离。此文后发表在 1 月 5 日的《文艺月报》1 月号，署名若思。收入《学习与战斗》、《唐弢杂文集》。

2 月 1 日，写作杂文《这样的"功名"》，收入《学习与战斗》。这是对时任华东军政委员会交通部部长兼党委书记（兼任下属的华东交通专科学校校长）黄逸峰的公开批判文章。

2 月 4 日，写作杂文《及时地反映生活和斗争》。文章赞成苏联作家法捷耶夫关于艺术文学是"党的助手"的观点，呼吁文学工作者和爱好文学的同志们，迅速和及时地反映尖锐的阶级斗争，写出生活中的真情实感，发挥文学作品的战斗性，以完成作为"党的助手"的作用。此文后发表在 2 月 5 日的《文艺月报》2 月号，署名若思。收入《学习与战斗》。

3 月 5 日，在《解放日报》发表杂文《伟大诗人白居易》，署名唐弢。

3 月 28 日，写作杂文《高尔基作品在中国》。文章在高尔基八十五岁诞辰纪念时谈高尔基，对高尔基进行评价。谈到自己在国民党统治时对高尔基作品的热爱，认为高尔基作品对国内青年的影响和号召力很大，版本之多，禁而不绝。文章还谈到了高尔基对中国的感情和对中国抗日的支持。此文后发表在 4 月 5 日的《文艺月报》4 月号，署名若思。收入《学习与战斗》、《唐弢杂文集》。

5 月 1 日，写作杂文《"意见箱"的意见》。文章用新诗的形式针砭社会，讲工厂的意见箱，因官僚主义的抬头而积满灰尘，无人问津而成为摆设，用意见箱的话来回忆当初意见箱设立时的盛况、作用，和现在的积满灰尘的对比，批判了官僚主义。此文后发表在 5 月 15 日的《漫画》5 月号，署名唐弢。收入《学习与战斗》、《唐弢杂文集》。

5 月 2 日，写作杂文《骗子》。文章对反官僚主义斗争中发现的一些骗子的行径进行揭露，针砭了时弊。

5 月 4 日，写作杂文《眼睛看着鼻子的人》。收入《学习与战斗》、《唐弢杂文集》。文章通过一个关于"近视眼"（一个时时刻刻关心自己的自私自利者）的民间故事，告诉人们应该把目光从自己的鼻子上移开，正视前面的一切，关心周围和别人。

5月5日，在《文艺月报》5月号发表杂文《开展工农通信运动》，署名若思。

5月15日，在《漫画》5月号发表杂文《骗子》，署名唐弢。收入《学习与战斗》《唐弢杂文集》。

6月5日，在《文艺月报》6月号发表杂文《人民的诗人——屈原》，署名唐弢。收入《燕雏集》时改为《屈原纪念》。文章评价了屈原和他的《离骚》，对屈原的爱国主义思想、关心政治的肯定，但也指出屈原政治上的软弱的一面，认为他是一个杰出的诗人，而不是杰出的政治家。

6月15日，在《文汇报》发表杂文《进步人民的骄傲》，署名唐弢。

6月30日，写作杂文《符咒文学》。文章谈到，小资产阶级在旧社会里受到压迫，一方面不满于现状，一方面又无力反抗，于是通过幻想式的符咒，达到一切都"以意为之"，一切又都可以"随心所欲"，如用一张"姜太公在此百无禁忌"的纸条，可以预防任何的灾难。这种哲学反映在文学上，是抄近路，趁方便，以符咒代替战斗的文艺。文章对创作和文学批评方面的符咒化倾向作了批评。此文后发表在7月5日的《文艺月报》7月号，署名若思。收入《学习与战斗》。

7月30日，写作杂文《"由天"哲学》。上海文元书局出版的《梁山伯与祝英台全史》中，认为男女爱情由天，并举梁祝夫妻三世不团圆为例。文章对此进行了批评，认为宿命论的"由天"哲学要不得，并批评了文艺界的这种倾向。此文后发表在8月5日的《文艺月报》8月号，署名若思。收入《学习与战斗》。

8月7日，写作杂文《"特殊人物"一例》。文章对革命劳动潮流中的一些偷懒卖乖的小流氓之类的"特殊人物"的批评，认为这些人是从旧社会的"有种"有背景的偷懒卖乖的人过来的，文章嘲笑了他们的偷懒卖乖。

8月15日，写作杂文初稿《鲁迅和鲁迅纪念馆》（1956年10月19日修改）。这是为英文双月刊《中国建设》写的。介绍了鲁迅的几处纪念馆，重点介绍了上海纪念馆和鲁迅的革命遗物展览，文章认为鲁迅是马克思列宁主义的信奉者。此文后发表在10月17日的天津《大公报》，署名唐弢。收入《向鲁迅学习》。

9月1日,写作杂文《发掘得更深一些》。文章对新时期作家的作品中表现的概念化,描写枯燥、浮面,读起来干巴巴,没有一点具体的真实感情的创作倾向的批评,认为作家应从政治上去发掘问题,展示所描写的对象的灵魂,展示作者自己的灵魂。此文后发表在9月5日的《文艺月报》9月号发表,署名若思。收入《学习与战斗》、《唐弢杂文集》。

9月,出席全国第二次文代会和第二次中国文学工作者协会(即作家协会)会员代表大会,当选为作协理事。期间,在北京拜访故旧,去苏州胡同拜访冯雪峰,谈了对冯雪峰著的《回忆鲁迅》的看法。

10月5日,在《文艺月报》10月号发表杂文《鲁迅的反对自由主义的精神》,署名唐弢。收入《向鲁迅学习》。文章根据毛泽东的《反对自由主义》,阐述了鲁迅的反对自由主义的精神,认为鲁迅有高度的无产阶级的党性原则和集体主义精神,反对自由主义。

10月22日,写作《〈向鲁迅学习〉序》。收入《向鲁迅学习》。文章介绍了《向鲁迅学习》一书结集的情况,回顾了自己辑佚鲁迅的作品达五十万字,成《鲁迅全集补遗》和《续编》的情况。

11月5日,在《文艺月报》11月号发表杂文《鲁迅否定了武训》,署名唐弢。收入《向鲁迅学习》。

11月,由平明出版社出版唐弢的论文、散文集《向鲁迅学习》,内容包括唐弢与鲁迅交往的史实、对鲁迅思想的分析研究以及辑佚鲁迅佚文的情况。

12月5日,《文艺月报》12月号发表杂文《谈"选举"》,署名唐弢。

年底,总路线运动开展,唐弢去江苏省吴江县湖滨乡考察和体验生活。

本年年底,华东文化部解散,调中国作家协会上海分会工作,和靳以同时调入分会工作。

1954 年(甲午),42 岁

2月6日至10日,中共七届四中全会通过《关于增强党的团结的决议》,批判了高岗、饶漱石的问题。

4月3日,出版总署决定停止胡乱出版苏联文学名著改写本。

4月20日,周恩来总理兼外长率团出席日内瓦会议。29日,中印签订协定,周总理首次提出和平共处五项原则。

6月14日,中央人民政府委员会举行第30次会议,通过并发布了《中华人民共和国宪法草案》。9月9日,通过修正的《宪法草案》。9月20日,《中华人民共和国宪法》颁布实施。

6月30日,《文艺报》1954年第12号上发表署名文章,对路翎的《洼地上的战役》、《战士的心》、《你的永远忠实的同志》三篇小说提出了批评。

7月,胡风向中共中央提出一份《关于几年来文艺实践情况的报告》(即"三十万言书")。

本年 全国各省市相继召开第一次代表大会,并选出第一届代表。9月15日—28日,第一届全国人民代表大会第一次会议在京举行。10月16日,第一届全国人大常委会举行第一次会议。

10月16日,毛泽东给中央政治局的同志和其他有关同志发出《关于红楼梦研究问题的信》。于是,全国展开了对《〈红楼梦〉研究》中的胡适派主观唯心论、形而上学和烦琐哲学的批判。全国性的批判运动由此展开。

11月9日,中国科学院院长郭沫若对《光明日报》记者发表谈话,指出由俞平伯的《〈红楼梦〉研究》所引起的讨论,是马克思主义思想对资产阶级思想的一场严重斗争,并主张把讨论的范围扩大到一切文化学术部门,把胡适的哲学思想的遗毒彻底清除。此后,文学艺术界对胡适思想的集中批判持续约半年时间。

12月2日,中国科学院院务会议和中国作协主席团举行联席会议,决定召开批判胡适思想讨论会。

本年 我国少数民族基本完成民主改革。

本年,除了写作几篇时事杂感外,在上海《青年报》写作了几篇辅导青年学习文学的知识小品,篇目是:3月12日,发表《怎样阅读文学作品》。4月2日,发表《热爱祖国的文学作品》。4月19日,发表《怎样学习鲁迅的杂文》。

1月5日,在《文艺月报》1月号发表杂文《不走老路》,署名唐弢。

　　3月1日,写作杂文《善于谋己,昧于知人》。文章对上海市民阶层中的一些善于谋己、昧于知人的小市民的批评,认为他们是为自己精打细算,有的只想把自己的小圈子、小家庭安排得妥帖,而不想了解外面;有的对外界和社会充满期望,而不想通过自己的切实的劳动和努力去改变。此文后发表在3月5日的《文艺月报》3月号,署名若思。收入《学习与战斗》、《唐弢杂文集》。

　　3月7日,写作杂文《怎样阅读文学作品》。文章从作者个人的读书经验,告诉人们应该怎样读书,怎样去注意作品的内容:一是分析作品主题的现实意义;二是注意人物的典型;三是分析作品所表现的矛盾冲突是否符合社会发展的规律,是否符合实际生活。此文后发表在3月12日的上海《青年报》,署名唐弢。收入《学习与战斗》、《唐弢杂文集》时改为《这只是个人的经验》。

　　3月28日,在《解放日报》发表杂文《谈故事诗〈孔雀东南飞〉》,署名唐弢。收入《燕雏集》时改为《故事诗〈孔雀东南飞〉》。文章是对长篇叙事诗《孔雀东南飞》的评价,认为梁启超定此诗创作时间为六朝,是不对的。唐弢认为是汉末建安时代的作品,同时,唐弢对此诗进行了精到的评价,肯定此诗是伟大的民间文学和现实主义力作。

　　4月2日,写作杂文《热爱祖国的文学作品》。文章认为,祖国的优秀文学作品能激励着我们,因此,我们在喜欢阅读苏联作品的同时,也要阅读祖国的文学作品。这样,才不至于脱离实际,才能从自己的文学成就上迈开步去,向先进的苏联作品吸收更多的营养。此文后发表在《青年报》上,署名唐弢。收入《学习与战斗》。

　　5月2日,写作杂文《比较》。这篇文章是对朝鲜问题的评论,认为在日内瓦会议上,李承晚的代表卞荣泰关于朝鲜问题的讲话,和朝鲜南日外相的讲话形成了明显的比较,南日的讲话戳穿了卞的谎话。此文后发表在5月5日的《文艺月报》5月号,署名若思。收入《学习与战斗》。

　　6月,应宁波市当地驻军二十军政治部所邀,在宁波市驻军第二十军文工团讲课二周,参加英模大会,并深入连队,看了分驻在慈溪、镇海乡间的连队。期间,在现位于宁波市区的唐代建筑天封塔前照了一张相。

　　7月,当选为上海市人民代表大会代表。

8 月,写作《〈唐弢杂文选〉序言》,收入《唐弢杂文选》。序言说明了结集的情况,以及对杂文的看法。

9 月 5 日,在《文艺月报》9 月号发表杂文《卜广德和他的小通讯员》,署名唐弢。

10 月 14 日,写作杂文《怎样学习鲁迅的杂文》。文章阐述了鲁迅重视杂文写作的原因和鲁迅杂文的特点。此文后发表在 10 月 19 日的《青年报》,署名唐弢。收入《学习与战斗》、《唐弢杂文集》时改为《谈鲁迅的杂文》。

11 月,写作杂文《走鲁迅思想锻炼的道路》。用马克思主义理论、毛泽东思想来分析、阐述鲁迅是一个无产阶级思想家,革命家。

本年冬,上海书商从浙江镇海乡下收集到较珍稀的鲁迅早年译著单行本《月界旅行》一书,带来想卖给唐弢,要价非常高,唐弢考虑再三,把它买了下来。不久,上海鲁迅纪念馆也购得同样珍稀的鲁迅早年译著单行本《地底旅行》一书。后来,在 1956 年鲁迅逝世二十周年纪念时,为了使两书能够相映生辉,唐弢把这册《月界旅行》送给了新建的上海鲁迅纪念馆。

1955 年(乙未),43 岁

本年　1 月 20 日,中共中央宣传部向党中央提出《关于开展批判胡风思想的报告》,"批判胡风思想"运动在全国展开。

1 月 26 日,中央发布《中共中央关于在干部和知识分子中组织宣传唯物主义思想批判资产阶级唯心主义思想的演讲工作的通知》,认为对俞平伯的红学研究思想批判已告一段落,对胡适思想的批判已经初步展开,对胡风及其一派的文艺思想的批判亦将展开,因此要通过唯物主义思想教育干部和知识分子,批判唯心主义思想。

1 月 31 日,卫生部党组向中共中央报送《关于节制生育问题的报告》,节育问题引起重视。

3 月 18 日—24 日,周恩来、陈毅率代表团出席在印尼万隆举行的亚洲会议。周恩来提出"求同存异"的著名方针。

3 月,中科院考古研究所西安工作队在陕西西安半坡村发掘出一个

4000多年的仰韶文化时代村落遗址。

4月,高玉宝自传体小说《高玉宝》出版。

5月13日,发表胡风《我的自我批评》和舒芜《关于胡风反革命集团的一些材料》。5月24日、6月10日又发表了关于胡风反革命集团的第二批、第三批的材料。随后,全国开展肃清暗藏的反革命分子的群众运动。胡风和所谓"胡风反革命集团"中的许多同志被作为敌对分子处理。

5月14日,中央发出同反革命分子、犯罪分子做斗争的指示。7月1日,又发出开展肃清一切暗藏的反革命分子的指示,"肃反运动"展开。此运动到1957年春,取得了重大胜利。

5月,赵树理的小说《三里湾》出版。

10月15日—23日,全国文字改革会议在京举行,通过《汉字简化方案修正草案》,通过有关文字改革和推广以北京语音为标准音的普通话的决议。普通话开始推广。

11月16日,中央政治局通过《关于资本主义工商业改造问题的决议(草案)》。此后,私营工商业的改造,开始推进到全行业公私合营的道路。

共和国成立以后,美国对我国的东北、沿海的空袭侵略不断,美国和我国台湾地区的特务、间谍活动不断,引起中国政府抗击和反制。台湾问题也是中央政府的重要挑战。今年以来,1月18日,解放军解放一江山岛;2月13日,解放军解放大陈岛、渔山列岛和披山岛等岛屿;1月26日,解放鹿山列岛。这样,浙江沿海所有敌占岛屿全部解放。

本年 在对胡适思想的批判中,唐弢主要写作以下一些杂感,如《"述怀"诗考》(1月30日《解放日报》),《"扮演者"的尾巴》(2月13日《解放日报》),《"压宝"的故事》(2月27日《解放日报》)

在对胡风的批判中,唐弢也写作了一些杂感,主要的篇目是:4月13日,《解放日报》发表《鲁迅决不会为胡风"辩护"》;7月16日,《展望》周刊第27期发表《关于"装死"》;8月13日,《文艺月报》8月号发表《论"难为水"》等。

在鲁迅研究领域,本年唐弢写有三篇论文:10月15日,《文艺月报》10月号发表《鲁迅谈作家的思想锻炼》;10月15日,《文艺报》第19期发表《学习鲁迅的战斗精神》;10 月 19 日,《解放日报》发表《鲁迅谈必须反映迫切的政治斗争与重大问题》。

本年,曾在上海邮局邮工补习学校义务讲授文学课,学校被誉为"民主的摇篮"。

1 月 28 日,写作杂文《〈述怀〉诗考》。文章是对胡适的无情的批判、嘲笑和挖苦,并从胡适的《述怀》诗来揭露胡适的野心。此文后发表在 1 月 30 日的《解放日报》,署名唐弢。收入《学习与战斗》、《唐弢杂文集》。

2 月 5 日,写作杂文《"扮演者"的尾巴》。文章对胡适在北大女生沈崇遭美兵强奸案的态度,作者进行了批判、揭露,认为胡适的言行是虚伪的。此文后发表在 2 月 13 日的《解放日报》,署名唐弢。收入《学习与战斗》、《唐弢杂文集》。

2 月 8 日,写作杂文《身首异处》。对小市民阶层中的身体处在社会主义社会,而精神、头脑仍停留在资本主义社会或封建主义社会里的人,作者认为他们是"身首异处",要求他们在总路线的指引下,赶紧改造,努力学习,跟上时代。此文后发表在 5 月 9 日的《解放日报》,署名唐弢。收入《学习与战斗》、《唐弢杂文集》。

2 月 15 日,在《文艺月报》2 月号发表杂文《什么叫"旧红学"和"新红学"》,署名唐弢。收入《唐弢杂文集》时改为《"旧红学"和"新红学"》。文章是对旧红学、新红学的观点、情况的介绍分析,并作出自己的评价,批判了胡适的实验主义资产阶级唯心论,批判了俞平伯、顾颉刚的红学研究方法成果,批判了周汝昌的红学研究的缺点,主张用马克思列宁主义理论研究红学,肯定了《红楼梦》的伟大性。唐弢认为,"旧红学"所阐明的只是"嘘气结成的仙山楼阁",在摧毁这些虚无缥缈的"仙山楼阁"方面,"新红学"提出了作者、时代、版本等问题,搜集和发掘了一些所谓"证据",是有积极意义的,他们所搜集的原始"证据"本身还存在着客观的意义,也有可能给后来的研究者留下若干有用的材料。唐弢的这篇文章,比那些简单地全盘否定"新红学"的做法,要有说服力,较之同时代的人,是要清醒一些的。

2 月 20 日,写作杂文《做戏的虚无党》。收入《学习与战斗》、《唐弢杂文集》。文章从当年的假鲁迅事件说起,谈到浙江转业干部速成中学的也是名为陈萍的人,假冒另一个作家陈萍的名头和作品进行弄虚作假,装模作样。作者对此表示批评。

2 月 20 日,写作杂文《"压宝"的故事》。这是一篇批判胡适的文章,认为胡适的实用主义哲学,使他用赌博"压宝"的办法,把"宝"压在了美国,而美国作为帝国主义,它的下场正是走"下坡"路,这是历史的命运。这是胡适实用主义哲学的失败。此文后发表在 2 月 27 日的《解放日报》,署名唐弢。收入《学习与战斗》。

2 月,由人民文学出版社出版唐弢的杂文集《唐弢杂文选》,收 1933 年至 1947 年杂文 94 篇,占作者这一时期杂文总数的五分之一,"从内容说,大部分是反帝、反封建、反官僚资本主义的篇什,偶尔也鼓舞斗志,揭发时弊,勾勒了某些所谓文人也者的嘴脸"。(唐弢:《唐弢杂文选·序言》)

3 月 10 日,写作杂文《论"一点一滴"》。文章严厉批判了胡适的改良主义观点:一点一滴地改造、解放的说法。批判胡适的实用主义,从方向、本质上进行批判,认为改良主义、实用主义是行不通的,是含毒素、具欺骗性的。此文后发表在 3 月 21 日的《解放日报》,署名唐弢。收入《学习与战斗》《唐弢杂文集》。

3 月 14 日,写作杂文《在"苍蝇"上碰了头》。这篇文章是对胡风的批判,认为胡风也是和胡适一样,是资产阶级唯心主义者,他们对待某些具体问题的看法,其本质是一致的。此文后发表在 3 月 19 日的《新闻日报》上,署名唐弢。收入《学习与战斗》。

3 月 20 日,在《漫画》3 月号发表杂文《双包案》,署名唐弢。

3 月 25 日,写作杂文《戏台里喝采》。文章同时批判了胡适和胡风,认为他们称赞朋友、为朋友辩护,其目的是自吹自擂,本质是一样的,都是"戏台里喝采",是资产阶级思想的具体表现之一。此文后发表在 4 月 20 日的《漫画》4 月号,署名唐弢。收入《学习与战斗》。

4 月 7 日夜,写作杂文《理未易明,善未易察》。收入《学习与战斗》、《唐弢杂文集》。文章批判了胡适的唯心主义不可知论,认为胡适是反动的,追随帝国主义的,其对共产党的"理未易明,善未易察"的认识,是混淆是非的。

4月8日夜,写作杂文《鲁迅决不会为胡风"辩护"》。这是一篇批判胡风的文章。在批判胡风的资产阶级唯心主义文艺思想的斗争中,有人为胡风攀援上鲁迅,认为胡风曾经跟随鲁迅,过去是对的,错的只是现在。唐弢在此文中认为,胡风的错误是一贯的,鲁迅在《答徐懋庸并关于抗日统一路线问题》一文中,也是批评了胡风;又有人说,即使胡风有百分之九十九的错误,难道就没有一点点的是处吗? 胡风是"战斗"过来的,就不能谈谈他的是处吗? 如果鲁迅活着的话,是会为胡风辩护的。针对这一观点,唐弢认为鲁迅决不会为胡风辩护。此文后发表在4月13日的《解放日报》,署名唐弢。收入《学习与战斗》。

5月,作为中苏友好协会访苏代表团的成员,唐弢赴苏联参加"五一"国际劳动节观礼,并到苏联各地参观访问。5月1日,唐弢和代表团成员在苏联莫斯科红场观礼,随后拜谒了列宁、斯大林陵墓。晚上,在列宁山上观看焰火表演,参观了莫斯科大学。期间,观摩了在莫斯科举行的夏季运动会。在全苏第五届保卫和平大会的会后节目里,第一次看了苏联莫斯科"小白桦树舞蹈团"的演出,看了它的舞蹈代表作《红莓花儿开》和《小白桦》。

不久,应莫斯科的一个具有革命传统的工人区"红普列斯尼亚"区委会的邀请,参加了在赫尔岑街莫斯科国立音乐院大厅举行的庆祝"五一"国际劳动节的晚会。

在斯大林格勒,团员们在伏尔加河畔散步,在烈士广场徜徉,参观了"察里津—斯大林格勒保卫战博物馆"和星仪馆、斯大林格勒拖拉机厂,乘船游览了伏尔加—顿运河。

在列宁格勒,5月9日,访问了"阿芙乐尔"号巡洋舰。在莫尔尼宫,参观了列宁的住所。5月10日晚七时,访问了工人华西里·伊里奇·列米索夫的家。

在亚美尼亚及首都埃里温访问五天,5月16日中午,在阿拉拉特山脚,参观了"建设者"农庄。不久,又去参观了谢凡湖畔的地下水力发电站。

5月19日晚回到莫斯科。第二天,在近郊哥尔克村,参观了列宁故居博物馆。参观了莫斯科"哥尔克第二"国营农场、莫斯科市场及百货公司。

5月24日下午,应邀出席了苏联对外文化协会的宴会。席间,见到了苏联英雄卓娅的母亲。

观礼团在苏期间,成员中的中国文学委员会还在全苏作家协会与苏联的中国文学研究学者进行沟通交流,唐弢和戈宝权等参加了交流,并在高尔基文化休息公园参加了中国文学晚会。

5月25日晚,观礼团告别莫斯科,取道西伯利亚,乘火车回国。

回国后,写作了好些访苏观感。

5月,写作论文《正确理解鲁迅关于题材问题的意见》。文章阐述了鲁迅关于创作题材方面的看法和理论,认为鲁迅是马克思主义者。

7月12日,写作杂文《关于"装死"》。这是一篇批判胡风的文章,认为胡风反革命集团的战术之一是"装死躺下",不过比一般的反革命分子更巧妙,他们会在人心里挖下"地窖",使人丧失警惕性,以求蒙混过关,伺机进攻。此文后发表在7月16日的《展望》第二十七期,署名唐弢。收入《学习与战斗》时改为《装死躺下》。

7月18日,写作杂文《且打滚且作战》。文章对胡风及所谓的胡风反革命集团进行批判,认为胡风是精神流氓,精通恶丐的"且打滚且作战"的战术。此文后发表在8月2日的《解放日报》,署名唐弢。收入《学习与战斗》。

7月24日,写作杂文《释"他"》,收入《学习与战斗》。这是一篇对胡风和阿垅进行批判的文章,认为阿垅给胡风的信中所称的"他"是指蒋介石,这暴露了他们是反革命的一伙。

7月29日,在《文汇报》发表杂文《为和平的艺术》,署名唐弢。收入《学习与战斗》。这是一篇对印度文化代表团访问上海的评论,认为艺术团的到来和演出,体现了中印的友谊,是为和平的艺术。

8月3日,写作杂文《论"难为水"》。文章从《关于胡风反革命集团的材料》中的胡风的一句话:"我是一个'难为水'的人,好像没有什么值得奇怪的事情",结合唐朝元微之的《离思》"曾经沧海难为水"一诗,认为胡风除在卖弄反动经历、污蔑共产党外,还透露了反革命的真实心情,胡风的后台是在台湾的蒋介石。此文后发表在8月15日的《文艺月报》8月号,署名唐弢。收入《学习与战斗》。

8月18日，写作杂文《言多必失》，署名唐弢。收入《繁弦集》。这是一篇批判胡风和所谓的胡风反革命集团的文章。文章说，有人在批胡风的小组会上守口如瓶，保持沉默，怕"言多必失"。唐弢认为，这也是反革命的表现，要求他们在学习会上畅所欲言，把反革命思想和历史问题交代出来，以此把反革命思想和历史问题丢掉，即"失"。

9月1日，为前华东文化部文物处的同事郭若愚编的《太平天国革命文物图录补编》作序。此前，1951年，前华东文化部文物处曾在上海举办过一次太平天国起义百年纪念展览会，之后在南京、杭州等地先后展出，受到群众的热烈欢迎，并时常有人要求鉴定太平天国文物，还有的把文物捐献给了国家。因此，唐弢建议把展览会搜集的珍贵文物影印问世。

9月3日，写作杂文《"党人魂"短剑》。这是一篇批判胡风及所谓胡风反革命集团的文章。文章说，有些书生们认为，胡风只是一个秀才，而秀才造反，三年不成，因此胡风只是写了些文章，又没有什么真的武器，是不可怕的。唐弢反驳道，胡风是有武器的，他有蒋介石送他的"党人魂"短剑，可以和其他特务联系进行破坏，而且，胡风还可以和其他特务配合，文做武打，可以用文艺来搞破坏。此文后发表在9月15日的《文艺月报》9月号，署名唐弢。收入《繁弦集》。

9月20日，写作《〈学习与战斗〉序言》。收入《学习与战斗》。

10月2日，写作杂文《这是具体的》。文章从孔子和他的七十二个学生的关系说起，认为现代教师和学生的之间，应该有思想和生活的紧密的联系，教师应该对学生有全面的了解，特别是政治思想方面的了解，而这是具体的。此文后发表在10月5日的《文汇报》，署名唐弢。收入《繁弦集》、《唐弢杂文集》。

10月15日，在《文艺月报》10月号发表杂文《鲁迅谈作家的思想锻炼》，署名唐弢。收入《鲁迅在文学战线上》。

10月15日，在《文艺报》第十九期发表杂文《学习鲁迅的战斗精神》，署名唐弢。

10月16日，在《儿童时代》第二十期发表散文《关于鲁迅先生的几个故事》，署名唐弢。收入《鲁迅先生的故事》。

10月19日,在《解放日报》发表杂文《鲁迅谈必须反映迫切的政治斗争与重大问题》,署名唐弢。收入《鲁迅在文学战线上》。

10月,写作论文《在文艺斗争中传播马克思主义——鲁迅在"左联"时期的三次论争》。文章介绍了鲁迅与新月派的梁实秋的论争、与"民族主义文艺"的论争,与"自由人""第三种人"的论争,强调鲁迅是无产阶级革命家、马克思主义者。

10月,由上海新文艺出版社出版唐弢的论文、杂文集《学习与战斗》,收1951年4月至1955年7月所写的杂文、论文54篇。共分五个方面:一、对电影《武训传》的批判、对胡适思想和对胡风的批判,二、社会杂感,三、政治杂感,四、文艺短评,五、为和平运动和文化交流而作的纪念性的篇什。

11月2日,写作散文《西伯利亚的青春》。收入《莫斯科抒情及其他》《生命册上》。文章记1955年5月25日,唐弢等人离开莫斯科,坐火车回国,沿途看到苏联在西伯利亚的垦荒,使荒漠变成了绿洲。文章通过西伯利亚的巨变,赞扬了人们建设的热情。

11月2日,写作杂文《"积重难返"》。文章批判了社会中有些部门对认识到的问题不重视,使得问题越积越多、越难解决的现象,提出对各部门出现的问题,一有出现就应立即解决,不应"埋怨"、"忧虑"。此文后发表在11月15日的《文艺月报》11月号,署名唐弢。收入《繁弦集》、《唐弢杂文集》。

11月12日,在《展望》第四十四期发表诗歌《"小白桦"颂》,署名唐弢。收入《莫斯科抒情及其他》。

11月27日,写作散文《莫斯科的市场》。文章写道,1955年5月23日,唐弢等人访问了莫斯科市苏维埃副主席列昂诺夫,参观了莫斯科的社会主义社会商品市场。文章记录了自己的感想。此文后发表在12月4日的《新闻日报》,署名唐弢。收入《莫斯科抒情及其他》、《生命册上》。

12月7日,写作杂文《"三户"颂》。毛泽东的《关于农业合作化问题》的报告中,有关于"三户"贫农王玉坤、王小其、王小庞坚持搞合作化并搞出成绩来的事。作者据此事进行阐发,认为许多社会主义新事物的萌芽,都是从弱小而开始强壮的,如楚三户可以灭秦的力量一样,希望人们珍视生活中的新的萌芽,培育并扶持它。此文后发表在 1956 年 1 月的《人民文学》1 月号,署名唐弢。收入《繁弦集》、《唐弢杂文集》。

12 月 21 日,由国务院任命为上海市文化局副局长。

本年,上海市文联成立,唐弢任作协上海分会书记处书记。

🔭 6 年(丙申),44 岁

本年　1 月,北京、上海宣布社会主义改造取得最后胜利,私营工商业全部被批准实行公私合营。此后,全国各大中城市要求早日进入社会主义。

1 月 1 日起,《人民日报》、《工人日报》等全国性报纸的文字,由原来的竖排改为横排,这是我国报纸形式的一项重大改革。

2 月 6 日,中国文字改革委员会发表《汉语拼音方案(草案)》。

4 月 28 日,中共中央政治局举行扩大会议,毛泽东指出,"百花齐放,百家争鸣"应成为我们的方针。5 月 2 日,毛泽东在最高国务会议上宣布"百花齐放,百家争鸣"的方针。

9 月 15 日—27 日,中共八大在京召开,指出党的工作的战略重点已转移,主要矛盾不再是阶级矛盾。

9 月,《人民文学》第 9 期上发表王蒙的短篇小说《组织部新来的年轻人》。《人民文学》第 9 期发表何直(秦兆阳的笔名)的《现实主义——广阔的道路》一文,在文艺界引起强烈的反响,引起论争并变成了批判。此文也被定为"修正主义文艺纲领",作者秦兆阳被划为右派。

10 月 1 日,《文汇报》在上海复刊。

10 月 14 日,鲁迅遗体迁葬仪式在上海虹口公园鲁迅新墓地举行。19 日,首都举行鲁迅逝世 20 周年纪念大会。新落成的北京鲁迅博物馆和上海鲁迅纪念馆同时开放。

本年　年初,周恩来总理在中南海紫光阁召见文艺界人士座谈。会议结束后,唐弢和其他几位同志被留下来谈话。陈毅副总理介绍了唐弢。两位总理要求他去上海市文化局任副局长。此前,1 月,唐弢已接到上海市委的打印通知,任命他为上海市文化局副局长,凭此先去报到。不久,又接到正式由周总理签署的"中华人民共和国国务院任命书"第 3751 号。唐弢觉得自己不谙行政工作,喜欢文艺专业,所以没有报到。唐弢在两位总理谈话后,除将上海作协分会党组提出的两边兼顾的要求诉述一下外,也就不说什么了。

　　唐弢回到上海后,即到文化局报到,分管文物、图书馆、博物馆。

　　本年　从 1 月起,继续写作和发表访苏观感,篇目是:1 月 9 日,写《为了创造性的一年》,发表在苏联的《真理报》;5 月 1 日,写《人类的春天》,发表在苏联的《真理报》;11 月 7 日,在《文汇报》发表《一个友谊的晚会》,署名唐弢。

　　在鲁迅研究方面,本年也有较多的著述。为纪念鲁迅逝世 20 周年,编有文献纪录片《鲁迅》,由佐临导演。1 月 15 日,《文艺月报》1 月号发表《"小事"不"小"——谈〈一件小事〉的思想性与艺术性》,署名唐弢。9 月 8 日,《文艺学习》6 月号发表《鲁迅对文学的一些看法》,署名唐弢。10 月 1 日,《文艺月报》10 月号发表《鲁迅与戏剧艺术》,署名唐弢。10 月 19 日,《解放日报》发表《鲁迅杂文的艺术特征》,署名唐弢。10 月 28 日,《中国电影》创刊号发表《门外汉手记》,署名唐弢。以上这些作品中,其中《鲁迅杂文的艺术特征》一文是从文学特性的角度去分析鲁迅的杂文,具有一定的开创性。

　　在杂文方面,主要的篇目有:《"三户"颂》(《人民文学》1 月号);《孟德新书》(9 月 9 日《人民日报》);《言论老生》(9 月 13 日《人民日报》);《另一种"有啥吃啥"》(10 月 27 日《解放日报》);《不必要的"门当户对"》(11 月 13 日《人民日报》);《再谈中药供应》(11 月 24 日《解放日报》)。其中,《另一种"有啥吃啥"》是批评中药供应中的问题,《不必要的"门当户对"》是批评建设体育场地点不合适的现象,在 1958 年反右派复查期间,成为唐弢的"反党反社会主义"的"罪证"。

　　1 月,兼任中国人民对外文化协会上海分会副会长。

　　1 月 9 日,写作散文《为了创造性的一年》。发表在苏联《真理报》,收入《莫斯科抒情及其他》。文章赞颂了中苏友谊,回顾了自己过去对共产主义和苏联的向往的事,以及如今成为现实,回顾了自己访苏时中苏人民的友谊。这是应苏联《真理报》的约稿写的。

1月15日，在《文艺月报》1月号发表论文《"小事"不"小"——谈〈一件小事〉的思想性与艺术性》，署名唐弢。收入《燕雏集》。文章认为，作家的心胸中须有一个"世界"，才能从一粒"砂"里反映深广的主题。唐弢由此分析了鲁迅的《一件小事》，认为鲁迅通过城市贫民的一个具体的形象，表达了对劳动人民崇高品质的歌颂与向往，同时也为小资产阶级知识分子指出了一条思想改造的革命途径。

1月30日至2月7日，当选为全国政协委员，出席第二届全国政协第二次会议。期间，毛泽东主席在怀仁堂宴请知识分子，大家按专业排成队伍，等待接见。每个专业由这个专业的领导人介绍。当茅盾先生介绍唐弢时，毛主席"哦"了一声，说："杂文难写，可还得写啊！"席间，毛泽东谈到胡适，给唐弢的印象很深，毛泽东谈到曾托人带话，请他回大陆，又说胡适在新文化运动中是有功的，应该实事求是，不能一笔抹煞，并说到了二十一世纪，再替他恢复名誉。宴会以后举行文艺活动，唐弢对侯宝林先生的相声印象深刻。

2月27日至3月6日，参加中国作家协会第二次理事扩大会议。

3月8日，唐弢在作协上海分会被批准加入中国共产党。

3月24日，《解放日报》发表《献身伟大的共产主义事业》，署名唐弢，他回顾了自己的生活经历和思想变革的过程。

3月31日，在《人民日报》发表《同庸俗社会学倾向做斗争（在中国作家协会第二次理事会会议（扩大）上的发言）》，署名唐弢。

3月20日，写作杂文《把暖流带回到工作中来》。文章认为，过去对文学队伍中的年轻一代的培养工作是太少了，因此，在这次的作家协会理事会扩大会议、3月15日召开的全国青年文学创作者会议上，提出了培养新生力量，扩大文学队伍的要求和措施。唐弢认为，这就要求我们把暖流带回到工作中来，制定计划培养新人，为老作家创造条件，深入生活，到生活里去。此文后发表在4月5日的《文艺月报》4月号，署名唐弢。收入《繁弦集》。

3月，在中华书局出版的《中国现代出版史料内编》发表《重订鲁迅著译书目》，署名唐弢。

4月15日,在《劳动报》发表杂文《初学写作者要学习文艺理论吗?》,署名唐弢。

5月1日,写作散文《人类的春天》。发表在苏联《真理报》,收入《莫斯科抒情及其他》。文章是为《真理报》作的,写自己回国后向人们报告了在苏联的所见所闻,从而激发了人们建设社会主义的热情。文章赞扬了苏联的巨大变化,也鼓舞了中国工农建设的热情和信心。

5月,在《文艺月报》5月号发表散文《同志的友谊——悼石灵》,署名唐弢。收入《繁弦集》、《生命册上》。这是一篇悼念石灵(孙大可)的文章,文章赞扬了石灵的共产党员的干劲。

7月1日,在《萌芽》创刊号发表散文《新的萌芽》,署名唐弢。

8月10日,为《文艺学习》作杂文《政治任务与艺术特征——谈鲁迅对文学的一些看法》。文章从文学的社会意义、作用谈起,阐述鲁迅对文学的看法。鲁迅认为对文学要有正确的认识和严肃的态度;文学要为社会改革服务,为人民服务;承认文学是阶级斗争的武器;文学的特征是运用形象思维,和科学不一样等。此文后发表在9月8日的《文艺学习》9月号,署名唐弢。

8月22日,写作《韩复榘与阿登纳》,收入《繁弦集》。文章从民主德国的阿登纳在议会演说时,议员们怕他的演说会被舆论所反对的事说起,从而联想起韩复榘的演说,常使幕僚们担心会被人引为笑柄。因此,在对比之下,唐弢认为阿登纳代表了华尔街,他的笑话,则更是德国人的笑柄。

9月4日,写作杂文《鲁迅不喜欢戏剧艺术吗?》。文章论述了鲁迅对戏剧艺术的理论和观点,说明鲁迅对戏剧艺术的重视。

9月9日,在《人民日报》发表杂文《孟德新书》,署名唐弢。收入《繁弦集》、《唐弢杂文集》。文章是对学术界、出版界存在的东拼西凑的研究风气的批评,希望学术界能从坚持真理到发展真理,在重复真理时能有所阐发、补充和发展。

9月10日,在病中写作《门外汉手记——〈鲁迅文献记录片〉编写随想》。文章是为了编写《鲁迅文献记录片》而想起自己写作的要点和感想、要求。此文后发表在10月28日的《中国电影》创刊号,署名唐弢。收入《繁弦集》、《唐弢杂文集》。

9月13日,在《人民日报》发表杂文《言论老生》,署名唐弢。收入《繁弦集》、《唐弢杂文集》。文章批评了社会上的一种人,他们不联系实际,凭着自己所总结的大道理,去评说否定一切。唐弢认为这是教条主义和主观主义。他们的高超的"言论",一碰到实际生活就会被碰得粉碎。

9月14日,写作杂文《美国版"资本论"》。美国的杜邦出版的《杜邦公司史》中所说的:马克思在《资本论》中所描绘的乌托邦理想,已经在资本主义国家的美国实现了,而不是在共产主义国家。文章对此言论进行批驳,认为这是精神堕落到极点的社会里才会有的现象,是美国版的"资本论",却无法掩盖资本主义社会的垄断和剥削下的丑恶。此文后发表在10月4日的《文汇报》,署名唐弢。收入《繁弦集》。

9月15日,写作杂文《选本》。文章是对出版选本的意见,认为选本是有其局限性的,但却是做着开源推波的工作,为产生专家打下基础。因此要求选家能去偏见,尚客观,抑私爱,重全面,提供博览和条件,培植踏实的风气。此文后发表在9月24日的《解放日报》,署名唐弢。收入《繁弦集》、《唐弢杂文集》。

9月29日,在《展望》第三十八期发表散文《"孺子牛"——鲁迅先生的故事之一》,署名唐弢。收入《鲁迅先生的故事》。文章讲述了鲁迅先生爱护、培养青年的故事,谈到鲁迅对有些青年的蜕化,也是决不容忍的。

9月,写作论文《鲁迅杂文的艺术特征——纪念鲁迅逝世二十周年》。文章是对鲁迅杂文的艺术特征的全面分析和评价。此文后发表在10月19日的《解放日报》,署名唐弢。收入《鲁迅杂文的艺术特征》、《鲁迅在文学战线上》、《燕雏集》、《鲁迅的美学思想》。

10月10日,在《文艺月报》10月号发表论文《鲁迅与戏剧艺术》,署名唐弢。收入《鲁迅在文学战线上》。

10月16日,在《萌芽》第八期发表散文《一幅木刻的来由》,署名唐弢。收入《鲁迅先生的故事》。文章由鲁迅所喜欢的珂勒惠支的《牺牲》木刻,讲了柔石和鲁迅的故事。

10月19日,在《新闻日报》发表杂文《一个光辉的名字》,署名唐弢。

10月24日,在《读书月报》第十期发表书话《开场白》、《域外小说集》,署名晦庵。收入《晦庵书话》。《域外小说集》是对鲁迅的《域外小说集》的出版情况进行的详细的考证。

10月27日,在《解放日报》发表杂文《另一种"有啥吃啥"》,署名唐弢。收入《唐弢杂文集》。文章从自己生病吃中药,而开的处方中有几味药因缺货品,医药公司的人说有几味就吃几味的经历说起,对医药供应部门的存在的弊端进行批评。并兼及副食品供应方面的"有啥吃啥"问题。文章批评了官僚主义。

10月,因心脏病发作住院。

11月6日,在《文汇报》发表杂文《尼罗河畔的"太阳"》,署名唐弢。收入《繁弦集》时改为《尼罗河畔的"阿顿"》。这是对英法两国侵略埃及的评论,认为尼罗河畔的埃及人民,正在站起来,如"阿顿"(太阳神)一样,反殖民主义的斗争精神正在觉醒。

11月7日,在《文汇报》发表散文《一个友谊的晚会》,署名唐弢。收入《莫斯科抒情及其他》、《生命册上》时改为《令人难忘的中国文学晚会——记高尔基文化休息公园中国文学晚会》。文章写了在苏联高尔基文化休息公园举行中国文学晚会的事,写到晚会的气氛从冷到热,到群众的积极参与,歌颂了中苏文学、文化的交流和中苏人民友谊。

11月9日,写作杂文《从选本说开去》。收入《繁弦集》、《唐弢杂文集》。文章对选本的作用的重视,重申选本是通向成为专家的桥梁,选本和全集并不是对立的。

11月13日,在《人民日报》发表杂文《不必要的"门当户对"》,署名唐弢。收入《唐弢杂文集》。文章对上海体委不适当地在文化场所、公园边建体育场地的做法,唐弢表示批评,认为这是不适合的门当户对。

11月24日,在《解放日报》发表杂文《再谈中药供应》,署名唐弢。收入《唐弢杂文集》。胡祝在《人民日报》上著文反驳唐弢的《另一种"有啥吃啥"》一文,唐弢进行批驳,认为胡祝对中药短缺存在的问题的原因分析,是太片面主观的,并且认为胡祝的文章是害怕触及官僚主义。

11月24日,在《读书月报》第十一期发表书话《画册的装帧》,署名晦庵。收入《晦庵书话》。这篇书话是对于书籍和画册的装帧的介绍,特别是鲁迅对书籍及画册的装帧的重视情况的介绍。

12月1日,在《文汇报》发表杂文《博士卖驴——文风小品之一》,署名藏弓。收入《繁弦集》。此文提倡写文章该短应短,应该精简文字。

12月3日,写作杂文《长着疙瘩的文字——文风小品之二》。唐弢认为写文章要句子简洁,要删除冗词赘句。此文后发表在12月4日的《文汇报》,署名藏弓。收入《繁弦集》。

12月8日,写作杂文《八股举例——文风小品之三》。文章反对人们写出如八股文式的空洞的话和文章来。此文后发表在12月10日的《文汇报》,署名藏弓。收入《繁弦集》。

12月11日,写作杂文《告警和毙后》。苏列群对唐弢的《不必要的"门当户对"》的一文提出反驳,写了《读"死"有感》,认为唐弢是违反鲁迅的意愿在为鲁迅墓争地盘。唐弢对此进行分辨和反驳,认为自己写此文是希望有关部门合理安排体育场所事宜,并不要求马上改正的赶、挤、拆。唐弢还从杂文的角度认为,杂文的批评功能在于告警和毙后。此文后发表在12月19日的《人民日报》,署名唐弢。收入《唐弢杂文集》。

12月13日,写作杂文《灯下集》。收入《繁弦集》。这是一篇分四个部分的对国际时事的短评,特别是对美国压制、侵略弱小国家的批判尤多。

12月24日,在《读书月报》第十二期发表书话《线装诗集》,署名晦庵。收入《晦庵书话》。这篇书话对于共和国成立以前线装新诗集、译诗集出版情况作了介绍,谈了自己对线装书的意见。

12月25日,写作杂文《"画眼睛"——文风小品之四》。文章认为写文字必须省俭,但也有限度,即不损害原意,不违背真实,抓住对象的精神特征"画眼睛"。此文后发表在12月28日的《文汇报》,署名藏弓。收入《繁弦集》。

本年,唐弢还应《读书》月刊之邀,仍以"晦庵"笔名,发表书话。所写的内容仍是"五四"以来新文艺书刊中作者、书的内容、版本、装帧等史话。

1957年(丁酉),45岁

本年　适当地节制生育的问题,继续引起重视,避孕和节育措施不断出台。

　　本年　解放军总政治部文化部的陈其通、陈亚丁、马寒冰、鲁勒于1月7日在《人民日报》发表《我们对目前文艺工作的几点意见》,对贯彻"双百方针"提出异议,受到毛泽东的批评。4月10日,《人民日报》发表社论《继续放手,贯彻"百花齐放、百家争鸣"的方针》,强调"放得不够",党的任务是要继续放手,坚持"双百方针"。

　　本年　1月7日,《列宁全集》28卷中文版出版,21日开始发行。

　　1月24日,我国首次颁发科学奖金,钱学森、华罗庚、吴文俊获一等奖。

　　1月7日至10日、17日至19日,　周恩来总理和贺龙副总理分别率团访苏,中苏交恶初露端倪。

　　2月27日,毛泽东在扩大的最高国务会议上作《关于正确处理人民内部矛盾》的重要讲话。

　　3月6日至13日,中共中央在北京召开全国宣传工作会议。毛泽东在会上论中国知识分子,并提出对知识分子的改造,强调"双百"方针和知识分子到民间去,到群众中去。

　　3月12日,《人民日报》发表林默涵《一篇引起争论的小说》(指王蒙的《组织部新来的年轻人》)。

　　4月11日,文化部在京隆重举行1949年—1955年优秀影片授奖大会。故事片一等奖颁给《钢铁战士》、《白毛女》、《渡江侦察记》、《董存瑞》。同日,中国电影工作者代表会议举行。

　　4月27日,中央号召开展整风运动,以正确处理人民内部矛盾为主题。

　　本月　马寅初谈人口问题的严重性。

　　5月4日,中共中央发出《关于继续组织党外人士对党政所犯错误缺点开展批评的指示》。毛泽东做出"反击右派"的决定。

　　5月18日,文化部发出通令,禁演戏曲节目全部解禁。

　　6月6日,中共中央发出《关于抓紧时间继续开展整风运动的指示》,指示各省市一级机关、高等学校及地市级机关用大鸣大放方法的整风要加紧进行,抓紧时间大鸣大放,让牛鬼蛇神都出来。

　　6月6日至9月17日,中国作家协会党组召开扩大会议,批判所谓

"丁玲、陈企霞反党集团"。会议共进行了 27 次,历时 3 个半月。这次会议是 1955 年 8、9 月党组扩大会议对"丁玲、陈企霞反党集团"的批判的继续。1958 年 1 月 9 日,中共中央转发了作协党组关于批判"丁、陈反党集团"经过的报告。对丁、陈的批判,揭开了文艺界反右派斗争的序幕。

6 月 8 日,毛泽东为中央起草党内指示《组织力量反击右派分子的猖狂进攻》,《人民日报》相继发表关于反击右派分子的社论。此后,整风运动即转为一场大规模的全国范围的反右派斗争。

6 月 26 日,中央发出《关于打击、孤立资产阶级右派分子的指示》,指出要实事求是划分右派,"无情地给右派以歼灭性打击",各地开始打击"右派"。

7 月 1 日,《人民日报》发表社论《文汇报的资产阶级方向应当批判》。

7 月 5 日,马寅初教授在《人民日报》发表《新人口论》。

7 月 9 日,毛泽东在上海干部会议上作《打退资产阶级右派的进攻》的讲话,他说:"这次反右派斗争的性质,主要是政治斗争。""右派的老祖宗就是章伯钧、罗隆基、章乃器,发源地都是在北京。""知识阶级是最无知识的。"

7 月 11 日,人民出版社举行批判会,批判右派曾彦修(人民出版社副社长、副总编)。

7 月 13 日,储安平、黄琪翔、章伯钧、罗隆基等在一届人大四次会议上做了检讨。

7 月 20 日,《中国青年报》批判刘宾雁是资产阶级右派在党内的代言人。

7 月 21 日,梅兰芳、周信芳等联名向戏剧界提出不演坏戏的意见。

7 月 26 日,国务院规定,国家机关工作人员应积极参加整风和反"右派"斗争。

7 月,《收获》杂志的创刊号,发表了著名作家老舍的话剧新作《茶馆》的剧本。

8 月 1 日,中央发出《关于继续深入反对右派分子的指示》,要求深入揭发,深入反右,扩大点名范围。

8 月 3 日,全国工商界反右派斗争声势浩大,大大小小的章乃器一个个被批了出来。

8月5日,中共中央决定从中央一级党政机关中抽调1000名高、中级党员干部,加强党对文教战线的领导。

8月8日,中共中央发布《关于向全体农村人口进行一次大规模的社会主义教育的指示》。

8月17日,教育部发出通知,决定在中学和师范学校设置政治课。27日,教育部、团中央通知,改变政治课内容,进行以反右派为中心的社会主义教育。

8月26日,统战部长李维汉指出,工商界要全面开展整风运动,在政治上过好社会主义这一关。

9月2日,中央发出《关于严肃对待党内右派分子问题的指示》,要求"对党内右派不能手软"。

9月3日,中共上海市委第一书记柯庆施总结上海人代会上的反右斗争:辨明大是大非,锻炼大智大勇,摆事实讲道理是教育群众、打击右派的有效办法。5日,各省人代会联翩告捷,打垮梦想着分封天下的右派联盟。

9月4日,中央发出《关于在工人、农民中不划右派分子的通知》,要求工人、农民不划"右派"。10月12日,中央又批示在船员中不划分"右派"。

9月8日,首都职工大鸣大放热火朝天,广大群众畅所欲言,贴出大字报11万张。同日,中央发出《关于自然科学方面反右派斗争的指示》,要求在科技界反右要区别对待。

9月11日,全国各地国家机关普遍进行精简工作,10万干部回生产岗位,20万干部下放基层。

9月12日,中共中央发出《关于在企业中进行整风和社会主义教育运动的指示》,要求用大字报、辩论会发动工人。

9月17日,毛泽东在上海深入基层检查整风,赞扬大字报。

9月20日至10月9日,中共八届三中全会在京召开。毛泽东认为"无产阶级和资产阶级的矛盾,社会主义道路和资本主义道路的矛盾,毫无疑问,这是当前我国社会的主要矛盾",并宣布右派分子"是敌人,我们同他们的矛盾是敌我矛盾"。中共八届三中全会，标志着"左"倾路线的进一步发展。

八届三中全会上，毛泽东认为，"四大武器"：大鸣大放大辩论大字报是反右中的新发明。

9月20日，各民主党派全面整风工作会议陆续开幕，一致决定彻底击溃右派，根本改造自身。

9月，周扬把他在作协党组第25次扩大会议的发言整理成《文艺战线上的一场大辩论》，对文艺界的反右派斗争进行总结。从中国作家协会党组对丁玲、陈企霞、冯雪峰等人的"丁陈反党集团"进行批判，并把艾青、陈涌、罗烽等人定为同谋者加以批判开始，反右派斗争迅速在各文化部门开展，戏剧界批判了"吴祖光反党集团"，美术界批判了"江丰反党集团"，傅雷、施蛰存、萧乾、黄药眠、钟惦棐、李又然等一大批老文艺工作者及刘宾雁、王蒙、刘绍棠、高晓声、邓友梅、公刘等青年文艺工作者纷纷被划为右派分子受到批判。

10月14日，《人民日报》发表李普文章。文章认为，右派是在利用人口问题、节育问题来向党向社会主义进攻。

10月15日，中共中央发出《关于在少数民族中进行整风和社会主义教育的指示》。

10月15日，中央发出《关于划分右派分子标准的通知》。

10月15日，中央发出《关于在中等学校和小学的教职员中开展整风和反右派斗争的通知》，指出中小学的反右斗争可能更复杂。

11月1日，国务院全体会议通过汉语拼音方案草案，决定公布试行。

11月13日，《人民日报》发表题为《发动全民，讨论40条纲要，掀起农业生产的新高潮》的社论。号召批判右倾保守思想，在生产建设战线上"来一个大跃进"，这是"大跃进"口号的第一次提出，毛泽东对此十分赞赏。

12月2日，中国工会第八次全国代表大会在京举行。会议通过《告全国职工书》，要求响应党中央号召，15年赶上英国工业水平。

12月6日，北京1000多名下放农村的科技干部分批出发。8日，广东省委书记处书记林李明带头下放。

12月14日,中共中央批转最高人民法院、司法部党组《关于司法工作座谈会和最高人民法院的反右派斗争情况的报告》,要求纠正"审判独立",党委有权过问一切案件。

12月27日,《光明日报》发表署名赵靖的文章《批判马尔萨斯主义和宣传节育》,驳斥"马尔萨斯主义者的鬼话",对吴景超、陈达等进行严厉批判。

本年　上海公私合营两年成绩巨大。1953年至1957年的第一个国民经济发展五年计划,其基本任务提前一年胜利完成,逐步完成对农业、手工业和资本主义工商业的改造。

本年　为响应党的领导和发动的"反右"斗争,唐弢继续发表大量的杂文,主要集中在党领导和发动的反右派斗争中,主要篇目有:6月10日,《文汇报》发表《杂文决不是棍子》;6月15日,《解放日报》发表《"雅量"辩》;6月19日,《解放日报》发表《"以子之矛"篇》;6月23日,《解放日报》发表《也需要揭盖子》;6月25日,《文汇报》发表《为什么"昼"啼——驳乌"昼"啼之一》;7月5日,《文艺月报》发表《"草木篇"新诂》;7月16日,《新闻日报》发表《画皮·画骷髅·脱胎换骨》等。

本年,继续发表访苏观感六篇。

本年,在大量写作杂文和散文的同时,唐弢仍未停止对鲁迅的研究,12月又写作两篇论文:《在理论斗争中学习鲁迅的战斗精神》和《鲁迅对文学的任务及其特征的理解》。

本年,唐弢又出版三本专著。4月,由上海少年儿童出版社出版了少儿读物《鲁迅先生的故事》,共收鲁迅故事10则。11月,由上海新文艺出版社出版《鲁迅杂文的艺术特征》。12月,由中国青年出版社出版《鲁迅在文学战线上》,共收论文10篇。内容分为三组:(1)研究鲁迅创作的道路,(2)研究鲁迅对文学艺术的看法,(3)批判各种污蔑鲁迅的说法。

1月10日,在《学术月刊》第一期发表杂文《实事求是》,署名唐弢。收入《繁弦集》《唐弢杂文集》。文章表达对学术论战的期望和主张实事求是的论战态度,要求论战要针锋相对,摒除意气,多务实学,抓住问题。

1月10日,写作《〈鲁迅先生的故事〉写在前面》。收入《鲁迅先生的故事》。文章谈到这本书是为少年朋友们讲鲁迅的故事,回忆了自己与鲁迅的通信、交往,和对鲁迅的感情。

1月12日,在《读书月报》第一期发表书话《儒勒·凡尔纳》、《药用植物及其他》,署名晦庵,收入《晦庵书话》。《儒勒·凡尔纳》是对鲁迅译儒勒·凡尔纳的科学小说的情况介绍,并介绍了凡尔纳的情况。《药用植物及其他》介绍了收有鲁迅译文《药用植物》和其他论文的单行本《药用植物及其他》一书的情况。

1月18日,在《学习》第二期发表杂文《"你不是我"》,署名唐弢。收入《繁弦集》、《唐弢杂文集》。文章通过庄周和惠施关于"鱼乐"问题的寓言,作者谈到人与人之间的批评和自我批评的看法,认为要解决"你不是我"而认为你不了解我的问题,应要求大家暂时放开你我,用集体的尺度衡量一下个人的困难和志趣,互换地位,了解彼此的困难和志趣,才可以让大家的思想更易接受。

1月20日,在《文艺月报》2月号发表杂文《"求全责备"》,署名唐弢。收入《繁弦集》、《唐弢杂文集》。文章表达了对批评的"求全责备"的看法。认为对事求全责备,说明对事的追求的目标和要求是高的。而这追求的目标和要求也是大家应该追求的。但在批评者一方面,也要求能严格全面地提出批评,而不要片面化。要从偏中求全,追求客观的真实。

2月10日,在《学术月刊》第二期发表杂文《一个呼吁》,署名唐弢。收入《繁弦集》。文章对专家们提出的研究工作所需的材料太少问题,作者呼吁各级部门、社会要重视文物资料。一是文字记录,一是各种不同的实物。希望全社会调查、收集和抢救文物,注意保护文物资料。

2月17日,写作杂文《小题大做》,收入《繁弦集》、《唐弢杂文集》。文章对文学创作、学术界中存在的小题大做的问题进行批评,反对从屎里觅道的小题大做,要求作者投身生活的主流,关心生活的全面,使眼光大、胸襟大,从而从小题中挖掘出深刻的社会意义。

2月20日,在《文艺月报》3月号发表杂文《对题材问题的一点感想》,署名唐弢。收入《繁弦集》。文章是对"题材广泛论"和为工农兵服务的文艺方向的分析和评价,认为文学作品的题材是必须广泛的,作家对生活各方面都应该有丰富的知识,但现在有某些作家却对陈腐、细小、庸俗的感情那么留恋,而对新的、明朗的、激动人心的事件却那么冷淡。因此,唐弢认为,用题材来限制作家是没有理由的,作家有责任自觉地牢记他自己的任务;题材必须广泛,但主次也必须分明。

3月11日夜,写作杂文《"管"和"官"》。文章批评了自然科学界的少数人的怕"管"思想,因为他们认为党不懂科学。作者认为,事实是现在科学界的一些进步,正是由于党的领导才取得的进步,从而使大部分科学家"不怕管,只怕官",即怕官僚主义。作者希望能从"不怕官,只怕管"到"不怕管,只怕官",再努力成为"不怕管,不怕官",使科学更好地发展。此文后发表在4月3日的《解放日报》,署名唐弢。收入《繁弦集》。

3月,参加中国共产党全国宣传工作会议。

4月10日,写作杂文《打譬喻——文风小品之五》。文章对譬喻进行精到的分析,要求譬喻做到具体、集中、明了、生动。此文后发表在4月15日的《文汇报》,署名藏弓。收入《繁弦集》。

4月20日,写作散文《忆斯大林格勒》。文章表达了对苏联人民重建斯大林格勒的赞美,赞扬了斯大林格勒保卫战的英雄。此文后发表在4月21日的《文汇报》,署名唐弢。收入《莫斯科抒情及其他》、《生命册上》。

4月23日,作诗一首,为《迎伏罗希洛夫元帅二律》,云:"排空旗色挹红云,点缀江南春十分。八亿绨袍今共泽,三千子弟旧冠群。长驱曾扫顿河敌,转战难忘开国勋。毕竟英雄壮志在,白头犹自爱将军。长忆当年察里津,驱车古道记逡巡。矿区昔有知兵客,画里今添积谷困。建设江山新气象,斫轮事业老纶巾。归来忽报佳宾至,原是顿河射虎人。"

4月28日,写作杂文《看川剧"拉郎配"》。这是对川剧《拉郎配》的分析和评价的文章。此文后发表在5月4日、5月5日的《解放日报》,署名唐弢。收入《繁弦集》时改为《一幅过去年代的画图——川剧"拉郎配"》。

5月22日,写作杂文《谈"线"》,收入《繁弦集》。这是一篇探讨党群关系的文章。文章认为,党员在组织上,必须有"线",使其成为一个有思想、有原则的组织;同时,作为一个党员,必须和资产阶级思想、唯心主义的世界观划清界限。

5月28日,写作散文《再度看〈上海屋檐下〉的演出》。文章是对《上海屋檐下》的评价。此文后发表在6月2日的《解放日报》,署名唐弢。收入《繁弦集》时改为《廿年旧梦话重逢——看〈上海屋檐下〉》。

6月1日,写作杂文《杂文决不是棍子》。文章是对胡明树的杂文中所表现的思想进行分析批评。胡明树在一篇杂文中说:"能一棍子打死官僚主义,又有何不可!"唐弢认为,杂文的生命必须锋利、尖锐,但对待自己的同志,毕竟和对付敌人有别,因此要做到锋利而不伤人,尖锐而能切中弊害,特别是在处理人民内部矛盾方面。因此,杂文决不是棍子。此文后发表在6月10日的《文汇报》,署名唐弢。收入《繁弦集》时改为《不要挥动棍子》。

6月10日,写作杂文《略论"硬骨头"》。中国人民大学讲师葛佩琦在一次座谈会上说:"中国是六亿人民的中国,包括反革命在内,不是共产党的中国。……搞得好,可以;不好,群众可以打倒你们,杀共产党人,推翻你们,这不能说不爱国,因为共产党人不为人民服务,共产党亡了,中国不会亡。因为,不要共产党领导,人家也不会卖国。"他的这番言论,在受到舆论的广泛批评后,又第二次在人大的座谈会上发表这番言论。有人称葛佩琦为"硬骨头"。唐弢对此进行分析批评,列举中国历史上的"硬骨头"的事例,认为"硬骨头"的"硬",是站在真理的上面,革命需要"硬骨头",而不是死硬派和老顽固。此文后发表在6月11日的《解放日报》,署名唐弢。收入《繁弦集》。

6月11日,在《大众电影》第十一期发表杂文《在"美援"没有到来之前——看到了西班牙影片〈欢迎你,马歇尔!〉》,署名唐弢。收入《繁弦集》时改为《那里面包着一团火——看西班牙影片〈欢迎你,马歇尔!〉》。

6月12日,写作杂文《"雅量"辩》。卢郁文在座谈会上发表了一些实事求是、平易近人的意见后,就接到了匿名的恐吓信。《人民日报》针对这事件写了《这是为什么?》的社论。有人认为,收到一封恐吓信,不值得大惊小怪,而社论一出,势必妨碍"鸣"、"放",因此结论是:共产党太没有"雅量"了。唐弢对此进行分析和批评,认为写恐吓信是超越了人民内部矛盾的范围,而为恐吓信写社论,恰恰说明了共产党的"雅量"。唐弢还认为,我们必须坚持"大鸣大放",在"大鸣大放"中接受社会主义民主的锻炼。因此不仅共产党,每个人都应该对错误的意见提出批评,对敌人的阴谋提高警惕,这样才能使"大鸣大放"纳入正轨。此文后发表在6月15日的

《解放日报》上,署名唐弢。收入《繁弦集》。

6月16日,在《萌芽》第十二期发表杂文《想起弗洛贝尔和莫泊桑》,署名唐弢。

6月17日,写作杂文《"以子之矛"篇》。这是一篇对所谓的右派分子进行批判的文章,文章分三部分:"零和整"主要是对右派分子章乃器、章伯钧、储安平、罗隆基等人的批判;"算旧账"是对陈仁炳的批判;"考验"则是对《文汇报》"一个时间内的资产阶级方向"的批评。此文后发表在6月19日的《解放日报》,署名书生。收入《繁弦集》。

6月20日,写作杂文《也需要揭盖子》。这篇文章是对右派分子章乃器的批判。文章认为,右派分子具有伪装的一面,因此要人们通过立场问题把他们辨别出来。不管右派分子怎样讳言立场,"言为心声",立场问题还是一个客观的存在。对于那些较为隐晦、曲折的右派分子,要多费些唇舌,揭开他们的盖子。此文后发表在6月23日的《解放日报》,署名唐弢。收入《繁弦集》。

6月23日,写作杂文《为什么"昼"啼——驳"乌'昼'啼"之一》。这篇文章是对时任上海外国语学院法语专业筹备委员、德法语系法语教授,兼院图书馆委员会主任委员,同时担任中国农工民主党上海外国语学院支部主任、上海外文协会理事的徐仲年的批判,认为徐仲年的"乌'昼'啼"的言论,是想变天,是想反对共产党。此文后发表在6月25日的《文汇报》上,署名唐弢。收入《繁弦集》。

6月23日夜,写作杂文《是翻案不是"反面"——驳"乌'昼'啼"之二》。这篇文章继续对徐仲年的"乌'昼'啼"的言论进行批判,认为徐仲年是想做翻案文章,翻共产党的案,翻人民的案。此文后发表在6月26日的《解放日报》上,署名唐弢。收入《繁弦集》。

6月23日,写作杂文《"草木篇"新诂》。这是一篇批判右派分子的文章,主要通过流沙河的《草木篇》中的花草的描写,来索隐、附会所谓的右派分子的言行,揭露右派分子。此文后发表在7月5日的《文艺月报》发表,署名唐弢。收入《繁弦集》。

6月25日,写作杂文《当心麻袋底下的漏洞》。文章认为,时下有许多所谓的历史"专家",举出秦始皇、曹操、唐太宗等,以说明共产党不重视建设,不任用人才,没有雅量。殊不知,这些皇帝们都有苛政、嫉才妒能等这样那样的"漏洞",因此,唐弢认为,这些所谓的历史"专家"是太热衷于反对共产党,攻击社会主义了,应该揭穿他们。此文后发表在 6 月 30 日的《新闻日报》,署名唐弢。收入《繁弦集》。

7 月 5 日,写作杂文《关于"带坑臭"——驳"乌'昼'啼"之三》。这也是一篇批判徐仲年的文章,徐仲年在"乌'昼'啼"一文中认为,知识分子从会中过来,难免有股"带坑臭",这是对的,但他同时又反问,共产党人也是从旧社会中过来的,难道就没有一丝一毫的臭气?唐弢认为,徐仲年的这一问,是带有敌对情绪的,认为带有"带坑臭"的人,在共和国成立以后的改造是不同的,徐仲年是头顶臭茅坑,直奔新社会,而且他还是一个逐臭之徒。此文后发表在 7 月 8 日的《文汇报》上,署名唐弢。收入《繁弦集》。

7 月 6 日,在《解放日报》发表杂文《战鼓三通》,署名唐弢。收入《繁弦集》。这是一篇批判、揭露华东师范大学教授许杰的右派面目的文章,认为许杰有两面派的手段,人们凭印象是要上他的当的。

7 月 14 日,写作杂文《画皮·画骷髅·脱胎换骨》。这是批判右派的文章,认为北京大学的右派组织了一个"百花学社"、章乃器把资产阶级改造说成是"抽筋剥皮",都是在画皮和画骷髅,是假的,掩盖着反党反人民反社会主义的本质。此文后发表在 7 月 16 日的《新闻日报》上,署名唐弢。收入《繁弦集》。

7 月 19 日,在《人民日报》发表杂文《"发展"纵横谈》,署名唐弢。收入《繁弦集》。徐仲年认为,共产党看人是"我发展,你不发展",因此要求党对知识分子既要看到他们纵的发展,又要看到他们横的联系。唐弢批驳道,党和人民一向是纵横两面都看的,因此看到了罗隆基等右派分子的一切阴谋。特别是鲁莽即鲁觉吾的过去和现在的纵横表现,他攀鲁迅为表亲,其实是为了任意捏造事实,糟蹋鲁迅,丑化和党接近的进步人士,为他的主子服务。

7 月 26 日,写作杂文《有一种这样的人……》。文章批判了一些右派分子的言行,认为这些右派分子分明有错误,也已知道了是错误,却推得一干二净,似乎什么事都没有发生过一样。此文后发表在 7 月 28 日的

《解放日报》上,署名唐弢。收入《繁弦集》。

8月1日,写作杂文《王若望"不对头"》。王若望针对上海老工人座谈会的消息,写了一篇寄给《解放日报》的文章《不对头》。唐弢据此进行分析和批驳,认为王若望是以党员身份反党,以工人身份污蔑老工人,是资产阶级右派分子。此文后发表在8月4日的《解放日报》上,署名唐弢。收入《繁弦集》时改为《"对"什么"头"》。

8月4日,写作杂文《推的作用——斥王若望"释'落后分子'"》。文章是对王若望《释"落后分子"》一文的批驳。唐弢认为,右派集团"章罗联盟"为了要反对共产党,使资本主义在中国复辟,大肆网罗政治上的落后分子。落后分子是右派集团向党进攻的"资本",所以要拉,而王若望,却在这里起了推的作用。一拉一推,使右派分子更加团结,从而向党进攻。此文后发表在8月7日的《文汇报》上,署名唐弢。收入《繁弦集》时改名《推的作用》。

8月5日,写作论文《宣传资产阶级的右派思想的"文艺理论"——评许杰的〈鲁迅小说讲话〉》,署名唐弢。收入《鲁迅在文学战线上》。

8月11日,写作杂文《事有主次,物有本末》。这是一篇批判王若望的文章,认为王若望对于报刊也有一套系统的看法,而且和美国财阀集团所办报纸的新闻观点是一致的,即唱反调,鼓励人家批评错误和缺点,一面又反对基调和主流。因此,唐弢认为,事有主次,物有本末,这是明辨是非的关键,在新闻观点上,要发扬主流。此文后发表在8月16日的《人民日报》上,署名唐弢。收入《繁弦集》。

8月12日,写作杂文《皂隶面孔"——驳"乌'昼'啼"之四》。文章是对徐仲年的继续批判。徐仲年说:"知识分子应该向共产党学习怎样理论结合实践;共产党应该向知识分子学习怎样研究分析,俾得提高理论水准。"同时,徐仲年认为,有些党团员对马克思主义颇有"独家经理"之感,把马克思主义变作皂隶面孔式的教条,令人望之生畏。唐弢对此进行批判,认为右派分子在反宗派主义的幌子下反对共产党,以便篡夺领导权;在反教条主义的幌子下反对马克思主义,否定社会主义的成就,使资本主义在中国复辟,这是右派分子向党进攻的共同一致的目的。徐仲年就是这样施展他反党反社会主义的阴谋的。此文后发表在9月的《人民文学》

9月号,署名唐弢。收入《繁弦集》。

8月20日,写作杂文《"真理归于谁家"》。作家回春在文章中认为,"我国现在,资产阶级与无产阶级之间,已经不存在对抗性的矛盾了,资产阶级也已在无产阶级领导之下,学习着无产阶级对待真理的态度了,资产阶级人士,在社会主义改造过程中,也渐渐地带些无产阶级气了。""任何个人,不管有产、无产,党员、非党员,前辈、后学……最好不要事先肯定自己是真理的独占者,却要肯定自己有发现真理的可能。对别人,也不要根据成分、党派和地位,肯定他一定有真理或无真理。"唐弢对此言论进行分析和批驳,认为回春的所谓"真理"属于"全体人民",否认了人民内部仍然存在着阶级斗争,是民主革命时期的口号,是倒退。唐弢认为,在"真理归于谁家"的问题上,真理是归于党,归于无产阶级,这是资产阶级知识分子必须进行思想改造的理由。此文后发表在9月5日的《文艺月报》9月号,署名唐弢。收入《繁弦集》。

8月26日夜,写作杂文《士为知己者死》。这是对所谓的丁玲、陈企霞反革命集团的批判文章。文章认为,陈企霞所说的"士为知己者死",奉行的是十足的封建社会的关系,体现了丁陈集团"逢人之恶,阿人所好"的本领,以招揽死党,体现了资产阶级个人主义。此文后发表在9月2日的《人民日报》上,署名唐弢。收入《繁弦集》。

8月30日,写作杂文《"令人战栗"的"阴暗"》。这是一篇批判冯雪峰的文章,认为冯雪峰有一种"令人战栗"的"阴暗"的性格,这种性格,是冯雪峰个人主义的原因,因为他心里眼里只有一个"我",把"我"扩大了,就使组织显得小而无能,因此是反党反人民、反社会主义的。此文后发表在9月2日的《文汇报》上,署名唐弢。收入《繁弦集》。

9月15日夜,写作杂文《想起了泰绮思的故事》。文章认为,陈涌在1955年批判胡风的文艺思想的时候,曾以"勇士"的姿态对胡风的反动文艺思想进行鞭挞。但不知从何时起,陈涌竟然全盘接受了胡风的思想,成为胡风一伙;冯雪峰也和胡风臭味相投,所以陈涌引冯雪峰为知己,他们在反党的基础上一拍即合。唐弢认为,这使他想起了亚诺托尔·法朗士笔下泰绮思的故事。此文后发表在9月19日的《人民日报》上,署名唐弢。收入《繁弦集》。

9月21日,在《人民日报》发表杂文《"之上""之外"及其实》,署名唐弢。收入《繁弦集》。这是一篇对冯雪峰的批判文章。文章说,冯雪峰在最近的一次交代里,谈到三十年来他对党的关系,概括起来是:"得意时把自己放在党之上,失意时把自己放在党之外。"唐弢因此分析了冯雪峰思想的所谓反动性,认为这是个人主义的表现,其最后的结果必然是反党。

9月29日,写作杂文《笑颂——为1957年国庆作》。文章说,挪威作协主席海伯尔格先生二十五年前到过上海,看到当年的中国人都是愁苦、憔悴的老太婆脸,而这次到新中国来,则看到的是每个人脸上的令人难忘的青春的笑。唐弢对此进行评价和分析,认为这的确是实情,认为新中国制度的改变,经济基础的改变,使得人们为生活的幸福而笑,为国家的强盛而笑。而右派分子在共和国成立以前是哈哈笑的,在共和国成立以后笑从他们的脸上消失,他们阴郁、黑暗、失望。此文后发表在10月1日的《解放日报》上,署名唐弢。收入《繁弦集》。

9月30日,写作杂文《"今""昔"谈》。文章说,祖国的各条经济战线捷报频传,这是共和国成立以后共产党社会主义建设成功的实例,而右派分子们因为失去了过去优越的生活,对这样的成就不但不高兴,还感叹"今不如昔",企图使资本主义复辟。此文后发表在10月1日的《文汇报》上,署名唐弢。收入《繁弦集》。

10月7日,写作散文《受哺育者的感情》。文章写访苏的中国作家协会代表团与苏联的中国文学委员会的成员,在全苏作家协会的会议室内,召开了中苏文学交流的座谈会的事,赞扬了中苏友谊。此文后发表在11月24日的《收获》第三期,署名唐弢。收入《莫斯科抒情及其他》。

10月8日,写作杂文《"两头船"和"一本书主义"》。文章是对冯雪峰和丁玲的批判。文章认为,鲁迅曾经说过的两段话,正可以表明他们二位的反党反社会主义的言行。鲁迅尖锐地批评了"脚踏两头船"的极端个人主义的"病根",冯雪峰就是这样的人,他从延安回到上海后,独断专行,表示对政治很有"兴趣";一旦个人野心无法满足,就只想当个作家;鲁迅非常讨厌把文学作为个人事业、用文学来猎取名位的思想,丁玲的言行只有"写东西才是自己的""只要你写出一本书来,谁也打不倒你",就是鲁迅所反对的。唐弢认为,文学和政治是分不开的,文学从来是阶级斗争的武器、政治思想教育的武器,踏"两头船"和持"一本书主义",是把文学作为满足个人野心的工具,是反党反社会主义的。此文后发表在 10 月 17 日的《解放日报》上,署名唐弢。收入《繁弦集》。

10 月 16 日,在《萌芽》第二十期发表论文《坚持鲁迅培养青年的严格精神》,署名唐弢。

10 月 16 日,写作散文《列宁在哥尔克——访哥尔克列宁故居博物馆》。1955 年 5 月 25 日,唐弢等人访哥尔克列宁故居博物馆,文章赞扬了列宁的革命精神。此文后发表在 11 月的《文艺月报》11 月号,署名唐弢。收入《莫斯科抒情及其他》、《生命册上》。

11 月 4 日,在《解放日报》发表散文《在阿拉拉特盆地——访埃里温"建设者"集体农庄》,署名唐弢。收入《莫斯科抒情及其他》、《生命册上》。1955 年 5 月 16 日中午,唐弢等到了亚美尼亚的阿拉拉特山脚,参观了"建设者"农庄,赞扬了人们建设社会主义的热情。

11 月 7 日夜,写作杂文《"狗道主义"解》。文章说,苏联的空间研究试验,把一只叫"莱伊卡"的小狗送入太空,它因氧气耗尽而在太空中死亡。这引起了美国和欧洲许多国家的动物保护组织提出抗议。唐弢对此进行评论,认为这种抗议,就跟当年的希特勒一边发布禁止虐待动物,一边在奥斯威辛残杀无辜一样,他们奉行的不是人道主义,而是"狗道主义"。此文后发表在 11 月 21 日的《解放日报》,署名何三郎,收入《繁弦集》。

11 月 8 日,在《人民日报》发表散文《莫斯科抒情——谒列宁、斯大林陵墓》,署名唐弢。收入《莫斯科抒情及其他》、《生命册上》。文章写了在访苏期间的所见所感,写了拜谒列宁斯大林陵墓,参观"科学之宫"莫斯科大学,在中央"狄纳莫"运动场上看莫斯科夏季运动会,观看莫斯科"小白桦树"舞蹈团的演出,在"红普列斯尼亚"工人区参加庆祝"五一"国际劳动节的晚会等经历。

11 月 8 日,写作杂文《应该决裂,必须决裂——〈决裂〉观后感》。文章是对上海戏剧学院进修班演出的拉夫列尼约夫的四幕话剧《决裂》的评价和分析,认为和资产阶级在思想和政治上应该决裂,必须决裂。此文后发表在 11 月 9 日的《文汇报》上,署名唐弢。收入《繁弦集》。

11 月 10 日,在《文汇报》发表散文《奋斗在农业战线上的工人——访莫斯科"哥尔克第二"国营农场》,署名唐弢。收入《莫斯科抒情及其他》、《生命册上》。文章写了唐弢等人在莫斯科访问"哥尔克第二"国营农场的事,歌颂了奋斗在农业战线上的工人,赞扬了人们建设社会主义的热情。

11月14日,写作杂文《一篇沁人心脾的史诗——再谈拉夫列尼约夫的四幕话剧〈决裂〉》。收入《繁弦集》。这也是对拉夫列尼约夫的四幕话剧《决裂》的评价分析。

11月18日,写作杂文《"'左'右逢源"》。文章说,有一种现象,当教条主义吃香的时候,他正确得很;当教条主义受到批评的时候,他又是正确得很。唐弢对此进行了分析,认为这种现象有三种不同的情况,与之对立的有另一种情况,就是抗拒改造,誓死不肯纠正错误的人,批左时,他是左派;批右时,他是右派,真是"'左'右逢源"。唐弢认为,在资产阶级知识分子的思想里,根本是一个"右"字,越表现得"左",就越有利于右。此文后发表在11月22日的《文汇报》上,署名何三郎,收入《繁弦集》。

11月25日,写作《〈鲁迅在文学战线上〉后记》,收入《鲁迅在文学战线上》。文章说明了《鲁迅在文学战线上》一书是想给文学爱好者,特别是爱好鲁迅作品的青年看的,希望他们在开始阅读和写作时,能得到一点体会,并希望人们在鲁迅研究方面多下功夫,多出成果。

12月6日,在《文汇报》发表诗歌《整风》,署名唐弢。本年,唐弢从报上读到郭绍虞发表的一首七律《整风》:"也曾几度历陶钧,遗垢当因入党新。细雨和风情切切,惩前毖后意谆谆;花开春节何妨早,金人洪炉不厌频;只为竿头求进步,越经磨炼越精纯。"不久,叶圣陶和俞平伯作了和诗,唐弢也作和诗一首:"群议纵横势万钧,报头大字墨痕新。责难提问色何厉?涤垢荡尘意自谆;求义子产心翼翼,返身曾参梦频频。好从曲处寻舒畅,为是金刚百炼纯。"这首诗要表达的意思,也和郭绍虞先生在诗中表达的意思一样,抒发了知识分子愿意在中共的领导下接受思想改造的情感。

12月,写作论文《从理论斗争中学习鲁迅的战斗精神》。收入《鲁迅在文学战线上》。

12月,写作论文《鲁迅对文学的任务及其特征的理解》。收入《鲁迅在文学战线上》。

本年,苏联东方研究所汉学家列·艾德林和著名作家瓦·卡达耶夫等一行三人来华。期间,唐弢在上海的家里接待了他们,参加的有巴金、哈华、靳以、罗荪、峻青、草婴、吴琛等。唐弢于 1955 年访苏期间认识艾德林。

本年,写作《英雄城手记》。文章追忆、描写了 1955 年访苏期间参观斯大林格勒拖拉机厂、伏尔加—顿列宁运河、红军城的见闻,对苏联的社会主义建设表达了由衷的赞扬。收入《莫斯科抒情及其他》。

本年,写作《"阿芙乐尔"巡洋舰》。文章写了 1955 年 5 月 9 日自己在列宁格勒访问"阿芙乐尔"巡洋舰的见闻,回忆了水兵起义的故事,赞扬了革命精神。收入《莫斯科抒情及其他》。

本年,写作《谢凡湖畔——访谢凡湖地下水力发电站》。文章追忆、描写了唐弢等人在苏联的谢凡湖畔参观了谢凡湖地下水力发电站,赞扬了人们建设社会主义的热情。

本年,写作《一个坚强的人——卓娅的妈妈》。文章写唐弢等人在苏方安排的宴会上,看到了柳葆夫·齐莫菲耶夫娜·科斯莫杰米扬斯卡娅,即卓娅的妈妈,赞扬了老人的革命精神。

1958 年(戊戌),46 岁

本年 1 月,国民经济第二个五年计划开始执行。

1 月 12 日至 22 日,中共中央在南宁召开有部分中央领导人和部分省、市委书记参加的工作会议。这次会议对 1956 年的反冒进进行了严厉批判。毛泽东说,反冒进使六亿人民泄了气。此后,农村中的"大跃进"开始出现。在 28 日至 30 日的最高国务会议上,毛泽东再次强调要 15 年赶上英国,并提出工农业的"大跃进"目标。2 月 2 日,《人民日报》发表社论《我们的行动口号——反对浪费,勤俭建国!》。会议根据南宁会议的精神,提出了国民经济"全面大跃进"的口号。大跃进计划在各行各业开始执行。

1 月 27 日,《人民日报》发表经毛泽东修改的《奇文共欣赏,毒草成肥料,王实味、丁玲、萧军、罗烽、艾青等文章的再批判》的文章。本年第 2 期的《文艺报》有一个再批判的特辑,刊登了 15 年前在延安《解放日报》的文艺副刊和文艺杂志《谷雨》上发表过的一批文章：王实味的《野百合花》、丁玲的《三八节有感》和《在医院中》，萧军的《论同志之"爱"与"耐"》，罗烽的《还是杂文的时代》，艾青的《了解作家、尊重作家》。《再批判》编者按语指出，这几位右派早在延安时就"勾结在一起，从事反党活动"。不久，这场"再批判"波及秦兆阳、钟惦棐、陈涌、钱谷融、刘宾雁、王蒙、刘绍棠等人的理论和创作。《人民日报》的文章把上述作品称为奇文，说"奇就奇在以革命的姿态写反革命的文章"。

1月31日，根据人大常委会决定，毛泽东命令撤销粮食部长章乃器、交通部长章伯钧、森林工业部长罗隆基的部长职务。同日，各民主党派反右派斗争胜利，开始整风，撤销右派分子在民主党派中的领导职务，右派分子纷纷被清除出民主党派。

2月7日，我国政府发出声明，支持朝鲜政府的和平倡议，准备于年内全部撤出志愿军。

2月27日—3月6日，我国扫除文盲工作会议及表彰扫盲先进会议召开，陈毅提出在5年内基本扫除全国青壮年文盲的建议。

2月28日，中共中央发出《关于下放干部进行劳动锻炼的指示》，要求干部到基层主要是农村参加劳动。已下放和准备下放的干部达300万。

3月28日，中央发出《关于处理中小学教师中的右派分子、反革命分子和其他坏分子问题的指示》。

4月4日，北京大学采用大字报、辩论会等方式开始对马寅初的《新人口论》及其整个学术思想、政治观点进行批判。5日，康生、陈伯达开始批判马寅初。

5月5日—23日，中共八大二次会议在京召开，会议根据毛泽东的意见，正式改变了八大关于国内主要矛盾的正确论断，指出："在整个过渡时期，也就是说，在社会主义社会建成之前，无产阶级同资产阶级的斗争，社会主义道路同资本主义道路的斗争，始终是我国内部的主要矛盾。"这为阶级斗争扩大化提供了错误的理论依据。

5月　《剧本》5月号发表田汉的话剧《关汉卿》。

6月2日，中科院哲学社会科学部召开插红旗大会，提出拔掉资产阶级的白旗,把无产阶级红旗插满社会科学领域。

8月9日,毛泽东在山东农村视察工作,倡议办人民公社。此后,一个大办人民公社的热潮迅速在全国兴起。

8月17日—30日,中央政治局在北戴河举行扩大会议,号召1962年赶上美国向共产主义过渡。

8月至9月,全国报刊报道的粮食高产"卫星"令人目不暇接。各行各业的"卫星"也不断"上天"。

9月13日—20日,中共中央宣传部召开文艺创作座谈会,提出创作和批评都必须发动群众,依靠全党全民办文艺。

10月,全国文化行政会议又提出,群众文化活动要造就亿万艺术家。

12月10日,中共中央批转中央宣传部《关于作家下乡下厂问题的报告》,提出作家应下乡下厂。此后,大批作家下乡下厂。

本年 为了配合当时的运动,唐弢写作了一些时事杂感,主要的篇目有:3月22日,《解放日报》发表《大跃进随笔》;4月,《人民文学》第4期发表《谈"增灶撤军"》;4月24日,《解放日报》发表《是"锻炼红",不是"自来红"》;5月16日,《解放日报》发表《思想通了,麦子变了》等。

本年 相继写作和发表的访苏观感三篇。7月,唐弢将自1955年以来写作和发表的访苏观感,由作家出版社结集出版《莫斯科抒情及其他》,共收散文17篇。

1月5日,在《文艺月报》1月号发表散文《莫斯科抒情(科学之宫、"力的美"、"友谊的果实")》,署名唐弢。收入《莫斯科抒情及其他》《生命册上》。文章写了在访苏期间的所见所感,写了自己在拜谒列宁、斯大林陵墓后,参观了"科学之宫"莫斯科大学,在中央"狄纳莫"运动场上看莫斯科夏季运动会,感受到"力的美";观看了莫斯科"小白桦树"舞蹈团的演出,在"红普列斯尼亚"工人区参加庆祝"五一"国际劳动节的晚会等经历。

2月11日夜,写作杂文《刘姥姥三进大观园》。文章表达了对资本主义世界发生经济危机、经济萧条的事件的感想,认为资本主义势必会出现政治上的分崩离析,犹如《红楼梦》里的贾府。而刘姥姥——包括胡适和林语堂在内,则没有机会去帮闲了。

2月,由中国科学院院长郭沫若聘任为文学研究所学术委员会委员。

3月5日,写作散文《列宁格勒的白夜——访问工人列米索夫的家庭》。收入《莫斯科抒情及其他》、《生命册上》。1955年5月11日晚7时,唐弢等访问了列宁格勒的工人列米索夫的家庭,文章写了苏联人民的日常的幸福生活,赞扬了人们建设社会主义的热情。

3月22日,在《解放日报》发表杂文《大跃进随笔》,署名唐弢。

4月5日,写作杂文《为谁守寡》。文章认为在现在轰轰烈烈、高歌猛进、力争上游的时代,个别人从极端个人主义出发,从而发出"今不如昔"的想法,作者认为这是寡妇相。此文后发表在5月17日的《解放日报》,署名唐弢。收入《春涛集》。

4月5日,在《文艺月报》4月号发表杂文《为古人的奇想和豪语加码》,署名唐弢。

4月9日,写作杂文《〈莫斯科抒情及其他〉后记》,收入《莫斯科抒情及其他》。这是唐弢把访苏联后的文章结集成《莫斯科抒情及其他》一书,并作后记,介绍了这个集子结集的情况。

4月16日,在《新观察》第八期发表散文《叩门》,署名唐弢。

4月24日,在《解放日报》发表杂文《是"锻炼红",不是"自来红"》,署名唐弢。收入《春涛集》。文章认为干部和知识分子的下放劳动,本身是一个锻炼,是"锻炼红"而不是"自来红",强调实践和实际行动的意义,主张向劳动人民学习,站稳立场,改造自己的思想。

4月,在《人民文学》第四期发表杂文《谈"增灶撤军"》,署名唐弢。

4月,唐弢在党发动的深入生活运动中,到上海县闵行镇新华农业社参加劳动,8月又转到上海树脂厂,直到1959年1月又回到原工作岗位。在基层工作期间,除了日常事务外,唐弢还帮助做一些文艺宣传活动,接触到不少爱好文学的青年,先后被邀请做过六次报告,谈的都是写作上的问题。这些报告受到大家的欢迎,并要求唐弢把它们汇集出版。

4月,写作论文《论阿Q的典型性格——批判冯雪峰反现实主义,反阶级论的文艺观点》。文章对阿Q的典型性格的分析,同时表达对冯雪峰关于《阿Q正传》的解释的批评。此文后发表在6月25日的《文学研究》第二期,署名唐弢。收入《燕雏集》。

5月16日，在《解放日报》发表杂文《思想通了，麦子变了》，署名唐弢。

5月27日，写作杂文《广"取经"》。文章认为在知识分子向党交心的运动中，要克服各种思想，经过"烈火锻炼"，广取经，才能实现改造。同样，领导干部深入基层也是这样，也要经过"烈火锻炼"。此文后发表在6月11日的《人民日报》，署名唐弢。收入《春涛集》。

5月，在《解放军文艺》5月号发表散文《通向共产主义社会》，署名唐弢。收入《莫斯科抒情及其他》、《生命册上》。

6月至7月，参加作家协会上海分会整风补课，先和市委党校、中苏友协等单位合在一起，每天下午借展览馆会议室开会，倾听各种意见。半个月后，回到作协机关继续补课。一次，在一个会上，姚文元宣读了一份声称是唐弢的"老朋友"的揭发信。为此，唐弢要求组织上对信中所揭发的内容，予以全面的深入的调查。

7月20日，写作杂文《猪八戒的性格》。文章是对在合作社化中的富裕中农的批评，认为这些富裕中农有猪八戒的性格，即摇摆、游移、患得患失。希望他们在社会主义总路线的道路上，全心全意，克服个人主义，多快好省建设社会主义。

7月21日，在《文汇报》发表诗歌《一夜之间》，署名唐弢。收入诗集《抗议的拳头举上天》。

8月25日，在《文汇报》发表杂文《文化革命》，署名唐弢。

9月2日，写作杂文《包袱不是坐垫》。文章认为在无产阶级革命的转折中，总有一些人在转折时摔下来，这是由于这些人带着各种的包袱，并把它作为坐垫，从而使他们在车子的颠簸中摔下。文章主张无产阶级先锋队应保持它的纯洁性。

9月10日，在《学术月刊》9月号发表杂文《破三关》，署名唐弢。

9月13日，在《文汇报》发表杂文《形象的真理》，署名唐弢。

10月4日，在《解放日报》发表杂文《革历史的命》，署名唐弢。

10月5日，在《文艺月报》10月号发表杂文《我们时代的灵魂》，署名唐弢。

10月6日，在《文汇报·笔会》发表杂文《送瘟神二首试释》，署名唐弢。

10月17日,郑振铎不幸飞机失事遇难。10月20日晨,唐弢在报上获悉噩耗后,晚发唁电往北京。11月5日,写作纪念文章《忆西谛》。文章写道,自己在1958年10月20日晨,在读报时,得知郑振铎飞机失事去世的消息后,非常悲伤。文章回忆了自己和郑振铎近二十年的交往经历,赞扬了他的人品、学识,表示了深刻的悼念。

10月26日夜,写作杂文《二怕》。文章通过对有些干部在工厂里搞文艺创作活动的"二怕"的分析,认为生产和创作并不矛盾,文化水平低也不用怕,可以互相结合,不断锻炼提高,从而使文艺创作和生产劳动结合起来,互相促进。此文后发表在11月1日的《解放日报》,署名唐弢。

10月,由作家出版社出版唐弢的杂文集《繁弦集》,收1955年8月至1957年11月所写杂文62篇。

11月1日,写作杂文《纸老虎的凶暴和怯懦》。文章是对毛泽东的"帝国主义是纸老虎"的论断的分析、论证。

11月,在《收获》第六期发表散文《悼西谛》,署名唐弢。收入《回忆·书简·散记》《生命册上》。文章表达了对郑振铎的悼念之情。

12月30日,在《长风》"群众文艺辅导讲座"专栏发表论文《关于文艺创作上的几个问题(上)》,署名唐弢。

本年,写作杂文《改变当前的文风》。文章认为在"双百"方针的情况下,必须改变当前的文风,反对教条主义的党八股,要求艺术创作通过对生活本身的描写,使人相信,使人感动,要求真实为本。理论批评家们则应该以理服人,而不是粗暴简单的压服,要求平等的对真理的虚心的追求和耐心的阐述,倡实事求是的文风。

本年,在上海文艺界进行的反右派复查工作中,唐弢受到严厉批判,罪证是1956年发表的两篇杂文《另一种"有啥吃啥"》和《不必要的"门当户对"》。后由于党内部分领导同志的保护,才得以过关。

1959年(己亥),47岁

本年 3月,《人民日报》《光明日报》发表了吴晗、郭沫若、王昆仑等写的关于如何评价历史人物曹操和舞台上的曹操的文章。

5月3日,周恩来邀约部分文艺界人士举行座谈会,认为文艺工作要两条腿走路。

5月10日,中央批转湖北、河北、广东3个省委关于人民公社和农村情况的报告,显示粮食问题已成为农村最为严峻的问题,造成粮食困难的主要原因,是对增产幅度估计过高,产量虚报、放"卫星"水分太大;再加上1958年秋收没有搞好,以及一度放开肚皮多吃。26日,中央发出《关于采取非常措施解决当前粮油供应问题的紧急指示》,对粮油分配采取非常措施。

5月21日,郭沫若创作的话剧《蔡文姬》在京公演。

6月,苏联单方面撕毁中苏双方签订的关于国防新技术的协定,拒绝向我国提供原子弹样品和生产技术。

6月,明史专家吴晗发表《海瑞骂皇帝》。

7月2日—8月16日,庐山会议召开。会议后期转向对彭德怀、黄克诚、张闻天、周小舟等人的揭发批判。此后,"反右倾"斗争在全党开展。

9月15日,毛泽东邀集各民主党派、无党派人士和著名文化教育界人士,就右派分子摘掉右派帽子的问题进行座谈。16日,中共中央、国务院发布《关于确实表现改好了的右派分子的处理问题的决定》,给已经改造好的右派分子摘帽。

10月25日至11月26日,第八次全国计划会议在京召开,着重讨论1960年国民经济发展的方针和任务,确定在1958年、1959年连续跃进的基础上,1960年的经济要继续跃进。

11月11日,针对美国杜勒斯的对社会主义国家和平演变的讲话,毛泽东在杭州召集的一次小范围会议上,提醒党内高级领导要防止和平演变。

12月4日,中央国家机关和民主党派中央机关摘掉一批确已改造好的右派分子的帽子(其中有黄琪翔、费孝通等)。

12月8日,中央宣传部召开全国文化工作会议,认为修正主义、资产阶级思想影响仍是文学艺术上的主要危险。其主要表现是以人性论反对阶级论,以人道主义反对革命斗争。要求批判资产阶级人性论和人道主义。

本年　《新建设》杂志 1959 年第 11 期刊载马寅初《我的哲学思想和经济理论》，使批判马寅初的人口论进入高潮。

本年，唐弢的文学写作主要是两方面，即文学创作谈和鲁迅研究论文。

从 1 月到 11 月，唐弢整理了在农村时为文学爱好者作报告的资料，共写作和发表创作谈 30 多篇，这些文章从文学创作的内容与形式的各个方面，结合文学作品，进行了深入浅出的论述，如：《谈格律》（1 月 12 日《文汇报》）；《诗的语言》（1 月 18 日《文汇报》）；《人物创造三题》（2 月 6 日《文汇报》）等。

在鲁迅研究方面，主要的篇目有：4 月 25 日，《文学评论》第二期发表《从鲁迅杂文谈他的思想演变》；5 月 10 日，《学术月刊》发表《五四时期的鲁迅——鲁迅杂文所反映的五四的历史意义与时代精神》。

本年　1 月，唐弢从农村回到单位。

1 月 1 日，写作创作谈《"民歌体"的局限性》。文章认为民歌体诗歌的写作，不应受形式的局限，而应该按内容的需要实现突破。此文后发表在 1 月 11 日的《文汇报》，署名唐弢。收入《创作漫谈》。

1 月 5 日，写作创作谈《谈格律》。文章谈的是关于诗歌格律的意见，认为格律体诗歌必须考虑到诗歌发展的趋势，不必斤斤于字数，而应从韵律、节奏、声词等多方面加以考虑。此文后发表在 1 月 12 日的《文汇报》，署名唐弢。收入《创作漫谈》。

1 月 8 日，在《解放日报》发表创作谈《两条腿走路》，署名唐弢。收入《创作漫谈》。

1 月 18 日，在《文汇报》发表创作谈《诗的语言》，署名唐弢。收入《创作漫谈》。

1 月 20 日，在《解放》第二期发表散文《火！火！火！》，署名唐弢。

2 月 5 日，在《文艺月刊》2 月号发表创作谈《理乱麻、作品的灵魂、为主题服务》，署名唐弢。收入《创作漫谈》。

2 月 6 日，在《文汇报》发表创作谈《人物创造三题》，署名唐弢。收入

《创作漫谈》。

2月18日,在《旅行家》第二期发表散文《上海的早晨》,署名唐弢。

2月20日,在《解放日报》发表创作谈《民歌与五七言》,署名唐弢。收入《创作漫谈》。

3月15日,在《文汇报》发表创作谈《不做落第秀才》,署名唐弢。收入《创作漫谈》。

3月18日,在《文汇报》发表创作谈《"九比零"还是"二比一"》,署名唐弢。收入《创作漫谈》。

3月28日,在《文汇报》发表创作谈《人物的语言》,署名唐弢。收入《创作漫谈》。

4月1日,在《萌芽》第七期发表创作谈《要有生活细节》,署名唐弢。收入《创作漫谈》。

4月1日,在《萌芽》第七期发表创作谈《让形象说话》,署名唐弢。收入《创作漫谈》。

4月2日,在《解放日报》发表创作谈《歌唱与朗诵》,署名唐弢。收入《创作漫谈》。

4月15日,在《新闻日报》发表创作谈《从曹操说起》,署名唐弢。收入《创作漫谈》。

4月25日,在《文学评论》第二期发表论文《从鲁迅杂文谈他的思想演变》,署名唐弢。收入《燕雏集》。

4月,唐弢继续当选为政协全国委员,参加第三届全国政协会议。

4月,写作论文《"五四"时期的鲁迅——鲁迅杂文所反映的"五四"的历史意义与时代精神》。这篇文章是为了纪念五四运动四十周年而作。文章分析了鲁迅在"五四"前后的思想历程,和他的杂文的贡献和斗争性。此文后发表在5月10日的《学术月刊》第五期,署名唐弢。收入《燕雏集》时改为《反映"五四"历史意义与时代精神的诗篇——鲁迅前期杂文脞谈,现代文学史札记之一》。

5月15日,在《文艺月报》5月号发表散文《感情的波浪》,署名唐弢。

5月,在《文学知识》第五期发表创作谈《举鲁迅的一例》,署名唐弢。收入《创作漫谈》时改为《举一个例》。

6月14日,在上海工人文化宫讲课,题为《怎样阅读鲁迅作品》。

6月25日,在《文学评论》第三期发表创作谈《从"民歌体"到格律诗》,署名唐弢。收入《燕雏集》。

6月,同巴金、魏金枝等八人赴新安江参观,途经杭州,由浙江省文联等团体安排游西湖,并访问梅家坞茶园。7月,返回上海途中,经金华,当地地委邀游双龙洞,并访问双龙人民公社。期间,作诗四首为《浙江诗抄》,其一为《访西湖梅家坞》云:"梅家坞下翠千重,一片歌声绕秀峰。如此湖山归去得,诗人不作作茶农。"其二为《在新安江大坝上》云:"笑煞秦关又汉关,横江一闸锁千山。回天欲展英雄手,长揽光明驻两间。"其三为《缆索桥夜眺》云:"缆索桥头夜色开,依稀坝影似楼台。青山一抹耀明珠,为有二龙蟠谷来。"其四为《游金华双龙洞》云:"双龙挟水势如奔,零落残碑不可扪。却喜人间新气象,重重点缀到山村。"

7月1日,在《萌芽》第十三期发表创作谈《综合和抛弃》,署名唐弢。收入《创作漫谈》。

7月5日,写作创作谈《杂谈词汇》。收入《创作漫谈》。

7月18日,在《文汇报》发表创作谈《以形传神》,署名唐弢。收入《创作漫谈》。

7月23日,在《解放日报》发表杂文《戏院里的感受》,署名唐弢。

7月,在《新观察》第十四期发表创作谈《关于文风》,署名唐弢。收入《创作漫谈》。

7月,在《萌芽》第十三期发表创作谈《谈艺术概括》,署名唐弢。

7月,在《人民文学》7月号发表创作谈《风格一例——试谈"山那面人家"》,署名唐弢。收入《燕雏集》。

8月5日,在《文艺月报》8月号发表创作谈《关于文学语言(作家要铸炼语言、方言、土话和谚语、人物语言性格化)》,署名唐弢。收入《创作漫谈》。

8月5日,写作创作谈《什么人说什么话》。收入《创作漫谈》。

8月5日,写作创作谈《对话的运用》。收入《创作漫谈》。

8月,在《人民文学》8月号发表创作谈《人物描写的焦点》,署名唐弢。收入《创作漫谈》。

9月1日,在《光明日报》发表创作谈《做开路的人》,署名唐弢。收入《创作漫谈》。

9月10日,写作杂文《书》。文章写到,书从藏书家的珍玩,到共和国成立以后的大量出版;从兵火的洗劫,强权的篡改、禁止,到共和国成立以后的保护、重印,讲述了书的故事,赞美了共和国成立以后的出版事业,赞扬了书所起到的火种的作用、精神的作用。

9月,在《人民文学》9月号发表创作谈《谈情节安排》,署名唐弢。收入《创作漫谈》。

9月,唐弢调北京中国科学院(现中国社会科学院)文学研究所,任研究员。这次调动对唐弢的文学创作起了很大影响,由于工作性质的变动,他决定放弃杂文写作,将时间和精力转移到文学理论研究项目上。9月12日,到北京。

10月18日清晨,唐弢到八宝山参谒郑振铎的墓地。下午,在北京图书馆参加他的逝世周年纪念会,茅盾以老朋友的身份主持了纪念会。

11月7日,得知友人章靳以逝世,非常悲痛,深夜写毕《写于悲痛中——悼靳以》一文。11月10日在《人民日报》发表,署名唐弢。收入《回忆·书简·散记》、《生命册上》。

11月8日,在《文学知识》11月号发表创作谈《慧眼识英雄》,署名唐弢。收入《创作漫谈》。

11月12日,在《文汇报》发表散文《献给上海——〈创作漫谈〉后记》,署名唐弢。原为上海文艺出版社版《创作漫谈》而作,该书因姚文元等反对,毁版不出。因此这篇序文也未收集。

11月,为方去疾、吴朴堂、单孝天刻印的《瞿秋白笔名印谱》作序。方去疾、吴朴堂、单孝天三人收集了瞿秋白的笔名,注明出处,并篆刻成集,唐弢为他们刻印的《瞿秋白笔名印谱》作了序。

12月8日,在《文学知识》12月号发表创作谈《什么样的技艺》,署名唐弢。收入《创作漫谈》时改为《技巧种种》。

12月9日起,在北京参加全国文化工作会议。

本年,与郭沫若在上海锦江饭店晤面,谈起郭沫若的《蔡文姬》初稿。

本年,在离开上海去北京工作之际,应上海文艺出版社的要求,将《创作漫谈》的小册子交给他们出版。到京后不久,出版社将书稿清样寄给唐弢。唐弢校毕退回,此后,出版社方面就没有下文了。唐弢写信去问,被告知《创作漫谈》因姚文元的原因,已被强令出版社毁版停印,不再出版。在 12 月的全国文化工作会议上,唐弢被分在上海组。会上,姚文元对唐弢的《创作漫谈》又猛烈抨击,认为是只谈艺术,不谈政治,只讲技巧,不讲思想。唐弢没做任何解释。会议结束后,唐弢将清样交文学研究所负责人何其芳、毛星等审阅,得到了他们的支持。

本年秋,在调去北京之前,唐弢将存世很少的 1939 年版《守常全集》连同别的一些文献,送给了正在筹办的上海革命博物馆。

本年,写作散文《胜利的插曲——纪念上海解放十周年》。文章回忆了自己所经历的上海解放的过程。

1960 年(庚子),48 岁

本年　1 月 3 日,全国各地第一批 26000 多名"右派分子"摘掉帽子。

本年　大跃进继续。农村人民公社、公共食堂继续推行。农村浮夸风继续。

6 月 24 日至 26 日,罗马尼亚工人党召开第三次全国代表大会,12 个社会主义国家的共产党和工人党代表团参加了大会。会议期间,苏共对中共进行全面攻击,两党关系公开破裂。

7 月 16 日,苏联单方面撕毁中苏签订的协定和合同,决定在一个月内撤走全部在华苏联专家。

7 月 22 日至 8 月 13 日,全国文学艺术工作者第三次代表大会在京召开。周扬作《我国社会主义文学艺术的道路》的报告,并选举出第三届全国文联领导机构。

9 月 7 日,因 1960 年全国农村受灾面积达 9 亿多亩,灾情比上年严重,中央发出《关于压低农村和城市的口粮标准的指示》。

本年,唐弢因工作调动到北京后,在文艺理论、中国现代文学领域(包括鲁迅研究)等方面的研究,继续向前拓进。

　　本年创作的文艺论文有:2 月 25 日,《文学评论》第一期发表《在毛泽东文艺思想旗帜下不断学习,永远前进》;4 月 25 日,《文学评论》第二期发表《文化战线上的战斗红旗——纪念"左联"成立三十周年》;7 月 8 日,《文学知识》7 月号发表《司汤达和他的于连——读小说〈红与黑〉的讨论有感》。

　　鲁迅研究方面:10 月,《新港》第 10 期发表《鲁迅和他的〈故事新编〉》。

　　1 月,在《新观察》第一期发表创作谈《谈所谓"直观能力"》,署名唐弢。收入《创作漫谈》。

　　2 月 25 日,在《文学评论》第一期发表论文《在毛泽东文艺思想旗帜下不断学习,永远前进》,署名唐弢。

　　3 月,写作论文《文化战线上的战斗红旗——纪念"左联"成立三十周年》。文章是对"左联"历史功绩的评价。此文后发表在 4 月 25 日的《文学评论》第二期,署名唐弢。收入《燕雏集》。这篇论文题目又名《文化战线上的战斗红旗——关于中国左翼作家联盟》。

　　5 月 1 日,在《新观察》第九期发表创作谈《从树见林》,署名唐弢。收入《创作漫谈》。

　　5 月 8 日,在《文学知识》5 月号发表创作谈《红色的步伐——谈工厂史》,署名唐弢。收入《创作漫谈》时改为《工厂史》。

　　6 月,写作论文《司汤达和他的于连——读小说〈红与黑〉的讨论有感》。文章是对《红与黑》一书及主人公于连的评价、分析,认为于连这个"英雄"角色,散布和扩大了资产阶级个人主义的影响,文章从详细的社会历史背景分析之。此文后发表在 7 月 8 日的《文学知识》7 月号,署名唐弢。收入《燕雏集》。

　　6 月,写作论文《鲁迅和他的〈故事新编〉》。文章分析评价了鲁迅的《故事新编》的艺术特色、艺术风格和社会意义。此文后发表在 10 月的《新港》第十期,署名唐弢。收入《燕雏集》时改为《故事的新编,新编的故事》。

　　7 月,出席第三届全国文代会和第三届全国作家协会会员代表大会。

　　9 月 8 日,在《光明日报》发表创作谈《略谈历史主义》,署名唐弢。收入《创作漫谈》。

10月4日,写作《〈鲁迅先生的故事〉改版后记》。收入《鲁迅先生的故事》(1962年版)。文章说明《鲁迅先生的故事》的结集的情况:大部分是为了在鲁迅逝世20周年纪念时,匆忙中写成的,是为少年儿童而写的。

11月1日,写作创作谈《健康的批评风格》。收入《创作漫谈》,再版时撤去。

12月25日,写作创作谈《行万里路,读万卷书》。收入《创作漫谈》。

12月25日,在《文学评论》第六期发表论文《历史长河中的一阵小泡沫——谈所谓"第三条道路问题"》,署名唐弢。

本年,为人民大学成立语文系,作诗一首致吴玉章(永珊)校长,题为《人民大学语文系成立呈吴老永珊校长》:"门前桃李映春晖,千树好花次第开。却喜东风勤煦拂,于今又苗一枝来。"

本年,茅盾夫妇在北京四川饭店宴请唐弢夫妇,由卢绍腴夫妇作陪。这是唐弢第一次见到茅盾。

1961 年(辛丑),49 岁

本年 1月14日—18日,中共八届九中全会在京召开。正式批准国民经济"调整、巩固、充实、提高"的八字方针,反对、纠正"共产风"、浮夸风等问题。

本年 人民公社继续实行。公共食堂问题严重。农业继续跃进。

1月1日,林彪提出学毛著"十七字方针",提出对毛泽东的著作,要"带着问题学,活学活用,急用先学,立竿见影"。

1月7日,中央批转安子文《关于中央一级机关精减刊物工作的报告》,中央一级刊物整顿完毕,提出今后所有的出版物,都必须强调政治第一,质量第一,使它们成为党在政治路线上的锐利武器。

3月 邓拓开始在《北京晚报》上设置专栏,发表《燕山夜话》的系列杂文。

6月1日至28日,中共中央召开座谈会。会议讨论了《关于当前文学艺术工作的意见》(即《文艺十条》的初稿)。19日,周恩来在文艺工作座谈会和故事片创作会议上讲话,阐述了艺术民主、解放思想、物质生产与精神生产、阶级斗争与统一战线、为谁服务、文艺规律、遗产和创造以及文艺领导等问题,强调重视艺术标准。

8 月 23 日起,中央在庐山举行工作会议,讨论工业、粮食、财贸及教育问题,会议做出了《关于当前工业问题的指示》。指出大跃进过了头,要退够。必须切实贯彻"调整、巩固、充实、提高"的八字方针。

9 月 25 日,北京、上海、广州隆重集会,纪念鲁迅 80 诞辰。周恩来在京出席。

10 月,邓拓、吴晗、廖沫沙轮流在北京市委理论刊物《前线》上撰稿,题名《三家村札记》。

本年　年初,教育部召开全国文科教材会议,决定由北京师范大学负责编写《中国现代文学史》教材,并决定集体编写,由王瑶、刘绶松等负责,后为争取时间,又调唐弢任主编,并由文学研究所部分同志参加。因此,在本年,唐弢在编写《中国现代文学史》的同时,继续写作和发表有关文艺理论、鲁迅研究的论文以及书话。

文艺理论和鲁迅研究的论文主要有:2 月,《文艺报》2 月号发表《艺术家和谐德家——读〈琉森〉》;8 月,《红旗》第 17 期发表《向社会学习》;10 月 14 日,《文学评论》第 5 期发表《论鲁迅的美学思想》。

本年,除写作少量的时事杂感外,还写作了几篇回忆性散文,其中有:8 月,《人民文学》8 月号发表《尺素书——有关鲁迅先生几件事情的通信》;9 月 11 日,写《"编辑"三事》。

1961 年 4 月开始,又在《人民日报》第八版发表书话,仍以"晦庵"为笔名,本年共发表 11 篇。

1 月 1 日,元旦,作词《念奴娇——寄沪上诸友(一九六一年元旦书怀)》:"江山如画,又东风,吹换人间岁月。捷报纷纷飞禹域,谱出英雄豪杰。红雨传空,青波逐浪,喜呼钢和铁。韶光一片,春来处处花发。犹忆年少豪情,对天长问:苍苍尔何物?起舞踏歌吾未老,添了几茎白发。西苑穷经,北都听讲,万仞从头越。文章千古,今朝应立新说。"唐弢在上海的好友、同事郭绍虞、刘大杰、李俊民、夏承焘等人纷纷作词相和。

1月4日,在《光明日报》发表杂文《喜春帖子》,署名宜生。

2月,在《文艺报》2月号发表论文《艺术家和道德家——读〈琉森〉》,署名唐弢。收入《燕雏集》。

2月,在《解放军文艺》第二期发表创作谈《关于杂文写作的几个问题》,署名唐弢。收入《燕雏集》、《创作漫谈》(增订版)。

3月25日,在《中国青年报》发表杂文《谈鬼》,署名唐弢。

4月5日,在《人民日报》发表书话《骈肩作战》,署名晦庵。收入《书话》、《晦庵书话》。这篇书话介绍了三十年代"左联"和"中国社会科学家联盟"("社联")并肩战斗,各出介绍马克思主义理论的书《文艺讲座》和《社会科学讲座》的情况,以及对这二本书的评价。

4月12日,在《人民日报》发表书话《〈怎样研究〉丛书》,署名晦庵。收入《书话》、《晦庵书话》。这篇书话是对"左联"和"社联"各编的《怎样研究新兴社会科学》、《怎样研究新兴文学》二书的优缺点及出版情况进行评价、介绍。

4月18日,在《人民日报》发表书话《〈世界文化〉第二期》,署名晦庵。收入《书话》、《晦庵书话》。这篇书话是对"左联"和"文总"办的报刊的情况的考证和深入研究,理清了《世界文化》第二期的历史渊源。本文是对上海文艺出版社影印抢救民国期刊的支持。

5月3日,在《人民日报》发表书话《翻版书》,署名晦庵。收入《书话》、《晦庵书话》。这篇书话对旧时不法书商的翻版、乱印作家作品的劣行的分析、举例,希望研究者能作进一步的分析、考证。

5月9日,在《人民日报》发表书话《子夜翻印版》,署名晦庵。收入《书话》、《晦庵书话》。这篇书话是对救国出版社翻印茅盾的《子夜》一书的情况的介绍和赞许,以及《子夜》被禁毁的情况。

5月18日,在《人民日报》发表书话《且说〈春蚕〉》,署名晦庵。收入《书话》、《晦庵书话》。这篇书话是对茅盾的《春蚕》一书的写作出版的历史背景及"丰收成灾"的介绍,并对《春蚕》做出评价。

5月25日,在《人民日报》发表书话《再谈翻版书》,署名晦庵。收入《书话》、《晦庵书话》。这篇书话是对部分翻版书的积极作用的评价,举例说明了书商翻印解放区书刊的积极作用。

5月25日,在《文汇报》发表论文《论诗贵创造——关于长诗〈于立鹤的一封通信〉》,署名唐弢。收入《创作漫谈》(增订本)。

5月,在《文艺报》第五期发表创作谈《中国作风和中国气派》,署名唐弢。收入《创作漫谈》。

6月3日,在《人民日报》发表书话《"有人翻印,功德无量"》,署名晦庵。收入《书话》、《晦庵书话》。这篇书话是对鲁迅先生自费印行书籍的情况的介绍,以及出版印行《凯绥·珂勒惠支版画选集》一书的情况的介绍。

6月8日,在《人民日报》发表书话《革命的感情》,署名晦庵。收入《书话》、《晦庵书话》。这篇书话是对鲁迅花重金不惜代价印行亡友瞿秋白的遗著《海上述林》、为纪念柔石而印行《凯绥·珂勒惠支版画选集》的赞扬,并介绍了二书的出版印刷情况。

7月17日至28日,出席全国文化工作座谈会。

9月24日,在《工人日报》发表散文《同志的信任》、《一个刻苦自励的人》,署名唐弢。收入《鲁迅先生的故事》。《同志的信任》讲述了方志敏对鲁迅的信任,把他写的《可爱的中国》的稿件和信托付给鲁迅的故事。《一个刻苦自励的人》用朴素、平易的口气,介绍了鲁迅从少年、青年的吃苦、朴素、励志的故事,谈到鲁迅的生活的简朴,坚持自己的理想的精神。

9月,在《少年文艺》第九期发表散文《鲁迅先生的故事》,署名唐弢。

9月,在《红旗》第十七期发表论文《向社会学习》,署名唐弢。收入《燕雏集》时改为《学习社会,描写社会》。

9月,在《人民文学》9月号发表散文《琐忆》,署名唐弢。收入《回忆·书简·散记》。在1961年鲁迅先生80周岁诞辰之时,唐弢回忆了自己与鲁迅的交往,表达了自己敬佩鲁迅先生"横眉冷对千夫指,俯首甘为孺子牛"的精神,以及鲁迅对青年的看法。

9月,写作论文《论鲁迅的美学思想》。文章从鲁迅的创作实践和文学等方面的观点,全面分析、概括了鲁迅的美学思想,认为鲁迅在美学上达到了马克思和恩格斯的辩证唯物主义的高度,是唯物主义美学思想。此文后发表在10月14日的《文学评论》第五期,署名唐弢。收入《燕雏集》、《鲁迅的美学思想》。

10 月 25 日,写作论文《"于无声处听惊雷"——读鲁迅 1934 年〈无题〉诗》,收入《海山论集》、《鲁迅的美学思想》。文章是对鲁迅的旧体诗,特别是《无题·万家墨面没蒿莱》一诗的理解。

10 月 29 日,在《光明日报》发表散文《毛主席亲书鲁迅诗》,署名唐弢。

11 月 4 日,在《人民日报》发表书话《郑振铎与〈新社会〉》,署名晦庵。收入《书话》、《晦庵书话》。这篇书话通过对郑振铎等人创办的《新社会》刊物的介绍,评价了郑振铎的思想的逐渐进步和取得的各项成就。

11 月 15 日,在《人民日报》发表书话《人道》,署名晦庵。收入《书话》、《晦庵书话》。文章从郑振铎创办的《人道》杂志的情况说起,以见出郑振铎的思想发展,最后又提出研究文学史,研究作家,要把材料、论据和全人联系起来,和全面的发展情况联系起来进行研究的观点。

12 月 20 日,写作《〈燕雏集〉序言》。序言是对这个集子的介绍。收入《燕雏集》。该集收录唐弢的 18 篇文章,最早的写于 1952 年,最迟的写于 1961 年,大多是文艺论文。

1962 年(壬寅),50 岁

本年　1 月至 2 月,中央在京召开有 7000 人参加的扩大的工作会议,初步总结了 1958 年以来社会主义建设的基本经验教训,强调要坚持民主集中制,坚持实事求是的思想路线。

2 月 17 日,周恩来召集在京的剧作家 100 多人在中南海紫光阁举行座谈会,要求文艺界要克服"左"的倾向。

3 月 2 日—26 日,文化部、剧协在广州召开话剧、歌剧、儿童剧创作座谈会(即"广州会议"),参加会议的有 160 多名剧作家、导演、理论家和戏剧工作者。会上,周恩来作《关于知识分子问题的报告》,强调知识分子应包括在劳动者之中。陈毅讲话认为,应该取消"资产阶级知识分子"的帽子。

4 月 19 日,中国作协《诗刊》编辑部在京召开诗歌创作座谈会。

4 月 27 日,电影《红色娘子军》、《两种命运的决战》、《亚洲风暴》、《征服世界高峰》、《没有"外祖父"的癞蛤蟆》、《小蝌蚪找妈妈》、《杨门女将》等影片获首届"百花奖"。

4月30日,中央批准《关于当前文学艺术工作若干问题的意见(草案)》,简称《文艺八条》。

5月8日,中宣部就整风中暴露出的问题及改进工作的措施向中央提交报告。报告检查了文联和各协会在贯彻执行党的文艺方向方面和在机关工作方面存在的问题。认为主要是没有坚决贯彻党的文艺方向,缺少对毛泽东文艺思想深入研究和有力宣传。文联和各协会党组不健全,机关衙门化,资产阶级作风相当严重。毛泽东对这个报告作了批示,指责这些协会和其掌握的刊物的大多数,15年来基本不执行党的政策,做官当老爷,不去接近工农兵,不去反映社会主义的革命和建设,跌到了修正主义的边缘。这份报告和毛泽东的批示在全国文艺界引起了很大的震动。

6月2日,文化部发出贯彻执行《关于当前文学艺术工作若干问题的意见》的通知。

6月,邵荃麟在《文艺报》的一次讨论重点选题的会议上,提出了"写中间人物"的文学主张。

8月2日—16日,中国作协在大连召开农村题材短篇小说创作座谈会。会议的中心是研究文学创作,特别是短篇小说如何针对当时农村社会现实中出现的新情况、新问题,正确反映农村中的人民内部矛盾。其实质是研究现实主义问题和人物形象的塑造问题。邵荃麟在会议上的各次讲话,都批评了前几年文学创作中的脱离现实,回避矛盾,拔高英雄等不良倾向,并提出了"现实主义深化"和写"中间状态人物"(中间人物)的观点。

8月,我国历史上收辑范围最广的古籍目录书——《中国丛书综录》,由上海图书馆编撰完成。

10月,我国被迫对印度进行自卫反击战。早在1951年前后,印度就趁中华人民共和国和平解放西藏之际,不断侵犯我国领土主权。至1962年10月,我国被迫进行自卫反击战。

本年　唐弢继续主编《中国现代文学史》教材,想争取于8、9月间完成。

1月,随全国人大代表、政协委员参观团访问广东省海南岛,历时三周,同行有周鲠生、严景耀、雷洁琼、吴桓兴、王子野、徐萌山、张楚琨、唐棣华等。其间,在天涯海角景区,唐弢遇到了郭沫若、于立群夫妇,他们回忆了在上海的交谊。在广州,唐弢一行观粤剧院二团青年演员演出的《玉簪记》,唐弢作诗一首《观粤剧〈玉簪记〉》:"莫道周郎来已迟,好花此日发南枝。《秋江》一曲真奇绝,黄卷红鱼都是诗。"

从2月开始继续在《人民日报》上发表书话,至6月,共发表13篇。

2月19日,在《人民日报》发表书话《取缔新思想》,署名晦庵。收入《书话》、《晦庵书话》。这是一篇关于北洋军阀时期禁毁有"新思想"的书籍的历史考证文章。

2月,由上海少年儿童出版社出版《鲁迅先生的故事》(第二版),增加四篇故事:《胡羊尾巴》、《事实的教训》、《友谊》、《一个伟大的榜样》。

3月3日,在《人民日报》发表书话《关于禁书之二》,署名晦庵。收入《书话》、《晦庵书话》。文章从鲁迅希望唐弢写一部中国文网史说起,谈到国民党时期的书报查禁情况。

3月10日,在《人民日报》发表书话《关于禁书之三》,署名晦庵。收入《书话》、《晦庵书话》。文章揭示在日伪统治区的查禁书刊的情况和方法,并指出日本法西斯的方法比国民党高明。

3月17日,在《人民日报》发表书话《书刊的伪装》,署名晦庵。收入《书话》、《晦庵书话》。文章是对共和国成立以前的进步书刊经过伪装而得以流传的情况的介绍。

3月24日,在《人民日报》发表书话《奉令停刊》,署名晦庵。收入《书话》、《晦庵书话》。文章介绍,文艺书刊由于伪装而要影响发行,所以在查禁情况下,要么是改名,要么是以"奉令停刊"的方法,出终刊号,把以前不能发表的文章都登上去。

3月30日,在《人民日报》发表书话《别开生面的斗争》,署名晦庵。收入《书话》、《晦庵书话》。文章介绍了瞿秋白翻译的高尔基的作品,因遭禁而设法突破文网的事。

4月7日,在《人民日报》发表书话《若有其事的声明》,署名晦庵。收入《书话》、《晦庵书话》。这篇书话介绍了郭沫若著作的被禁情况,以及其自传《反正前后》经现代书局若有其事的声明而蒙混过检查老爷,并得以出版发行的事情。

4月14日,在《人民日报》发表书话《在国外出版的书》,署名晦庵。收入《书话》、《晦庵书话》。这篇书话介绍了巴金的《雪》因遭禁而采取不同方法出版的情况。

4月21日,在《人民日报》发表书话《饶了她》,署名晦庵。收入《书话》、《晦庵书话》。这篇书话介绍了郁达夫的小说《她是一个弱女子》不断遭禁而改名的情况。

4月28日,在《人民日报》发表书话《革命者! 革命者!》,署名晦庵。收入《书话》、《晦庵书话》。这篇书话从闻一多的诗集《死水》、《红烛》,谈到闻一多其人,谈到其人生的转变,他的为革命的精神。

5月8日,在《人民日报》发表杂文《谢本师》,署名万一羽。收入《唐弢杂文集》。文章通过对学生和老师的关系的分析,从章太炎因要革命而"谢本师"于俞樾的事说起,说明学生超越老师,而老师不应不满,应该高兴的道理。同时,文章认为,学生也应以"吾爱吾师,吾尤爱真理"的态度对待老师。

5月11日,在《人民日报》发表书话《两本散文》,署名晦庵。收入《书话》、《晦庵书话》。这篇书话对梁遇春的两本散文集,尤其是《泪与笑》的出版情况进行了介绍,并对梁遇春的散文风格作了评价。

5月19日,在《人民日报》发表书话《朱自清》,署名晦庵。收入《书话》、《晦庵书话》。这篇书话对朱自清的散文的前、后期的特色和变化发表了自己的看法,兼及其作品集。

5月,写作论文《论作家与群众的结合——纪念〈在延安文艺座谈会上的讲话〉发表二十周年》,收入《海山论集》。

5月,《人民日报》设立"长短录"杂文专栏,由夏衍、吴晗、廖沫沙、孟超和唐弢执笔,唐弢以"万一羽"的笔名,先后发表两篇杂文:《谢本师》(5月8日《人民日报》)和《尾骶骨之类》(12月4日《人民日报》),这两篇旨在议论师生关系和指斥帝国主义的杂文在"文化大革命"中成为"反党罪证"。

6月1日,在《人民日报》发表书话《走向坚实》,署名晦庵。收入《书话》、《晦庵书话》。这篇书话对许地山的遗作集《危巢坠简》的出版情况进行介绍,同时介绍了许地山的人和他的文章风格。

6月,由北京出版社出版《书话》,收唐弢1945年至1962年所写的书话40篇,序1篇,署名晦庵。《书话》出版后,引起了评论界的注意。何仁亭在8月24日《北京日报》上发表《〈书话〉的特色》,把《书话》的特色概括为:"知识性;散文化;有见解;很简练。"10月11日,《光明日报》发表了上官雯的《〈书话〉三谈》,文中说《书话》"谈斗争""谈评论""谈史料"。香港报纸对《书话》也有评论。

6月,唐弢因招考研究生,回到上海,恰逢当年"左联"时期的好友石凌鹤同志,石凌鹤因率江西省赣剧团在上海演出,同寓锦江饭店。老友重逢,石凌鹤索诗,便成一诗赠之,题为《赠凌鹤》:"少年子弟江湖客,海曲重逢世似隔。今日听君谱弋阳,家山春满忘头白。"

9月28日,为自己于1958年以来写作的、有关创作的文章结集而成的《创作漫谈》一书作序。序中谈了自己结集成《创作漫谈》的原因、经过和希望,希望有更多的探讨文学创作的经验的作品出现。

12月4日,在《人民日报》发表杂文《尾骶骨之类》,署名万一羽。收入《唐弢杂文集》。文章说,人类和高等动物的某些器官,因经常不用逐渐失去了作用,从而在进化过程中退化而失去其功用。作者以此讽刺现在的许多人,闭着眼睛说话,罔顾事实,这也是要使头脑和眼睛从此退化,从而像尾骶骨一样。

12月,经作家出版社的大力支持,唐弢的《创作漫谈》一书出版。

本年暑假,参加中央轮训,住在党校。

1963年(癸卯),51岁

2月8日,周恩来出席文艺界元宵晚会,要求作家艺术家加强同人民群众的联系,过好思想关、政治关、生活关、家庭关、社会关等五关。

2月11日—28日,中央在京召开会议,讨论1963年国民经济计划、财贸工作、中小学教育和城市社会主义教育问题。会上,毛泽东推荐和印发了湖南、河北两省关于社会主义教育、整风整社运动的报告,并提出"阶级斗争,一抓就灵"的论断。会议决定在城市开展"五反"(即反贪污盗窃,反投机倒把,反铺张浪费、反分散主义、反官僚主义)运动,在农村进行社会主义教育运动。

本年 2月20日,新华社消息:中央国家机关和各民主党派中央机关最近又摘掉一批确实改悔的右派分子(陈铭枢等100余人)的帽子。

4月,中宣部在京召开文艺工作会议,就柯庆施提出的"写13年"问题展开激烈的争论。周扬、林默涵、邵荃麟等人在发言中指出,"写13年"这个口号有片面性,批驳了那种认为只有写社会主义时期的生活才是社会主义文艺的论调,认为这是错误的。张春桥则进行了极力辩解,而且提出了所谓"写13年10大好处"。

5月2日至12日,毛泽东在杭州召集部分政治局委员和大区书记会议,根据各省关于农村阶级斗争严重情况的20份材料,毛泽东认为开展"四清"(即清理账目,清理仓库,清理财物,清理工分)运动是必要的。这次会议还制定了《关于目前农村工作中若干问题的决定(草案)》(即"前十条"),作为指导社会主义教育运动的纲领性文件。"四清"运动开始。

6月5日,《人民日报》发表了福州第一中学党支部的文章《最生动的阶级教育——组织学生下乡劳动和参加社会主义教育的体会》,同时发表了社论《坚持不懈地好好组织学生参加生产劳动》。6月29日至7月1日,中共中央城市下放职工和青年学生领导小组召开6个大区的小组长会议。周恩来指示,今后15年内,动员城市青年学生下乡参加农业生产是城乡结合、移风易俗的大事。此后,知青下乡插队运动深入开展。据统计,1962、1963年,下乡插队的青年近10万名。

11月11日,毛泽东两次严厉批评《戏剧报》和文化部。认为《戏剧报》宣传牛鬼蛇神;文化部不管文化,使封建的、帝王将相的、才子佳人的东西很多。12月12日,毛泽东在中宣部的一个内部刊物上批示,给文艺界下断语:问题不少。随后,文联及所属各协会开始整风。

12月,《解放日报》刊载《戏装照好不好》一文,引起一场怀古思想有无危害性的讨论。

本年,遭受三年自然灾害后的中国经济开始好转。石油基本可以自给。

本年,中共与苏共的矛盾日益公开化,斗争日趋激烈。

本年　唐弢继续主编《中国现代文学史》教材。

本年共写作和发表两篇论文:2月14日,《文学评论》第一期发表《关于题材》,署名唐弢。10月23日,香港《文汇报》发表《〈白光〉和〈长明灯〉——为英文版〈中国文学〉作》,署名唐弢。

2月14日,在《文学评论》第一期发表论文《关于题材》,署名唐弢。收入《海山论集》。

9月,写作论文《〈白光〉和〈长明灯〉——为英文版〈中国文学〉作》。文章分析了鲁迅的短篇小说《白光》和《长明灯》的艺术风格和思想特征。此文后发表在10月23日的香港《文汇报》,署名唐弢。收入《海山论集》、《鲁迅美学思想》。

10月,列席哲学社会科学学部第四次扩大会议。

本年,观看四川省成都市川剧院演出新戏,成诗《观四川省成都市川剧院演出新戏》一首云:"大地龙蛇百戏陈,弦歌今始到吾民。借来阆苑千支曲,谱出锦城十样春。粉墨场场传器宇,笙箫处处见精神。成都有约看花去,妒煞当年卖卜人。"

1964 年(甲辰),52 岁

本年　1月3日,刘少奇召集中宣部和文艺界有关同志谈文艺问题。彭真发言说,毛主席1963年12月关于文学艺术工作的指示,是因为北京的文艺队伍相当地鸦鸦乌。

2月5日,中共中央发出《关于传达石油工业部关于大庆石油会战情况的报告的通告》,号召工业学大庆。10日,《人民日报》刊登新华社记者的通讯报道《大寨之路》,全国农业开始学大寨。

3月26日,《人民日报》发表社论《努力学好毛泽东思想》。学习毛泽东著作成为热潮。

4、5月间,根据毛泽东的提议设立"文革领导小组",隶属于中共中央政治局书记处。由彭真、陆定一、康生、周扬、吴冷西5人组成,彭真为组长,陆定一为副组长。5人小组成立后,领导开展了对电影《北国江南》和《早春二月》的批判。

5月20日,上海京剧院重新上演大型现代京剧《智取威虎山》获好评(首次演出在1958年)。

5月,《人民日报》开始发表批判周谷城"时代精神汇合论"等观点的文章。

5月,在林彪的"走捷径"、"背警句"的主张下,《毛主席语录》编辑出版,并迅速成为"小红书"。

6月27日,毛泽东对中央宣传部《关于全国文联和各协会整风情况的报告》作了批示,就文艺界问题再次发出警告,认为最近几年,文艺界跌到了修正主义的边缘,应立即认真改造。

10月2日,大型音乐舞蹈史诗《东方红》在京演出,10月16日,演出时,毛泽东,周恩来等领导人在人民大会堂接见300名表演者。周恩来宣布:中华人民共和国第一颗原子弹于10月16日15时在西部地区成功爆炸。

10月31日,《人民日报》发表《文艺报》编辑部文章《写"中间人物"是资产阶级的文学主张》。

12月15日至1965年1月14日,中央召开工作会议,毛泽东提出整"党内走资本主义道路的当权派"。

12月21日至1965年1月4日,三届人大一次会议在京召开,首次提出把我国建成具有现代农业、现代工业、现代国防和现代科学技术的社会主义强国的四个现代化问题。

本年 毛泽东对现代京剧特别关注,并亲临观看。

本年 青年群众的服饰、发式、洒香水和打扮等所谓的奇装异服受到群众和报刊媒体的关注,并作为资产阶级的腐朽思想被批判。

本年 唐弢继续编写《中国现代文学史》,写完该教材的关于鲁迅的部分。《中国现代文学史》是由唐弢主编,是集体的共同劳动,而这一部分,则是由他个人执笔完成的。

5月,自感不适,检查血糖接近500,遵医嘱住院治疗一个月。

7月,第一次患心肌梗塞住院治疗,住院达三个半月。

10月,作词《浣溪沙——病中》:"检点平生气似虹,男儿哪得病怔忡!年华渐觉去匆匆。徐看青藤篆壁绿,忽惊霜叶染林红;黄昏把酒祝东风。"词中表达了对自己因生病而耽误时光,从而忽然觉得人生匆匆的情感。

12月,出席第三届全国人民代表大会,并被选为第三届全国人大代表。

1965 年(乙巳),53 岁

本年　1月,《人民日报》连续发表文章,批判邵荃麟提出的"中间人物论"。

1月14日,中共中央印发了《农村社会主义教育运动中目前提出的一些问题》(简称《23条》),这是由毛泽东主持修订的,再次提出党内存在"走资派",并首次提出了"走资本主义道路的当权派"这一概念,成为"文化大革命"的重要理论依据之一。

2月2日,中共中央书记处召开会议。会上对文化战线上出现的围攻、批判文艺作品和文艺界代表人物的错误进行批评。邓小平在会上指出:现在有人不敢写文章了,新华社每天只收到两篇稿子,戏台上只演兵,只演打仗的,电影哪有那么多完善? 这个不让演,那个不让演。那些"革命派"是想靠批判别人出名,踩着别人的肩膀自己上台。要赶快刹车。他的意见未被采纳和执行。

4月12日,中共中央发出《关于加强备战工作的指示》。4月20日,三届人大常委会第六次会议通过《关于支持越南民主共和国国会呼吁书的决议》,表示中华人民共和国尽一切力量援越抗美。全国开始准备打大仗。

5月29日,《人民日报》发表苏南沅《〈林家铺子〉是一部美化资产阶级的影片》的文章。

10月10日,上海《文汇报》发表了姚文元的文章《评新编历史剧〈海瑞罢官》），对北京市副市长、明史专家吴晗所写的历史剧《海瑞罢官》进行了公开点名批评。30 日《人民日报》加以转载。文化大革命序幕拉开。

10 月，中华人民共和国政府派出部队参加援越抗美斗争。

本年　唐弢在病中，闻中国乒乓球健儿在第二十八届世界乒乓球锦标赛中先后取得男子女子冠军，两次拄着拐杖上街购买《体育报》。6 月 3 日，作《夺锦标——迎乒乓健儿胜利归来》一词："四海腾欢，八荒传语，竞道健儿消息。试看乒板起处，气贯长虹，潮生明月，听声声不断，错疑作掌心霹雳。暮蛟龙直搏苍鹰，更比风雷迅疾。思想果真第一。指顾从容，不改英雄本色。自是中华儿女，'身在球场，心怀祖国'；拚青春似火，且高标红旗风格。便短衣匹马相随，亦教杜陵心折。"

从八月开始，在香港《大公报》发表书话，题为《书城八记》，署名晦庵。8 月 1 日，发表《买书——书城八记之一》；8 月 15 日，发表《八道六难——书城八记之二》；9 月 5 日，发表《藏书家——书城八记之三》；9 月 26 日，发表《借书和刻书——书城八记之四》；10 月 31 日，发表《蠹鱼生涯——书城八记之五》；12 月 5 日，发表《版本——书城八记之六》。

8 月 1 日，在香港《大公报》发表书话《买书——书城八记之一》，署名晦庵。收入《书话》《晦庵书话》。这篇书话介绍了自己买书、藏书、读书的情况。

8 月 15 日，在香港《大公报》发表书话《八道六难——书城八记之二》，署名晦庵。收入《书话》、《晦庵书话》。这篇书话介绍了自己藏书访书的心得，藏书家总结的访书求书的"八道六难"。

9 月 1 日，因为纪念中国人民抗日战争胜利 20 周年，作《抗日战争胜利二十周年四首》云："走马高歌年复年，江南旧梦渐如烟。人头沥血悬'孤岛'，龟尾和泥曳九渊。谁遣豺狼挡道路？哪堪鸡犬皆神仙！等闲一例输降表，位置双簧有后前。""谣诼纷纷出雾城，南山阴雨北山晴。座中时见隐名客，麾下何来决死兵！竖子无谋逢世变，匹夫可杀误苍生。伤心更有江干事，千古奇冤一水横。""待吞巨象学巴蛇，蕞尔法西漫自夸。已拚十年磨故剑，忍闻三月灭中华！雄师北上驰河朔，赤帜东扬入海涯。百战将军身未老，弯弓便欲射胡沙。""火云万丈撼晴空，大捷平型奏首功。

子弟兵亲连骨肉,人民战巧渺行踪。擎天一柱岿然在,归海百川翕矣从。
保得长城容立马,山河无恙指挥中。"

9月5日,在香港《大公报》发表书话《藏书家——书城八记之三》,署
名晦庵。收入《书话》《晦庵书话》。这篇书话谈了自己对藏书家的看法、
评价。前人把藏书家分为读书的藏书家和藏书的藏书家,又有第三种藏
书家即不为读书也不为藏书的藏书家,这些藏书家都有对书独占的缺点,
而第三种藏书家则是为了待价而沽。唐弢又分析了许多藏书家迷恋骸骨
的缺点,以及书商的作假的情况。

9月26日,在香港《大公报》发表书话《借书和刻书》,署名晦庵。收
入《晦庵书话》。这篇书话分析了朝代更替之时的藏书家大多是贰臣的现
象、藏书家不肯以书借人的现象,对藏书家刻书的做法的肯定,又对历代
刻书中的古阁刻书的评价。

10月31日,在香港《大公报》发表书话《蠹鱼生涯——书城八记之
五》,署名晦庵。收入《晦庵书话》。这篇书话是对清代学术发展原因的介
绍,以及藏书与校雠学之间的关系,分析了校雠学的重要性。

11月,第二次患心肌梗塞,住院治疗。住院达6个月。

12月5日,在香港《大公报》发表书话《版本——书城八记之六》,署
名晦庵。收入《晦庵书话》。这篇书话是关于版本学知识的介绍和对于版
本学的一些成见的意见,认为即使是宋刻、明刻等,也有差本劣本的存在,
不应一概而论。

1966 年(丙午),54 岁

2月1日,《人民日报》发表云松文章《田汉的〈谢瑶环〉是一棵大毒
草》,于是在全国范围内展开了对《谢瑶环》的批判。

2月2日,林彪委托江青在上海召开部队文艺工作座谈会,形成《部
队文艺工作座谈会纪要》,全盘否定共和国成立以来的文艺工作,推行文
化专制主义,给中国文化事业带来了空前的灾难。

2月7日,"文化革命五人小组"向中央提出《关于当前学术讨论的汇
报提纲》(即《二月提纲》)。

2月7日,《人民日报》发表《县委书记的榜样——焦裕禄》的报道和《向毛泽东同志的好学生——焦裕禄同志学习》的社论,全国掀起学习焦裕禄的热潮。

3月,胡风被转移到成都。13日,他写了第一篇思想汇报,题目为《感想》,表白自己不再有"野心"。

4月1日,《人民日报》发表何其芳的文章《夏衍同志作品中的资产阶级思想》。

4月2日、5日,《人民日报》发表戚本禹、关锋、林杰等人批判《海瑞罢官》的文章。

4月10日,中央批准下发《林彪同志委托江青同志召开的部队文艺工作座谈会纪要》,它使文艺界著名人士惨遭迫害,被批斗、抄家、罢官等。

5月4日至26日,中共中央政治局扩大会议在京举行,会议通过了"5·16"通知,文化大革命正式开始。

10月19日,上海、广州、绍兴广大革命群众集会,隆重纪念鲁迅逝世30周年。

本年　继续住院治疗。春天的一个下午,同样因心肌梗塞住院的许广平先生突然来到唐弢的病房,互道病症后,广平先生激动地谈起"文艺批判"的情形,和一些熟人的消息、过去的事情。许先生兴致勃勃地谈了两个多小时。

年初　在香港《大公报》继续发表《书城八记》的最后两篇书话,仍署名晦庵。

1月19日,发表《"翰墨缘"——书城八记之七》。署名晦庵。收入《晦庵书话》。这篇书话从书商的作伪的可恨谈起,又谈到书商(卖书者)骂读书人(买书者)的两种笔记来,以此说明书的买卖双方的关系。

2月6日,发表《书林即事——书城八记之八》。署名晦庵。收入《晦庵书话》。这篇书话从北京城先前的庙宇书肆、书摊,发展到厂甸书市的历史说起,介绍了书市的发展情况。

5月8日,《解放军报》发表高炬的《向反党反社会主义的黑线开火》文章,点了《长短录》的名。唐弢开始了在十年浩劫的"文化大革命"中的生活。

5 月下旬,病愈出院。

6 月底,接受"群众审查",被隔离。

"文革"开始后,唐弢的笔记、部分日记都被抄走。许多书信被唐弢烧掉。

1967 年(丁未),55 岁

本年　1 月 1 日,《红旗》第一期发表经毛泽东审阅的姚文元的长文《评反革命两面派周扬》,文章除批判周扬外,还点名批判了夏衍、田汉等文化名流。

3 月下旬,在中央召开的中央工作会议和中央军委扩大会议上,毛泽东指出:刘少奇是"党内最大的走资本主义道路的当权派"。《论共产党员修养》是欺人之谈,是唯心论,是反马列主义的。4 月 1 日,《人民日报》发表戚本禹《爱国主义,还是卖国主义?——评反动影片〈清宫秘史〉》,从此,全国掀起批判党内最大走资派的热潮,全国掀起"打倒刘少奇"的狂澜。

5 月 10 日至 6 月中旬,首都和全国纪念毛泽东《在延安文艺座谈会上的讲话》发表 25 周年,同时上演现代京剧《智取威虎山》等 8 个"样板戏"。8 个"样板戏"开始在全国推行。

11 月 12 日,《人民日报》发表题为《〈保卫延安〉——利用小说反党的活标本》,批判《保卫延安》。

11 月 24 日,新华社报道,一年来,毛泽东著作外文版已发行出版了 25 种,460 多万册,发行到世界 148 个国家和地区。

本年　继续接受"群众审查",被隔离。

本年　唐弢将自己在共和国成立以前与友人的大部分通信付之一炬,还有一些书籍也烧掉、撕掉了。

本年　又发作心肌梗塞一次,并住院。

1968 年(戊申),56 岁

本年 "文革"继续。

3 月 3 日,为保护、调查鲁迅手稿下落而奔走的鲁迅夫人许广平,不幸因心脏病突发而去世。1966 年,文化部某些人以革命小组的名义,将北京鲁迅博物馆存的全部鲁迅书信手稿一齐调走,存入文化部"保护"起来。1967 年春,威本禹在江青的派遣下,驱车直入文化部,把鲁迅书信手稿弄到中央文革。为此,许广平非常担心,十分焦虑。

4 月 27 日,欧洲一家有影响的报纸发表了关于中国势态的文章,文中列举了巴金被打倒的情况和谈了他们的观点,对巴金被打倒表示关注。

9 月 5 日,《人民日报》刊登《红旗》杂志第 3 期(9 月 10 日出版)发表的上海市的调查报告《从上海机械学院两条路线斗争看理工科大学的教育革命》和毛泽东为它写的编者按。12 日,《人民日报》、《红旗》杂志评论员的《关于知识分子再教育问题》,对毛泽东为《红旗》杂志写的编者按作了阐明,指出中心问题是由工农兵给知识分子的再教育。

11 月,驻上海作家协会的工、军宣队布置"巴金专案组",打报告给市革委会要求隔离审查巴金,很快得到批复,同意将巴金进行隔离审查。

12 月 10 日、18 日,田汉、翦伯赞相继被迫害致死。

12 月 22 日,毛泽东最新指示:知识青年到农村去,接受贫下中农再教育很有必要。全国开始了知识青年上山下乡运动。

本年 继续接受"群众审查",被隔离。

本年春 突然听到许广平逝世的噩耗,唐弢写信给她的家属,说明无法向遗体告别的处境,并慰问了家属。

9 月 1 日,《人民日报》、《红旗》杂志、《解放军报》发表《把新闻战线的大革命进行到底》一文,把《长短录》、《燕山夜话》和《三家村札记》并列在一起,作为"反党反社会主义"的"标本",文章中摘引了唐弢在杂文《谢本师》中所写的"作者'所言者小',读者'所见者大'",并加以歪曲和诬陷。

本年 又发作心肌梗塞一次,并住院。

1969 年(己酉),57 岁

本年　"文化大革命"继续。

1 月 29 日,中共中央、中央文革批转驻清华大学工人、解放军毛泽东思想宣传队《关于坚决贯彻执行对知识分子"再教育"、"给出路"的政策的报告》,把刘仙洲、梁思成、钱伟长等 100 多名教授称为"资产阶级学术权威"。

4 月 1 日至 24 日,中共九大在京召开。28 日,中共九届一中全会召开,毛泽东当选主席,林彪为副主席,毛泽东、林彪、周恩来、陈伯达、康生当选为中央政治局常委。

4 月 27 日,著名电影艺术家、《一江春水向东流》导演郑君里含冤逝世。

6 月 9 日,贺龙元帅含冤去世。

10 月 11 日,著名历史学家、原北京市副市长吴晗受迫害逝世。

10 月 17 日,林彪发布"第一号命令",全国进入紧急战备状态。

11 月 12 日,中共中央副主席、中华人民共和国主席刘少奇在河南开封被迫害致死。

11 月 30 日,中共中央政治局常委、国务院副总理、中共中央宣传部长陶铸被迫害致死。

12 月 14 日,《人民日报》发表批判影片《林家铺子》的署名文章。

本年　9 月 15 日,唐弢与俞平伯、唐棣华、何其芳、蔡仪、孙楷第、吕林、汪蔚林、李荒芜、王芸生、陈友琴、吴晓铃等参加由中国科学院哲学社会科学部举办的学习班。至 11 月 5 日,学习班结束。学习班结束后,中国科学院哲学社会科学部文学研究所按照林彪的"指示"下放,决定学习班成员去河南"五七"干校。

唐弢因病得厉害,军宣队的一个头头宣布:走不动的用担架抬着也得走。唐弢和夫人没办法,只得将家具和书柜贱卖,把余下的书集中在一个大房间,准备待命出发。后因一位好心的群众主动向军宣队提出,重病号无法劳动,带着反而不便。于是,在出发下放到河南前一天,唐弢被允许可不去河南,和其他两个病号留在北京学习。但要求他每天要写思想汇报,每月把思想汇报寄连队一次。唐弢夫妇就这样被留了下来。

1970 年(庚戌),58 岁

本年　"文化大革命"继续。

3 月 5 日,思想解放的先驱遇罗克在北京工人体育场被宣判死刑,立即执行,年仅 27 岁。1966 年 7 月,在红卫兵和学生中间广泛流传着"老子英雄儿好汉,老子反动儿混蛋,基本如此"的对联,鼓吹"血统论",并得到江青、陈伯达等人的支持。12 月,遇罗克撰写《出身论》一文,对"血统论"进行批判。后又写《谈纯》等文章进一步批判"血统论"。这些文章的影响波及全国。1967 年 4 月 14 日,中央文革小组戚本禹发表讲话,说《出身论》是"反动文章"。1968 年,遇罗克以"恶毒攻击文化大革命"和"组织反革命集团"的罪名而被捕。死刑审判时,遇罗克大义凛然,绝不屈服。

4 月 2 日,《人民日报》、《红旗》杂志发表"上海革命大批判写作小组"长篇文章《鼓吹资产阶级文艺就是复辟资本主义——驳周扬吹捧资产阶级"文艺复兴"、"启蒙运动"、"批判现实主义"的反动理论》。

4 月 24 日,我国成功发射第一颗人造地球卫星。

5 月 12 日,中央转发国家计委军代表《关于进一步做好知识青年下乡工作的报告》,要求"进一步做好知识青年下乡工作"。

9 月 1 日,首届工农兵学员进入北大、清华。

9 月 23 日,"山药蛋"派创始人、著名作家赵树理含冤逝世。

10 月 23 日,著名新闻工作者范长江因受迫害逝世。

本年　继续接受"群众审查",被隔离。

心脏病状况时好时坏,但开始好转,不但能自理生活,还可独自策杖出门。

1971 年（辛亥），59 岁

本年　"文化大革命"继续。

1 月 15 日，著名京剧表演艺术家盖叫天被迫害致死。

3 月 2 日，《人民日报》发表整版批判田汉《关汉卿》的文章。

4 月 23 日，南京大学中文系革命大批判小组发表批判田汉的《丽人行》文章。广西师范学院革命大批判小组发表文章批判阳翰笙的《万家灯火》。

6 月 10 日，文艺理论家邵荃麟因遭受迫害，病逝于狱中。

6 月 29 日，《人民日报》、《红旗》发表《用革命大批判改造文科大学——复旦大学"五·七"文科试点班的调查报告》。

7 月 23 日，新华社报道：近年来，我国文物、考古工作者发掘和清理了很多文化遗址和古墓葬，发现了大批的珍贵的历史文物。

9 月，周恩来主持中央日常工作，为克服"左"倾错误在政治、经济、文化、外交等领域造成的危害，消除林彪反革命集团干扰破坏造成的恶果，周恩来在非常困难的情况下，经过坚持不懈的努力，使各项的工作有了转机。

10 月 25 日，第 26 届联合国大会以 76 票赞成、35 票反对，17 票弃权的压倒多数，通过了阿尔巴尼亚、阿尔及利亚等 23 个国家提出的要求恢复中华人民共和国在联合国的一切合法权利和立即把蒋介石集团的代表从联合国一切机构中驱逐出去的提案。中华人民共和国恢复了在联合国的一切合法权利。

12 月，河南殷墟考古取得共和国成立以后 20 多年来最大的新发现，是发现甲骨文数量最大、字数最多的一次，为研究商代奴隶社会的情况提供了新的重要资料。

本年　中国少年儿童出版社派人和唐弢联系，要求他为青少年写作《鲁迅的故事》一书，在当时的政治形势下，这使唐弢很受感动，并答应了下来。同时，唐弢与出版社约法三章：一、一旦重写，打算将读者对象变动一下，从儿童移到少年，以初中三年级学生为主要对象，兼顾一下比这程度稍高的或略低的读者,同时要写得偏深一点;二、虽然每一篇故事仍然自成起讫,但要从鲁迅生平事迹的真实性出发,不能为求故事完整生拼硬揉,作一些不符事实的虚构;运用材料应有可靠的根据;三、采用《朝花夕拾》那样夹叙夹议的写法,尽量写得抒情一些,形式多样化一些,希望每篇故事不但介绍了鲁迅的事迹,同时又是一篇独立的散文,在写作上能给读者一点艺术方面的启发。

继续参加留京病号学习,每星期上三个下午班。

12月,参加关于《鲁迅全集》注释的座谈会,并作了两次发言。此后,为《鲁迅全集》的注释协助做了些工作。

本年　奉命和他人编选《鲁迅杂文选》。

1972年(壬子),60岁

本年　"文化大革命"继续。

1月6日,陈毅因病逝世。

1月7日,《人民日报》发表河南洛阳铁二中革委会通讯组文章《通过社会调查批判"读书无用论"》。

1月,郭沫若新著《李白与杜甫》出版,《人民画报》载文介绍。

2月21日至28日,美国总统尼克松访华,27日发表中美上海公报。

3月25日,湖北大冶第一次采集到远古人类的劳动工具——旧石器。

3月,长沙马王堆西汉古墓发掘,取得重大考古成果。

4月,我国文物考古工作者在山东临沂银雀山发掘的西汉前期墓葬中,发现了著名的《孙子兵法》和已经失传了1700多年的《孙膑兵法》等竹简4000多枚。

7月,章士钊的文史专著《柳文指要》出版。

7月25日,著名文艺理论家、作家王任叔(巴人)含冤逝世。

9月25日至30日,日本内阁总理大臣田中角荣访华,中日邦交正常化。

本年　1月8日,得悉陈毅元帅于1月6日逝世后,悲愤不已,作《悼陈毅同志四首》云:"忽报长空坠将星,浩歌归去早忘形。千秋若与论忠宄,一样丹心照汗青。""赣江风雪史无前,淮海波涛欲卷天。庾信暮年诗赋在,碧纱笼得粤游篇。""笑谈风华合座倾,只因戎马识书生。燕山相见重相许,身是江东子弟兵。""风雨故园庆艳阳,鸱枭畏日事寻常。眼前一例君须记,烈火之中有凤凰。"

年初　继续奉命和他人编选《鲁迅杂文选》,并于4月初校改完毕。此书原计划由人民文学出版社出版,后因故未印行。

10月19日,致信鲁迅博物馆。将1936年3月17日、4月14日、5月22日、6月3日、8月20日鲁迅先生写给唐弢的原信5封,1934年8月9日附寄给唐弢的《日语学习书目》原件1张,共6件捐赠给鲁迅博物馆。

11月,唐弢到茅盾家里拜访茅盾,请他写些字幅。不久,茅盾为他书自己写的词《西江月》一首:"萤火迷离引路,蚊雷嘈杂开场;鼓吹两部闹池塘,漫骂诡辩撒谎。白骨成精多诈,红旗之阵堂皇;九天九地扫搀枪,站出来者好样。"这首词表达了茅盾先生对当时一些人的愤慨和直斥。唐弢知道这是茅盾对自己的信任。

在当时的情况下,由唐弢主编的《中国现代文学史》受到批判,原稿不幸丢失。其中上册——从"五四"到"左联"——曾印成讨论稿,有少数流传在外。唐弢执笔写的关于鲁迅的章节头尾完整,幸存了下来。本年,有出版社的熟人建议将它印成单行本,唐弢拒绝了。

本年　受托做鲁迅文章注释工作,其中有对《门外文谈》的注释,并由人民日报社内部发行。

本年　文学所接到编一部四卷本《鲁迅选集》的任务,要求注释力求准确可靠。唐弢放下个人的研究项目,全力以赴参加编选。同时,文学所准备出一本鲁迅年谱,唐弢也开始布置和计划。

1973年(癸丑),61岁

本年　"文化大革命"继续。《人民日报》、《红旗》杂志、《解放军报》发表《新年献词》,强调要把批修整风这件头等大事抓紧抓好。

3月10日,中央恢复邓小平国务院副总理的职务。

3月17日,国务院科教组发出通知,批准恢复一批高等院校。

4月9日,《人民日报》消息,人民文学出版社再版发行鲁迅著作。

7月,因没有查出巴金"反革命、特务"的证据,决定对巴金作人民内部矛盾处理,不戴反革命帽子,可让他搞点翻译,每月发给生活费。

8月7日,《人民日报》发表杨荣国文章《孔子——顽固地维护奴隶制的思想家》。

8月24日,国务院科教组电话通知要组织力量在深入批林整风过程中,组织力量开展批孔。

12月22日,中央决定邓小平为政治局委员、中央军委委员,参与党中央和军委的领导工作。

12月22日,新华社消息,自1968年12月22日起,全国共有800万知识青年上山下乡。

1月3日,唐弢把鲁迅回复的关于学习日文书籍的书目的信(340809信,见《鲁迅全集》第13卷195页,人民文学出版社2005年版)以及其他几封信,一并送给了鲁迅博物馆。

本年 写作论文《鲁迅小说中两个中国妇女的形象》,发表在1973年9月《中国文学》(英文)第九期,署名唐弢。

本年 拜访了被打倒后的冯雪峰。冯雪峰谈到他计划要写作的关于二万五千里长征的长篇小说《卢代之死》的命运。唐弢劝他先把病养好,先写些笔记回忆录之类的短文,认为冯雪峰目前最迫切的是将几件和鲁迅有关的事情弄清楚,并写出来。冯雪峰答应了,唐弢表示愿意提供自己收集的各种资料,给予配合。

本年 继续注释鲁迅的文章,修改对《门外文谈》的注释。

本年 和巴金取得通信联系,并与臧克家、袁水拍等老友取得联系。

1974年(甲寅),62岁

本年 "文化大革命"继续。

　　1月1日,《人民日报》、《红旗》杂志、《解放军报》发表题为《元旦献词》的社论,社论继续强调政治方面两条路线斗争的长期性和曲折性,并且有时是很激烈的,因此要求"继续开展对尊孔反法思想的批判",说"批孔是批林的一个组成部分"。

　　1月11日,《鲁迅全集》重新排印出版。

　　1月25日,郭沫若被叫到"批林批孔"动员大会的会场上,几次三番被点名批判、罚站。江青诬蔑他"对待秦始皇,对待孔子那样态度,和林彪一样"。

　　2月28日,《人民日报》发表初澜《评晋剧〈三上桃峰〉》一文,影射王光美在抚宁县桃园大队搞社教之事,并无中生有说王光美曾送过马给大队,诬蔑晋剧《三上桃峰》是吹捧桃园经验,是为刘少奇翻案的大毒草。此文又经姚文元修改,江青、张春桥定稿在各大报发表,全国掀起反"文艺黑线回潮"运动。

　　3月30日,于会泳在中直文艺单位批林批孔大会上,点名指责《松涛曲》、《不平静的海滨》、《牧笛》、《友谊的春天》和《要有这样一座桥》,把它们打成"翻案复辟"的"毒草"。

　　9月29日,中共中央为贺龙平反。

　　11月29日,彭德怀被迫害逝世。

　　本年　从春天开始,每隔一段时间,冯雪峰就来唐弢家,和唐弢一起查找资料,努力厘清有关鲁迅的史实,如"左联"开会的线索、黄后是什么人等问题。其间,由唐弢写信给陈子展,询问黄芝岗(素)被捕保释的经过。

　　冯雪峰被打倒后,念念不忘想"回到党内"。唐弢理解他的心情,于是和赖少其商量,向有关的人进行呼吁,希望能使冯雪峰恢复工作。但因被呼吁的人无能为力,只得作罢。

　　冬天　冯雪峰肺气肿病复发,工作艰难进行中。

　　本年　唐弢被学部领导内定为四届人大代表,并指定在上海选区选出。

1975 年(乙卯),63 岁

本年　"文化大革命"继续。

1月13日至17日,四届人大一次会议召开。

2月1日,周恩来宣布,国务院工作以邓小平为主。会后,周恩来住院,由邓小平主持中共中央日常工作。

2月5日,中央决定取消军委办公室,成立军委常委会。军委日常工作由叶剑英主持。

2月28日,杰出的戏剧艺术家、著名导演焦菊隐因受迫害含冤逝世。

4月4日,张志新惨遭杀害。

4月底,根据毛泽东关于尽快结束专案审查把人放出来的意见,在周恩来、邓小平推动下,长期被关押的高干300多人获释。

5月至8月,教育部长周荣鑫根据周恩来、邓小平等中央领导人的指示精神,积极着手整顿教育工作,受到教育界的热烈拥护。

8月13日,毛泽东发表关于如何评价《水浒》的谈话。从9月起,报刊上连续发表评《水浒》的文章,形成新的政治运动。江青等人则利用评《水浒》,把批判矛头直指周恩来和邓小平。

9月15日,著名美术家、文学家丰子恺因受迫害逝世。

10月15日,《人民日报》发表鲁迅佚文《庆祝沪宁克复的那一边》。

12月,邓小平主持党和国家日常工作,果断地整顿各方面的工作,使国民经济由停滞下降迅速转向回升。

本年　毛泽东主席指示成立鲁迅研究室(国家文物事业管理局下),主任由李何林兼(新任鲁迅博物馆馆长)。唐弢是国务院指定的八个顾问之一。胡绳批示,要求唐弢抓紧写作《鲁迅传》。

本年　继续配合冯雪峰整理、回忆三十年代有关鲁迅和"左联"的史实和资料,后因冯雪峰肺病严重中断。

7月15日起,参加学部组织的参观团,在北京市的几个工厂参观。

7月15日,中国社会科学院文学所工宣队通知唐弢,要唐弢去北京师范大学为工农兵学员讲讲鲁迅。

9月13日,唐弢应邀在北京鲁迅博物馆座谈发言。发言记录稿《回忆鲁迅及三十年代文艺界两条路线斗争》后在《鲁迅研究资料》(北京鲁迅博物馆鲁迅研究室编)第一辑中登载。

9月25日,《光明日报》刊出《终于是奴才——略谈宋江》一文后,翻译家汝龙致信编者云:"《人民日报》出现汝信文章,为之一惊。《光明日报》再出现唐弢文章,为之一喜。读者同这些名字阔别多年了。"

11月4日,写作《关于〈庆祝沪宁克复的那一边〉》。文章分析和考证了《庆祝沪宁克复的那一边》一文是鲁迅所作。

12月,被选为全国四届人大代表,出席第四届全国人大会议。

本年,因中国社会科学院文学研究所拟展开因文革停滞的业务,唐弢为此订研究计划。

本年,唐弢个人计划写作的鲁迅传记被列入文学研究所整个计划中。

本年,因心绞痛病发作,开始看中医。

1976 年(丙辰),64 岁

本年　1月8日,周恩来总理逝世。15日,在人民大会堂举行追悼大会,毛泽东送了花圈。

1月,毛泽东亲自提议,并经中央政治局通过,确定华国锋为国务院代总理,并主持中央日常工作。

1月,批判《水浒》继续。

4月12日,教育部长周荣鑫含冤去世。

5月6日,著名文艺活动家、诗人、剧作家孟超受迫害逝世。

7月1日,张闻天逝世。

7月6日,朱德逝世。

7月28日,唐山大地震,造成24万多人死亡,16万多人受重伤。

9月9日,毛泽东逝世,全国举行追悼会。

10月1日,大型彩色文献纪录片《鲁迅战斗的一生》上映。

10月6日,中共中央政治局对"四人帮"实行隔离审查,18日,中共中央向全党发出《关于王洪文、张春桥、江青、姚文元反党集团事件的通知》。

24 日,首都各界在天安门广场集会,隆重庆祝粉碎"四人帮"的胜利。中共中央主要领导人出席了大会,全国开始批判"四人帮"。

10 月 7 日,中央政治局通过华国锋任中共中央主席、中央军委主席,将来提请中央全会追认的决定。

10 月 27 日,国家计委、基建委、财政部发出《关于调整 1976 年基本建设拨款的通知》,认为国家财政经济状况极为困难。到 12 月底,财政赤字达 29.6 亿元。

12 月 30 日,《人民日报》消息,被"四人帮"长期打入冷宫的音乐舞蹈史诗《东方红》及《洪湖赤卫队》等 6 部影片,将于 1977 年元旦重新上映。

本年　唐弢开始恢复鲁迅研究工作,写作和发表的篇目有:《革命文物》第一期发表《友谊的选择——读鲁迅给山上正义的信》;9 月,写《鲁迅佚文的发现》;10 月,写《断片》;11 月 15 日,写《对〈玻璃神〉小说的商榷——读了村田俊裕和中野美代子文章之后》。

2 月 26 日下午,冯雪峰同志(于 1 月 31 日上午 11 时病逝)的追悼会在北京八宝山礼堂举行,没有悼词。唐弢参加了追悼会。此前的 2 月 6 日,唐弢致信时任中国作家协会书记处书记兼人民文学出版社社长、总编辑的严文井,希望能在报上登发冯雪峰逝世的消息。

3 月,在北京上方山二七八医院疗养,时间为一个月。

3 月,于北京西南上方山二七八医院疗养期间写作《友谊的选择——读鲁迅给山上正义的信》。文章介绍了鲁迅和日人山上正义的交往,以及山上正义对鲁迅的理解。此文后在《革命文物》第一期发表,署名唐弢。收入《回忆·书简·散记》《鲁迅的美学思想》。

5 月 3 日起,在京参加出版会议。

7 月,在安徽黄山疗养。对黄山胜景,本想作黄山七律二十首,一景一首,但没有完成计划。9 月 1 日,作黄山写景诗二首,其一为《黄山道中》云:"三十六峰缥缈间,吴头楚尾列重关。高山石老声传谷,沧海云流波满湾。千树悬崖采药去,一林幽径觅诗还。我来欲作胡公客,求取新生双白鹇。"其二为《回龙桥》云:"万里晴空挟怒雷,桥头水急报龙回。摩天瀑布穿云下,窥壑苍松破石来。足底烟霞迷径路,眼前风物有楼台。他年重纂黄山志,不写仙才写凡才。"

8月,在安徽黄山疗养院写作散文《一点往事——纪念鲁迅诞辰九十五周年》(1977年12月核对材料后改于北京,改题名为《关于三十年代文艺界路线斗争的回忆——纪念鲁迅诞生九十五周年》)。文章回忆了自己与鲁迅的交往,以及关于"左联"、徐懋庸与鲁迅的事。此文后发表在《安徽师范大学学报》(哲社版)第四期,署名唐弢。

9月9日,闻毛泽东主席逝世噩耗,于黄山作《哭毛泽东主席》一诗云:"天地无言万马暗,一声霹雳泰山倾。白头难忍将军泪,红巾长伤孺子心。旋转乾坤真巨手,俯仰宇宙有金箴。更承遗志攀高远,伟业丰功夺古今。"

9月,写作散文《鲁迅佚文的发现》。收入《唐弢近作》。这是为香港报刊而作的,

10月初,应厦门大学之约,由黄山转道上海、福州赴厦门,在福州得悉了"四人帮"垮台的消息。在厦门大学,唐弢应邀参加了鲁迅《汉文学史纲》注释稿讨论会和厦门大学为纪念鲁迅诞生九十五周年、逝世四十周年暨鲁迅莅厦大任教五十周年活动。在厦门大学的鲁迅思想著作学习讨论会上,唐弢带头批判了刚刚被粉碎的"四人帮"。

10月29日,由厦门回京途中,应中共福建省委党校之邀,在全体学工人员大会上作题为《学习鲁迅永远战斗的革命精神》的报告。

10月,写作散文《断片》。收入《回忆·书简·散记》。文章回忆了自己与鲁迅的交往,以及一起为杂文而战斗的故事。

11月15日,写作论文《对〈玻璃神〉小说的商榷——读了村田俊裕和中野美代子文章之后》。此文后在《国外哲学社会科学动态》第七期上发表,署名唐弢。收入《回忆·书简·散记》、《鲁迅的美学思想》。文章从中日对鲁迅佚文的发掘研究说起,详细考证了日本人认为是鲁迅作品的《玻璃神》不是鲁迅的作品。

本年 在福建期间,唐弢又在福建师范大学作了一次关于鲁迅的报告。

本年 唐弢在北京市委党校作了一次关于鲁迅的报告。

本年 鲁迅生平展览在日本展出。北京鲁迅博物馆向唐弢借了鲁迅

《中国小说史略》的油印本。

本年　2月,唐弢计划由中国社会科学院近代文学组出面,和文学研究所开门办所的三个联系点——北京汽车厂、北京电子管厂、北京维尼纶厂联合编辑《鲁迅语录》的小册子。

本年,粉碎"四人帮"后,唐弢接到任务,主要是鉴别张春桥、江青在共和国成立以前写的旧文。

第四编

1977—1992

1977 年(丁巳),65 岁

2 月 22 日,《人民日报》发表教育部文章《党的知识分子政策不容践踏》,开始强调党的知识分子政策问题。

10 月 21 日,教育部在京召开全国高等学校招生工作会议,对高等学校招生制度进行改革。今年,全国约有 570 万青年参加了高考,录取了273000 名。这使青年中掀起了十多年来从未有过的读书热潮。

11 月 24 日至 12 月 1 日,全国计划会议在京召开,提出 2000 年全面实现"四化"。

本年初　因心脏病复发,卧病休息。

本年　主要写了回忆性散文,其中有:8 月,《人民文学》8 月号发表《尺素书——有关鲁迅先生几件事情的通信》;9 月 1 日,写作《"编辑"三事》。

3 月 15 日,写作《回顾——重读鲁迅先生的几封信》(1977 年 12 月 18日又作了修改)。文章写自己重读了鲁迅写给自己的信,并回忆往事。

4 月 20 日,因《毛泽东选集》第五卷出版,赋诗一首《七律一首——祝贺〈毛选〉第五卷出版》云:"痛哭高山此经年,浮云连翳若无边。'四凶'除后令双下,五卷书成人　编。早知红旗事北国,便栽碧树到南天。言言辩证愿长记,真理应从实践传。"此诗后发表在 7 月 11 日的《人民日报》,署名唐弢。

5 月,在《人民文学》第五期发表杂文《齐放与齐鸣》,署名唐弢。

5 月 20 日、5 月 25 日、5 月 28 日、6 月 1 日、6 月 5 日、6 月 15 日,唐弢在病中连续写了六封信,这是应约回忆并写下了"四人帮"中姚文元、张春桥(狄克)、江青及姚蓬子与鲁迅的关系的事,反驳了"四人帮"曾说自己和鲁迅曾经一起战斗的谎话。这几封信后汇集成散文《尺素书——有关鲁迅先生几件事情的通信》,发表在 8 月的《人民文学》第八期,署名唐弢。收入《回忆·书简·散记》。

7 月 24 日,唐弢的好友、中国著名诗人、散文家、文学评论家、"红学"理论家何其芳因患胃癌逝世。9 月 4 日,唐弢作《悼何其芳两首》,其一为:"汉园三作者,人话蜀城何。寂寞描春梦,凄凉谱夜歌。翻然奔圣地,卓尔唱延河。策马宝山上,辛勤剑自磨。"其二为:"方读青春曲,奈何作古人? 坐谈亲教益,把笔见精神。阿党拒宵小,酣歌为庶民。海王村里客,我自泪盈巾。"

8月4日,在何其芳的追悼会上,郭沫若指明要唐弢和尹达去休息室见他。唐弢在休息室和郭沫若夫妇分别寒暄、问候。

9月1日,于承德避暑山庄文津阁旧址完成写作散文《"编辑"三事》。收入《回忆·书简·散记》。文章是关于鲁迅对"编辑"的意见、做法的介绍:编辑要引导正确的文风,文章要有趣味性,刊物要有个性。介绍了鲁迅的对于书籍刊物中的图画的要求、对于刊物的小专栏等的要求。

12月17日,在《光明日报》发表杂文《十七年》,署名唐弢。

12月20日,写作《读后书怀——读细野浩二著〈鲁迅的境界——追溯鲁迅留学日本的经历〉》。文章对日人细野浩二《鲁迅的境界——追溯鲁迅留学日本的经历》一书中的观点进行辨析,分析了鲁迅不进成城学校的原因,反对有些人认为的鲁迅当年是为了"灭满灭汉"式的革命的说法,分析了鲁迅不参加拒俄义勇队的原因。此文后发表在1978年1月的《国外社会科学》第一期。

12月,出席全国作家协会第四次会员代表大会,当选为理事。

本年　严家炎来找唐弢,告知文科教材《中国现代文学史》可能要重新修订出版。为此,唐弢在1977年12月21日致厦门大学中文系副教授万平近的信中,谈了一些修改人员组成的看法。

本年　10月,有关部门组织批"文艺黑线论",请唐弢出席座谈会。会上,唐弢发了言,并声明不再写文章。发言稿改了一下,一直没登出来。12月中旬,在《文学专刊》上登出来了。

本年　唐弢为王世家(后为北京鲁迅博物馆副研究员)在黑龙江爱辉创办的《读点鲁迅丛刊》,给予了热心鼓励和支持。

1978 年(戊午),66 岁

本年　胡耀邦继续抓干部政策的落实。邓小平继续抓拨乱反正的工作,使各项工作渐渐转入正轨,经济不断恢复。

1月7日,《人民日报》报道,北京图书馆开放一批"禁书",其中包括自然科学、社会科学等方面的书籍,还有许多中外文学名著等。

2月18日至23日,中共十一届二中会全在京召开,会议的任务是从政治上、思想上和组织上为第五届全国人民代表大会和中华人民共和国人民政治协商会议第五届全国委员会的召开,完成必要的准备工作。

2月24日至3月8日,全国政协五届一次会议在京召开。这是从1966年以来第一次召开的全国政协会议。邓小平当选为主席。

2月26日至3月5日,第五届全国代表大会在京召开,提出新的发展时期总任务:"坚持无产阶级专政下的继续革命,深入开展阶级斗争、生产斗争和科学实验三大革命运动,在20世纪内建成农业、工业、国防和科技现代化的伟大的社会主义强国。"

2月26日,新华社通告:中华人民共和国社会科学院决定今年面向全国招收研究生。

3月18日至31日,全国科学大会在京举行,出席代表近6000人,华国锋作了《提高整个中华民族的科学文化水平》的发言。

4月5日,新华社通告:经党中央批准,教育部决定,1978年高等学校招收新生,实行全国统一命题,由各省、市、自治区组织考试。

4月5日,《中共中央通知》批准中央统战部、公安部《关于全部摘掉右派分子帽子的请示报告》。至11月,全国全部摘掉了右派分子的帽子。

4月21日,文化部举行万人大会,宣布为受迫害的大批文艺工作者平反。

5月11日,《光明日报》发表题为《实践是检验真理的唯一标准》的特约评论员文章,文章抨击了"两个凡是"的思想,在全国掀起关于真理标准的讨论,并迅速发展成为一个遍及全国马克思主义的教育运动和思想解放运动。

6月3日,老舍的骨灰安放仪式在京隆重举行。

6月18日,新华社报道,在我国出版史上第一次用新式标点点校的《二十四史》,历时20年之久,已于4月全部出齐。

7月,宗福先编剧、苏乐慈导演的话剧《于无声处》在上海演出,引起强烈反响。

　　8 月 11 日,《文汇报》发表卢新华的短篇小说《伤痕》。

　　8 月 19 日,中央转发共青团十大筹委会《关于红卫兵问题的请示报告》,撤销"红卫兵"组织。

　　9 月 11 日,山西省委召开大会,为《三上桃峰》平反,为在这一事件中蒙受冤屈的领导干部、文艺团体和文艺工作者平反昭雪。

　　9 月初,《文艺报》编辑部在京连续召开座谈会,对《班主任》、《爱情的位置》、《伤痕》、《最宝贵的》、《"不称心"的姐夫》等 10 多篇短篇小说进行热烈讨论,"伤痕"文学引起强烈反响。

　　11 月 10 至 12 月 15 日,中央工作会议在京召开。会议讨论把党的工作着重点转移到社会主义现代化建设上来。

　　10 月 10 日至 11 月 14 日,中央组织部分批召开落实党的知识分子政策问题的座谈会。11 月 3 日,中组部发出《关于落实党的知识分子的政策的几点意见》,各地区各部门开始逐步落实知识分子政策。

　　12 月 18 日至 22 日,中共第十一届三中全会在京召开,会议的主要任务是确定把全党工作的重点转移到社会主义现代化建设上来。

　　12 月 24 日,彭德怀、陶铸追悼会在京召开。

　　本年　大批文艺期刊复刊和创刊。

　　本年　安徽凤阳县小岗生产队的农民冒着极大的风险,自发实行了一包到底的责任制,并签订了全国第一份包干合同书。全国的农村改革也初步试点、推广。

　　本年　唐弢的大部分作品是评论及回忆性散文,主要篇目有:1 月,《诗刊》第 1 期发表论述周恩来早期诗歌的文章《在生命的浩瀚的海洋里》,署名唐弢。1 月,《国外社会科学》第一期发表《读后书怀——读细野浩二〈鲁迅的境界——追溯鲁迅留学日本的经历〉》。署名唐弢。

　　1 月,在《诗刊》第一期发表论文《在生命的浩瀚的海洋里》,署名唐弢。收入《唐弢近作》。

　　1 月,在《国外社会科学》第一期发表散文《读后书怀——读细野浩二〈鲁迅的境界——追溯鲁迅留学日本的经历〉》,署名唐弢。收入《回忆·书简·散记》、《鲁迅的美学思想》。

2月25日,在《文学评论》第一期发表散文《谈"诗美"——读毛泽东同志谈诗的一封信》,署名唐弢。收入《唐弢近作》。

2月,被选为全国人大代表,出席第五届全国人民代表大会。会议期间,和巴金住在西山脚下,被分配在一个房间里。因此老友重聚,谈了许多事情,包括巴金对自己在十年浩劫中的违心之论的反省,还谈到巴金准备建立中国现代文学馆的设想。唐弢非常赞成巴金的建议和设想。

5月1日,写作《办好副刊》一文。文章追溯了中国副刊的产生和发展过程,对办好副刊提出了自己的想法,认为一要表现多样化;二要富有知识性;三要办得有趣味。此文后发表在5月7日的《光明日报》,署名唐弢。收入《唐弢近作》、《唐弢杂文集》。

5月12日,写作《〈海山论集〉序》,这是唐弢为自己写于"文革"前的一些议论文章而结集的《海山论集》一书作的序。后发表在1979年1月《战地》增刊第一期,署名唐弢。收入《唐弢近作》。

6月12日,郭沫若因病长期医治无效,在北京逝世。唐弢非常悲痛,7月10日,写了《永恒的怀念——悼郭沫若同志》一文,以纪念郭沫若。这是一篇怀念郭沫若的文章,回忆了自己与郭沫若的交往。此文后发表在8月25日的《文学评论》第四期,署名唐弢。收入《唐弢近作》、《生命册上》。

6月,为中国社会科学院研究生院文学系现代文学专业硕士研究生入学考试命题。

6月,写作回忆散文《景宋先生》。这是一篇纪念许广平的文章,回忆了自己与许广平的接触、了解的往事。

7月10日,写作《〈鲁迅全集补遗〉编后记》(附记三)。收入《回忆·书简·散记》。

7月15日,写作《〈回忆·书简·散记〉序言》。收入《唐弢近作》、《回忆·书简·散记》。序言说明了《回忆·书简·散记》一书收编的原因、经过,此集收录唐弢写于1936—1978年期间的、回忆鲁迅和一些现代文学作家的文章,共21篇。

7月,在《四川文艺》第七期发表散文《诗人的对话——关于陈毅同志的一封信》,署名唐弢。收入《唐弢近作》。

7月至8月,应中国少年儿童出版社之邀,在北戴河疗养,开始写《鲁迅的故事》一书。

8月1日,在北戴河写完杂文集《〈春涛集〉题记》。收入《春涛集》。这本《春涛集》是应四川人民出版社的要求,从唐弢共和国成立以后写的两本杂文集《学习与战斗》、《繁弦集》和手边未曾收集的散篇中选出61篇来,结集出版的,时间跨度为起自1951年,讫于1958年。

8月,在《诗刊》8月号发表《诗人——卓越的无产阶级文化战士》,署名唐弢。收入《唐弢近作》。

9月,《上海文艺》9月号发表《怀景宋——〈许广平谈鲁迅〉代序》,署名唐弢。收入《唐弢近作》、《生命册上》。

9月,硕士研究生蓝棣之、刘纳、安明明报到。

10月,被聘为中国社会科学院研究生院文学系现代文学专业兼任教授及指导教师、研究生院答辩委员会委员。

11月,日本儿童教育家三岛孚滋雄翻译了唐弢的《鲁迅先生的故事》,该日译本在东京满江红出版社出版,书名改为《鲁迅先生》。

本年　孙玉石从《每周评论》里发现一批鲁迅佚文,连同他写的介绍文章,托人转给唐弢,请他确认。

本年　周扬同意修改《中国现代文学史》,同意组织和主持工作由北京大学负责。唐弢和严家炎则认为最好由原班人马修改。

1979年(己未),67岁

本年　一大批冤案得到平反。

1月1日,中美建交。

1月　安徽省凤阳县梨园公社小岗队18个农民将集体耕地承包到户,搞起大包干。邻村得知后,也模仿着干起来。6月,安徽省委第一书记万里到凤阳听了有关大包干的汇报后,当场表示支持。凤阳县小岗队18个农民的壮举,率先敲响了中国农村改革的鼓点。

2月15日,国务院发出《关于停办"五七"干校有关问题的通知》。中央为彭真平反。

2月17日,对越自卫反击战打响。

2月28日,新华社报道,经中宣部批准,文化部党组决定为所谓"旧文化部"、"帝王将相部"、"才子佳人部"、"外国死人部"平反。

2月,《天安门诗抄》公开出版。

3月30日,中共辽宁省委召开大会,为张志新彻底平反昭雪,追认她为革命烈士。

3月30日,邓小平受中央委托,在中央召开的理论务虚会上,提出了坚持四项基本原则。

4月5日至28日,中央召开工作会议,第二次提出对整个国民经济实行"调整、改革、整顿、提高"的新八字方针。

8月2日,经中央批准,中共北京市委正式决定为"三家村反党集团"冤案彻底平反,撤销对邓拓、吴晗、廖沫沙3人所做的错误结论,恢复他们的政治名誉。

10月30日至11月6日,中国文学艺术工作者第四次代表大会在京召开,文学艺术新的繁荣时期开始。

12月6日,北京市革委会发出通告,对在北京市张贴大字报问题做出五条暂行规定,明确禁止在"西单墙"和规定范围之外张贴大字报和小字报。所谓的"西单民主墙"将不复存在。

1月,由四川人民出版社出版唐弢的共和国成立以后写作的杂文选集《春涛集》,选1951年至1958年所写杂文61篇,题记1篇。

4月28日,写作论文《〈故事新编〉的革命现实主义——应日本京都大学、东京大学、东北大学之约而作》。收入《唐弢近作》。论文以《故事新编》为例,论述了鲁迅的革命现实主义。

4月,在《人民文学》第四期发表论文《短篇小说的结构》,署名唐弢。收入《唐弢近作》、《创作漫谈》(增订本)。

5月,由人民文学出版社出版唐弢论文集《海山论集》,收1951年至1963年写作的23篇文艺论文。

5月21日,由中国社会科学院院长聘为文学所学术委员会委员。

6月1日,写作《跋〈鲁迅——文化新军的旗手〉》,发表在本年6月的《读书》第六期,署名唐弢。收入《鲁迅——文化新军的旗手》。这是由唐弢主编的《中国现代文学史》一书的关于鲁迅的部分,由唐弢执笔完成,经人建议单独抽印成册的。

6月1日,改毕《旗手鲁迅——关于鲁迅的生平、思想和作品》。文章对鲁迅的生平和思想发展,对鲁迅的作品及在文艺理论上的贡献进行全面的评价,评价到位、全面和深刻,资料翔实,对鲁迅的著作熟悉了解得深且透。

6月,由人民文学出版社出版由唐弢主编的三卷本《中国现代文学史》第一册。

6月,作为中国社会科学院学术交流代表团成员访问日本。本次访问,周扬为团长,夏鼐为副团长,主要是为了促进中日学术交流,参观的对象主要是大学、研究所和其他文化机构,如东京大学、京都大学、东洋文库。6月15日下午,唐弢参观了鲁迅、许寿裳等五人住过的伍舍旧址。之后,到东京的东洋文库,发现了日本人于1922年1月22日创刊的《北京周报》,找到了许多关于"三·一八"惨案的史实资料和鲁迅的资料。会见了日人清水安三教授、著名作家井上靖。访日期间,唐弢谈了鲁迅的《故事新编》,还参观了仙台鲁迅留学旧址及鲁迅之碑。

6月27日,由日本回国后,开始撰写访日观感,本年内发表两篇:11月28日,《人民日报》发表《清水安三会见记》;11月30日,写《书城掠影》。

回国后,从6月29日开始,即参加全国人大会议。

7月4日,在《人民日报》发表散文《文学挽留不住的人》,署名唐弢。收入《鲁迅的故事》。文章从鲁迅的既重视文学,又重视科学的意见,说到两个曾在文学创作上受到鲁迅的鼓励和重视,而最终从事科学研究,并为祖国的科学事业做出大贡献的科学家:古生物学家裴文中、植物学家蔡希陶。

7月16日,与吕叔湘、张岱等10人,由院部安排去庐山疗养院疗养。唐弢因心脏病不能登山,只能静养,故每天看《庐山志》以消遣。9月21日回京。

7月21日,作《观陈复礼先生黄山摄影》一诗:"疑云更疑雨,如画复如真。踏尽天涯路,镜中皆化身。"

8月5日,写作《写完以后的话——〈鲁迅的故事〉后记》。收入《鲁迅的故事》、《唐弢近作》。文章回顾了《鲁迅的故事》一书成书的情况,谈到了自己在 1971 年时,中国少年儿童出版社派人和自己接洽,请他以儿童看的《鲁迅先生的故事》为例,重写一本关于鲁迅的故事的书之经过。

8 月 15 日,在庐山疗养院二分院写作完成散文《清水安山会见记》。文章写了自己在日本拜访清水安三,并了解他与鲁迅的交往情况的事。此文后发表在 11 月 28 日的《人民日报》,署名唐弢。收入《唐弢近作》、《生命册上》。

8 月,作《读叶剑英元帅〈远望〉诗》一首:"垂垂白发老诗翁,把剑倚天指远空。豚犬无状隳大业,关河有梦绕元戎。豪情岂惜刀屠狗,佳句能赢笔舞龙。今日家园除'四害',更新气象立丰功。"

9 月 15 日,在庐山疗养期间,于庐山疗养院二分院写作散文《实事求是——我们的为人的道德》,这是唐弢为《长短录》作的序。收入《长短录》、《唐弢近作》。1980 年 2 月,人民日报出版社出版由夏衍、吴晗、廖沫沙、孟超、唐弢等人的杂文合集《长短录》。

10 月 5 日,写作《〈晦庵书话〉序》。收入《晦庵书话》。1962 年北京出版社印行《书话》时,唐弢曾作过序。在本序中,唐弢谈到,"晦庵"是朱熹用过的名字,自己用于笔名始于 1944 年。序中还交代了用"晦庵"笔名的原因,以及《书话》作者被当作阿英的趣闻。序中还说明了原《书话》的内容,最后写自己对书话这一散文形式的看法和意见。

10 月,由上海文艺出版社出版唐弢的散文、杂文、书信集《回忆·书简·散记》,收散文、杂文、书信 21 篇。

10 月,由湖南人民出版社出版唐弢的论文《鲁迅——文化新军的旗手》。这是唐弢为《中国现代文学史》所写的关于鲁迅的章节,卷末收跋 1 篇。

10 月,参加第四届全国文代会。

11 月,由人民文学出版社出版由唐弢主编的三卷本《中国现代文学史》第二册。

11 月 1 日,因《南昌晚报》恢复,向唐弢求诗,唐弢作《庐山一律　并序》诗:"辜负平生八尺男,匡庐奇迹病中探。行临大壑谁云悸,坐对名山我自惭。窗下溪声疑夜雨,林间月色幻晴岚。欲寻太白读书处,只恐诗人醉正酣。"

11月17日,冯雪峰追悼会在京举行,唐弢写完了从八月中旬就开始写的《追怀雪峰》一文。这是一篇回忆、追怀冯雪峰的文章,文章回忆了自己与冯雪峰的交往,特别是关于对鲁迅的共同研究的经历。此前,在追悼会前夕,唐弢在西苑宾馆写了一副挽联:"一身硬骨头,石壁铁窗,灵山诗卷传衷曲;千载痛心事,雪山草地,卢代墨痕付劫灰。"

11月30日,写作散文《书城掠影》。文章记自己在日本各大学、研究机构访书的经历、感想,以及对日本图书资料收集、研究的一些心得。此文后发表在2月15日的《国外社会科学》第二期,署名唐弢。收入《唐弢近作》《生命册上》。

本年　参加中国作家协会举办的"1978年全国优秀短篇小说评选"评奖工作。唐弢为这次活动,有感而发,写作了《短篇小说的结构》一文,发表在4月的《人民文学》第4期。

本年　因出版社要《回忆·书简·散记》一书的插页,要唐弢找材料。唐弢在尽力寻找中,发现旧信一包,内有陆蠡、郑振铎的来信,计陆蠡7封、郑振铎46封。唐弢对此喜出望外。

1980年(庚申),68岁

本年　政治、经济、民主与法制建设继续走上正轨。一大批冤案继续平反。

2月23日至29日,中共十一届五中全会在京召开,会议讨论并通过了《关于党内政治生活的若干准则》。胡耀邦当选为中共中央总书记。29日,通过为刘少奇同志平反的决议。

4月8日至16日,五届全国人大常委会第十四次会议在京召开,任命赵紫阳、万里为国务院副总理。8月30日至9月10日,在五届人大三次会议上,赵紫阳出任总理。

4月17日,"中国笔会中心"在北京成立,由62位国内外有影响的作家组成。巴金任主席,冯牧任秘书,丁玲等15位作家任理事。同年加入"国际笔会"。

5月16日,中央、国务院决定,将广东省的深圳市、珠海市、汕头市和福建省的厦门市由出口特区改称经济特区。

5月17日,刘少奇追悼大会在京举行。

7月4日,《人民日报》发表特约评论员文章《正确认识个人在历史上的作用》,指出不要神化个人。7月30日,中央发出《关于坚持"少宣传个人"的指示》。

7月25日,《人民日报》报道,1979年1月21日,北京市中级人民法院为遇罗克平反,正式宣布"遇罗克无罪"。

7月26日,《人民日报》发表社论《为人民服务,为社会主义服务》。社论说,最近中央改变过去曾经提出过的"文艺为政治服务"的口号,提出了文艺工作总的口号是:文艺为人民服务,为社会主义服务。这个口号概括了文艺工作的总任务和根本目的,它包括了为政治服务,但比起孤立为政治服务更全面、更科学。

9月26日,中共中央发布了关于审判林彪、江青反革命集团的通知。11月10日,最高人民法院特别法庭审判林彪、江青反革命集团案。

9月27日,中央发出《关于进一步加强和完善农业生产责任制的几个问题》的会议纪要,首次正式肯定包产到户。

9月29日,中共中央批转公安部、最高人民检察院、最高人民法院党组《关于"胡风反革命集团"案件的复查报告》,决定给"胡风反革命集团"一案平反。

10月16日,中央批转中纪委关于康生、谢富治问题的两个审查报告,撤销二人的悼词并开除出党。

本年,唐弢发表和写作的作品仍以回忆性散文为主,主要篇目有:1月,《文汇》增刊第一期发表《追怀雪峰》,署名唐弢。4月,《散文》第4期发表《〈当代文学〉上的两篇随笔——杂志话旧之一》,署名唐弢。4月12、13日,《北京晚报》发表《座右二铭》,署名唐弢。7月15日,《中国青年报》发表《我的自修生活》,署名唐弢。9月14日,《浙江日报》发表《我想起了童年》,署名唐弢。

1月,在《文汇》增刊第一期发表散文《追怀雪峰》,署名唐弢。收入

《生命册上》。这篇文章回忆、追怀冯雪峰,回忆了自己与冯雪峰的交往,以及冯雪峰和自己共同搜集、研究鲁迅资料的经历。

1月14日,写作完成散文《仙台之旅》。文章写自己在日本仙台访鲁迅的遗迹,以及与日本同行交流鲁迅研究的情况和看法的事。文章分四个部分:《初见仙台》《在医校旧址》《"鲁迅之碑"》《短刀的故事》。此文后发表在1月的《鲁迅研究》第一期,署名唐弢。收入《唐弢近作》、《生命册上》。

1月,在北京师范大学中文系讲课,主要讲的是鲁迅杂文的思想问题,后将所讲的内容写成《鲁迅杂文的思想特征》一文。

2月,由人民日报出版社出版杂文合集《长短录》,收夏衍、吴晗、廖沫沙、孟超、唐弢的杂文,唐弢在卷首发表文章《实事求是——我们的为人的道德》。《长短录》收唐弢杂文《谢本师》、《尾骶骨之类》。

3月18日,写作《〈散文杂文抄〉序言》。唐弢选编了1940年前后的散文、杂文为《散文杂文抄》,作为向海外发行的《时代文学丛书》中的一本。在序言中,唐弢回忆了自己创作的经过,以及自己关于杂文散文化的意见。此书后来没有出版,本文收入《唐弢近作》。

3月,由中国少年儿童出版社出版唐弢写的少儿读物《鲁迅的故事》,收鲁迅故事24篇,《写完以后的话》1篇。8月21日的《人民日报》和10月22日的《光明日报》分别发表了余心言的《活生生的鲁迅—〈鲁迅的故事〉读后》和徐斯年《有根据、合情理、传声色—读唐弢〈鲁迅的故事〉》的书评文章。

3月,孙玉石、方锡德二人在1919年8月至9月的《国民公报》上发现鲁迅佚文11篇,请唐弢确认。唐弢于4月1日著文《花团剑簇——读新发现鲁迅佚文十一篇》予以认定。文中,唐弢经确认后,认为孙玉石、方锡德二人找到的文章是鲁迅佚文,对二人的工作表示赞许。

4月4日,写作杂文《座右二铭》。文章从毛泽东对叶剑英的评论"诸葛一生惟谨慎,吕端大事不糊涂"谈起,认为每一个干部都应把这二句当作座右铭,即谦虚谨慎和大事不糊涂,小事糊涂,不要斤斤计较于个人的得失。

4月10日,在《青少年之友》发表散文《写在〈鲁迅的故事〉出版之前》,署名唐弢。收入《唐弢近作》。

4月15日，发表《新版〈文章修养〉序》。收入《唐弢近作》、《文章修养》（新版）。

4月25日，在北京阜外医院写作《文章修养》序。序中介绍了《文章修养》写作的缘起，那是在1939年，散文家陆蠡（圣泉）为巴金、吴朗西办的文化生活出版社主编一套丛书，作为青年们的课外读物。陆蠡约唐弢写本小册子，要求多讲一些普通青年应当注意的诗文方面的知识。因此，弢写了此书。序中还介绍了《文章修养》的成书过程、影响及自己的评价。

4月，在《散文》第四期发表散文《〈当代文学〉上的两篇随笔——杂志话旧之一》，署名唐弢。收入《唐弢近作》。

5月3日，在《人民日报》发表散文《花团剑簇——读新发现鲁迅佚文11篇》，署名唐弢。4月12日、13日，在《北京晚报》发表，署名唐弢。收入《唐弢近作》、《唐弢杂文集》。

5月14日，写作论文《论〈我们今日所需要的是什么?〉并非鲁迅佚文》。这是唐弢应各方邀请，要求鉴定《我们今日所需要的是什么?》是否为鲁迅佚文。唐弢从多方面考证，认为这不是鲁迅佚文。此文后发表在11月的《鲁迅研究文丛》第二辑，署名唐弢。收入《唐弢近作》。

5月，在《散文》第五期发表散文《忆〈太白〉——杂志话旧之二》，署名唐弢。收入《唐弢近作》。

5月，唐弢因准备写作《鲁迅传》，再次去绍兴、杭州等地寻访鲁迅遗迹，并意外地回了一次阔别五十五年的家乡——宁波市镇海县。此次来家乡，时间较紧，在宁波师专徐季子、《宁波日报》周律之等陪同下，游览、参观了佛教胜地天童寺、北仑港。5月31日，回到了古唐村。此时，古唐村已由原属镇海西乡，划归到宁波市北郊公社的畈地塘大队。唐弢此次回乡，探亲访故，寻桑问麻，遇见了一个小学同班同学，他还在故居前留了影。6月1日，又参观了镇海附近的北仑港。此次返乡，唐弢感慨较深，于6月4日写了《回乡两首 并序》诗，并发表在《宁波日报》上，其一《访故居》诗云："村落依稀在，旧居亦可寻。垂垂吾已老，满目是新人。"其二《访北仑港》诗云："引桥长一里，由此接天涯。寄语好儿女，殷勤为国家。"6月6日，唐弢回京，期间路过上海，去了鲁迅纪念馆。

6月,在《中学生》第六期发表散文《〈牺牲〉——无言的抗议和纪念》,署名唐弢。收入《鲁迅的故事》。文章讲述了柔石和鲁迅的交往故事,以及鲁迅为纪念柔石而以《牺牲》木刻版画纪念他的故事。

6月,写作散文《我的自修生活》。文章回忆了自己在毕童公学的学习生活,回忆了自己写近体诗、父亲和自己去买《辞源》的往事。此文后发表在7月15日的《中国青年报》,署名唐弢。收入《唐弢近作》、《生命册上》。

7月3日,写作《姜德明作〈书叶集〉序》。这是为姜德明的鲁迅研究著作《书叶集》作的序,文章赞扬了作者此书的出色之处,并表达了自己对作序的看法。此文后发表在本年12月《随笔》第十三期,署名唐弢。收入《唐弢近作》。

8月,在《新文学史料》第三期发表散文《〈帝城十日〉解——关于许广平〈鲁迅手迹和藏书的经过〉的一点补充》,署名唐弢。文章回顾自己于1944年10月10日至10月21日去北京为保护鲁迅藏书不被出卖的行程,介绍了一些当年不便透露的详情和细节。

8月,唐弢夫妇到黑龙江省小兴安岭林区带岭林业实验局度假并从事写作,为1981年鲁迅诞辰一百周年纪念会作论文准备。

8月底回京,参加全国五届人大三次会议。期间,为履行人大代表义务,唐弢提出了关于保护森林、解决森林采育失调等问题的提案,并由吕叔湘、巴金、袁雪芬等三位常委连署,本提案列174号。

9月1日,回忆5、6月间的回宁波镇海故乡,唐弢又写了《我想起了童年》一文,对自己少时在古唐小学、培玉小学的学习生活和几次去镇海县城的经历进行了回忆,对家乡的变化感到由衷的高兴,并表达了自己对宁波海防遗迹的所思所想。

9月14日,在《浙江日报》发表散文《我想起了童年》,署名唐弢。收入《唐弢近作》、《生命册上》。

9月20日,写作《陈漱渝著〈许广平的一生〉序》。收入《唐弢近作》。这是为陈漱渝写的《许广平的一生》作的序,并提出了自己对传记文学的看法。

9月,由生活·读书·新知三联书店出版了唐弢的《晦庵书话》,这是在1962年北京出版社出版署名晦庵的《书话》的基础上加以扩充而成的。

除《书话》中收录的内容外,又收录了《读余书杂》、《诗海一勺》、《译书过眼录》和《书城八记》等四部分。

10月3日,在《小说选刊》第一期发表散文《大家都来下功夫——祝贺〈小说选刊〉创刊》,署名唐弢。收入《唐弢近作》。

10月18日,写作散文《要办一个有个性的刊物——对〈生活〉的一点意见》。收入《唐弢近作》。文章希望《生活》半月刊办出个性来,有自己的风格。此文后发表在1981年第1期的《生活》半月刊。

11月12日,为英译本《两地书》作序。序中谈了自己对《两对书》的看法,以及自己对鲁迅的性格的介绍和理解。

11月,在《战地》增刊第六期发表散文《关于副刊特辑——〈笔会〉旧事之一》,署名唐弢。收入《唐弢近作》。

12月20日,抱病写作散文《鲁迅和周木斋——四十多年前文坛上的一桩公案》。文章为朋友周木斋辩护,并对周木斋和鲁迅的误会的发生、以至解除的过程进行考证,体现了唐弢的实事求是的精神。此文后发表在1981年9月的《中国现代文学研究丛刊》第三辑,署名唐弢。

本年,美国纽约哥伦比亚大学出版社出版爱德华·根的《讨厌的诗神——1937年至1945年的上海文学和北平文学》,其中第二章《五四浪漫主义的下倾》论及唐弢和他的散文。

本年,外文出版社想将《中国现代文学史》教材译成英文出版,因原书太厚,要加以压缩至25万字左右。唐弢和严家炎商量,由少数人商量一个删改方案,并由厦门大学中文系的万平近副教授具体执笔。11月,在唐弢的尽力促成下,总算有个具体的安排方案,并开始实施。

1981年(辛酉),69岁

本年　第六个国民经济和社会发展五年计划制订,经济和改革不断发展,政治体制、党的建设和法制不断改善。

3月27日,茅盾逝世。31日,中央决定恢复茅盾的党籍。

4月20日,作协决定成立茅盾文学奖金委员会,由巴金任主任委员。中国作协主席团扩大会议推选巴金为代理主席。

4月20日,《解放军报》发表特约评论员文章《四项基本原则不容违反——评电影文学剧本〈苦恋〉》。认为该作品散布一种背离社会主义祖国的情绪,它的出现不是孤立的现象,它反映了存在于极少数人中的无政府主义、极端个人主义、资产阶级自由化以至否定四项基本原则的没有任何限制的绝对自由。11月25日,作者白桦发表《关于〈苦恋〉的通信》,作了自我批评。对《苦恋》的批判不搞运动,不进行围攻,是我党解放思想问题比较成功的一次尝试。

5月23日,中国电影家协会举办的第一届中国电影"金鸡奖"和《大众电影》举办的第四届电影"百花奖"的评选结果在杭州揭晓。《巴山夜雨》、《天云山传奇》等获奖。

6月27日至29日,中共十一届六中全会在京召开。全会通过了《关于建国以来党的若干历史问题的决议》,表明了中国共产党胜利地完成了指导思想上的拨乱反正。全会一致同意华国锋辞去中央委员会主席和中央军委主席职务。选举胡耀邦为中央委员会主席,赵紫阳、华国锋为副主席,邓小平为中央军委主席。会议要求全党要集中精力,把国民经济搞上去。

8月3日至8日,中央宣传部在京召开全国思想战线问题座谈会。会议的议题是,加强党对思想战线的领导,反对资产阶级自由化,改变领导软弱涣散的状态。

9月17日,中央发出《关于整理我国古籍的指示》,决定由有关单位组成古籍整理出版规划领导小组。

9月25日,北京、上海、天津、杭州、绍兴等地举行纪念鲁迅100周年诞辰活动。

10月13日,中国作家协会主席团会议在京举行,会议决定恢复胡风的中国作家协会会籍。

10月28日至11月3日,中央宣传部召开电影剧作座谈会。与会者认为电影战线存在资产阶级自由化倾向等问题,须坚决纠正,同时提出要在总结、继承和发扬30年代以来我国电影创作的优良传统的基础上,借鉴外国影片的长处,创作具有民族特色的优秀影片。

本年 中国作协主办"第一届全国中青年诗人优秀新诗奖"。公刘的

《沉思》、舒婷的《祖国啊,我亲爱的祖国》等获奖。

国家民族事务委员会和中国作协联合举办"第一届全国少数民族文学创作奖"。

中国作协委托《文艺报》主办了"第一届全国中篇小说奖",谌容的《人到中年》等作品获奖。

中国作协主办了"第一届全国报告文学奖",徐迟的《哥德巴赫猜想》等获奖。

文化部和中国音协主办了第一届全国交响音乐作品评奖。

中央电视台主办了"第一届全国优秀电视剧奖"。

年初,上海和香港等地一些报刊纷纷对唐弢的《晦庵书话》发表评论。

本年 回忆性散文仍是唐弢本年创作的重要部分,有对自己童年生活的回忆和对文艺界前辈、战友的缅怀,主要篇目有:1月,《东方》第一期发表《二老》。4月5日,《光明日报》发表《一件小事——悼念茅盾同志》。5月,《人物》第5期发表《关于任叔》。9月,《随笔》第18期发表《"待旦"解——悼念茅盾先生》。9月,《中国现代文学研究丛刊》第3期发表《鲁迅和周木斋》。

在鲁迅研究方面,为纪念鲁迅诞生 百周年,撰写了《论鲁迅小说的现实主义》,交给纪念鲁迅的学术讨论会,并发表于次年1月《文学评论》。本年11月11日,在《人民日报》发表《鲁迅杂文一解》。

1月,在《东方》第一期发表散文《二老》,署名唐弢。收入《生命册上》。这是一篇怀念自己的故乡,怀念自己的祖母和外祖母的感人至深的文章,创作于1950年3月15日。

1月22日,写作《〈鲁迅日文作品集〉序》。署名唐弢,收入《鲁迅的美学思想》。在文中,唐弢谈了鲁迅在白话文、民族语言方面的成就,对鲁迅的对日本的意见和看法进行了评价。此文后发表在8月的《文汇》月刊第八期。

3月29日夜,写作散文《一件小事——悼念茅盾同志》。这是在茅盾逝世后,唐弢写此文悼念茅盾。文章回忆了自己与茅盾的交往。此文后发表在4月5日的《光明日报》,署名唐弢。收入《生命册上》。

4月10日,在《人民日报》发表散文《回忆是为了前瞻(关于巴金同志建议成立中国现代文学馆)》,署名唐弢。文章对巴金倡导成立中国现代文学馆的想法表示赞成,认为尊重自己民族的历史文化,然后在新(创新)、深(要有积累)上下功夫,在传统的基础上积累、创新。

4月14日清晨,写毕散文《侧面——纪念茅盾先生》。这是一篇纪念茅盾的文章。文章回顾了茅盾在《自由谈》的几次论争的过程,并对茅盾的杂文进行评价,以及自己受茅盾支持和影响的事。

4月22日,写作《〈唐弢近作〉后记》,收入《唐弢近作》。这是应四川人民出版社编印《近作丛书》而编的集子,收唐弢"文革"后到1980年年底前的近作。

4月24日,写作散文《"待旦"解——悼念茅盾先生》,署名唐弢。收入《生命册上》。文章回忆了1944年茅盾写给唐弢的二首《浣溪沙》小幅的事,同时回忆了自己在"孤岛"时期写小说、散文的情况。此文后发表在9月的《随笔》第十八期。

4月,由广东人民出版社再版唐弢散文集《落帆集》。

5月18日,写作《一份书目》。文章回忆了鲁迅给自己的一份关于日语学习的书目的经过,以及自己的邮局读书会的情况。

5月,在《人物》第五期发表散文《关于任叔》,署名唐弢。收入《生命册上》。这是应王任叔的儿子王克平之邀,为王任叔的杂文集《点滴集》写的序。这篇序怀念王任叔(巴人),回忆了自己和他在"孤岛"时的生活和交往。

6月,由浙江人民出版社出版《浙江现代作家创作选》,其中收唐弢的散文《寻梦人》、杂文《〈周报〉休刊词》。

6月,为中华书局成立七十周年,唐弢作《为中华书局成立70周年作》:"寒夜一芯火,晴窗万卷书。何待夸祕阁,我自叹熊鱼。"

7月,在《鲁迅研究》第四辑发表论文《"妇女解放的道路"——纪念鲁迅诞生一百周年谈他的几篇关于妇女解放的作品》,署名唐弢。

8月,在《新文学史料》第三期发表《〈申报·自由谈〉影印版序》,署名唐弢。

9月15日,在北京赵家楼招待所写作论文《论鲁迅小说的现实主义》

(1981年11月5日改毕于武昌东湖湖滨饭店)。文章对鲁迅小说的现实主义风格进行了详细的分析和评价。此文后发表在1982年1月的《文学评论》第1期,署名唐弢。收入《鲁迅的美学思想》。

9月22日,在《人民日报》发表杂文《历史的丰碑》,署名唐弢。

9月,在《人民文学》第九期发表《"我可以爱!"——〈两地书〉英译本序》,署名唐弢。收入《唐弢近作》、《鲁迅的美学思想》时改为《英译本〈两地书〉序》。序中谈了自己对《两对书》的看法,以及自己对鲁迅的性格的介绍和理解。

10月19日,写作论文《鲁迅杂文一解》。文章分析了鲁迅杂文的独创风格:诗化、形象性。此文后发表在11月11日的《人民日报》,署名唐弢。收入《鲁迅的美学思想》。

11月,应中南民族学院之请,唐弢前往讲学。

12月,唐弢作为中国作家代表团副团长应邀参加香港中文大学举办的"中国现代文学研讨会"。会议于21—23日在该校祖尧堂举行,唐弢在会上作专题发言《四十年代中期的上海文学》。期间,唐弢作《香港四题并序》的诗。其一为《在中国现代文学研讨会上作》:"歌台舞榭只寻常,一水盈盈隔海疆。难得诗文香岛会,青山到处有红妆。"其二为《感怀》:"几人笔底走龙蛇?垂老情怀我自嗟。知喜江南池草绿,重研朱墨作春花。"其三为《有赠》:"涉世情怀自率真,卢前王后几青春。文章得失等闲事,且折梅花贻远人。"其四为《有赠之二(叶前韵)》:"少年意态率而真,白发江湖几十春。莫道故园风物异,已凉天气最宜人。"

本年　为纪念鲁迅100周年诞辰,应北师大之约,唐弢与社科院同事张恩和合写了《论鲁迅早期"为人生"的文艺思想》一文。该文由张恩和执笔,由唐弢反复审阅修改,后发表于《北京师范大学学报》1981年第4期及收入北京师范大学出版社为纪念鲁迅100周年诞辰而出版的《文学论文集及鲁迅珍藏有关北师大史料》中。

本年　唐弢应邀去杭州、绍兴开会,又转武昌开会。

本年　写作《传统——纪念鲁迅诞生一百周年》。文章是为了纪念鲁迅而写,记叙了鲁迅对家乡古迹、乡贤的重视,对传统的重视,并从传统中爱乡、爱国。

本年　写作《用电影形式发扬鲁迅的传统》。文章对鲁迅的作品搬上银幕表示赞同,并对鲁迅 100 周年诞辰纪念会前后的三部电影《伤逝》、《药》、《阿 Q 正传》的上映表示欢迎。同时认为,电影改编应忠实于原作,但也可以在不违背原作精神下作一定的变动,最后又对鲁迅关于电影、戏剧的看法进行介绍,说明鲁迅也喜欢电影、戏剧。

1982 年(壬戌),70 岁

本年　中央和国务院实行机构改革。各行各业的经济责任制不断显现效益,国营企业全面整顿。农村继续稳定和完善农业生产责任制,城乡市场生活用品销量持续增长。

1 月 12 日,新华社报道,我国高等院校从今年起授予本科毕业生学士学位。国务院批准首批授予学士学位的高等院校共 458 所。

1 月 30 日,中共中央发出《关于检查一次知识分子工作的通知》,指出近年来知识分子出国出境的日见增多,不少人去而不归,应引起全党重视,因此要在全国检查并认真落实知识分子政策。这是共和国成立以来首次大规模检查知识分子工作情况的举措,它提高了知识分子在"四化"建设中的地位,解决了一些历史遗留问题。

1 月,文化部、中国戏剧家协会联合举办第一届全国优秀剧本奖。《陈毅市长》、《彭大将军》等获奖。

3 月 15 日,巴金获 1982 年但丁国际奖。

6 月 19 日至 25 日,中国文学艺术界联合会第四届全委会第二次会议在京举行。胡乔木在会议结束时重申文艺为人民服务、为社会主义服务的口号。

7 月 3 日新华社报道,我国首批硕士学位授予工作结束,有 8562 人获硕士学位。

9 月 1 日至 11 日,中共第十二次全国代表大会在京召开,邓小平主持开幕式并致词,指出我们的现代化建设必须从中国的实际出发,走自己的道路,建设有中国特色的社会主义。胡耀邦代表中央委员会作题为《全面开创社会主义现代化建设的新局面》的报告。

10月16日，中国现代文学馆筹建处在北京万寿寺西院正式成立。建立中国现代文学馆，是巴金于1980年倡议，并得到胡耀邦的热情支持的。中国作家协会主席团会议决定由巴金、冰心、曹禺、严文井、唐弢、王瑶、冯牧、孔罗荪、张僖9人组成"中国现代文学馆筹备委员会"，孔罗荪任主任委员。

11月26日至12月10日，十届全国人大五次会议在京召开，会议通过了修改后的《中华人民共和国宪法》，这是共和国成立以来的第四部宪法。会议批准了第六个五年计划。

12月，首届茅盾文学奖评奖结果揭晓，周克芹的《许茂和他的女儿们》、古华的《芙蓉镇》等6部长篇小说获奖。

本年 在现代文学方面，唐弢在《文史哲》第3期（5月出版）发表《现代文学研究的几个问题》；在《文艺研究》第6期（12月出版）发表《西方影响与民族风格——中国现代文学发展的一个轮廓》（即在欧洲汉学会会议上报告的改正稿）。

1月，写作《〈林真说书〉序》。香港的林真出版了书话《林真说书》，请唐弢作序。唐弢表达了自己对书话的看法，对《林真说书》一书进行肯定。此文后发表在4月14日的《文汇报》，署名唐弢。收入《林真说书》。

2月14日，为杜渐著的《书海夜航二集》作序。杜渐是研究外国文学专家，其《书海夜航》、《书海夜航二集》主要是关于外国文学版本的书话集。

3月3日，在《丑小鸭》第六期发表散文《我的第一篇文章》，署名唐弢。收入《生命册上》。文章回忆了自己写作第一篇文章的缘由，想起了父亲、父亲的死，以及父亲与土地的故事。

3月11日，在《人民日报》发表散文《话说〈文心〉》，署名唐弢。

3月，在《文学评论》第2期发表《四十年代中期的上海文学——应香港中文大学中国现代文学研讨会之约而作》，署名唐弢。

3月，由四川人民出版社出版《唐弢近作》，收1976年10月至1980年12月所写论文、散文、杂文36篇，后记1篇。

3月，作《偶成》一诗："平生不羡黄金屋，灯下窗前长自足。购得清河一卷书,古人与我话衷曲。"

5月,在《文学评论》第三期发表论文《四十年代中期的上海文学》,署名唐弢。

5月,在《文史哲》第三期发表论文《现代文学研究的几个问题》,署名唐弢。

5月,唐弢被中国现代文学会第二届研究会聘为顾问,直至1990年第六届会议为止。

5月下旬,赴海南岛海口市参加中国现代文学第二届研究会会议。会后,自中路至榆林,宿鹿回头宾馆,唐弢回忆了1962年1月随全国人大代表、政协委员访问团来海南往事,感慨颇多。6月1日,自鹿回头归,宿兴隆农场,感而作词《满江红——天涯海角并序》:"屈指廿年,又来此天涯海角。放眼处清波如鉴,长空似濯。白鸟徐徐随水远,椰林簇簇向天扑,便而今白了刘郎头,情如昨。胶已割,果初熟,铁成矿,油在握。愿齐心重振炎黄嗣续。红豆相思生宝岛,凤凰展翅耀昆岳。念东坡起舞谢高寒,人间足。"

6月,游桂林。6月5日,作《南行诗草》二题,其一为《七星岩(步叶剑英同志原韵)》:"天似圆穹水近圜,飞来平地七丸山。风光最是星湖好,斗柄悬悬垂此间。"其二为《鼎湖山》:"远树晴岚有也无,眼前花木蓓扶苏。七星聚首游仙去,留得人间一鼎湖。"6月8日,作《游漓江半边渡》:"偷得浮生一日闲,来游阳朔万重山;半边渡口江流急,知是深渊知是滩?"

此次海南、桂林之行中,唐弢还应约在肇庆师专、广西师院(桂林)讲了课。

6月,在《新文学论丛》第二期发表《〈鲁迅日文作品集〉再版题记》,署名唐弢。收入《鲁迅的美学思想》。文章进一步介绍了鲁迅和日文报刊《北京周报》、《改造》的关系,以及这些日文报刊的情况,并介绍了新发现的鲁迅日文作品《兔和猫》、萧军简介。

6月,在《中国社会科学》第六期发表《在民族化的道路上——〈中国现代文学作品选〉序》,署名唐弢。

7月3日,赴英国伦敦参加在剑桥大学举办的为期5天的第28届欧洲汉学协会会议。7月5日,唐弢作专题发言《从接受外来思潮到建立民族风格——中国现代文学发展的一个轮廓》。他在剑桥大学的另一个发言是《中国现代文学研究的近况》。访英期间，应伦敦大学东方和非洲学院卜立德教授(Prof. D. E. Pollard)之邀，于7月10日到伦敦，在伦敦参观。7月12日，拜谒位于伦敦市郊北部的海格特小山(Highgate Hill)的马克思墓。7月13日晚，由孔慧怡陪同，在伦敦的巴比肯(Barbican)艺术中心观看了英国莎士比亚剧团演出的《亨利四世》第二部。在参观了伦敦大学、牛津大学之后不久，唐弢于7月16日晨，由牛津大学刘陶陶博士亲自驾车，和她的母亲、伦敦大学东方和非洲学院程荫女士及刘博士女儿一起，陪同唐弢参观了莎士比亚的故乡——爱汶河畔的斯特拉特福等地。

7月20日，在《人民日报》发表诗歌《南行诗草》，署名唐弢。

7月30日，为薛汕编的民间歌谣集《近风歌》作序。文章梳理了国内对民间歌谣的研究及著作的状况，简略回忆了自己与薛汕的交往。

7月，参加中国社会科学院文学研究所在烟台举办的鲁迅研究讲习班，并讲学。

7月，为大连市中国现代文学会、大连市文学学会举办的暑期现代文学讲习班讲学。8月20日晚回京。

8月8日，于烟台写作《关于〈故事新编〉——为英国伦敦大学〈中国季刊〉作》。文章对《故事新编》中人物形象的描写特点，概括为：速写、勾勒神态；取其特点，"没有将古人写得更死"。此文后发表于1983年6月的《中国现代文学研究丛刊》第二期，署名唐弢。收入《鲁迅的美学思想》。

9月25日、10月5日，两次应邀到北京师范大学为教育部高等院校现代文学教师进修班讲《〈中国现代文学史〉编写的几个问题》。

10月底，四川大学为纪念郭沫若九十诞辰，召开"纪念郭沫若诞辰学术讨论会"，邀唐弢赴四川成都参加郭沫若学术讨论会。期间，《成都晚报》邀请唐弢游览了都江堰和青城山。10月28日，作《游青城怀郭老暨蜀中诸友　并序》："好是成都放晚晴，卅年一梦到青城；幽篁犹滴秋来翠，山鸟如从涧底鸣。难得离堆传六字，居然化骨作先行。我来天府登高望，碧树江村无限情。"

11月，继续四川之行。3日，游杜甫草堂，作《杜甫草堂》诗："翠竹古楠绕碧塘，杜陵曾此隐行藏。记营茅屋书千卷，难庇苍生诗一章！射虎有

心随李广,缩身无术学长房。久闻诗是君家事,惭愧吟哦到草堂。"在乐
山,访郭沫若故居,作《乐山访郭沫若旧居》诗:"绥馆接江流,先生少小游。
金沙淘玉粒,铁索锁乌尤。大佛千年老,憩园一眼秋。乐山更乐水,诗魄
此悠悠。"4日,自成都至重庆。6日晚,重庆市文联邀至枇杷山观夜景,又
与妻沈絜云到朝天门。7日,作《山城抒怀　并序》诗:"络纬声声唱竹枝,
山城风物动乡思。错传巫峡行云意,愁绝巴山夜雨诗。灯火万家星闪烁,
江流百转月栖迟。朝天门上中宵立,一样悲欢我自知。九月山城秀碧枝,
词人老去展秋思。晴川历历景如画,灯火荧荧我有诗。三峡雄图千载远,
百家论证卅年迟。苍生得失今谁识,留与子孙万代知。"《山城抒怀　并
序》诗后刊于1983年7月17日《解放日报》副刊《朝花》。

期间,唐弢还去了重庆、武汉和太原。

11月,参加全国人大会议。期间,周海婴来看唐弢,谈起儿子周令飞
定居台湾事,中央的意见是对此事不予理睬。

12月3日,参加李健吾的遗体告别仪式。

12月,在《文艺研究》第六期发表论文《西方影响与民族风格——中
国现代文学发展的一个轮廓》,署名唐弢。

本年　为外文出版社拟出版的英文版《中国现代文学史》的编写,继
续对《中国现代文学史》进行删改。

本年　为黄会林、绍武编辑的《夏衍剧作集》(拟由戏剧出版社出版)
写序。此序本原拟由李健吾写,因他突然逝世,夏衍指定由唐弢写作。到
1983年2月写完。

本年　为纪念生活书店成立50周年,唐弢赠诗一首:"忆昔读书得暇
时,好从生活觅新知。而今千树万花发,垂老然犹折一枝。"

1983年(癸亥),71岁

本年　改革开放不断深入,各行各业不断发展。中外合资企业欣欣
向荣。

3月7日,共青团中央在京召开表彰大会,授予身残志坚的女青年张
海迪"优秀共青团员"的荣誉称号,并做出向张海迪学习的决定。

3月16日,北京市中级人民法院开庭宣判在"文化大革命"中积极追随林彪、江青反革命集团进行反革命活动的"红卫兵头头"聂元梓、蒯大富、韩爱晶。

4月20日,文化部给29部优秀影片授奖,《人到中年》、《牧马人》、《骆驼祥子》等获奖。

5月13日,《意大利文艺复兴时期艺术展览》在京举行,并在全国主要城市巡展。

5月27日,我国第一次依靠自己的力量培养的博士的学位授予大会在北京人民大会堂举行。

6月6日至21日,全国人大六届一次会议在京召开,大会审议政府报告和经济计划及决算,选举李先念为国家主席,彭真为人大常委会委员长,赵紫阳为国务院总理,邓小平为中华人民共和国中央军事委员会主席,并决定了各部部长等职。同时召开的政协六届一次会议,选举邓颖超为全国政协主席。

6月26日,邓小平在会见美国新泽西州西东大学教授杨力宇时,提出了实现大陆和台湾和平统一的设想,首次公开阐述"一国两制"的构想。

10月11、12日,中共十二届二中全会在京召开,会议通过《中共中央关于整党的决定》。邓小平、陈云就整党和反对精神污染问题在会上做了重要讲话。会后,整党工作在全国展开。

10月11日,文化部部长朱穆之认为文化界的精神污染表现为:一是在理论方面背离马克思主义原则,抽象地宣扬人的价值、人道主义和所谓社会主义异化等观点;二是文艺作品或文艺表演中,宣传淫秽色情、凶杀恐怖、荒诞离奇的东西和吃喝玩乐腐化糜烂的资产阶级生活方式。

从本年起,唐弢开始写作准备多年的《鲁迅传》。同时,继续发表回忆性散文和游记散文。

1月20日,写作散文《我与杂文》,这是为《唐弢杂文集》作的序,文章回忆了自己小时候读书、求学、写作的生涯,是一篇回忆录。此文后发表在1983年5月的《人物》第五期,署名唐弢。收入《唐弢杂文集》、《生命册上》。

1月,在《文艺报》第一期发表论文《我爱"原野"》,署名唐弢。

1月,在《新观察》第一期发表随笔《对杂文的几点意见》,署名唐弢。

1月,黄药眠八十诞辰,唐弢往北京师范大学道贺,并赋诗一首以示庆祝:"记随杖履访沙田,桃李盈门话昔年。傲骨自来嗤曲学,皤然一老策南天。"

3月3日,七十寿辰,忆及文革之事,很有感慨,因作《七十书怀两首并序》:"谈经说剑学知微,转眼浮生已古稀。老去描红犹恋帖,愁来拊髀不衣韦;童心养可忘忧患,苦志守为判是非。长忆江南三月暮,晚晴天气鹧鸪飞。""长虹战术此依稀,摇首攒眉画入微。涉世人谁迷鹿马,立身我自佩弦韦;何来名次堪成讼?岂有浮言能饰非!读罢谤书余一笑,碧天如海看尘飞。"

3月20日,写作散文《读史与学文》。文章回忆了自己的读史、学艺术(美术)的经过,以及心得。此文后发表在4月13日的《文史知识》第四期,署名唐弢。收入《生命册上》。

3月30日,写作散文《记郁达夫》。文章回忆了和郁达夫的过往,并怀念故人。此文后发表在8月3日的《文汇报》,署名唐弢。

3月,在桂林召开的文学学科规划会议上,接受鲁迅传记写作课题,这个课题是作为"六五"科研计划重点项目。重游漓江。

4月10日,为原在上海的华东文化部文物处的同事郭若愚的《〈红楼梦〉风物考》作序,序中回忆了自己在华东文物处时与郭的工作关系。

4月18日,写作散文《思君令人老——题照》。文章从《古诗十九首·行行重行行》一诗说起,表达了自己要努力工作、学习的心情。

4月20日,为高信著的《鲁迅诗歌散论》作序,题目为《关于旧体诗——〈鲁迅诗歌散论〉序》。文章分析了"五四"新文学家写旧体诗的原因。此文后发表于《诗刊》1983年第9期。

4月,在《人民文学》第四期发表散文《剑桥沉思录——访英杂记》。收入《生命册上》。文章记录了自己去英国参加第二十八届欧洲汉学会议时,在剑桥大学的所思所想,并寻访徐志摩的往迹。同行者为李学勤。

5月2日,作《邕城看稀有金茶花喜赋一绝》诗:"佳人南国不寻常,绿满林园浮暗香;看尽山茶红与白,人间难得此金黄。"

5月8日,为在中国社会科学院文学研究所的同事严家炎的《求实集》一书作序。在序中,提出了自己对现代文学的理解,并回忆了与严家炎一起编《中国现代文学史》的情况。

5月30日至6月2日,在冯雪峰(6月2日是冯雪峰同志诞辰八十周年纪念日)的故乡——浙江省义乌县举行了第一届雪峰研究学术讨论会。唐弢应邀在义乌参加会议,并做了《我所知道的冯雪峰同志》的发言。

5月,收到洛甫(张闻天)文集编辑室同志寄来的一些文章和资料,请唐弢鉴定几篇署名歌得或科德的文章是否是张闻天写的,并提供一些线索和意见。

5月,写作散文《莎士比亚的故乡——访英杂记》。此文后发表在7月的《收获》第四期,署名唐弢。收入《生命册上》。文章回忆、追记了自己于1982年7月,在英国剑桥参加为期5天的第28届欧洲汉学会议,及在伦敦参观访问的行程。

6月25日,在《文艺研究》第三期发表论文《作家需要知识》,署名唐弢。

6月30日,写作散文《在马克思墓地——访英杂记》。追记了1982年7月访英期间,于7月12日上午,在孔慧怡女士的陪同下,拜谒了位于伦敦市郊北部的海格特小山(Highgate Hill)的马克思墓。此文后发表在1984年2月的《万叶散文丛刊》第二册《丹》上,署名唐弢。收入《生命册上》。

6月,出席第六届全国政协会议,当选为全国六届政协委员。

7月7日,在《文艺报》第七期发表《〈夏衍剧作选〉序言》,署名唐弢。

7月22日,在《随笔》第四期发表随笔《谈随笔》,这是应花城出版社编辑黄伟经的要求写的,署名唐弢。

7月,被聘为《中国大百科全书·中国文学》卷编辑委员会委员。

7月,赴青岛参加"暑期中国现代文学讲习班"。王瑶、孔罗荪、陈瘦竹等同时应邀前往授课。

8月7日,在《文艺报》第八期发表随笔《既要开放,又要坚持原则》,署名唐弢。

8月15日,为自己主编的《中国现代文学史简编》一书写编写后记。

文章介绍了关于《中国现代文学史简编》的编写情况。

9月20日,为卢豫冬编集的周木斋的遗作《消长新集》作序。文章回忆纪念了友人周木斋。

9月,生活·读书·新知三联书店再版唐弢的《文章修养》。

10月3日上午,孙用同志在北京首都医院逝世。10月4日,唐弢写了《别了,用之》一文纪念。唐弢和孙用的交往,是从上海的《申报》副刊《自由谈》改版后开始的。共和国成立以后,冯雪峰承担《鲁迅全集》的注释工作,准备组织班子,向唐弢提及孙用。唐弢极力怂恿请孙用参加,两人的交往和了解日多。

10月11日,由中国社会科学院院长聘为文学研究所第二届学术委员会委员.

10月17日,在《人民日报》发表散文《别了——用之!》,署名唐弢。收入《生命册上》。文章纪念了孙用(卜成中),回忆了孙用注《鲁迅全集》等文学工作的事,以及自己和他的交往。

10月24日,为自己的集子《生命册上》作序。这是一本编集唐弢的叙事类的回忆性文章、忆旧怀人之作和远游览胜之作的结集。此序后发表在1984年7月31日的《人民日报》,署名唐弢。收入《生命册上》。

10月25日,在《社会科学战线》第四期发表论文《艺术风格与文学流派》,署名唐弢。

11月12日,写作《一枝清采——祝日译本新版〈鲁迅全集〉出版》。本文是应日本学习研究社出版日译本新版《鲁迅全集》之约而作的,由尾崎文昭氏译成日文,刊登于该社出版之《鲁迅全集》简报第1号上。此文后发表在1985年9月22日的《随笔》第五期。

12月7日,在《戏剧报》第十二期发表论文《曹禺——开中国话剧一代风气》,署名唐弢。

12月10日,写作《〈鲁迅全集补遗〉附记三》。文章介绍了自己辗转查证《几个重要问题》一文(《救亡情况》发表时题为《鲁迅访问记》)的访者是杨芬君,并确认了该文由鲁迅校阅后付印的史实。

本年　参加第二次“中国现代文学思潮流派问题研究会”,并作发言。此发言经唐弢修改后,收入《中国现代文学思潮流派讨论集》(人民文学出版社 1984 年 12 月出版)。

　　本年　为写作《鲁迅传》，唐弢开始物色助手，以协助查找资料等工作。

　　本年　应季羡林先生之约，参加《中国比较文学》编委。该刊于 1984 年 10 月创刊。

1984 年(甲子),72 岁

　　本年　改革开放继续,各行各业继续发展。人民生活日益提高。

　　1 月 5 日,胡乔木在中共中央党校作题为《关于人道主义和异化问题》的讲话。《人民日报》和《红旗》杂志予以转载。

　　3 月 26 日至 4 月 6 日,中央书记处和国务院在京召开部分省市领导人座谈会,决定扩大开放,进一步开放大连、宁波等 14 个沿海城市。

　　10 月 19 日,中英签订《关于香港问题的联合声明》。

　　10 月 20 日,中共十二届三中全会在京召开,会议讨论并通过了《中共中央关于经济体制改革的决定》,阐明了加快以城市为重点的整个经济体制改革的必要性、紧迫性,强调增强企业活力是经济体制改革的中心环节,提出要发展社会主义商品经济。

　　10 月 31 日,中共中央批转中央政法委《关于严厉打击严重刑事犯罪活动第一战役总结和第二战役部署的报告》,认为"严打"第一战役成果辉煌。这是 1950 年镇反运动以来规模最大的一次集中打击。这场斗争的实际效果,已远超社会治安的范围,它对于党风、社会风气的转变,对于物质文明和精神文明的建设都产生了积极的影响。

　　10 月,全国给最后一批地富反坏分子摘帽的工作顺利结束。至此,我国自 1949 年以来对二千多万名四类分子进行教育改造的历史任务已胜利完成。

　　本年　结合整党,在全国进行了彻底否定"文化大革命"的宣传教育,整党工作取得了显著成绩。

　　12 月 29 日至 1985 年 1 月 5 日,中国作协第四次代表大会在京召开。大会通过了《中国作家协会章程》。胡启立代表中共中央书记处向大会作祝词,就党对文艺工作的领导、保证创作自由等问题做了深刻的阐述,代表党中央明确提出要摆脱"左"的思想束缚,实现创作自由。这次大会是当代文学发展史上的一次团结、奋进的盛会,标志着新文学繁荣时期的到来。

1月25日,为自己的论文集《鲁迅的美学思想》作序。收入《鲁迅的美学思想》。这是唐弢从自己的关于鲁迅研究的70多篇论文中,选出了23篇关于鲁迅研究的文章,结集为《鲁迅的美学思想》一书,并作序。

3月,由人民文学出版社出版唐弢主编的《中国现代文学史简编》,这是在三卷本的基础上缩编而成。

4月1日,为郑振铎于1957年11月18日从列宁格勒写给自己的信一封写附注及跋,即《西谛遗简附注及跋》一文,后刊于《随笔》1985年第1期。

4月10日,为自己的《创作漫谈》增订版作序。文章回忆了《创作漫谈》一书的产生过程和出版过程。

4月20日,为自己的有关鲁迅研究的论文集《鲁迅论集》作序。这是应文化艺术出版社之约,将唐弢的全部有关鲁迅文章编集而成《鲁迅论集》,约五十万字(包括论文、回忆、长短文章)。序中回忆了自己开始研究鲁迅和中国现代文学的经过,以及对研究鲁迅的一些心得。

5月17日,在《人民日报》"大地"副刊发表杂文《要多讲一点文明》,署名唐弢。文章对北京的文物遗迹、古城保护的看法,希望将现有的文物古迹、园林建筑按原样保存,不要继续毁损,也不要用恢复名义乱加改造,真正懂得尊重自己的民族历史。

5月22日,在《随笔》第三期发表诗歌《七十述怀》,署名唐弢。

5月,生活·读书·新知三联书店出版《唐弢杂文集》,共收1933年以来写作并发表的杂文291篇,题记、序、前记7篇,并以《我与杂文》作为本书的代序。

6月6日,写作《写好鲁迅传记》一文。1983年3月唐弢参加了在桂林召开的全国文学、艺术、外国文学规划会议,打算写的鲁迅传记被列为重点项目。文中谈到了自己写鲁迅传记的三点思路,这也是对传记文学的写作的看法。

6 月 10 日夜,为自己的散文诗、新诗、旧体诗的集子《劳歌行》作序。序中回忆了自己写作诗歌的经历。

6 月,由浙江文艺出版社出版唐弢散文集《生命册上》,收散文 53 篇,其中包括三个方面:记述本人生活和写作生涯、对文艺界师友的回忆以及游记散文。

6 月,被聘为职工读书知识竞赛顾问。

8 月 6 日,参加周建人遗体告别会。

8 月,由人民文学出版社出版唐弢论文集《鲁迅的美学思想》,收 23 篇研究鲁迅的文章。有论文、考证和作品分析。

8 月,为博士研究生考试命题。

8 月,在病中看卫星转播的第二十三届奥运会,对女排及教练袁伟民、男子体操运动员李宁的出色成绩表示高兴。8 日,作《奥运会两题》,其一为《赠袁伟民》:"国歌迢递出九重,眼底旌旗分外红。两发绝招回险局,二传妙手亦奇功;直疑海上生明月,恍若天边贯白虹;成败输君多一着,指挥若定叫哄中。"其二为《赠李宁》:"李宁读画岂空谈,赢得金牌一日三;是好男儿能忍气,非真本领不成酣;公孙剑术游龙矫,杜老诗篇大海涵。文事武功同比例,纵跳君白把情参。"

8 月,找到北京大学分校教师魏琦做助手,协助写作《鲁迅传》的资料查找工作。

9 月 3 日,于病中写作散文《我和象贤》,这是为陆象贤的《浪淘沙新集》作序。文章回忆了自己于共和国成立以前在上海邮局工作时与象贤的交往,同时回忆了自己的工作和生活经历。

10 月 1 日,参加国庆观礼。

10 月 11 日,在《书林》发表杂文《书卷气——〈书林〉五年》,署名唐弢。文章对时下杂文的太多书卷气表示反对,认为杂文应有社会的生活实感,不应光有书卷气。而对杂志、刊物,作者认为应该有书卷气,有个性。

10 月 31 日,参加新中国第一个现代文学博士研究生王富仁的论文答辩会。

10 月,被聘为第三届鲁迅研究学会顾问。

11 月 3 日,在《光明日报》发表论文《文艺评论随想》,署名唐弢。

11 月,随全国政协赴粤参观团南行,先后经深圳、珠海、中山、广州等地,对党的十一届三中全会以来的"对外开放,对内搞活"政策取得的成就感到振奋。18 日,在广州,作《粤行志感》一诗:"拔地高楼冲碧霄,东南一角有新招;我来粤海先开眼,三次腾飞势似潮。"

12 月 1 日,为蒋守谦所作的《当代文学面面观》一书作序。本书后没有出版。蒋守谦为唐弢在中国社科院文学研究所的同事。在序中,唐弢阐明了自己对中国现、当代文学分开写史和研究的不同意见。

12 月 18 日,在北京大学讲课,主要就发扬民族文化传统,接受外来文化等问题谈了自己的看法。不久,又到北京师范大学讲了一次。

12 月 24 日到 1985 年 1 月 5 日,参加中国作协理事会和代表大会。

12 月,参加中国作家协会第四次会员代表大会,当选为理事。

本年,四五月间,参加全国政协文化组,参观了北京的几个历史文化古迹,对北京城的历史文化古迹保护提出了自己的看法,作杂文《要多讲一点文明》。

本年,在全国政协会议期间,唐弢和方行草拟了一份政协提案,内容主要为纪念鲁迅逝世 50 周年(1986 年),建议影印出版鲁迅收藏的汉魏六朝碑刻、造像、墓志及亲笔抄校古籍,以推进学术研究,发扬民族艺术。此事唐弢于本年多方促成,但未完成。

本年,由时任《中国文学》编辑的伏琥写的《唐弢传略》在《文物》第 16 期发表。

1985 年(乙丑),73 岁

本年　改革开放继续深入,各行各业不断发展。人民群众生活水平日益提高。

1 月 6 日,中国作协理事会举行第一次全体会议,巴金当选为作协主席。

1 月 21 日,《文汇报》报道,周扬最近在一封信中谈道:对外开放也包括科学、文化和艺术,我们的文化要面向世界,面向未来,面向四化。

1月,中国新闻社记者报道,巴金认为,创作自由是繁荣创作的必要措施。"我历来认为,写什么和怎么写是作家自己的事,应该相信经过社会生活锻炼的中国作家有观察生活、认识生活、反映生活的能力。一个好的领导者,可以引导、启发作家,但决不能指令作家写什么,不写什么。领导工作不能代替作家的劳动,实际上也代替不了。"巴金认为,文艺要"无为而治"。

本年 全国的"公司热"出现种种问题。中纪委在2月上旬发出文件,要求制止出现的新的种种的不正之风。

北师大教授陶大镛在一次发言中指出,一些经济发展的地区,文化反而大大落后。大家都去赚钱了,脑体倒挂现象严重,又出现了新的"读书无用论"。

3月26日,中国现代文学馆开馆。

5月8日,我国自行研制的计算机——激光汉字编辑排版系统和新华社中间试验工程,通过国家鉴定与验收。

5月20日,邓小平在同陈鼓应教授谈话时指出,中国要搞现代化,绝不能搞自由化,绝不能走西方资本主义道路。

5月27日,中共中央正式发布《关于教育体制改革的决定》。

5月,人民文学出版社顶着各种压力出版删字的洁本《金瓶梅》10000套,引得作家争购。

6月8日,胡风逝世。

7月,中央要求,限期到1987年召开十三大前,必须完成落实知识分子政策、解决历史遗留问题的任务。童大林在《科技导报》上指出,"科学生产力"这个新概念是由"科学技术是生产力"这个命题进一步概括出来的。

7月,《中国新文学大系》出版,这是汇集五四以来我国优秀的文学艺术创作和文艺理论的总集。

8月6日,国家版权局正式成立。

8月26日,陈云题词"为人师表,无尚光荣"祝贺教师节。9月10日,首都各界在人民大会堂隆重集会庆祝教师节。

本年　我国综合治理黄河成就巨大,人民安居乐业,已赢得建国 36 年来黄河不泛滥的胜利。

本年　党政机关的不正之风、经济方面的诈骗等现象较为严重,中共中央和中央纪委采取措施开始治理。

本年　继续发表回忆性散文。

本年初,参加全国作协和全国政协会议。

1 月,继续参加作协代表大会。

1 月 22 日,在《随笔》第一期发表《西谛遗简注及跋》,署名唐弢。

1 月 28—30 日,在国务院一招,由国家文物局召集商量影印出版鲁迅收藏汉魏六朝画像的事。此事经唐弢多方奔走努力和联系,才促成此次会议。会议召集了上海方面的朵云轩、上海人美、上海古籍的专家,北京方面的专家是启功、林辰,还有顾廷龙、谢稚柳等。

1 月,在《中国现代文学研究丛刊》第一期发表随笔《由中国现代文学博士研究生试题想起的事》,署名唐弢。

1 月,写作散文《剑三先生》。这是一篇怀念王统照(王恂如,剑三先生)的文章,文中回忆了自己在上海时与王统照的交往。此文后发表在 10 月 10 日的《文学报》,署名唐弢。收入《我与开明》。

2 月 5 日,为自己的文集《鸿爪集》写前言。这是唐弢将"孤岛"时期的文章编为《鸿爪集》,并作的前言。

2 月,在《新文学史料》第一期发表散文《我和象贤》(散文),署名唐弢。

3 月,博士研究生汪晖、王友琴报到。

5 月 1 日,写作散文《狂狷人生——纪念郭绍虞先生》。这是一篇回忆、怀念郭绍虞的文章,回忆了自己与郭绍虞的交往。

5 月,写作散文《湖上》。这是一篇对西湖风光、人文的感想的描述,回忆了自己的数次游杭情况,并表达了自己对张苍水的怀念。此文后发表在 10 月的《浙江画报》第十期,署名唐弢。

6 月 23 日,在《羊城晚报》发表散文《人生路上的一点踪迹》,署名唐弢。

7月1日晚，写作散文《悼绥之同志》。这是一篇怀念薛绥之的文章，对薛绥之编著《鲁迅生平史料汇编》的踏实工作表示赞许。

7月8日，写作散文《天涯海角》。文章回忆了自己的两次海南岛之行。此文后发表在7月15日的《人民日报》海外版。署名唐弢。

7月27日，写作随笔《读报随想》。文章对北京及有些地方建假古迹如大观园，叫小姑娘穿清宫服做导游的现象进行批判和讽刺，认为应该对北京现有的文物古迹进行切实保护，而不是造假的，不要庸俗化。此文后发表在10月7日的《群言》第七期，署名唐弢。

8月5日，写作散文《话说"西域"》。文章对有关西域地名、南海研究的书籍及研究进行评述，肯定了向达、冯承钧在西域地名、南海地名研究方面所取得的成就。此文后发表在9月14日的《人民日报》海外版。署名唐弢。

8月11日，在《人民日报》海外版发表散文《鉴真和郑和》。署名唐弢。文章由自己拜访日本文学家井上靖的事，而想起了鉴真、郑和的航海，探讨了唐代和明代的文化差异。

8月17日，在《文艺报》第七期发表《文学史家的瞿秋白》，署名唐弢。

8月20日，唐弢为由自己主编、由陈子善、王锡荣编选的《〈申报·自由谈〉杂文选》作序，题目为《纪念一个友人——〈〈申报·自由谈〉杂文选〉代序》，文章回忆了与黎烈文的交往，并纪念他。《〈申报·自由谈〉杂文选》一书编选了自1932年至1935年发表在《申报·自由谈》的杂文，于1987年3月由上海文艺出版社出版。

9月7日夜，写作散文《我在"孤岛"的教学生活》。文章回忆了自己在"孤岛"时期的教学生活。此文后发表在9月15日的《光明日报》，署名唐弢。

9月12日，北京大学、南京师范大学、安徽师范大学、安徽省文学会计划在芜湖召开"龚自珍诗文学术讨论会"，来信请唐弢参加。唐弢因工作忙不能参加，故赋《读龚定庵诗》一首相贺："少年困顿解忧时，爱读先生己亥诗；却忆江关词赋老，南山有木不盈枝。"

9月18日，写作散文《八百壮士》。文章回忆了自己的初中母校——华童公学与谢晋元团及八百壮士的故事。

9月21日,由中国社会科学院研究生院与复旦大学研究生院在上海合办的学术研讨会上,唐弢作了发言。期间,去杭州大学进行学术交流,并得到浙江画报社、浙江文艺出版社的热情接待,并由浙江文艺出版社的夏钦瀚安排和草婴相叙。同时,唐弢还去了海宁、富阳和绍兴。

9月22日,在《随笔》第五期发表随笔《一枝清采——祝日译本新版〈鲁迅全集〉出版》,署名唐弢。此文原为日译本《鲁迅全集》出版应约而写,译成日文后发表。

9月,福建海峡文艺出版社出版唐弢的小说、散文、杂文集《鸿爪集》,共收小说5篇,散文16篇,杂文41篇,前言1篇。本书为《上海抗战时期文学丛书》第三辑之一。

10月2日,写作散文《三保太监》。文章是对郑和下西洋有关的历史原因,及后人研究等情况的梳理和介绍。此文后发表在10月18日的《人民日报》海外版。署名唐弢。

10月13日,唐弢和余冠英应苏联汉学家列·艾德林之邀,在北京饭店见面,并合影留念。

10月29日,唐弢在《文汇报》的《文艺百家》争鸣栏发表《当代文学不宜写史》,引起学术界的关注与争鸣。

10月,在《世界文学》第5期发表《为了学习——回忆〈译文〉》,署名唐弢。

10月,在香港《读者良友》第三卷第四期发表随笔《三诗僧》,署名唐弢。

11月1日,在《人民日报》海外版发表散文《敦煌》。署名唐弢。文章是对敦煌的艺术宝库、文物瑰宝的劫难、去向和艺术成果的综述。

11月5日,沈括逝世890年之际,江苏省镇江市梦溪园旧址修复开放。因对沈括的在科学方面成就的景仰,以及其现存诗文格调、才华的钦佩,作《梦溪园》诗:"梦溪园里作笔谈,地志天文着意探。妙算神州词赋少,终疑苓落在江南。"此诗写成条幅后,寄给了镇江组织沈括逝世890年纪念会的有关部门。

11月18日,写作《患难之交》。文章回忆了《鲁迅的故事》一书的写作、出版经过。

11月20日,写作散文《怀念一位苏联汉学家》。文章记述了自己与苏联汉学家艾德林的交往经历。此文后发表在12月6日的《人民日报》海外版,署名唐弢。

12月2日、3日,在《北京晚报》发表随笔《言派传人》,署名唐弢。文章写了自己对京剧的爱好和兴趣,以及对言派传人的赞扬。

12月16日,参加夏衍诞辰85周年纪念会。

本年,写作散文《转折点》。文章回忆了自己在过去对西安事变的由想不通、到认识到统一路线的重要性的思想转变,以及自己从事杂文写作的情况。

1986年(丙寅),74岁

本年　改革开放继续深入,各行各业继续向前发展,人民生活日益改善。个体工商业大发展,三资企业不断发展。城市化进程不断加快,农业人口开始涌入城市。

1月,中央召开机关干部大会,要求中央党政机关和干部做表率,端正党风。中纪委要求端正党风成为今年主要工作之一。

2月,上海处决高干子弟陈小蒙等罪犯。《人民日报》发表社论,强调法律面前人人平等。

3月4日,丁玲逝世。

4月12日,第六届全国人大第四次会议通过了《中华人民共和国义务教育法》,我国逐步实行九年制义务教育。

6月14日,由巴金担任会长的中华文学基金会在京成立。

6月16日至25日,六届人大常委会第十六次会议在京召开。王蒙被任命为文化部长。

7月,第71届国际世界语大会在京召开,50个国家地区的代表参加。

9月28日,中共第十二届六中全会在京召开。全会号召认真学习和贯彻落实中央决议,坚持两个文明一起抓,以现代化建设和全面改革的优异成绩迎接党的十三大。

10月19日,"鲁迅与中外文化学术讨论会"在京开幕,国内外近400

名专家、学者和来宾参加。

11月9日,邓小平会见日本首相中曾根时谈"四有"教育(有理想、有文化、有道德、有纪律)。

12月10日,上海交通大学校园内首先出现了大、小字报。此后,北京、南京、西安等地校园内相继出现了大字报,一些学生上街游行,并高喊"要民主"的口号。12月29日,个别人煽动北师大游行,并先后进入北京大学、清华大学鼓动。但三校学生拒绝参加。

12月29日,《人民日报》发表评论员文章,认为任何在民主建设问题上积极的建议、善意的批评,我们都是欢迎的。但极少数别有用心的人利用一切可以利用的借口,收罗、扩大我们工作、前进中的问题,甚至无中生有。他们要民主是假,反对四项基本原则是真。

12月30日,邓小平就当前学生闹事问题,约胡耀邦、赵紫阳、万里、胡启立、李鹏、何东昌等谈话。他说,学生闹事,大事出不了,但看问题的实质,是一件很重大的事件。凡是闹起来的地方,都是因为那里的领导态度不坚决、旗帜不鲜明。这也不是一个、两个地方的问题,是几年来反对资产阶级自由化思潮旗帜不鲜明、态度不坚决的结果。要旗帜鲜明地坚持四项基本原则,否则就是放任了资产阶级自由化。

本年　在上海女学生中出现"琼瑶热",并在全国流行。以爱情为主题的琼瑶小说在大陆受到青年的欢迎。

本年,陈景润等400多名中青年专家被优先提高生活待遇。

本年年初,写了篇纪念冯雪峰的论文,寄给由丁玲主编的《中国》文学月刊。在离京去广东之前,因文中的一个小问题,想向丁玲请教,故特地去丁玲寓所拜访。因丁玲生病尚未出院,未遇。

1月8日,写作散文《古槐书屋》。文章回忆了自己与俞平伯的交往往事。

1月15日,写作散文《有书无斋记》。文章写自己在"文革"时有书无斋、书籍遭侵害的遭遇,而"文革"后自己仍是有书无斋的状况,表达了自己的藏书之苦。此文后发表在2月1日的《光明日报》"周末生活"专栏上。署名唐弢。

1月15日,写作散文《〈息壤〉忆旧》。文章回忆了自己创办、主持《文汇报》副刊《笔会》的经历。此文后发表在3月25日的上海《文汇报》《笔会》副刊上,署名唐弢。

1月30日,参加中国社会科学院院部召开的学位委员会会议。

2月4日,参加中国社会科学院文学研究所召开的会议,讨论博士研究生、硕士研究生授予学位事。

2月12日,写作散文《从绚烂转向平淡——记夏丏尊先生》。这是一篇纪念夏丏尊先生的文章,回忆了自己与夏丏尊先生的交往经历。

2月18日至3月4日,到广州中山大学讲学,为中文系师生和中山大学函授部学员讲课。

3月4日,写作散文《感谢你,丁玲同志!》。这是一篇纪念丁玲的文章,回忆了自己与她的交往,以及对她的感情。

3月7日,在北京政协礼堂参加由中国作家协会、人民文学出版社联合举行的冯雪峰同志逝世十周年纪念会(1月31日是冯雪峰逝世十周年纪念日),唐弢发了言。

3月10日,以顾问身份出席鲁迅博物馆鲁迅研究室成立10周年纪念会并讲了话。

3月11日,参加在中国社会科学院院部由胡绳主持的社科院研究生院工作会议,听取各专业汇报。

3月12日至17日,中国作协、人民文学出版社、中国社科院文学所、鲁迅博物馆等十六个单位联合在北京市国谊宾馆召开了冯雪峰学术讨论会,唐弢在会上作了《我所知道的冯雪峰同志》的发言。文章回忆了自己同冯雪峰的交往经历。这是一篇颇具史料价值的文章。

3月14日,参加中国社会科学院研究生院召开的博士生导师会议。

3月15日,至中国社会科学院文学所上课,谈了三个问题:1、对现代文学的理解;2、现代文学与当代文学;3、现代文学的民族化问题。

3月16日,写作散文《草创之忆》。文章回忆了自己在华东文化部文物处工作时,为筹建上海鲁迅纪念馆,和冯雪峰、许广平等做的一些具体的工作。此文后在11月29—30日的香港《大公报》连载,并收入同年8月出版的《高山仰止——鲁迅逝世五十周年纪念集》一书,署名唐弢。

3月21日,在鲁迅博物馆谈鲁迅辑录古籍手稿丛书待出几函的内容。

3月21日至4月12日,出席全国政协第六届第四次会议。期间,唐弢和李何林请中央书记处政策研究室王玉清代转的要求纪念鲁迅一事致陈云同志的信,中央书记处同意在北京(其他地方如上海、广州、绍兴等处)开纪念会。

3月28日,为自己的《晦庵序跋》一书写前记。《晦庵序跋》收1939年起写的42篇序跋,在这篇前记中,唐弢谈了自己对序跋的看法。

4月25日至4月26日,出席中国社会科学院院部召开的会议,讨论评定职称事(在国谊宾馆)。

4月19日夜,写作杂文《一思而行——关于"寻根"》。文章从美国黑人作家阿历克斯·哈利写了《根》一书,导致美国作家去寻"根"的事说起,讲到了时下的作家在中国的土地上,竟也一哄而起提出了文学寻"根"的问题,作者对此表示了批评,希望他们在起哄之前想一想。此文后发表在4月30日的《人民日报》《大地》副刊,署名唐弢。

4月,被聘为中国社会科学院文学语言学科片评审委员会委员。

5月26日,参加中国社会科学院文学研究所召开的学位委员会会议,通过硕士生六名。

5月30日,写作杂文《不必大惊小怪》。文章谈到,当下,弗洛伊德的精神分析学说的著作出版、重印;在文学创作方面,又出现了有关生理的乃至性心理的描写。因此,有人将两者联系起来表示担忧,认为这如强敌压境。唐弢认为,这是不必大惊小怪的,并分析了弗洛伊德的学说,列举了清末维新运动中谭嗣同对性开放的看法,认为只要作者、读者对性认真、坦率,就不必大惊小怪。此文后发表在6月23日的《人民日报》《大地》副刊,署名唐弢。

6月1日,写作《民族的杰作——纪念鲁迅逝世五十周年》。文章是为纪念鲁迅逝世五十周年而写,高度评价了鲁迅是"民族魂",是一部伟大的民族的杰作。

6月21、23、24、25日,发生过脑供血不足五次,偏头痛,左脸麻木,不能说话,不能站立。去宣武、协和、友谊各医院求治。住院一月。

6月26日,在《人民日报》《大地》副刊发表杂文《问题在这里》一文,署名唐弢。文章对近来文学创作多用方言,评论是满篇新名词,从而使人读不懂的现象的分析,认为文学创作可以用方言,评论可以用新名词,关键是作者能自己消化,自己懂了,再用到写作上去,使别人能读懂。文章指出了创作使用方言、新名词的好处,也分析了滥用的弊端。

7月3日至8月2日,住友谊医院,治疗脑供血不足。

8月6日,开始审阅施议对的博士毕业论文,约40万字。

8月,巴人的纪念会在宁波召开,巴人的儿子王克平坚决要唐弢参加,后因健康和工作原因,未能成行。

9月5日,于病中写作散文《西谛先生二三事》。文章回忆了郑振铎与自己的交往经历。

10月16日,出席日本送我国政府日译本《鲁迅全集》的仪式。

10月19日,出席鲁迅逝世五十周年纪念会开幕式。

10月23日,出席鲁迅逝世五十周年纪念会闭幕式并发言。

11月5、6日,香港《大公报》连载《关于〈何典〉——鲁迅序跋书录》,署名唐弢。文章介绍了鲁迅对于《何典》的评价和关注。

11月23日,阅广播学院送来的曾庆瑞的材料。

12月1日,写广播学院曾庆瑞晋升教授的鉴定。

12月6日,参加中国社会科学院文学研究所学位委员会的会议,通过福建师大代培硕士生论文。

12月12日,写《〈茅盾杂文集〉序》。

12月14日,开始审阅傅小北写的唐弢年谱。

12月22日,开始审阅中国社会科学院研究生院送来的材料。

12月27日,出席中国社会科学院研究生院学位委员会会议。研究生院聘唐弢为教授、博士研究生导师。

本年 为上海《解放日报》文艺副刊《朝花》作《书赠〈朝花〉》一首:"十年浩劫误京华,黄浦江头旧是家。彩笔梦回人已老,童心一片寄《朝花》。"

本年 唐弢的《劳歌行》由花城出版社出版。

本年 写作《〈现代化进程中的鲁迅文学精神〉按语》。这是为王友琴的文章《现代化进程中的鲁迅文学精神》一文写的按语。文章肯定了鲁迅在中国现代化进程的贡献,否认"五四"新文化运动导致中国文化断裂的说法,认为鲁迅是批判地吸收、继承了中国的传统文化,是将"旧社会的病根暴露出来",是作为国民性的缺憾和民族传统思想与文化意识的弱点来批判的,作为中国现代化的精神障碍来批判的。

1987 年(丁卯),75 岁

本年　改革开放继续深入,第三产业发展速度引人注目。

1 月 1 日,《人民日报》发表元旦献词《坚持四项基本原则是搞好改革、开放的根本保证》。中午 12 时 50 分,北京天安门东侧马路突发游行。

1 月 6 日,《人民日报》发表社论:"旗帜鲜明地反对资产阶级自由化。"

1 月 12 日,《人民日报》发表评论员文章,认为所谓"全盘西化",就是要在中国全盘否定社会主义制度,全盘实行资本主义制度。

1 月 13 日,王若望因宣扬资产阶级自由化被上海市纪委开除党籍。

1 月 16 日,胡耀邦在中央政治局扩大会议上,辞去总书记职务。赵紫阳代理总书记职务。

1 月 20 日,文化部部长王蒙在全国文化厅(局)长会议上强调,十一届三中全会以来党的文艺方针政策不变。

1 月 23 日,《人民日报》报道,中国作协副主席刘宾雁因宣扬资产阶级自由化被开除党籍。

1 月 28 日,中央发出《关于当前反对资产阶级自由化若干问题的通知》,谈反对自由化的范围与重点。

3 月 29 日,中共中央发出《关于坚决妥善地做好报刊整顿工作的通知》,整顿的重点是解决根本的政治原则、政治方向问题。

4 月 7 日,中共中央批转中央宣传部《关于反对资产阶级自由化宣传报道问题的讨论纪要》,认为反对资产阶级自由化"大气候"已形成。

4 月 13 日,中葡关于澳门问题的联合声明正式签署,中国将于 1999 年 12 月 20 日对澳门恢复行使主权。

10 月 20 日,中共十二届七中全会公报发表,接受胡耀邦辞去总书记职务,推选赵紫阳代理总书记。

10月25日至11月1日,中共第十三次全国代表大会在京举行。邓小平主持开幕式,赵紫阳作题为《沿着有中国特色的社会主义道路前进》的政治报告,提出我国正处在社会主义初级阶段的理论。会议选举产生新一届中央委员会。

10月26日,《人民日报》宣布,我国10亿人的穿衣问题基本解决。

11月2日,中共党的十三届一中全会在京举行,会议选举赵紫阳为中央委员会总书记,邓小平为中央军委主席。

1月12日,香港《大公报》发表《从裸体画说起》,署名唐弢。李欧梵在香港发表的一篇文章中认为,鲁迅除战斗的艺术外,也喜欢裸体画。唐弢从这个说法谈起,分析了“五四”前后周氏兄弟对性科学、性心理的态度,和鲁迅对中国人性心理的看法。

1月,审阅汪晖、王友琴的博士生毕业论文提纲。

1月,为上海工运写《邮局内外》一稿,交周新棠。文章回忆了自己在邮局内外从事党的外围工作和文学工作的经历。

3月14日,参加北京大学举办的《杨晦论文集》发布纪念座谈会。

3月22日至4月9日,参加全国政协第6届第5次会议。

4月28日,为自己的论文集《西方影响与民族风格》一书作序。序中详细表达了自己对时下的“全盘西化”言论的意见,并以鲁迅、胡适等关于全盘西化的问题和意见论述之。

5月5日,为中国社会科学院成立十周年,作《中国社会科学院成立十周年纪念感赋》:“长安建院旧相沿,文史经哲事事全。欲作书传如孟后,但开风气愧卢前。畴人立说创新业,后秀攻关超昔贤。我亦十年磨一剑,屠龙屠狗两茫然。”

5月23日,参加《鲁迅研究动态》公开发布会并作简单发言,载《动态》7月号。

5月,被聘为中国社会科学院第三届学位评定委员会委员、学位委员会第二届学科评议组(中国语言文学)评议分组成员。

5月,被聘为中国社会科学院研究生院学位评定委员会委员。

5月,在《鲁迅研究动态》第5期发表《关于周作人》一文。

5月,去北京大学参加杨晦的纪念会。

6月15日,写《倾诉不尽的感情》,后收入1988年1月出版的《〈文汇报〉成立五十周年纪念文集》。署名唐弢。

6月,为华根寿等编的《邮票中的世界名人》一书作序。序中详细分析了人物肖像画在中国的源起和发生经过。文章的论述甚见功力。

7月3日,参加中国社会科学院研究生院学位委员会会议,未参加院部会议,补投票。

7月3日至7月31日,赴青岛疗养。期间,主要阅读了精神分析学派弗洛伊德和荣格的文章,还读了萨特和加缪的一些作品。

7月14日,在《新民晚报》发表《夜航船》序文。署名唐弢。

8月10日,写作《印象——关于章锡琛先生》。这是一篇纪念章锡琛的文章,是对章锡琛的回忆和印象的描写。

8月25日,为中国和平出版社出版《菜根谈》(根据光绪十三年(1887)扬州藏经禅院重刻本)一书作序。序中详细介绍了此书的内容,并辨析源流,体现了唐弢的作为藏书家的水平。

9月5日,写作《我看电视》一文。文章表达了自己对电视的看法,并希望能编导一些以当前生活为题材的剧本,以适应大多数的基本群众的口味,用精神美陶冶群众的情操,同时要使精神美和生活的实体结合起来。此文后发表在12月1日的《当代电视》第6期。署名唐弢。

9月25日,参加《新文学史料》编辑部召开的座谈会。本年,《新文学史料》1987年第3期(总第36期)发表了《鲁迅同斯诺谈话整理稿》一文,在现代文学研究界引起强烈反响。9月25日,《新文学史料》编辑部就鲁迅同斯诺的谈话稿召开座谈会,唐弢应邀在会上发言,其记录稿经唐弢略作订正后,刊发于1988年第1期《新文学史料》上。在10月15—16日《人民日报》上,唐弢应邀发表了评析文章《读〈鲁迅和斯诺谈话记录〉析疑》。

10月5日至10月17日,参加政协代表团赴湘西土家族地区访问考察。

10月15日,在上海《文学报》发表《致文学青年》。署名唐弢。

10 月 28 日,会晤美国哈佛大学教授韩南于日坛宾馆。

11 月 4 日至 6 日,参加中国社会科学院文学研究所规划会。

11 月 7 日,在《群言》杂志第 11 期发表《大家严肃一点如何》。署名唐弢。文章从荣格对弗洛伊德的学说的批判和修正、补充,加缪对萨特存在主义学说的反对说起,认为这种一丝不苟的科学精神是值得称道的,希望学术界、文艺界能有实事求是、严肃认真的态度。

12 月 7 日,开始审阅汪晖的毕业论文。

12 月 15 日,参加何其芳 75 岁诞辰、逝世 10 周年学术座谈会,并作简短发言。

12 月 16 日,参加中国社会科学院研究生院学位委员会。

12 月 25 日,写毕散文《沉船》。文章回忆了自己的父亲,回忆了自己在"五卅"一周年时,在上海的街头目睹人们示威游行的情景和感想。此文刊于《花城》1988 年第 3 期。

本年　为厦门大学中文系万平近编选的《林语堂选集》上、下册作序。该书于 1988 年 3 月由海峡文艺出版社出版。

本年　写作《我观新诗》一文,这是为研究生讨论集写的代序。

1988 年(戊辰),76 岁

本年　改革开放继续深入,经济不断发展,快速的发展也带来了环境污染、贪污浪费等现象。

1 月 1 日,天安门城楼向中外游人开放。

2 月 23 日,国家统计局公布 1987 年国民生产总值首次突破万亿元。

2 月 28 日,中央建议修改宪法个别条款:允许私营经济在法律规定范围内存在并发展。土地的使用权可以依照法律的规定转让。

3 月 25 日至 4 月 13 日,七届人大一次会议在京召开。李鹏代总理作政府工作报告,提出今后 5 年,要加快和深化改革,推动生产力发展,到1992 年,使国民生产总值达到 15500 亿元左右。会议产生了新一届国家领导人。

3 月 14 日,最高法、最高检宣布:不再追诉去台人员 1949 年以前的罪行。两岸关系不断好转,各项交流不断,并开始通邮。

4月,沈阳金杯公司将向国内外发行股票。

5月13日至20日,全国文化工作会议在京召开,就艺术表演团体改革方案进行讨论。艺术团体将由国家统包管制改为"双轨制"——即分政府文化部门和集体、个体两种形式主办。

5月3日,国务院做出《关于科技体制改革若干问题的决定》。

6月11日,电视片《河殇》开播。

9月26日至30日,中共十三届三中全会在京召开,中央提出了治理经济环境和经济秩序。

10月12日,《人民日报》报道,全国从严治党,坚决清除党内腐败分子,去年开除25000多名党员。

11月7日,夏衍等答中外记者问,强调文艺不再从属于政治,也不再对文艺加以行政干预。

本年　官倒、官商企业问题严重,投机倒把问题突出,物价问题较突出。

1月11日,接待中国社会科学院院部人事处同志来访,本人表示同意参加革命(左联活动)时间为1935年。

1月13日,接受担任《近代文学家传略》顾问。

1月16日,唐弢写的《林语堂论》一文在《文艺报》发表。此文发表后,各方反响较好,臧克家也来信提出建议。

1月28日,出席《文汇报》50周年纪念会。

1月29日,接受国家教委颁发的三卷本文学史教材优秀奖。

1月29日,写作《鲁迅的文物观》。文章从鲁迅在古籍整理、画像石刻的收集、刊布说起,对鲁迅的文物观进行了评价。

1月,写作《怀石西民同志》。文章回忆了自己与石西民的交往。

1月,继续审阅汪晖的毕业论文,审阅完毕。

3月7日,《群言》杂志发表《我来讲个故事》,署名唐弢。

3月21日,《人民日报》发表《随笔漫谈——王友琴作〈女博士生校园随想〉代序》,署名唐弢。为王友琴的《女博士生校园随想》一书作序,评价分析了中外随笔的写作情况,介绍了随笔的发展小史。

3月23日至4月10日,参加全国政协第七届第一次会议。

4月中旬,开始审阅王友琴的毕业论文。

4月19日,接待英国剑桥大学东方语言文学系教授卜立德。

4月,汪晖答辩。

5月2日,写作《一个应该大写的文学主体——鲁迅》。这是一篇为汪晖写的《反抗绝望——鲁迅的精神结构与〈呐喊〉〈彷徨〉研究》一书写的代序,对鲁迅受尼采思想影响和发展变化的情况进行论述,并表达了自己对鲁迅研究的看法。

5月中旬,王友琴毕业论文审阅完毕。

5月20日至6月10日,访问日本。这次访问,是应日本国际文化会馆的邀请,在日本学者加藤干雄、丸山昇、伊藤虎丸等人的安排下,主要是为了再次寻访鲁迅于1902年到1909年在日本期间的遗迹,与日本的鲁迅研究专家探讨、交流有关鲁迅的问题,阅读和复制了一些书面材料,并再次为写作《鲁迅传》核实相关材料。在东京,用整整两天的时间到明治文库查阅明治维新以来的报刊。再次去西片町十番地考察由许寿裳、鲁迅、周作人、钱家治、朱谋先合租的“伍舍”(可惜此时已被拆除)。参观了日本国会图书馆、MOA美术馆、日本国际文化会馆,再次去了仙台、京都,到了横滨、藤野严九郎的家乡,在丸山昇家里做客,与松本重治、内山嘉吉夫人松藻女士、小川环书和曾在上海内山书店工作过的儿岛亨等四位见过鲁迅的人会面,在京都大学与留学生座谈。

6月18日,出席中国社会科学院文学研究所学位委员会会议,通过硕士生8名,博士生2名。

6月,为纪念中国社会科学院研究生院成立十周年,作《小诗一首祝中国社科院研究生院十周年纪念》:“十年岁月动人思,暮鼓晨钟又几时。化作春泥何所惜,会看桃李秀千枝。”

7月2日,出席中国社会科学院研究生院召开的会议,通过硕士生博士生名单。

7月,为郑振铎的儿子郑尔康编的《郑振铎》一书作序。文章高度评价了郑振铎。

8月22日,写作《记黄药眠》。文章回忆了自己与黄药眠去香港中文大学出席现代文学研究会的事情。

8月24日夜,写作《〈狂狷人生〉后记》。唐弢把自己回忆、纪念师友的文章编为一集,题名《狂狷人生》,并为之作的后记。

8月25日,参加浙江文艺出版社、三联书店合办的读书会。

8月27日,在《文艺报》发表《我观胡风》,署名唐弢。

8月27日,为随笔集《晦庵随笔》一书作后记,此书作为湖南人民出版社的"骆驼丛书"之一。同日,又为增订再版的《晦庵序跋》(也为"骆驼丛书"之一)作后记。再版后记回忆了《〈子午线〉发刊小启》一文的情况。

8月30日,博士研究生黎湘萍报到。

本年8月,浙江文艺出版社出版了蓝棣之的著作《正统的与异端的》,唐弢为他写了代序。

9月12日至24日,参加政协视察团,视察了武汉、重庆等地。

10月9日至11月初,在十三陵明苑宾馆撰写鲁迅传记。

10月25日,在《沿海大文化报》发表《中国人的气质》序文,署名唐弢。这是为张梦阳译的美国传教士史密斯(A. H. Smith)所著的《中国人的气质》一书作序,文章结合鲁迅对中国人的民族性的探讨,对比评价了此书。

10月29日,举行家宴招待日本客人丸山昇夫妇。

10月,应庄启东的邀请,为他的父亲庄禹梅写的章回小说《铁血男儿传》一书作序。这是一本关于孙中山革命经历的传记,对此书作为孙中山传的价值进行了高度评价,文章同时还回忆了父亲和自己的对庄禹梅的钦佩和过往故事。

11月7日,参加第五届全国文艺工作者代表大会。

11月16日,参加中国作家协会四届三次理事会。

11月21日及23日,参加中国社会科学院文学研究所评定职称会。

11月26日,为沈恒炎撰写推荐意见。

11月28日,为马良春撰写推荐意见。

11月,接受北京电化教育馆拍摄《唐弢小传》(后得北京市电化教育一等奖)。

11月,参加《人民日报》"风华"杂文评选并书感言。

12月6日至1989年1月30日,住国谊宾馆继续撰写《鲁迅传》。

12月19日,出席郑振铎诞辰90周年、逝世30周年纪念会。

12月,当选鲁迅研究学会第四届名誉理事。

本年　唐弢的《林语堂论》被转刊于《鲁迅研究动态》1988年第7期"鲁迅与中国现代文化名人学术座谈会资料专辑"栏内。

本年　与冰心一起出任全国首届优秀散文(集)、杂文(集)评奖委员会主任委员。冰心因年事已高,后来此十八人的评委会以唐弢为首。

1989年(己巳),77岁

本年　改革开放继续深入,全国已有571个市县对外开放,个体经济成为国民经济中一支不可缺少的力量,乡镇企业在农村改革和开放的大潮中崛起。股份制企业达到6000多家,证券市场、股票交易市场也开始在一些大城市中试办。环境污染继续。

2月25日至27日,新任美国总统乔治·布什对华工作访问。邓小平在会见时指出,中国的问题压倒一切的是稳定,对历史事件和历史人物的评价要正确,中国一定要坚持改革、开放。

2月17日,中央发出《关于进一步繁荣文艺的若干意见》,要求繁荣文艺创作,少干预少介入。

3月23日,邓小平在京会见乌干达共和国总统时谈到,10年来最大的失误是教育。4月8日,中央政治局召开第17次会议,讨论关于教育问题决定草案。

4月15日7时53分,胡耀邦在京逝世。4月16日,全国各地开始悼念胡耀邦。

6月23日至24日,中共十三届四中全会在京召开,选举江泽民为中央委员会总书记。

11月6日至9日,中共十三届五中全会在京召开,全会审议并通过了《中共中央关于进一步治理整顿和深化改革的决定》。

本年　国家统计局、能源部12月透露,我国1989年粮食总产量达到

8149 亿斤,比去年增长 3.4％,达历史最高水平。煤、电、钢报捷。国家综合经济实力大大增强。

1 月 6 日、11 日、12 日、14 日,讨论全国首届散文(集)、杂文(集)评奖事宜。

1 月 14 日,在《文艺报》发表《读〈金瓶梅〉的故事》,署名唐弢。

3 月 2 日,唐弢写的《〈狂猖人生〉后记》、《〈晦庵随笔〉后记》和《〈晦庵序跋〉增订再版后记》在《解放日报》副刊《朝花》上发表。

3 月 3 日,参加《群言》杂志座谈会并发言。

3 月 16 日至 3 月 27 日,出席全国政协第七届第二次会议。

4 月 11 日,参加中国社会科学院院部召开的博士生导师座谈会。

4 月 18 日至 4 月 26 日,去无锡参加中国作家协会举办的首届全国新时期杂文、散文奖发奖大会,唐弢作为主任委员为散文、杂文获奖者发奖。(另一主任委员为冰心,因年事已高,未参加)

5 月 4 日至 5 月 6 日,在香山参加"五四"纪念会。

5 月 4 日,在北京鲁迅博物馆举办的"五四"纪念会上发言,后经整理加题目为《"五四"传统与鲁迅传统》,载于 1989 年 5 月 20 日的《鲁迅研究动态》第 5、6 期合刊上。

5 月 7 日,在《群言》杂志发表关于"五四"启蒙运动的座谈会发言,署名唐弢。

5 月 10 日、31 日,分别致信万中原(浙江省军区离休干部),为万中原提供汤江声(即唐弢的古唐小学同学、族人唐良楠)的有关资料,以纪念新四军六师十八旅建立五十周年。

自 6 月 11 日起至 12 月 14 日止,《海南日报》副刊连载访日散文《扶桑纪行》十八篇,署名唐弢。

6 月 13 日,为《文汇报》的杂文评奖评选得奖名次。

7 月 5 日,在《散文世界》第七期发表《我观新时期散文与杂文》,署名唐弢。

7 月 13 日、14 日,参加中国社会科学院文学研究所的院部科研奖评奖会。

8月18日,应约参加台湾藏书家及出版家座谈会。

8月18日,《人民政协报》副刊发表《春天的怀念——为人民政协四十年征文作》,署名唐弢。文章回忆了自己参加全国政协会议的事。

8月24日至9月3日,参加全国政协组织视察呼和浩特、东胜、包头等地。

9月12日,写作《〈新民报〉和"较场口事件"》。文章回忆了自己在"孤岛"时期对《新民报》的关注之事,表达了对《新民报》的真实报道"较场口事件"的赞许。

9月中旬,应《杂文报》顾问常君实的要求,为《杂文报》创刊五周年题词:"杂文从生活中来,它要推动生活,促进生活,改造生活,因此必然会伴陪着批判性。"词末写上了"杂文报五周年"六字。不久,《杂文界》进行转载。

9月19日,出席中国社会科学院文学研究所宴请伊藤虎丸的活动。

9月27日,散文《春天的怀念》获得政协征文奖。

9月28日,上海《解放日报》副刊发表《辜负》,署名唐弢。文章回忆了自己在周恩来、陈毅的关心下,担任上海市文化局副局长的事。

10月17日,参加《文史知识》百期纪念座谈会。

10月25日,在鲁迅博物馆观看《鲁迅全集》的微机检索系统演示。

10月至1990年1月,写作《从取法外国作家到发扬民族优点》一文,发表于1990年第4期《昆仑》杂志,署名唐弢。

11月5日,为《郑州晚报》的"亚细亚"杯杂文大赛作品评奖。

12月6日,参加《新民报》60周年纪念会。

12月17日,写作《哀悼王瑶先生》。

12月,人民文学出版社出版《西方影响与民族风格》。

本年　接受《光明日报》记者的专访,在访问记中,唐弢主要谈了《鲁迅传》的写作情况。

本年　应《求是》杂志之约,参加"星海杯"杂文评奖,并担任评委。

本年　杭州大学的《杭州大学学报(哲社版)》拟于1989年9月出版"建国四十周年专号",向唐弢约稿,唐弢应约写了《加强独立意识》一文。此文后于1991年3月在该刊发表,发表时文章题目由编辑部改为《关于知识分子的特点》。文章主张知识分子应进一步解放思想,加强独立意识,发挥知识阶层的特点,排除干扰,冷静地、客观地、深入地思考一些问题,做出自己的判断。

本年 在《群言》杂志 1989 年第 3 期发表杂文《没有文化,也无所谓危机》。文章从时下的所谓中国文化有危机论说起,作者列举了三种现象,认为中国没有文化,也无所谓危机。

本年 写作《及时反映知识分子关心的问题》一文。文章希望报纸能及时反映知识分子关心的问题,如工资问题、脑体倒挂问题、出版问题。

1990 年(庚午),78 岁

本年 改革开放不断深入,各行各业继续发展,我国成为第三大能源生产国,核工业体系初步形成。

经济的发展,使得腐败、浪费现象比较严重,餐桌上的浪费严重。产品的质量低劣问题继续存在。

6 月 3 日,全国政协在京举行座谈会以纪念鸦片战争 150 周年。

6 月 16 日,新华社报道,经国务院批准,国家版权局最近发出通知,决定从今年 7 月 1 日起适当提高书籍的稿酬。

12 月 25 日至 30 日,中共十三届七中全会在京召开,全会审议并通过了《中共中央关于制定国民经济和社会发展十年规划和"八五"计划的建议》。我国"七五"目标基本实现,农民收入增加。

1 月 18 日,参加中国社会科学院文学研究所的评定职称会。

1 月 31 日,在《团结报》副刊发表写于 1989 年 10 月的《我和书》一文,署名唐弢。文章写自己和书的因缘,访书读书写书的生活,以及对时下新书的看法。

2 月 15 日,参加中国社会科学院文学研究所的评定职称会。

2 月 19 日,出席由山西省孟县政协和鲁迅博物馆组织召开的《高长虹文集》研讨座谈会。唐弢作了发言。

2 月,针对当时有人认为"重写文学史"是"资产阶级自由化"的观点,在《求是》杂志争鸣栏发表写于 1989 年 10 月 20 日的《关于重写文学史》一文,署名唐弢。

3 月 16 日至 3 月 29 日,出席全国政协第七届第三次会议。其间不慎摔伤左足。

3 月 19 日,在《光明日报》头版发表唐弢在政协会议上的发言《做群众的贴心人》,署名唐弢。这是他病前在报上发表的最后一篇讲话。文章表达对时政的看法,认为在总目标下有些不同意见是正常的并认为目前国家的稳定是压倒一切的,但要有平等的批评与自我批评表示拥护十三届六中全会,反对全盘西化。

3 月,上海《文学角》第 3 期发表《革命激情与儿女柔情的统一——读毛主席 1923 年〈贺新郎〉词》,此文写于 1989 年 12 月,署名唐弢。

4 月 5 日,为陕西渭南师专中文系教授段国超著的《鲁迅家世》一书题签,因政协会期间摔伤,尚在病床上,故只得用钢笔题签,后用在该书的扉页。

4 月 13 日,应山西省社会科学院文学研究所蒋勤国之约,为他编的《李健吾专辑》(编入山西省政协《山西文史资料》)题词:"健吾同志是文学方面的一个多面手,我们需要以实际工作纪念他。"

4 月,写完应中共中央党史研究室约稿的纪念张闻天的文章,题目暂定为《良好的开端》,主要写张闻天同志在文学方面的事。

5 月 12 日,患肺炎住北京 304 医院。5 月 19 日起因脑血栓陷入昏迷,长达 20 天。

8 月 3 日,转北京协和医院治疗。

1991 年(辛未),79 岁

本年　中国经济持续发展

1 月 9 日,李瑞环同《渴望》剧组探讨文艺繁荣之路时指出,文艺作品要寓教于乐。

1 月 25 日,我国表彰 1220 名有突出贡献的优秀知识分子。

7 月,长江发生洪水,党和国家、全国人民奋起抗灾。

本年　1990年全国电视剧"飞天奖"评选,《围城》夺得长篇电视连续剧二等奖,全国掀起"钱学热"。

本年　苏联解体。

本年　唐弢在北京协和医院治疗。

1992 年（壬申）,80 岁

本年　改革开放进一步细化,经济秩序进一步好转,转换企业经营制,把企业推向市场。产品质量问题继续引起全社会的关注。

本年　我国再度进入人才需求黄金期。

1月19日至29日,邓小平同志赴深圳、珠海经济特区及顺德县视察。并发表在武昌、深圳、珠海、上海等地的谈话要点,开创了改革开放的新纪元。

1月,首都40万商业职工告别"铁饭碗"。

3月9日至10日,中共中央政治局在京召开全体会议,讨论我国改革和发展的若干重大问题。会议认为,解放和发展生产力,是我们党领导人民建设社会主义的根本任务。必须坚定不移地贯彻执行党的"一个中心,两个基本点"的基本路线,抓住当前有利时机,勇于创新,敢于试验,进一步解放思想,加快改革开放步伐,集中精力把经济建设搞上去。会议强调,判断姓"社"姓"资",应该主要看是否有利于发展社会主义社会的生产力,是否有利于增强社会主义国家的综合国力,是否有利于提高人民的生活水平。

4月10日,《解放日报》报道,去年底由中国唱片公司上海分公司推出一盒名为《红太阳——毛泽东颂歌新节奏联唱》的歌带畅销全国。

5月,电影《大决战》轰动香港。

8月10日,李瑞环在呼和浩特举行的内蒙古乌兰牧旗艺术节闭幕式上指出,繁荣文艺必须解放思想。

10月12日至18日,中共十四大在京召开,江泽民作题为《加快改革开放和现代化建设步伐,夺取中国特色社会主义事业的更大胜利》,首次明确提出我国经济体制改革的目标是建设社会主义市场经济体制。

10 月 25 日,《保护文学和艺术作品伯尔尼公约》开始在我国正式生效,另一条重要的国际版权公约《世界版权公约》也于 10 月 30 日在我国实施。

本年 "南巡"讲话和党的十四大,使中国的改革进一步深入,各行各业取得巨大发展。

1 月 4 日,唐弢逝世于北京协和医院,享年 78 岁又 10 个月。

附录：唐弢祖父小传，见《蛟西唐氏宗谱》卷首：

槐林公传

　　公讳东懋，性仁慈。自幼即与群儿异，虽跳跃嬉戏不伤及一草一木；及长，居乡党间，遇尊长恂恂有礼貌，以是人多敬之。於诸业中独好农，尝谓务兹稼穑，功侔宰辅，虽所事不同，而活世间之苍生一也。故公对于所业，勤精超庸人，第闻其议论者，不知其为畎畝中人也。

　　公孝友出于天性，虽无异行奇节，而其处家庭也，无不暗合圣人之道。公又好为公益，距古塘里许，有串心港河，为农田灌溉之所需，前清光绪年间，河淤塞，少旱辄涸，公患之，毅然纠资浚之，自兹厥后，濒河数百亩之田胥获其利，农人皆额手称庆焉。又见本村之道路欹斜不便于行人，鸠工筑之，半由己资，半纠自里中者也，以是故，乡党靡不称公贤。平时乡中有善举向公募资者，不待劝导，立解囊以赠。年六十一卒，有子三，长良余，次良庆，早亡，三良甫。

　　时人有言，瑰行奇节，世尽多有，或激于一时之意气，或惕于当前之利害，其名世而动人者，胥未足奇也。最不易者，其庸行乎，公足不出乡里，胸未储书史，以常理论，其不足称，固也。然而公之所言与其所行，时或弥合于六经之旨，其为善也，又非有钓名沽誉之心，无计利较害之意，不过在乡党中为寻常之事，而人之蒙其利者，乃不可以数计。嗟夫，庸行固不易也！辛酉春，唐氏重修宗谱，余访得公事，谓可以励乡党子弟也。爰传之如此

民国十年岁次辛酉　吉旦

同里董贤进撰

参考书目

1.《唐弢文集》(10 卷本),社会科学文献出版社 1995 年 3 月版。

2.《唐弢文论选》,唐弢著,刘纳编选,人民文学出版社 2009 年 9 月版。

3.《晦庵书话》,唐弢著,生活·读书·新知三联书店 2007 年 7 月版。

4.《唐弢读书》,唐弢著,吴约选编,中国社会出版社 2013 年 10 月版。

5.《唐弢散文选集》,唐弢著,刘纳编,百花文艺出版社 2009 年 6 月版。

6.《唐弢研究资料》,傅小北、杨幼生编,中国社会科学院文学研究所总纂,《中国现代文学史资料全编·现代卷》,知识产权出版社 2010 年 1 月版。

7.《蛟西唐氏家谱》,庄兆熊等纂修,民国丨年(1921 年)木活字本,现藏上海图书馆。

8.《唐弢画传》,秦海琦著,上海社会科学院出版社,2013 年 10 月版。

9.《鲁迅全集》,人民文学出版社 1981 年 12 月版。

10.《鲁迅年谱》(增订本),鲁迅博物馆鲁迅研究室编,人民文学出版社 1981 年 9 月版。

11.《旧中国大博览(1900—1949)》,程栋、刘树勇、张卫编著,科学普及出版社 1995 年 2 月版。

12.《新中国大博览》,李默主编,广东旅游出版社 1993 年 1 月版。

13.《中华人民共和国国史通鉴》,有林、郑新立、王瑞璞主编,当代中国出版社 1993 年 12 月版。

14.《中国现代作家评传》,徐迺翔、陆荣椿、蓝棣之主编,山东教育出版社 1986 年 4 月版。

15.《唐弢藏书·图书总录》,《中国现代文学馆馆藏珍品大系·书目卷》,陈建功主编,文化艺术出版社 2010 年 10 月版。

16.《镇海县志》,中国大百科全书出版社上海分社 1994 年 11 月版。

17.《宁波市志》,俞福海主编,中华书局 1995 年 10 月版。

18.《柯灵评传》,张理明著,中国社会科学出版社 2008 年 7 月版。

后 记

这是我为了写作《唐弢评传》而编写的唐弢的年谱。

年谱,作为一种编年体的传记形式,较能直观地揭示一个人的生平,特别适合于研究某位谱主的全人,所以为学术研究者所重视。曹聚仁先生在写作《鲁迅评传》时,就特别推崇胡适写的《章实斋年谱》、王懋竑写的《朱子年谱》和钱德洪写作的《王阳明年谱》。年谱的对于一个人的生平研究的重要性,这也就成了我写作这本《唐弢年谱新编》的原因之一。

我的想深入去了解唐弢先生,缘于一个偶然的机会。在我写作完成《鲁迅诗歌注析》之后,有一天的午后,我坐在我的学长徐志明先生的办公室,畅谈良久之后,他忽然建议我说:"你是否可以写写我们的同乡唐弢先生?"

听了他的建议,我当时有点踌躇。作为中文系毕业的学生,唐弢先生我是知道的,他是从镇海走出去的现代文学大家,跟我所学习、崇拜的鲁迅有较深的交往关系。他既是一位著名的现代文学研究学者,我在大学中文系就读时的教材《中国现代文学史》三卷本就是由他主编的;又是一位鲁迅研究专家,鲁迅的追随者,我虽不才,却也是因为鲁迅而把他引为同道的。对于这样的一位著名的老乡,全国不知正有多少人在研究他呢!听徐志明先生那天这样严肃的建议,我只得漫应之曰:"好的,我先去查查资料吧,看我是否能写点什么。"

此后,我便广泛地搜集、阅读唐弢的文章和有关资料,包括他的文集、选集和他的生平资料,把主要的注意力放在搜集他的原文、原著,并认真阅读他的全文,寻访他在故乡的遗迹,了解他的生平。经过半年左右的阅读、思考,我认为自己可以为这位同乡写点什么。因为我通过查阅许多关于唐弢的资料,觉得学术界对这位现代文学家、文学史家、文学理论家和藏书家的研究还不够深入,对他还缺乏全面的研究和了解。因此,我觉得,当务之急是,要为唐弢先生写一本详细的年谱和全面介绍他的生平和成就的评传。此前,年谱方面有傅小北、杨幼生二位先生撰写的《唐弢年谱》,评传方面有他的学生蓝棣之先生写的《唐弢》,我觉得这些都太简单,并觉得留给我的写作空间很大。

正如唐弢先生所说的,要为人写传记,需要透彻地了解传主的全部的事迹,并加以冷静的旁观的评价。这评价,还得结合传主所处的历史和时代背景,通过传主在所处的历史背景下的言行,才能有条件作出冷静的评价。我应怎样入手为唐弢先生写评传呢?我于是决定先从年谱入手,先编一个详尽的年谱,因此我要尽可能全面地搜集与传主有关的所言所行和所写,尽可能多地搜集与传主有关的遗迹,以及亲戚、师友、学生的回忆和对唐弢进行评价的资料。一年多来,我尽可能多地搜集和积累资料,仔细地阅读唐弢的文集。终于,在2015年6月,我完成了《唐弢年谱新编》的初稿。

本年谱的写作,虽参考查阅了许多资料,但限于自己的视野和能力水平,以及资料的有限,肯定有许多不当之处和舛错,敬请方家指正。

在本书的写作过程中,我的大学老师於贤德教授、黄健教授继续给予热心的指导,我的学长徐志明先生、周文毅先生和唐斌源先生给我提供了很好的意见和资料。特别要感谢的是我的老师於贤德教授,他在百忙之中,在认真阅读了拙作之后,既为我写了序,还指出了我的错误之处达三十多处。这使我不仅感到汗颜,还促使我再次进行校对,并深深感受到老师们从事学问的认真态度,受益匪浅。

我的同事宁波市镇海区园林绿化养护中心主任王义军和周力同志继续给予精神和物质上的支持,我的同事和朋友蒋艳、李杰、陈达周、管旭凤、胡斌、郑赛丽、刘宇濛继续为我的这本书的出版各自付出辛勤的劳动,在此表示诚挚的感谢!愿这本书的出版,能给大家带来惊喜。

感谢中共宁波市镇海区委宣传部、区文联为本书提供资金扶持!

浙江大学出版社严谨的出版作风,再次深深感动了我,感谢宋旭华、王荣鑫等编辑的认真踏实的工作!是为记。

林　伟

2015 年 6 月 30 日竟稿于心斋书屋,8 月 8 日校毕

图书在版编目(CIP)数据

唐弢年谱新编/ 林伟著. —杭州：浙江大学出版
社,2016.6
　ISBN 978-7-308-15776-6

　Ⅰ.①唐… Ⅱ.①林… Ⅲ.①唐弢(1913～1992)—
传记 Ⅳ.①K825.6

中国版本图书馆 CIP 数据核字(2016)第 086034 号

唐弢年谱新编

林　伟　著

责任编辑	宋旭华
责任校对	杨利军　　王荣鑫
封面设计	项梦怡
出版发行	浙江大学出版社
	（杭州市天目山路 148 号　邮政编码 310007）
	（网址:http://www.zjupress.com）
排　　版	浙江时代出版服务有限公司
印　　刷	杭州杭新印务有限公司
开　　本	710mm×1000mm　1/16
印　　张	21.25
字　　数	312 千
版 印 次	2016 年 6 月第 1 版　2016 年 6 月第 1 次印刷
书　　号	ISBN 978-7-308-15776-6
定　　价	59.00 元